[융합관광론]
Convergence Tourism

Preface

융합관광은 관광산업과 타 산업이 융합하여 신규시장을 창출하는 블루오션 산업이다. 이전의 관광객은 관광지에서 보고, 느끼고, 사진 찍고, 만족했던 정적인 관광이 주를 이루었지만, 현재와 미래의 관광객은 스스로 직접 체험하고, 경험하고, 배울 수 있고 참여할 수 있는 액티브한 관광을 선호하고 있다.

우리나라 삼천리 금수강산에는 볼 것이 너무나 많고 경험할 것도 많으며, 맛있는 음식 등 무궁무진하게 즐길 거리가 많다. 관광산업은 발전 가능성이 무한하지만, 이를 잘 활용하지 못하면 무용지물이 될 수 있다. 따라서 융합관광을 통해서 관광산업의 영역이 확장될 수 있도록 기회를 제공할 수 있어야 한다.

세계적으로 K-문화, 음식, 관광 등 해외의 관광객이 한국에 열광하고 있다. 지금의 상황에 자부심을 느끼면서 안주하면, 해외 관광객들은 식상함에 등을 돌리게 될 것이다. 세계인의 관심을 지속적으로 유지하기 위해서는 융합형 관광을 활용한 우수한 콘텐츠들을 만들어야 한다. 융합형 관광을 활성화하기 위해서는 문화와 관광의 영역을 벗어나서 다양한 형태의 산업과 함께 협력해서 다양한 콘텐츠 개발은 물론 정책의 유연성을 발휘해야 한다.

본 교재는 기존의 관광학의 영역을 새롭게 재편하기 위해 심혈을 기울여 저술하였다. 융합관광론은 기존의 단순했던 관광 분야들을 융합해서 새로운 관광 콘텐츠를 만들 수 있도록 다양한 콘텐츠들의 국내외 사례, 장단점, 활성화 방안, 그리고 정책의 방향 등을 각 분야에 맞게 제시하고 있다.

융합관광론에 포함된 내용은 모두 11장으로 구성되어 있으며, 이에 대한 상세한 내용은 다음과 같다.

제1장은 융합형 관광산업 활성화에 관련된 내용으로 융합형 관광산업의 개념과 기본 방향 그리고 관광산업의 융합화 방향에 대해 자세하게 설명하고 있다. 또한 융합관광에

대한 기본적인 지식과 융합관광사업의 성공을 위한 지침서 역할을 하는 내용으로 구성되어 있다.

제2장은 시니어 관광에 대한 내용으로 일본에 이어 우리나라도 조만간 초고령화 시대에 임박하고 있다. 지금의 시니어는 옛날과 달리 액티브하고 소비할 여력이 많은 사람들이 대부분이다. 따라서 관광산업도 국내외 시니어들의 관광소비를 촉진시킬 수 있는 콘텐츠를 개발해야 한다. 본 장에서는 시니어 관광시장의 미래와 여행 트렌드에 대한 다양한 분석과 전망을 제시하고 있다. 그리고 시니어 층의 국내외 관광 활성화 방안과 사례를 분석하여 국내관광 활성화를 위한 내용으로 구성했다.

제3장은 글로벌 의료관광에 대한 내용으로 의료관광에 대한 이해와 미용관광, 한방의료관광, 의료관광 전문인력 그리고 세계의 의료관광 사례와 미래의 의료관광 트렌드와 활성화 방안에 대해 설명하고 있다. 우리나라는 우수한 의료기술과 최첨단 의료기기로 갖추어져 있기 때문에 세계의 의료관광 수요자들로부터 많은 선택을 받고 있다. 세계 여성인들의 최대 관심사인 미용성형은 세계 1등이라고 해도 과언이 아니다. 또한 한방의료관광은 현대의 의료기술로도 고칠 수 없는 질병도 비수술적인 방법으로 빠르게 완쾌할 수 있는 의학이다. 우리나라는 한방과 현대의학으로 동시에 치료할 수 있는 최적의 의료관광 목적지이기도 하다.

제4장은 글로벌 농촌관광에 대한 내용으로 구성되어 있다. 농촌은 도시인들에게는 휴양, 힐링, 경험과 체험의 공간으로 인식되고, 마음의 안식처 역할을 하고 있다. 이들에게 농촌의 삶과 지역민의 삶을 체험할 수 있는 기회를 주기 위해 각 지자체에서는 농촌관광 사업을 다양한 형태로 개발하고 있다.

농촌관광은 내국인뿐만 아니라 외국인에게도 한국의 휴양과 힐링문화를 전달하기 위해 노력해야 한다. 따라서 본 장에서는 농촌관광의 개념과 운영방법, 성공요인 등을 설명하고 있다. 그리고 농촌관광의 생태관광 및 경쟁력에 관한 전략과 성공사례와 전망에 대한 내용으로 구성되어 있으며, 농촌 체험관광과 지속가능한 농촌관광에 대한 해외 사례와 6차 산업화 방향을 제시하고 있다.

제5장은 글로벌 음식관광과 관련된 내용으로 구성되어 있다. 관광 목적지를 방문하게 되면 관광 매력물에 대한 콘텐츠를 배우고 경험하게 된다. 이뿐만 아니라 해당 관광 목적지에서만 경험할 수 있는 음식의 매력은 잊을 수 없는 콘텐츠라 할 수 있다. K-음식은 해외의 관광객들에게도 이미 많은 사랑을 받고 있다. 세계의 식도락가들은 음식을 맛보고 경험하기 위해 세계 곳곳을 방문하기도 한다.

본 장은 음식관광의 이해와 음식관광의 범위와 가치 그리고 효과에 대한 내용으로 구성되어 있으며, 제3절은 음식관광 트렌드와 활성화 방안으로서 향토음식의 관광상품화와 성공요인에 대해 설명하고 있다. 제4절은 국내외 음식관광 동향으로 세계의 한국 음식 선호도와 음식문화 등으로 구성되어 있다.

제6장은 글로벌 레저·스포츠와 관련된 내용으로 구성되어 있다. 제1절에서는 레포츠의 개념과 특성 그리고 스포츠 관광을 설명하고 있다. 제2절에서는 현대사회의 특징과 레저스포츠의 기능과 관광, 스포츠의 관계에 대해 알아본다. 제3절에는 해양관광 전반에 관한 내용으로 개념과 유형 그리고 해양스포츠 관광, 특성과 중요성, 활성화 정책에 대해 설명하고 있다. 제4절은 스포츠관광 상품개발로 스포츠관광상품의 개념, 개발전략 그리고 개발과정으로 구성되어 있으며, 제5절은 레저·스포츠 트렌드 변화와 전망에 대해 설명하고 있는데, 새로운 레저시대의 등장과 특징 그리고 트렌드 전망에 대해 상세하게 구성되어 있다.

제7장은 글로벌 카지노산업과 관련된 내용이다. 카지노는 사행성 산업과 도박이라는 불명예를 가지고 있었던 과거와는 달리, 지금은 세계의 많은 국가에서 카지노산업을 외화획득과 관광명소로 육성하기 위해 많은 투자를 하고, 유명한 카지노 기업을 유치하기 위해 노력하고 있다.

카지노산업은 성수기와 비수기의 영향을 받지 않는 산업으로서 실내에서 이루어지는 여가활동이므로 자연현상(태풍, 강우, 폭설 등)으로 인한 관광의 한계점을 극복하는 관광대체 상품으로는 최적이다. 또한, 호텔상품과 식음료 등을 함께 운영하기 때문에 더욱 많은 수익을 창출할 수 있는 산업이다.

본 장에서는 카지노산업의 이해와 카지노 기업의 이미지와 사회적 책임 그리고 긍정적·부정적인 영향과 해결방안에 대해 제시하고 있다. 또한, 국내외 카지노산업의 현황과 구조, 특징 그리고 외국인 전용 카지노의 한계 등에 대해 상세하게 설명하고 있다. 카지노의 꽃이라 할 수 있는 카지노 종사원인 딜러는 많은 사람들로부터 선망의 대상이 되고 있는 직업이다. 제4절은 카지노 종사원의 역할과 직무특성과 스트레스 등에 대해 설명하고 있으며 카지노 게임의 종류에 대한 기본적인 내용들을 설명하고 있다.

제8장은 글로벌 복합리조트에 관한 내용으로 구성되어 있다. 각 테마별로 구성되어 있었던 리조트의 개념에서 이제는 하나의 장소에서 다양한 경험을 하고 체험할 수 있는 원스톱 서비스를 제공하는 복합리조트를 건설하고 있다. 가족여행이 증가하고 한 장소에서 다양한 서비스를 받을 수 있는 복합리조트에 대해 완전하게 이해할 수 있다. 본 장에서는 복합리조트의 개념과 리조트의 특성 및 산업동향 그리고 복합리조트의 이해를 돕기 위한 내용으로 구성되어 있다. 또한 복합리조트에 속해 있는 카지노의 유형과 배경, 현황 그리고 복합리조트 카지노의 중요성에 대해 설명하고 있으며 복합리조트의 워터파크의 개념과 특징, 분류 그리고 구성요소와 발전 방향을 상세하게 제시하고 있다.

제9장은 글로벌 공연, 한류 문화관광과 관련된 내용으로 구성되어 있다. 세계인들은 한국의 문화에 대해 열광적인 반응을 보이고 있다. 예를 들어 BTS, 영화, 가요, 드라마, 아이돌, 연예인 그리고 예능 등 우리나라 문화에 대해 모르는 사람이 없을 정도로 인기를 얻고 있다.

우리나라의 문화관광으로 인해 외화획득은 물론 값으로 매길 수 없는 국가의 브랜드 이미지와 가치는 상상을 초월하는 영향을 미치게 된다. 글로벌 공연과 한류 문화관광을 지속가능하게 유지하기 위한 상품과 개발 방향 등에 대해 본 장에서 설명하고 있다. 본 장은 공연관광과 관광공연에 관련된 개념과 정의에 대해 설명하고 있으며, 공연 관광상품과 관련된 특성, 성공사례 그리고 상품 개발, 공연예술 상품시장 등의 내용을 다루고 있다. 한류 문화관광을 설명하고 있는 제3절은 문화관광의 개념과 유형 및 현황, 그리고 한류 관광객과 수명주기 및 한류스타 대면형 관광상품으로 구성되어 있다.

제10장은 크루즈 관광산업에 대해 설명하고 있다. 코로나19로 인해 완전히 멈추어 있던 크루즈 관광은 차츰 풍토병으로 전환되어 가면서, 그동안 즐기지 못했던 크루즈 관광에 많은 관심을 가지는 관광객들이 증가하고 있다. 크루즈 관광은 저렴한 가격으로 다양한 국가를 방문할 수 있으며, 크루즈 내에서 다양한 식도락, 오락, 문화, 이벤트, 경험 등을 할 수 있는 관광수단이다.

크루즈에 한번 탑승하고 나면 많은 수하물을 옮길 필요도 없으며, 크루즈 내에서 다양한 경험을 할 수 있는 시설이 많다. 또한, 다양한 국가의 사람들과 만나면서 각 국가의 문화와 관습을 배울 수 있는 기회도 가질 수 있다.

본 장에서는 크루즈 관광산업의 이해, 크루즈 여행의 특성과 장점 그리고 발전배경에 대해 알아볼 수 있다. 그리고 크루즈 산업의 트렌드와 엔터테인먼트 요소에 관한 내용을 공부할 수 있다. 크루즈 관광상품과 기항지 관광 그리고 우리나라 크루즈 시장의 문제점, 해외 크루즈 산업의 배경에 대해서도 설명하고 있다. 또한, 크루즈와 관련된 용어들을 설명하고 있으며, 크루즈 승무원이 되기 위한 다양한 정보들을 제공하고 있다.

제11장은 ICT 융합관광에 대한 내용으로 구성되어 있다. 제1절은 산업혁명과 관광산업에 대한 내용으로 산업혁명에 따른 관광산업 생태계 변화와 구조 그리고 4차 산업혁명시대의 관광산업과 디지털 뉴딜에 대한 내용을 설명하고 있다. 제2절은 융합관광 서비스에 대한 내용으로 관광산업의 ICT 융합서비스 현황과 방향, 발전방안과 미래 신기술과 관광의 융합에 대해 상세하게 설명하고 있다. 제3절은 해외의 융합관광에 대한 사례로서 융합관광 유형별 사례를 각 국가별로 상세하게 설명하고 있다.

우리나라가 세계적인 관광 목적지로 성장하기 위해서는 지금의 K-문화, 드라마, 음식 등의 콘텐츠만으로는 한계가 있을 수밖에 없다. 세계에서 가장 손꼽히는 관광목적지로 선택받고, 성장하기 위해서는 융합형 관광만이 대한민국의 미래 먹거리로 성장할 수 있다. 본 교재를 시작으로 저자는 앞으로도 새로운 융합형 관광자원 발굴을 위해 끊임없이 연구할 것을 다짐한다.

저자 씀

Convergence Tourism
융합관광론

Contents

CHAPTER 3

글로벌
의료관광

CHAPTER
4

글로벌
농촌관광

CHAPTER
5

글로벌
음식관광

CHAPTER

7

글로벌
카지노산업

CHAPTER

8

글로벌
복합 리조트

CHAPTER

9

글로벌 공연
한류 문화관광

CHAPTER
10
크루즈
관광산업

Contents_

CHAPTER
11

ICT 융합관광

CHAPTER 1

융합형 관광산업 활성화

제1절 융합형 관광산업 활성화

 ① 융합의 개념

융합은 국가, 산업, 개인의 삶 전반을 아우르는 현대사회의 중요한 화두로 자리매김하고 있으며, 사회 전반에서 융합 트렌드가 가속화되고 있는 추세이다. 과거 통신기술, IT 인프라에 기반한 정보화 시대가 지나고, 이제는 기존의 다양한 가치 및 산업간의 창조적 결합을 통해 새로운 부가가치를 창출하는 융합의 시대로 급속히 전환하고 있다.

산업융합은 이종(異種)기술의 융합, 산업간 융합을 거쳐 인물·예술 등 다분야 융합으로 발전하면서 세계경제의 패러다임 변화를 주도하고 있다. 특히 최근 기존산업의 성장 정체, 기술적 여건 성숙, 소비자 욕구 다양화 등으로 산업융합은 글로벌 메가트렌드로 가속화하고 있는 추세이다. 산업간 융합은 우리 경제가 당면한 포지셔닝 트랩의 도전과제를 극복하여 주력산업을 도약시키고, 새로운 성장동력을 창출하는 핵심수단으로 인식된다.

② 융합관광의 개념

관광분야 산업간 융합의 개념은 전통적인 관광산업(여행업, 숙박업, 카지노업 등)과 타 산업분야(제조업, ICT, 첨단산업, 의료 등)의 콘텐츠나 자원의 창조적 결합과 복합화를 통해 기존 관광산업을 혁신하거나, 사회적·경제적 가치가 있는 새로운 산업을 발굴하고 부가가치를 창출하는 것이다.

융합관광은 관광산업과 타 산업이 융합하여 신규시장을 창출하는 것으로, 이러한 융

합을 촉진시키는 산업 내부의 혁신전략으로 창의적 아이디어와 혁신적 기업가 정신이 중요한 요소이다. 융합관광은 각 산업이 신규시장 및 고용을 창출하기 위한 내부의 혁신적인 움직임에 의해서 유발되는 것으로, 타 산업과의 융합에 대한 새로운 아이디어와 혁신

적인 기업가의 참여를 통해 이루어진다. 또한, 산업정책 관점에서 접근해야 하고 산업정책의 대상이 기업이라는 점에서 민간 관광사업자를 중심으로 육성할 수 있는 정책이 필요하다.

융합관광을 활성화하기 위해서는 관광산업의 영역이 확장될 수 있도록 기회를 제공할 수 있어야 한다. 최근 관광수요가 다변화되고, 관광활동 영역이 다양해지면서 관광산업과 타 산업간 융합을 통한 융합관광의 영역이 확대되고 있는 추세이다. 이는 전통적인 관광산업 영역에서만 이루어진 관광활동이 다양한 산업으로 확대되는 것에 기인한 것으로, 의료관광, 공연관광, 한류관광, 해양관광, MICE 관광 등 융합관광의 스펙트럼을 확장시키고 있다.

③ 관광산업의 융합적 특성

관광산업의 특성은 관광우산(Tourism Umbrella)으로 표현하는데, 다양한 콘텐츠와 산업적 요소가 관광이라는 우산을 통해 하나의 관광상품으로 생산된다는 것을 의미한다. 우산은 관광 콘텐츠를 외부인들이 잘 체험하고 즐길 수 있도록 도와주는 도구로서 숙박시설, 교통, 관광정보 및 안내 서비스, 여행사 서비스, 나아가 홍보 및 마케팅, 브랜딩 등의 관광 서비스 요소를 포괄하고 있다.

관광산업은 내부의 다양한 타 산업의 콘텐츠 및 체험의 형태에 따라 관광상품의 특성과 유형이 결정되기 때문에 타 산업 콘텐츠를 포괄하는 융합적 성격을 가지고 있다.

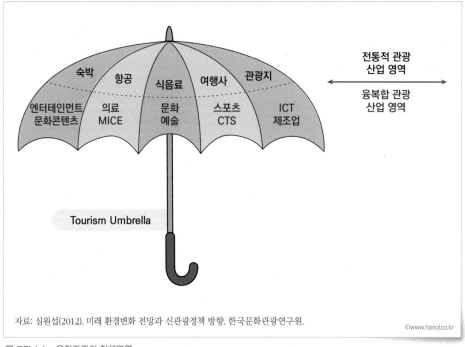

자료: 심원섭(2012). 미래 환경변화 전망과 신관광정책 방향. 한국문화관광연구원.

©www.hanol.co.kr

🔸그림 1-1_ 융합관광의 정책영역

관광 콘텐츠는 문화, 음식, 엔터테인먼트, 농촌, 레저·스포츠, 의료, 웰니스 등 다양한 산업 분야가 융합하여 관광상품과 서비스가 개발되며, 이러한 측면에서 관광산업에서 타 산업과의 융합은 필수적인 조건으로 이해된다.

관광산업을 둘러싼 정보, 기술, 문화, 거버넌스, 인프라 등 거시적 산업환경에 의해서 관광분야의 산업간 융합은 변화의 속도와 양상이 다양하게 나타날 수 있다.

창조경제시대 융합관광의 중요한 특성을 다음과 같이 나타낼 수 있다.

첫째, 융합관광은 창조경제의 핵심요소인 혁신을 창출하고, 융합관광산업은 창조적 파괴를 통한 기존 관광산업의 혁신을 유도하는 것이다.

둘째, 융합을 통한 관광산업의 파급효과 측면에서 새로운 시장을 만들고, 경제·사회·문화적 부가가치가 창출되어야 한다.

셋째, 융합관광의 육성과 지속적인 발전을 위해서는 정부와 민간, 기업과 기업간의 협력과 네트워크의 중요성이 강조된다.

제2절 융합관광의 기본방향과 활성화

1 융합관광의 기본방향

융합관광의 정책적 접근을 위해서는 다음과 같은 기본전제가 요구되고 있다.

첫째, 융합관광은 산업정책 관점에서 접근해야 하며, 산업정책의 대상이 기업이라는 점에서 민간 관광사업자 육성정책이 기본과제로 이해되고 있다. 따라서 그동안의 관광홍보차원의 소극적 진흥정책을 넘어서, 창조경제 정책과 서비스 산업육성 정책과의 협업을 토대로 관광기업의 산업 기반 확충에 초점을 두어야 한다.

둘째, 기존의 MICE 관광, 의료관광, 크루즈 관광, 한류관광이 융합관광의 중점 육성 영역일 수 있으나, 관광산업의 영역이 더욱 확장될 수 있도록 기회를 제공하는 유연한 정책의 필요성이 제기되고 있다. 예를 들어, 웰니스 관광, 패션관광, 미술관광, 뷰티관광 등 융합관광 영역의 혁신은 무한 확장될 수 있다.

셋째, 융합관광은 제도적 관점에서 정책의 실현성을 확보해야 하며, 이를 위해서는 행정부의 사업적 추진을 넘어 의회의 승인을 통한 제도적 장치가 마련되어야 하며 예산 확보 또한 이루어져야 한다.

넷째, 융합관광이 관광산업 전체를 대표한다고 볼 수 없으므로, 전통적 관광산업이 관광의 중추산업이라는 점에서 기존 관광산업 정책의 범위 확장과 고도화 정책의 필요성을 의미하며, 전통적 관광산업 정책에 대한 논의가 융합관광의 연장선상에서 이루어져야 한다.

2 융합관광의 정책과 유형

전통적인 관광정책의 영역은 과거 숙박, 항공, 식음료, 여행사, 관광지 등에 국한된 정책이 강조되었으나, 융합관광 정책은 엔터테인먼트, 의료, 스포츠, ICT, 제조업 등 다양한 산업분야와의 융합·복합연계가 중요하다. 특히, 초창기 관광정책은 관광수용태세 개선이라는 기능적 정책에 초점을 두었으나, 산업 규모가 확대되면서 점차 산업적 관점에서 관광숙박업 등을 위시한 핵심관광산업을 대상으로 한 정책이 강조되고 있다.

최근에는 관광산업의 영역이 점차 확대되고 주력 관광업종을 대상으로 한 관광진흥정책의 한계상황에 직면하면서 핵심관광산업뿐만 아니라 융합관광산업이 관광정책의 주요 대상으로 등장하고 있다.

융합관광의 유형은 융합의 정도와 형태에 따라 기능 복합, 기술 결합, 가치 융합으로 구분할 수 있다.

첫째, 기능 복합은 관광산업 자체의 하부구조들간 융합이 중심이 되어, 관광객의 편의성과 효율성 제고를 목적으로 기존 기능의 복합화를 의미한다. 반면, 기술 결합과 가치융합은 관광산업과 타 산업의 융합이 중심이 된다.

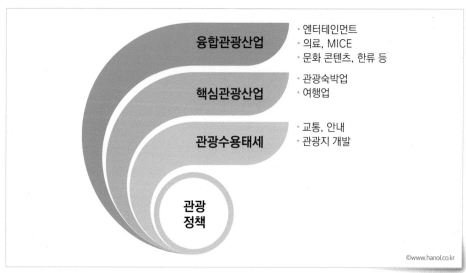

융합관광산업
· 엔터테인먼트
· 의료, MICE
· 문화 콘텐츠, 한류 등

핵심관광산업
· 관광숙박업
· 여행업

관광수용태세
· 교통, 안내
· 관광지 개발

관광정책

©www.hanol.co.kr

🔸그림 1-2_ 관광정책의 영역 확장

둘째, 기술 결합은 전통적 관광 서비스가 가상현실, SNS 서비스 등 ICT 신기술과의 접목을 통해 관광 서비스 기능의 개선 및 효과 확대를 의미한다. 기존의 전통적인 관광산업을 한 단계 진화시키기 위한 ICT 및 과학기술과의 접목은 관광산업 내부적으로 혁신적인 융합의 형태로 볼 수 있다.

셋째, 가치 융합은 타 산업 서비스, 제조업, 의료, 바이오, ICT 산업 등 다양한 분야가 창조적 사업 아이디어와 결합해 새로운 관광 비즈니스 모델을 창출하는 것을 의미한다. 의료, 농촌, 음식, 한류, 레저·스포츠, 해양, 제조업 등 광범위한 타 산업분야의 서비스·콘텐츠 요소가 관광 서비스와 융합하여 새로운 관광상품을 구성하고, 신산업 영역을 창출하고 있다.

향후 관광산업과 타 산업과의 융합의 형태는 새로운 가치를 창출하는 가치 융합단계로 발전해야 한다.

가치 융합단계는 수요자의 욕구를 반영해서 사회적·경제적으로 새로운 가치를 창출하는 보다 진전된 융합의 형태로, 산업간 융합을 통해 새로운 융합관광 산업군을 창출하고 경제적 가치가 확대·재생산됨을 의미하고 있다.

가치 융합은 산업간 이익을 위해 협력하는 형태를 가지며, 이러한 협력관계의 형성을 통해 자원확보, 비용절감, 위험관리, 혁신역량 등이 제고되는 효과를 거둘 수 있다. 또한, 가치 융합단계에서 산업간 협력은 공동마케팅, 공동상품 개발에 국한하지 않고 인력교류, 공동투자 등 산업간 직간접적 교류가 활발히 이루어져야 한다.

표 1-1_ 융합관광의 유형 분류

유형	기능 복합	기술 결합	가치 융합
특징	• 기존 기능의 복합화 • 관광객의 편의성과 효율성 제고	• 기술의 적용 및 결합 • 새로운 첨단기술과 제품을 통한 혁신적 관광 서비스 제공	• 타 분야와의 광범위한 융합 • 관광객의 욕구를 반영한 새로운 사회적·경제적 가치 창출 • 창조적 아이디어와 결합해 새로운 관광 관련 비즈니스 모델 창출
사례	• 패키지 여행상품 • 복합 리조트	• 온라인 여행사 • 여행정보 서비스 • ICT 융합 서비스 제공	• 농촌관광(관광+농업) • 의료관광(관광+의료) • MICE(관광+전시컨벤션) • 한류관광(관광+엔터테인먼트)

③ 융합관광 정책의 성과와 한계

융합관광 정책의 성과와 한계에 대한 내용은 다음과 같다.

첫째, 융합관광을 통해 새로운 관광시장 창출에 기여한다.

관광분야는 더 이상 전통적인 관광산업 분야에 한정되지 않고, 의료관광, MICE 관광, 농촌관광, 음식관광 등 새로운 산업군을 창출함으로써 관광산업의 외연적 확대에 기여한 것을 높이 평가한다.

둘째, 융합관광은 경제적인 효과가 높다.

융합관광은 관광산업의 고부가가치를 통해 관광산업의 경제적 효과를 극대화하는 것을 목표로 하고 있다. 이는 의료관광과 MICE 관광분야에 대한 정부의 법·제도적 지원으로 해당분야의 관광객수와 관광수입이 증대하였다.

셋째, 융합을 통한 산업간 진입장벽 해소는 비교적 낮게 평가하고 있다.

융합관광을 통한 관광산업 내부의 산업간 진입장벽과 관광산업과 타 산업간 진입장벽 해소는 비교적 성과가 낮게 평가되고 있다. 또한, 관광분야 융합의 성과에서 산업간 융합을 통해 새로운 산업군은 창출되었으나, 기존 관광산업의 가치사슬 변화 및 새로운 고용 창출 부분은 상대적으로 낮게 평가되었다. 이는 관광산업의 융복합적 특성으로 타 산업과의 융합 과정을 거치게 되었으나, 산업간 진입장벽으로 인해 단순히 산업간 결합단계에서 머물러 새로운 시장 및 일자리를 창출하기에는 역부족이었다.

넷째, 관광수요의 변화와 혁신적 기술의 등장이 융합관광 촉진요인으로 작용하였다.

관광수요는 웰빙, 건강에 대한 관심이 증대되고, 관광수요가 다변화하면서 기존 관광산업과 타 산업간 융합을 통한 새로운 관광시장이 창출되는 데 기여하였다. 그리고 정보통신의 발달에 따른 혁신적 기술의 등장은 관광산업 분야에서 새로운 기술과 산업간 융합을 촉진시킨 요인이 되었다.

다섯째, 부처간 이기주의는 융합관광을 저해하는 요인으로 작용하였다.

융합관광은 관광산업과 융합하는 타 산업과 관련된 부처와의 법·제도적 관계와 예산분배의 특성 등에 따라 갈등 또는 협력관계를 형성할 수 있다. 특히, 각 부처의 정책기조 및 정책목표가 문화체육관광부와 상충할 경우, 융합관광정책을 추진하는 데 있어서 제약요인으로 작용하고 있다.

여섯째, 융합관광은 관광산업과 협력적 관계를 형성하고 있는 타 산업의 관련 부처, 관련 기업 등과 다양한 이해관계를 형성하고 있다. 단순히 융합관광이 산업간 재화와 서비스만을 거래하는 거래 관계를 형성하는 기능복합 단계에 머물게 되면, 이러한 이해관계가 산업간 갈등요소로 작용할 수 있다.

일곱째, 산업간 융합을 통해 새로운 산업을 창출하는 융합관광에서는 새롭게 창출된 가치가 상충하는 이해관계를 포괄할 수 있어야 하므로, 사업추진 과정에서 갈등관계를 형성할 수 있으며, 산업간 융합을 형성하는 데 장애요인으로 작용할 수 있다.

따라서, 산업간 융합을 통한 새로운 융합관광을 창출하기 위해서는 산업간 이해관계를 조정할 수 있는 공공부문간, 공공부문과 민간부문간 협력체계 구축이 요구된다.

주요국의 융합관광 정책 사례

1) 프랑스 와인관광

세계 1위 관광국인 프랑스는 각 지역별로 지역 문화를 내포한 지방색이 강한 대표 음식을 보유하고 있다. 프랑스의 음식문화에서 빼놓을 수 없는 것이 바로 와인이며 관광객들도 와인관광을 선호한다.

프랑스의 관광부처는 막강한 권력을 가진 중앙기관이 없고, 국가 및 지역차원에서 여러 개의 부서가 관광 업무를 담당하고 있다. 따라서 국가 및 지역, 지방단체 차원에서 각각 와인관광 개발에 참여하고 있다.

프랑스 와인관광은 관광산업과 와인산업의 융합을 통한 새로운 산업영역의 발굴로 볼 수 있으며, 프랑스 각 지역의 와이너리를 기반으로 한 농촌관광의 진화된 모델로 평가할 수 있다.

프랑스 관광공사는 프랑스 음식진흥협회와 협력하여 와인관광 국가전략을 수립하며, 관광엔지니어링기관, 와인위원회, 데빠르트망 관광위원회, 레종관광위원회 등이 참여하고 있다.

와인관광 개발로 와인루트, 와이너리 방문, 포도농장 트레킹, 포도농장 체험활동, 와인제조 교육, 와인 박물관, 와인 페스티벌, 와인 전시회, 경매 등 와인을 주제로 한 관광 상품 개발 범위가 무한하다.

2) 영국 비즈니스 관광

영국에서 비즈니스 관광의 범위는 협회, 자선단체, 연구단체, 사회 활동, 정부 회의 및 집회, 기업 이벤트, 기업 여행 및 지원 포상여행, 기업 접대 및 환대, 전시회 및 무역 전시회, 개별 비즈니스 여행객 등과 같은 활동에 참여하는 모든 관광객을 포함하고 있다.

회의, 회담 및 비즈니스 이벤트는 영국의 커뮤니케이션, 교육, 네트워크 구축에 많은 기회를 제공하며 경제적, 교육적, 전문적 개발에 기여하고 있다.

영국의 비즈니스 관광 지출은 전체 관광객 지출의 28%를 차지하며, 영국 비즈니스 관광객 지출의 80~90%를 차지하고 있다. 비즈니스 관광 관련 2만 2,000여 개 이상의 사업과 80만여 개의 일자리가 있으며, 이는 주요한 세금원이 되고 있다.

영국은 국제회의 산업시장의 축소를 막고 비즈니스 관광 소득의 재증대를 위한 필요성을 인식하고 있다. 영국 비즈니스 관광을 증대시킴으로써 영국을 비즈니스의 장소로 인식하고 '지식자산'의 국가로서의 이미지 확립에 기여할 것으로 예상한다.

회의 및 회담 개최로 필요한 의식주 해결과 관광지 제공을 위해 도시가 재개발되고 많은 마을이 재정비되었다. 비즈니스 관광객은 하루 평균 178유로를 지출하는데 이는 레저 관광객 지출 50% 이상의 수준이다.

비즈니스 관광은 전반적인 관광산업 확대에 다음과 같은 긍정적인 영향을 미친다.

첫째, 비성수기 숙박업자에게 비즈니스 관광객의 숙박이 소득원이 되고 있다.

둘째, 비즈니스 관광객에게 관광지로서의 이미지를 심어줌으로써 향후 잠재적 레저 관광객이 되고 있다.

셋째, 비즈니스 여행이 레저관광으로 이어지도록 만들고, 친구나 가족을 동반함으로써 오랜 기간 머물수 있도록 하고 있다.

영국은 세계적인 국제회의 산업의 중심이 되기 위해 몇 가지 고려사항을 제시하고 있다.

❶ 가격 경쟁력 향상 및 국제시장에서의 경쟁력 강화
❷ 영국 경제성장의 주요 산업으로서 비즈니스 관광육성
❸ 새로운 시장의 출현에 대비한 전략 마련
❹ 서비스 계열의 전문적 인력 확보

3) 스위스 모빌리티 프로젝트(Switzerland Mobility)

스위스는 효율적인 교통체계를 기초로 이동수단과 레저, 지역의 특색을 융합해 탐방로를 개발하는 융합관광 프로젝트인 '스위스 모빌리티'를 추진하고 있다.

스위스 모빌리티는 스위스 사이클링 단체를 모티브로 시작되었고, 현재는 스위스의 발달된 이동수단과 관광지 네트워크를 연결하는 플랫폼 역할을 통해 스위스 관광 프로젝트에서 매우 중요한 역할을 담당하고 있다.

스위스는 하이킹, 사이클링, 산악자전거, 스케이트, 카누 등의 활동에 적합한 관광 루트가 다양하게 발달해 있으며, 체계적인 정보 안내 등 운영시스템을 갖추고 있다.

스위스 관광에서 최고로 손꼽히는 사이클링 루트는 당일여행이나 숙박여행 등 여행 형태에 맞게 구성되어 있으며, 관광 루트 주변 환경보호를 위해 주정부와 지방정부가 협의서를 채택하였다.

스위스 모빌리티 프로젝트는 지역기반의 관광 루트를 스위스 전체 관광지와 연결하여 상품화함으로써 스위스 모빌리티 네트워크 구축으로 성공적인 평가를 받고 있으며, 이를 계기로 이후 다양한 지역 기반 관광 프로젝트를 진행하고 있다.

4) 헝가리 스파·웰니스 산업

헝가리는 고대부터 로마제국, 터키제국을 거쳐 오스트로-헝가리안 시대까지 스파 및 웰니스 관광에 오랜 역사를 가지고 있다. 1920년대에서 1930년대에 헝가리의 수도 부다페스트는 '스파의 도시'로 불렸다.

관광분야에서는 웰니스와 의료목적 스파 관광의 잠재력에 주목했고, 실제 800여 개의 온천시설 대부분 약수의 효능이 있는 것으로 확인되었으며 1,200여 개의 온천이 운영 중에 있다.

스파·웰니스 관광의 전략적 이점을 분석해보면 다음과 같다.

첫째, 스파 관광객은 지출이 많고 관광지에 오래 머무는 경향이 있다.

둘째, 보통 헝가리 투어 관광객의 수는 많지만 관광객 소비가 많지 않은 데 비해, 스파·웰니스 관광객의 수는 적지만 관광객 소비가 많기 때문에 관광산업에 더 많은 이득이 되고 있다.

셋째, 인구의 고령화로 스파·웰니스 관광객은 더욱 증가할 것으로 예측된다.

넷째, 온천시설은 헝가리 도처에 분포하기 때문에 관광객 분산을 유도하여, 정부가 목표로 하는 균형적인 개발에 도움이 되고 있다.

5) 싱가포르 국제회의 산업

싱가포르는 수년간 국제회의 개최 수가 급증해 아시아는 물론 세계 최대 국제회의 강국으로 부상하였다. 싱가포르의 국제회의산업은 눈부신 성장세를 이어가고 있으며, 전체 관광수입의 25%가 회의 관련 부문에서 파생할 정도로 그 비중이 커지고 있다.

싱가포르의 국제회의산업 성장에는 정부 주도의 인프라 확충, 각종 국제회의산업 지원제도 운용 등의 공격적인 투자를 하고 있기 때문이다.

싱가포르 관광청의 7개 본부 중 MICE 전담부서가 진흥정책을 수행하고 있으며, 400개 이상의 숙박시설을 이용하는 단체에는 30% 이상의 재정지원 및 환영행사를 제공하고 있다.

융합관광의 사례들을 분석해보면 다음과 같은 결과를 알 수 있다.

창조적 아이디어 기반형, ICT 융합형, 비즈니스 융합형으로 구분할 수 있다.

첫째, 창조적 아이디어에 기반한 사업화 및 상품화로, 새로운 아이디어의 발굴과 배양, 창업 생태계 구축이 중요하다.

둘째, ICT 융합형으로 기존 산업과 ICT의 접목을 통한 융합의 경우, 전통적 관광산업 영역에 기술을 융합하여 혁신을 유도하는 것이 중요하다.

셋째, 비즈니스 융합형으로 기존 관광산업 영역 해체를 통한 창조적 융합모델로, 산업 간 융복합과 차세대 융합관광 발굴 및 육성이 중요하다.

5 융합관광 정책 활성화

1) 대표 융합관광 아이템을 집중적으로 육성해야 한다.

산업의 내적 역량을 토대로 경쟁력 있는 융합 관광분야의 발굴과 육성을 확대할 필요가 있다. 융합관광 분야를 새로운 성장분야로 인식하고 제도개선을 포함한 다양한 정책 지원을 강화해야 한다.

융합관광 분야 개척 및 전략상품으로 육성하기 위한 정책발굴을 위해서는 관광 이외에 우리의 강점이 있는 타 산업 및 영역과 결합하여 새로운 시장을 창출할 수 있는 사업영역 발굴이 무엇보다 중요하다.

2) 융합관광 콘텐츠 발굴을 위한 관광 R&D를 강화해야 한다.

융·복합 관광 콘텐츠의 발굴을 위해서는 관련 분야와의 융합연구를 확대할 필요가 있다. 융·복합 관광 콘텐츠 발굴 및 상품화를 위해서는 관광 R&D에 인식 강화 및 재정 지원 확대가 필요하다. 특히 새로운 관광 콘텐츠 발굴을 위해서는 산학관의 연계뿐만 아니라 새로운 학문분야와의 지속적인 교류와 연구가 필요하다.

3) 콘텐츠의 중요성 인식 및 종합적인 지원정책의 마련이 필요하다.

세계경제 패러다임이 전통적인 제조업 등 하드웨어 중심에서 콘텐츠, 소프트웨어 등 창의력 중심의 창조경제로 급격히 진행되고 있다. 관광산업은 콘텐츠가 산업성장의 기반이 되는 전환기에 놓여 있다. 따라서 중요한 관광 콘텐츠산업 육성을 위한 종합적인 지원정책 마련이 필요하다.

4) 창조적 아이디어와 기업가 정신, 혁신의 중요성이 강조된다.

관광산업은 종합산업이자 융·복합 산업으로서 인간의 창조적 역량에 의존하는 창조산업으로서 가치가 있음에도 불구하고, 지금까지는 개인이 가지는 창의성을 활용하는 데 한계가 있었다. 즉, 창의성 중심의 관광비즈니스를 육성하기 위해서는 기존 관광산업의 범주를 넘어서는 경계에서 창조적 아이디어에 기반한 관광비즈니스 육성이 요구되며, 이를 위한 체계적인 지원이 필요하다.

5) 경계를 넘나드는 파트너십을 통한 산업경쟁력을 제고해야 한다.

해외에서 추진되고 있는 융·복합기반 관광 콘텐츠 발굴 및 육성 노력에 대응하기 위해서는 융합 관광상품 개발, 융합관광 R&D 강화, 창조관광산업육성, 융합관광 콘텐츠산업 육성 등이 필요하다. 융합관광 육성의 전 과정에서 협력과 파트너십 구축은 중요한 과제이다. 따라서 융합관광산업을 육성하기 위해서는 융합관광정책의 효율적인 추진과 정책의 효과성을 높이기 위한 종합적인 지원체계 구축을 통해 예산확대, 인센티브 강화 등 다양한 지원방안 마련이 요구되고 있다.

제3절　관광산업의 융합화 방향

 1 **융합관광의 방향**

　향후 관광산업에서 융합의 양상은 다양하게 나타날 것으로 예측되고 있다. 따라서 이를 전제로 관광산업의 융합화 방향은 다음과 같다.

　첫째, 관광객의 변화된 특성은 수동적 관광객에서 능동적 관광객, 창조적 관광객으로 변화하여 관광객이 주체적으로 관광상품을 생산하고, 관광시장을 창출하는 공급자로의 전환을 의미하고 있다.

　둘째, 관광자원의 변화는 과거 노동, 하드웨어, 자본 등에 기반한 요소투입형 관광성장 모델에서 지식, 콘텐츠, 기술 등에 의한 창조형 관광자원으로의 전환을 의미하고 있다. 창조경제는 국민 개개인의 상상력이 콘텐츠가 되는 시대로, 다양한 아이디어를 활용한 창업을 지원하고 문화와 첨단기술이 융합된 관광산업 육성을 통해 창조경제를 견인할 수 있는 환경조성이 요구된다.

　셋째, 관광시장의 변화는 대규모 관광과 소수의 개별관광이 혼재하는 구조에서 소규모 그룹과 개별관광, 틈새관광 시장의 확대를 의미한다. 따라서 관광시장 중심의 방향전환이 요구되며, 이는 융합형 관광기업이 재화나 서비스를 단순히 생산하는 것이 아니라, 창조성을 바탕으로 얼마나 새로운 경험을 제공하느냐가 기업경쟁력의 원천이 되고 있음을 의미한다.

　넷째, 관광산업의 성장 동력이 물리적 자본 중심에서 인적 자본과 사회적 자본의 중요성이 강조되는 전환기로 이행 중이다. 융합형 관광산업 생태계 조성 차원에서 창조적 관광역량을 육성하기 위한 관광 R&D 투자가 강화될 필요가 있다.

다섯째, 융합관광으로 정책 영역이 확대됨에 따라 협력적 특성을 고려한 관광정책 추진체계를 새롭게 설정할 필요가 있다. 융합관광은 하드웨어, 소프트웨어뿐만 아니라 오그웨어(orgware)형 정책을 포함하며, 협력의 중요성을 강조하고 있다.

2 융합관광 추진방향

관광분야의 산업간 융합을 촉진하고, 융합관광을 육성하기 위해서는 크게 3가지 방향으로 지원이 이루어져야 한다.

첫째, 관광산업의 창조화를 추진해야 한다.

이는 관광객과 관광인력, 관광기업의 역량 강화를 의미하고 있다. 창의적 아이디어 창출, 융합형 콘텐츠의 발굴과 융합형 기술의 적용을 활발히 하기 위해서는 기본적인 역량 강화가 전제되어야 한다.

둘째, 기존 관광산업의 고부가가치화이다.

이는 융합의 성과와 연결되는데 융합을 통해 기존 관광산업의 영역을 확대할 뿐만 아니라 경제적·사회적 가치 확산을 통한 융합관광의 파급효과 확산을 의미하고 있다.

셋째, 관광 네트워크의 다각화이다.

융합의 동인과 과정, 성과의 전 단계에서 가장 중요시되는 것이 협력과 파트너십, 네트워크로 융합관광 육성을 위한 공공 부문의 협력뿐만 아니라, 기존 산업과 융합을 통한 신산업간의 협력, 공공과 민간의 협력이 중요한 과제로 대두되고 있다.

Convergence Tourism
융합관광론

지자체의 미래먹거리!
융합형 관광산업에 있다

우리나라는 유구한 역사를 품고 있고 조상들을 잘 만난 덕에 관광산업으로 육성할 수 있는 다양한 역사·문화자원이 지역별로 존재하고 있다.

그럼에도 우리나라를 관광산업 선진국이라고 지칭하지 않는다. 우리나라가 관광선진국에 포함되지 못하는 이유가 무얼까?

우리는 주기적으로 선거를 치른다. 특히 국회의원이나 지방자치단체장에 출마하는 사람들은 저마다 지역 관광을 발전시키겠다고 공약을 내건다. 따라서 공약대로 지역이 경쟁력을 가질 수 있도록 지역 관광이 발전하고 있는지 지역주민들은 이를 점검해볼 필요가 있다. 지역주민들은 현실성도 없고 실천하지도 않는 똑같은 공약을 발표하고 당선된 후에는 휴지조각처럼 변하는 지역주민과의 약속을 더 이상 관망해서는 안 된다.

관광산업은 발전 가능성이 무한하나 매우 복합적이고 미래지향적인 산업이다. 전문가의 글에 의하면 '여행'과 '관광'의 개념을 명확히 하고 있다. 일단 여행은 특정 개인이 다른 지역으로 휴양 가는 것이라고 전제한다면, 관광은 이런 개별 여행들을 가능하게 하는 산업적 생태계라는 의미로 규정할 수 있다. 즉, 여행에 필요한 교통과 숙박·음식·체험 시설 등 시스템을 모두 망라하는 것이 관광산업 생태계라는 것이다.

4차산업혁명 시대 도래로 지역 고유 특색에 정보통신기술(ICT)을 바탕으로 한 스마트관광이 대세다. 스마트관광 5대 요소는 스마트 경험, 스마트 편의, 스마트 서비스, 스마트 모빌리티, 스마트 플랫폼을 말한다. 또한, 스마트 관광도시란 관광요소와 기술요소의 융복합을 통해 차별화된 경험, 편의를 제공하고 이로 인해 누적된 정보를 분석하여 지속적으로 관광 콘텐츠와 인프라를 개선·발전시키는 관광도시를 말한다.

우리가 많이 듣고 있는 '메타버스(가상세계)'도 스마트관광시대 도래로 관광에 활용하고 있다. 특히 메타버스는 현실과 가상이 결합한 초월(meta) 세계(verse)라는 의미로 5G와 가상

기술(AR, VR)을 토대로 여가생활과 경제활동을 하는 가상융합공간으로 부상하고 있다. 지방자치단체는 메타버스 플랫폼을 구축함에 있어 지역의 특화 문화·관광자원을 활용하여 현실 세계와 융합된 콘텐츠를 개발해야 실질적인 관광산업 발전을 만들 수 있고 사용자에게도 더 큰 만족감을 줄 수 있다.

지역에는 다양한 전문가가 살고 있다. 흔히 우리는 전문가 하면 대학교수라고 인식한다. 물론 틀렸다고 말할 수는 없다. 그러나 지역 관광산업을 발전시키는 데 있어서는 이론 등 전문지식도 있어야 하지만 관광 현장에서 실사구시형 경험을 쌓은 실질적인 관광산업 현장 전문가가 더 중요하다고 본다. 4차산업 혁명시대를 디지털시대라고도 부른다. 그렇지만 아날로그가 존재하지 않으면 관광산업을 발전시킬 콘텐츠는 개발될 수 없다. 따라서 아날로그와 디지털(IT)은 늘 함께 있는 것이라 할 수 있다. 아날로그 자원에 관광 소비자 눈높이에 맞춘 스토리를 만들고 여기에 디지털(IT)을 접목한 융합형 관광 콘텐츠를 개발하면 지역 관광산업은 크게 발전할 것이다.

지역이 경쟁력을 가지고 지속가능한 자원으로 존재하기 위해서는 지역의 특화된 관광산업 육성이 절대적이다. 다만 지역의 전문가와 분야별 전문가가 소통을 통해 차별화된 융합형 콘텐츠를 개발하고 이에 부합하는 볼거리, 먹거리, 잘거리 등 관광 소비자가 매력을 느끼도록 준비하면 확실하게 관광산업이 지방자치단체 발전을 이끄는 역할을 할 것이다.

관광산업은 '보이지 않는 무역', '굴뚝 없는 공장'이라고 불릴 만큼 외화 획득을 위한 전략 산업으로 육성되고 있다. 관광산업은 외화 획득뿐만 아니라 고용 증대, 국위 선양, 국제 친선 및 문화교류에도 기여하는 바가 크기 때문에 현재 각 국가마다 많은 투자가 이루어지고 있다.

이제 지자체는 미래먹거리로 특화된 융합형 관광산업을 육성해야 한다.

출처: 시정일보(http://www.sijung.co.kr). 2022.06.30.

CHAPTER 2

시니어 관광

제1절 　시니어 관광

1 시니어 세대의 개념

시니어(Senior)는 삶의 지혜나 경험이 풍부한 연장자를 뜻한다.

시니어 관광은 한마디로 고령자가 즐길 수 있는 형태로 특화된 관광을 말한다. 즉, 고령이면서도 여행이나 관광을 적극적으로 즐기는 이들을 겨냥한 관광상품이라는 점에서 기존의 노인관광과는 차별화된다.

여행이란 익숙한 삶의 터전을 떠나 낯선 장소에 가서 몸소 보고 듣고 겪는 것이다. 젊은이들이 더 넓고 새로운 시각으로 세상을 보기 위해 여행에 나선다면 시니어들 역시 근본적으로는 젊은이들과 다를 것이 없다. 새로운 경험, 휴식, 기분전환, 여가선용, 일상으로부터의 탈출, 자아성찰, 물리적·심리적 영역확대, 친목도모 등을 기대한다.

나이가 들수록 좁아만 가는 사회생활의 폭을 넓히고, 급변하는 사회를 제때에 인식하며, 외로움이나 고립감을 덜고, 우울증 해소와 자살률을 낮추는 데 많은 도움이 되는 것이 관광이다. 반면에, 노화나 질병, 불편하거나 번거로운 교통편, 적지 않은 여행비, 주거지에서 멀리 떨어진 관광지 등은 고령자들의 여행을 방해하는 요소가 된다. 따라서 시니어 관광의 주요한 형태는 건강을 챙길 수 있는 의료관광이나 유적지 탐방 등 양보다 질을 우선하는 여행에 더욱 관심이 가게 된다.

최근 들어 우리나라는 고령화 사회를 넘어서 초고령사회로 급속도로 진행되고 있다.

일반적으로 노인은 생리적·신체적 기능의 퇴화와 더불어 심리적인 변화가 일어나고 개인이 자기 유지기능과 사회적 역할기능이 약화되고 있는 사람으로 정의되고 있다.

노인의 개념을 단지 나이를 기준으로 규정할 것이 아니라 생물학적, 심리학적, 사회학적인 측면과 연관해서 다각적이고 종합적인 관점에서 규정할 필요가 있다.

요즘의 고령화 사회 분위기는 적극적이고 활발히 여가생활을 즐기며, 노후를 보내는 시니어들이 사회 분위기를 주도하고 있다.

시니어들은 다양한 여가활동을 즐기지만 가장 보편적이고 대중적인 활동은 여행이다. 노년기의 여행경험은 삶의 질과 만족도를 높이고 고독감, 우울 등 부정적인 감정을 해소하는 데 효과적이라는 연구결과도 있다. 실제적으로 여행사에서는 시니어들을 대상으로 한 관광상품들도 다양하게 판매하고 있다.

특히, 베이비부머 세대가 시니어 세대로 접어들면서 시니어 여행시장은 더욱 확대되고 있다. 베이비부머 세대는 국가 경제발전의 주역으로 학력도 높고 경제적·시간적 여유가 충분한 세대이다. 이들은 은퇴 후 본인을 위해 시간을 투자하고 양질의 노후를 보내는 것에 관심이 많다. 과거에는 친구와 지인 등을 대상으로 단체 패키지 여행을 떠났다면 이제는 트렌드가 변화되어 자유여행으로 국내 및 해외로 여행을 떠나는 경우가 많다. 주로 배우자 및 친구 또는 동호회 모임 등의 구성으로 이루어진다.

일반적으로 고령자를 대상으로 하는 산업시장, 정부통계나 노년학에서는 65세 이상의 인구를 고령자로 지정하고 있다. 그러나 100세 시대가 도래하면서 65세의 나이는 너무나 젊고 활기찬 나이라고 할 수 있다. 따라서 요즘에는 이들을 신중년이라는 용어로 부르고 있기도 하다.

시니어들은 퇴직과 자녀의 결혼이라는 인생의 전환점을 맞아 새로운 삶의 패턴을 경험하면서도 통상적인 마케팅 활동의 목표시장에서는 제외되어 있는 계층이기도 하였다. 하지만 여행과 스포츠 등의 레저산업은 물론 일반 산업분야에서도 마케팅의 새로운 소비계층으로 인식되면서 시니어들의 소비시장이 주목받고 있다.

고령 인구의 욕구를 충족시켜주기 위한 산업을 일반적으로 실버산업이라고 한다.

머리가 하얗게 센 노인의 이미지를 연상시키는 실버(silver)대신에 상급·연장자 의미인 시니어(senior)를 더 널리 사용하고 있는 추세이다.

시니어 세대의 핵심적인 개념은 은퇴를 했거나, 사회적으로 은퇴를 앞두고 있으나 경제적 능력을 지닌 적극적이고 활동적인 계층을 의미한다. 다시 말하면, 기존의 약자인 노령의 이미지와는 달리 은퇴 후에도 청바지를 즐겨 입고, 독립적 성향과 경제력을 가지고 있으면서 여유로운 생활을 누리고 사는 노년세대이다.

② 시니어 관광객의 특성

시니어 관광객의 특성을 살펴보면 다음과 같다.

관광은 인간의 원초적인 욕구와 밀접한 관련이 있으며, 익숙한 일상생활을 벗어나 낯선 문화 속에서 다양한 체험을 하고 싶다는 인간의 보편적인 욕구를 가장 효과적으로 달성하게 하는 행동이다. 특히, 사회적 활동량과 생활의 범위가 젊은 시절보다는 점점 줄어드는 시니어 세대에게 관광은 매우 매력적인 활동이라 할 수 있다.

시니어 관광객의 관광행동 특성을 파악하기 위해서는 우선 돈, 시간, 노력 등의 제한된 자원을 어떻게 배분하는지를 알기 위한 소비특성과 관광특성을 파악해야 한다.

1) 시니어 관광객의 소비특성

시니어의 소비패턴은 신체적 상황을 고려한 것을 중심으로 파악해야 한다. 다시 말하면, 편리한 주차시설, 손쉽게 알아볼 수 있는 상품 항목과 진열방식, 읽기 쉬운 상품사용서 등에 많은 영향을 받게 된다. 또한, 노년층은 상품을 구매하는 데 시간과 에너지를 소비하기 싫어하기 때문에 공동구매를 선호하기도 한다.

젊은층보다는 신용카드 사용하는 것을 꺼려하기도 한다. 그리고 다양한 정보활동에 관심이 적기 때문에 적극적인 소비자로 평가받지 못하는 경향이 있다.

일반적으로 시니어 층은 제품을 선택할 때 제품보다는 서비스를 강조하는 경향이 높으며, 젊은층보다 가격에 덜 민감하여 사용하는 상품에 대한 애호도가 높다.

서비스 조직이 그들의 요구를 얼마나 수용하여주는가에 관심이 높고, 신체적인 노화를 극복하는 데 도움을 줄 수 있는 편리함, 안락함, 효율성, 실질적인 방법 등에 높은 가치를 둔다. 그리고 새롭거나 익숙하지 않은 자극에 대해 부정적인 경향이 있고, 이미 인지하고 있는 상황과 친숙한 장소에서 쇼핑하는 것을 좋아한다.

상품에 대한 정보수집은 주로 친구나 가족 등의 주변사람으로부터 직접 정보를 얻는 경우가 많으며, 제품 구매 시 서비스와 경험을 토대로 구매하는 경향이 높고 이미 사용하고 있는 상품에 대한 충성도가 높다.

시니어 층의 소비특성을 정리하면 다음과 같다.

첫째, 시니어 층은 젊은층에 비해 상품구매까지 훨씬 조심스럽고 시간이 걸리지만, 한 번 신뢰가 가면 계속해서 같은 매장에서 구매하는 충성도가 높은 고객이다.

둘째, 가능하면 위험을 회피하며, 안전한 보장과 보상을 받고자 하는 욕구가 강하다.

셋째, 혼자서 행동하기보다는 가족이나 친구들과 어울려 쇼핑하기를 즐긴다.

넷째, 가족을 위한 소비활동에 적극적이다.

다섯째, 가격보다는 서비스와 경험을 중요시한다.

2) 시니어 관광객의 특성

❶ 일반적인 특성

최근의 시니어들은 실제 나이보다 14세 더 젊은 것으로 느끼고 있으며, 외모상으로는 8세 이상 더 어리게 보인다고 생각하고 있다. 여행은 고령층들에게 있어 가족, 일, 희생에서 벗어나 즐거움, 자아실현을 향한 가치 이동이며, 삶에 대한 보상을 의미하고 있다.

우리나라 시니어 층은 비활동적이고 수동적인 여가를 보내고 있으나, 향후에는 대부분 여행을 여가활동으로 가장 희망하고 있다. 고령자의 71.4%는 주말이나 휴일에 주로 텔레비전 등을 시청하거나 비활동적이고 수동적으로 여가를 보내고 있다.

시니어 층은 젊은 세대에 비해 활동이 둔화되는 것은 확실하지만 모든 고령자가 동일한 패턴을 보이는 것은 아니다. 개인의 건강과 신체능력, 소득과 교육수준, 자동차 기반의 이동성에 대한 개인적 경험에 따라 달라지게 된다.

관광에 대한 동기는 휴식과 기분전환이 주요한 요인이 되고 있지만, 일상생활로부터의 탈출, 휴양, 사회적 욕구/교제, 문화적 동기, 새로운 경험, 신체적 활동, 가족들에 의한 수동적인 관광 등 다양하게 나타나고 있다. 이는 개인의 사회문화적 배경과 교육, 환경 등에 의해서 많은 요인이 작용하고 있다.

❷ 관광 동기

시니어 층들의 여가 및 관광에 대한 욕구는 젊은층과는 매우 다르고, 여가활동, 연령, 소득, 직업, 건강에 따라 관광동기가 다른 것으로 나타나고 있다.

시니어들의 관광경험의 주된 주제로 그 집단 내에서의 사회화와 통합을 제시하고 있다. 예를 들어, 여행 동안에 누렸던 자유경험과 더불어 그들 자신의 정체성, 관계와 향수 등이 있다.

시니어 관광객은 휴가 목적지에서 한번 만족을 경험하면, 재방문뿐만 아니라 주위의 친구들이나 친지들에게 적극적으로 관광지를 추천하는 성향이 높다. 또한, 시니어 관광객은 확실한 정보원천을 신뢰한다.

시니어 관광객의 미래 시장세분화 전략을 위해 고려해야 할 요소는 다음과 같다.

첫째, 연령, 소득, 성별, 결혼여부, 건강상태, 흥미 등의 요소가 일반화된 마케팅 세분화 구성요소로 정형화되어야 한다.

둘째, 소득수준에 따른 차별화 전략을 사용하는 것이 매우 중요하다.

셋째, 독신여성 시니어는 시장성이 크기 때문에 앞으로 중요하게 고려되어야 할 대상이다.

넷째, 건강하고 활기찬 시니어 세대를 위한 활동적인 휴가상품이 계속적으로 개발되어야 한다.

❸ 시니어 관광계층의 구분

시니어 층의 국내관광 활성화 측면에서 건강상태와 소득수준이 중요하다. 따라서 시니어 계층을 활동적 고령층, 적극적 고령층, 소극적 고령층, 순응적 고령층, 일반적 고령층으로 구분하고 있다.

1) 적극적 고령층

건강상태가 양호하고, 소득수준이 높은 집단으로 관광활동이 가장 활발하기 때문에, 이 집단을 고려한 다양한 고령관광상품 개발이 필요한 고령관광의 핵심시장이다.

2) 활동적 고령층

건강상태는 양호하지만, 소득수준이 낮은 집단으로 경제적 제약이 있기 때문에, 정부의 경제적 지원이 일정 부분 필요한 집단이다.

3) 순응적 고령층

건강상태가 좋지 않고, 소득수준이 높은 집단으로 신체적 제약이 있기 때문에, 인프라 지원이 일정 부분 필요한 집단이다.

4) 소극적 고령층

건강상태가 좋지 않고, 소득수준이 낮은 집단으로 경제적·신체적 제약으로 인해 관광활동이 가장 어렵기 때문에, 정부의 경제적 지원과 인프라 지원이 필요한 고령관광의 취약계층 집단이다.

5) 일반적 고령층

건강상태 및 소득수준이 전체의 평균정도에 해당하며, 잠재수요층으로서 일반적인 고령층의 라이프스타일을 고려한 상품개발이 필요한 집단이다.

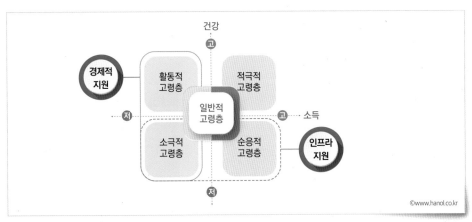

그림 2-1_ 고령층 관광객 계층 분류

4 시니어 관광시장의 미래 전망

소비력을 갖춘 고령세대 인구 확산에 따라 앞으로 국내 유망산업도 실버산업의 직간접 수혜를 받는 분야 위주로 재편될 것이다.

일본에서는 제약·바이오, 편의점, 여행·레저가 수혜산업으로 성장하고 있으며, 실버산업의 연평균 성장률은 기존 산업에 비해 높을 것으로 전망하고 있다. 특히 시니어 층의 정보와 여가관련 산업이 더욱 확대될 것으로 예상된다.

최근 은퇴한 신 고령층이 증가하게 되면서 경제적 여유와 시간을 확보한 이들 세대의 여가 및 소비에 대한 관심이 확대되고 있다. 이들의 문화예술 관람, 레저시설 이용은 꾸준하게 증가세를 보이고 있으며, 특히 50대의 여가활동 증가추세는 주목할 만하다. 젊은층을 타깃으로 하는 카페, 테마파크 등의 공간에서도 시니어 층이 이용하고 싶은 공간으로 변화가 나타나고 있다.

고령화에 따른 경제력 저하로 고령 소비시장에 대한 회의적인 시각이 있으나, 이들의 소비욕구는 활발하게 진행되고 있다. 개인 소비 욕구의 중요한 기준이 되는 인지 나이에 대해 많은 시니어들이 실제 나이보다 낮게 인식하고 있으며, 건강상황도 좋아 거대 소비 집단의 부상으로 주도하게 될 것으로 예상된다.

액티브 시니어들은 젊음의 유지를 위한 패션, 미용, 건강과 관련해 많은 투자를 하며, 흘러가는 시간을 최대한 즐길 수 있는 질적 경험을 중요시하고 여행상품의 가장 큰 소비계층으로 인식되고 있다.

1) 고령화시대의 유망산업

소비력을 갖춘 고령 세대 인구확산에 따라 앞으로 국내 유망산업도 실버산업의 직간접적 수혜를 받는 분야 위주로 재편될 것으로 예상된다. 실버산업의 연평균 성장률은 기존 산업에 비해 높을 것으로 전망되며, 특히 고령층을 위한 정보제공과 여가 관련 산업이 지속적으로 증가하게 될 것이다.

2) 고령층의 국내관광 수요

최근 은퇴한 고령층이 증가하며 경제적 여유와 시간을 확보한 이들 세대의 여가 및 소비에 대한 관심이 확대되고 있다. 이들의 문화예술 관람, 스포츠, 레저시설 이용은 최근 10년 사이 꾸준한 증가세를 보이고 있으며, 특히 50~59세의 여가활동 증가추세는 주목할 만하다.

카페, 테마파크 등 젊은층을 타깃으로 하는 공간에서도 고령층이 이용하고 싶은 공간으로 변화가 나타나고 있다.

3) 시니어 계층에 따른 관광시장 세분화

고령 관광시장은 단순하지 않고 다양하고 복잡한 요소들이 얽혀 있기 때문에 시장진흥을 위해서는 시장세분화가 필요하다. 시니어 층들은 이미 정해져 있는 그들의 나이, 세대, 성별, 인종, 직업, 성격, 삶의 질에 대한 가치관 정도에 따라 관광행동을 결정한다. 하지만, 후천적으로 그들의 가치나 신체적 변화에 따른 주관적 나이의 정도 등 심리적·내부적 요인, 최신 기술의 활용 정도 등의 행동적 요인, 외생요인에 따라 관광행동을 결정할 수 있다.

시니어 관광은 관광산업에서도 굉장히 매력적이고 미래지향적인 분야이다. 앞으로 환대산업과 숙박산업, 박물관, 쇼핑 등 모든 서비스 분야에서 기대된다.

특히, 관광산업의 가장 어두운 부분인 비수기 문제를 해결할 수 있는 유일하고 가장 쉬운 방법으로 고령관광 진흥이 대두되고 있다. 하지만, 국내 고령정책은 고령의 다양한 특성을 고려한 세분화가 이루어지지 않고 있기 때문에, 고령관광 시장 마케팅에 대한 접근은 우선 시장세분화가 필요하다.

미래 산업에서 시니어 관광객이 중요한 이유는 다음과 같다.

첫째, 시니어 관광객은 돈을 소비하는 것을 즐거워한다.

둘째, 패키지 가격을 선호하며, 여행과 관련된 모든 일정과 과정이 포함되어야 한다.

셋째, 관광하는 동안 가격에 구애받지 않고 특별한 식사경험을 즐기려 한다.

넷째, 여행사에 영향력을 행사하기 위해 같은 여행사를 지속적으로 애용하는 경향이 높으며, 그들의 연령에 맞추어서 여행패턴을 바꾸는 것을 좋아한다.

Case Study

대한민국 시니어들
여행을 꿈꾸다

익스피디아의 발견, 대한민국 시니어들이 여행을 꿈꾸는 이유

전 세계적으로 시니어들의 여행이 늘고 있는 추세이다. 인생의 황혼기에 뒤늦게나마 오래전부터 해보고 싶었던 것에 대한 투자를 아끼지 않는 액티브 시니어(Active Senior) '포미족'들이 적극적으로 해외여행에 나서고 있다. 이런 트렌드는 한국에서도 적용되어 시니어들의 여행 수요가 꾸준히 증가하고 있다.

1970~1980년대 산업화의 주역들이 젊어서 못 해본 해외여행을 열심히 떠나는 추세이다. 이에 따라 익스피디아가 시니어 여행 트렌드를 알아보기 위해 50세 이상 남녀 1,000명을 대상으로 조사해보았다.

대한민국 시니어, 행복해지기 위해 여행한다?!

대한민국의 시니어들이 행복한 인생을 위해 가장 하고 싶은 것은 무엇일까?

50세 이상 시니어들에게 물은 결과, 여행(84.5%, 이하 중복응답 허용)을 행복한 인생을 위해 가장 하고 싶은 것으로 꼽았다. 여행 다음으로 선호하는 활동으로는 취미(71.1%)와 운동(62.8%)이 각각 2, 3위를 차지했다. 여행을 통해 행복한 삶의 원동력을 얻고 활기를 찾는 시니어들은 대학생들처럼 배낭여행을 떠나는 '시니어 배낭여행족'에 대해서도 긍정적인 반응을 보였다. '시니어 배낭여행족'에 대해 응답자의 87.8%가 긍정적이라고 답했으며, 10

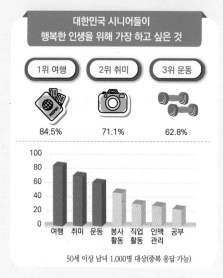

대한민국 시니어들이
행복한 인생을 위해 가장 하고 싶은 것

1위 여행	2위 취미	3위 운동
84.5%	71.1%	62.8%

50세 이상 남녀 1,000명 대상(중복 응답 가능)

명 중 7명 이상에 해당하는 72.2%는 시니어 배낭족이 되고 싶다고 응답했다.

패키지여행만 한다는 건 착각! 자유여행을 선호하는 시니어

대한민국 시니어들은 주도적인 여행을 선호하는 것으로 나타났다. 자녀들이 보내주는 효도관광(12%)보다는 자신의 힘으로 직접 여행지를 찾아보는 주도적인 여행(88%)을 원하는 사람이 훨씬 많았다. 그리고 전체 응답자 중 절반 이상인 53.8%는 여행사의 패키지 상품 대신 항공과 숙박을 개별적으로 예약한 경험이 있는 것으로 나타났다. 과거에는 정보가 없어 패키지 여행에 대한 의존도가 높았지만, 다양한 채널에서 정보를 얻게 된 액티브 시니어들은 여행사 패키지가 아닌 온라인이나 모바일 등으로 항공권과 호텔을 직접 예약하고 있는 것으로 보인다.

가능한 한 멀리, 딱 한 곳만 가고 싶다!

자율여행을 선호하는 시니어 여행객이 가장 가고 싶은 여행지는 영국, 독일, 체코 등이 위치한 유럽(42.2%)이었다. 뒤를 이어 오스트레일리아, 뉴질랜드가 있는 오세아니아(17.2%)와 미국, 캐나다가 있는 북미(11.4%)가 2, 3위를 차지해 비교적 먼 나라를 선호하는 경향을 보였다. 이는 여행지를 선택한 이유와도 연관이 있는 것으로 보인다. 시니어들에게 가장 가고 싶은 여행지의 선택 이유를 묻자, 답변 중 많은 응답자들이 '가본 적 없는 곳이라서' 가보고 싶다는 답변을 했다. 유럽과 오세아니아, 북미 등은 아시아 지역에 비해 상대적으로 가기 어려운 지역이다 보니 이런 양상이 나타난 것으로 보인다. 또한, 절반 이상의 시니어가 한 나라만 집중적으로 돌아보는 모노 데스티네이션(Mono Destination)을 선호한다고 답했다.

대한민국 시니어, 그들이 여행을 꿈꾸는 이유

시니어들에게 가장 가고 싶은 여행지의 선택 이유를 묻자 굉장히 다양한 답변들이 나왔다. 여행 프로그램에서 접하고 가고 싶어졌다는 답변이 많았으며, 유럽의 새로운 문화와 중세의 예술을 다양하게 경험하고 싶어서, 역사 기행 등 학구열을 불태우는 답변들도 있었다. 이 외에도 지인들이 갔다 와서 좋다고 해서, 비행시간이 짧고 식사가 입맛에 맞아서, 수평선 너머 무엇이 나를 기다리는지 궁금해서 등의 답변도 눈길을 끌었다. 다양한 동기로 여행 욕구를 자극받은 시니어들이 직접 정보를 수집하여 여행을 떠나는 추세가 점점 증가할 것으로 보여 주목할 만하다.

시니어, 마켓의
변화를 주도하다

시니어 비즈니스 시장의 급부상

시니어는 인생 후반전을 살아가는 퇴직한 50대 이상을 지칭하기도 하지만, 통상적으로는 60세 이상, 공식적으로는 65세 이상의 고령자를 말한다. 특정 국가에서 65세 이상 인구수가 20% 이상인 사회를 초고령 사회(Super-Aged Society)라고 정의하고 있다.

고령화가 가속화되고 시니어가 주요 소비층으로 급부상하면서 이들을 겨냥한 시니어 비즈니스 관련 시장이 커지고 있다. 이는 시니어의 라이프스타일과 취향이 시대에 따라 변화함으로써 의식주 등에 관련된 필수재적 소비지출이 아닌, 쇼핑이나 외식, 오락, 문화 활동에 대한 소비지출이 더욱 높아졌기 때문이다.

넉넉한 자산과 소득을 갖춘 시니어의 증가로 '시니어 비즈니스(Senior Business)'라는 거대 소비 시장이 형성될 것으로 예상되기에 시니어의 소비 스타일에 주목할 필요가 있다.

디지털 소비를 즐기다

시장조사업체 그랜드뷰 리서치에 따르면, 미국의 55세 이상 액티브 시니어 여가 산업 시장 규모는 2019년 이미 5,234억 달러, 약 614조 원으로 추산했다. 건강하고 활동적인 중·장년층을 뜻하는 액티브 시니어(Active Senior)의 가장 큰 특징은 이전 노년층과 달리 자신에 대한 투자를 아끼지 않는다는 점이다.

이에 따라 디지털, 식품, 건강, 뷰티, 엔터테인먼트 등 다양한 업계에서 시니어를 겨냥한 마케팅이 급부상하고 있다. 그중 디지털 분야가 돋보인다. 서울연구원이 발표한 자료를 보면 2020년 50대의 온라인 소비액은 약 3조 5억 원으로 이는 2019년 2조 9,000억 원 대비 22.3%나 증가한 수치다. 60대 이상의 온라인 소비액 역시 2020년 약 1조 4,000억 원으로

2019년 1조 2,000억 원에서 18.6%나 증가한 것으로 나타났다.

종합 쇼핑몰, 배달 앱, OTT 등 온라인 상품 전역에서 50~60대의 소비가 크게 늘어나면서 시니어는 온라인 소비의 주역으로 떠오르고 있다. 이는 중장년층의 온라인 소비문화가 점차 증가하고 있다는 방증이다. 특히 젊은 세대 위주였던 OTT 서비스 분야에서도 50~60대의 소비가 많이 증가했다. 2021년 8월 시니어 소셜 벤처 임팩트피플스가 50~60대 OTT 서비스 이용현황을 조사한 결과 10명 중 6명 이상이 OTT 서비스를 이용 중인 것으로 나타났다.

젊은 취향의 시니어들이 스마트폰을 활용한 디지털 소비를 즐기고 있다. e-커머스 침투율이 높은 편인 한국에서 시니어 소비자의 참여가 증가한다는 것은 곧 e-커머스 시장의 고속 성장이 지속될 것을 가리킨다. 디지털 환경에 익숙해진 액티브 시니어가 새로운 소비의 주역으로 떠오르며 e-커머스 시장이 점점 커지는 것이다.

실버 팬덤 현상의 등장

젊은층 못지않게 인터넷과 스마트폰 활용에 익숙하고, 자신을 위한 소비에도 적극적인 액티브 시니어는 내가 사랑하는 셀러브리티(celebrity)에게 소비를 서슴치 않는다. 건강과 소비 여력을 가진 베이비부머들이 본격 은퇴하기 시작하면서 엔터테인먼트 시장에서도 60대 이상 충성 고객을 뜻하는 '실버 팬덤' 현상이 나타나는 것이다.

SK텔레콤에서는 <미스터트롯>의 노래를 담은 시니어 전용 스마트폰, 갤럭시 A21s 비바 트롯 에디션을 내놓았다. <미스트롯>과 <미스터트롯> 등 트로트 열풍으로 시작된 팬덤 문화는 본방 사수는 물론이고, 음원 결제와 스트리밍 릴레이도 한다. 아티스트의 친필 사인이 들어간 컵, 사진이 프린팅된 우산 등과 같은 굿즈도 MZ세대처럼 활발하게 구매하면서 관련 시장도 커지는 추세다. 굿즈 마케팅은 단순히 홍보용 기획 상품을 만드는 것을 넘어 팝업 스토어를 열거나 협업 굿즈를 만들어내는 데까지 진화하며 기업이 시니어와 소통하는 하나의 방법이 됐다.

또한, 시니어는 바쁘게 살았던 주니어 시대를 회상하면서 악기를 배우거나 트로트 가수 또는 특정 연예인을 추종하는 고객 커뮤니티에서 활발히 활동하며 조용한 관람자에서 참여형 소비자로 변화하고 있다. 경제적·시간적 여유가 있는 시니어에게 팬심은 위안을 얻는 수단이기 때문에 영향력을 확대해가며 그에 따른 경제적 파급력은 점점 커질 전망이다.

케어푸드의 확산은 어디까지인가?

혼자 살거나 직접 음식을 만들지 못하는 시니어를 위한 케어푸드도 급부상하고 있다. 일본의 케어푸드 시장 규모는 2020년 기준 1,462억 6,000만 엔, 약 1조 7,000억 원이었다. 직접 조리가 어려운 이들을 위한 배달 서비스 및 도시락 택배 서비스 또한 활기를 띠고 있다. 후발 주자인 우리나라도 맛과 영양을 겸비한 케어푸드 관련 연구와 제품 출시에 박차를 가하고 있다.

지난해 고령 친화 식품 산업 시장 규모는 약 17조 6,000억 원으로 2015년 약 9조 3,000억 원보다 88% 증가했다. 케어푸드 소비자 그룹 중에서 가장 부유한 1차 베이비부머 1955~1963년생 그리고 향후 10년 내 점차 시니어로 전환되는 2차 베이비 부머 1968~1971년생의 수가 1,000만 명에 육박하며, 시니어 시장을 타깃으로 하는 건강기능식품과 고령 친화 케어 시장이 향후 지속성장할 것이다.

또한, 코로나19 확산으로 면역력 강화 등

실버 세대 타깃 제품이 속속 등장하고 있으며, 스포츠업계에서도 건강관리에 관심이 많은 시니어가 주요 고객으로 자리 잡고 있다.

CES 2022에서 시니어를 대상으로 한 건강 추적과 질병 예방 분야의 제품이 많이 쏟아져 나온 것만 봐도 시니어 건강 시장이 커졌다는 것을 짐작할 수 있다.

갈수록 늘어나는 자기계발 욕구

요즘에는 주변에서 80대 시니어 모델, 90대 요가 강사, 100세 스타 철학 강사 등 적극적으로 여가생활을 즐기는 시니어를 쉽게 찾아볼 수 있다. 이처럼 액티브 시니어는 자신의 시간을 행복하게 채우기 위해 자기계발을 하고자 하는 욕구가 강하고, 인생 후반전을 더 의미 있게 살고자 한다.

그래서 시니어를 위한 다양한 교육 서비스가 활성화되는 추세이다. 각 지자체에서는 요리·카메라·여행에 대한 흥미 위주의 강좌는 물론, 각종 양성 과정까지 내놓고 있다. 활발한 시니어의 자기계발은 재능 공유 플랫폼에서도 활용가능하다.

여행도 기존과 다른 가치관과 소비패턴을 보인다. 한국관광협회중앙회가 60대 이상 시니어를 대상으로 여행 트렌드를 분석했는데, 55.6%가 문화·역사·미술 등 주제가 있는 콘셉트 여행을 선호한다고 했다. 이같이 뉴 시니어는 사고방식, 체력, 라이프스타일 등 다양한 측면에서 젊고 활동적인 경향을 띠고 있다. 시니어 비즈니스는 오랫동안 행복하게 즐기고자 하는 뉴 시니어의 니즈에 맞춰 폭넓은 사업영역으로 변화하고 있다.

시니어 마켓의 발전을 위한 고민

시니어 마켓이라는 신(新)시장은 아직은 낯설고 어려울 수 있다. 시니어가 행복하기 위해서라면 시니어 마켓의 새로운 미래 사회 모델을 만들어야 한다. 의식주 전반에 걸쳐 생활 관리, 라이프스타일까지 총체적으로 관리해주는 '토털 매니지먼트(Total Management)'가 필요한 시점이다.

액티브 시니어는 취미 생활을 찾아 적극적으로 활동함으로써 외로움을 해소하고 유대감을 유지해 삶의 질을 높이고 있다. 특히 여가, 패션, 뷰티와 같이 삶의 질을 높일 수 있는 비일상적 소비에 대한 관심이 많은 시니어의 활동은 즐거움과 소통, 일자리 창출 등 다양한 방면으로 사회에 긍정적 영향을 미치고 있으며, 기업의 수익에도 반영되고 있다. 이것으로 미루어 볼 때 기업은 시니어 마켓을 50~65세 초기 시니어 시장, 66~80세 실버 시장, 81세 이상 고령자 시장 등으로 세분화하여 접근하고 시니어 시장을 블루오션으로 인식할 필요가 있다. 또한 단지 생물학적 노화에 포커스를 맞추는 것이 아니라 노후 삶의 질에 집중하는 '고령 친화적' 방식으로 다가서야 한다.

오는 2026년 즈음에는 65세 이상 인구가 20%가 되는 초고령 사회에 진입함에 따라 시니어 마켓 규모 역시 커질 것이다. 이러한 시장의 변화로부터 시니어가 육체와 정신 건강을 동시에 잡을 수 있기를 바란다.

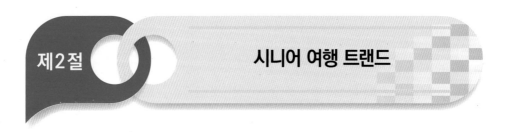

제2절 시니어 여행 트랜드

1 우리나라 시니어 관광의 현실

우리나라의 시니어 관광은 아직은 미개척 분야라고 해도 무방할 정도이다.

고령자의 특성이나 취향 등을 배려한 휴양지를 비롯해 시니어 관광 관련 시설이 많이 없고 이들을 위해 만든 전용 관광상품도 턱없이 부족한 것이 사실이다.

보건복지부와 문화체육관광부가 주관하는 정부의 시니어 관광정책은 아직까지는 복지에 더 초점이 맞추어져 있으며, 소외계층에게는 여행경비를 보조해주고 있는 수준이다. 최근 들어 일부 지방자치단체가 고령자들을 위한 공간을 조성하거나 각종 문화활동을 벌이고 여행상품도 개발하고는 있지만 아직도 미흡한 부분이 많다.

여행업계 또한 고령자들을 위한 상품개발에 미온적인 상태이다. 그나마 고령자들을 단체로 모시는 효도관광 차원에서 교통비나 숙박시설 이용요금을 조금씩 할인해주는 정도에 불과하다.

해외 사례를 살펴보면, 일찍부터 고령화에 주목한 몇몇 국가와는 크게 대비되는 모습이다. 우리나라보다 앞서 고령사회를 맞은 일본을 좋은 예로 볼 수 있다.

우선 고령자 전용 여행상품이 많다. 일본 국토교통성의 분석에 따르면, 비교적 고급스럽고 맛있는 먹을거리가 많고 거리가 멀지 않은 온천 등지가 고령자들에게 인기가 높다. 또한 가까운 사람들과 어울려 단체로 갈 수 있고, 상대적으로 안전하고 필요할 때마다 안내원의 도움을 받을 수 있는 패키지 상품이 자유여행 상품보다 반응이 더 좋다. 항공기 대신 선박을 이용한 여행에 고령자들이 더 많이 몰리는 현상도 눈여겨볼 만하다. 단순히 놀고 즐기기보다는 색다른 체험, 문화강좌 등과 연계된 여행수요도 높은 편이다.

시니어 관광의 제약요인

1) 관광의 제약요인

시니어 층의 관광제약 요인은 내재적 제약요인, 대인적 제약요인, 구조적 제약요인으로 분류할 수 있다.

❶ 내재적 제약요인

고령층의 관광을 제약하는 내재적 요인에는 건강의 유무가 관광에 대한 의사를 결정하는 데 가장 많은 영향을 미치는 것으로 나타났다. 다음으로는 관광을 가고 싶은 마음이 없는 것이 제약요인이며, 이유는 건강과 저소득의 영향이 많은 것으로 파악된다.

❷ 대인적 제약요인

대인적 제약요인으로는 나이가 들어가면서 친구나 주위의 지인들이 줄어들게 됨으로써 관광을 함께 할 사람이 없는 것이 관광을 제약하게 되는 요인이 된다.

❸ 구조적 제약요인

내재적·대인적 제약요인보다 가장 큰 요인은 경제적 여유가 없는 구조적 제약이다. 특히 비건강과 저소득 집단이 가장 영향이 큰 것으로 예상된다. 그리고 관광할 시간이 없거나 관광지로 이동할 교통수단이 없는 불편함으로 인해 관광에 제약을 받고 있다.

시니어 관광 제약요인에는 주로 경제적 여유가 없거나 시간이 없는 구조적인 제약요인이 가장 크게 나타나고 있기 때문에, 이에 맞추어서 고령층 맞춤형 관광상품 개발이 필요하다. 따라서 비용문제를 지원할 수 있는 교육관광 프로그램을 개발함으로써, 고령층들이 새로운 관광상품으로 관광활동 참여기회를 높일 수 있도록 해야 한다.

❸ 시니어들의 여행 트렌드 변화

2012년까지 시니어 관광객들의 해외여행은 주로 비행시간이 짧은 중국, 베트남, 일본 등의 패키지 여행이었다. 그러나 요즘은 거리가 멀더라도 여행지를 직접 선택해서 떠나는 배낭여행 시니어들이 증가하고 있다. 시니어 배낭여행 선호 국가로는 과거 다소 생소했던 동유럽권을 포함한 유럽과 미주가 인기가 있었다.

배낭여행과 같은 자유여행은 그동안 '젊은 세대의 전유물'로 여겨졌다. 하지만 〈꽃보다 할배〉가 이런 편견을 깨는 계기가 되었다. 꽃할배 시리즈가 방영된 2013년 7월 이후 다음 해(2014년)까지 해외로 자유여행을 떠난 60대 이상 여행객이 전년 대비 34% 증가했다. 전 연령층의 자유여행 증가율이 16%인 것을 감안해도 대단히 높은 수치다(출처: 한국문화관광연구원). TV를 보며 60대 이상 시니어 층에서도 '나도 저런 노년의 인생을 살아야지', '까짓것 나도 할 수 있을 것 같다'라는 반응을 보였다고 한다.

이렇게 적극적인 반응을 보인 분들 중에 은퇴 후에도 자신에게 투자를 아끼지 않으며, 제2의 삶을 즐기는 60대 이상을 '액티브 시니어'라고 부른다.

1) 60대 이상 시니어, 역사·문화 테마여행 선호하고 있다.

60대 이상 시니어들이 선호하는 여행 테마는 역사, 문화 등 주제가 있는 '콘셉트 여행'(55.6%)이라는 조사결과가 나왔다.

한국관광협회중앙회는 '시니어 꿈꾸는 여행자' 과정의 60세 이상 액티브 시니어들을 대상으로 여행 트렌드를 조사해 발표했다.

조사결과 선호하는 여행 테마는 역사, 문화 등 주제가 있는 '콘셉트 여행'(55.6%)과 여행지의 문화를 존중하고 지역민과 소통하며 즐기는 '공정 여행'(25.4%)이 80% 이상의 높은 응답률을 기록하며, 단순 휴식을 넘어 여행에서 의미를 찾고자 하는 경향을 보였다.

가장 선호하는 여행 숙소 유형은 휴양림 숙소(62%)가 압도적 1위를 차지했다. 이어 펜션(14.1%), 부티크 호텔(7.7%) 등이 뒤를 이었다.

국내 여행지는 강원도(37.3%), 전라도(26.8%), 제주도(21.1%)가 상위권에 올랐다. 60대 이상 시니어들은 도심보다는 자연경관을 즐길 수 있는 숙소와 지역을 선호하는 것으로

풀이된다. 여행 시 동행자는 배우자(36.6%), 친구(25.4%), 여행 커뮤니티(22.5%) 순으로 동년배와의 여행을 선호하는 것으로 나타났다. 시니어 꿈꾸는 여행자 과정의 지원서에서도 여행을 함께 다닐 수 있는 친구를 찾는다는 응답이 많았던 만큼, 여행이라는 공통 관심사를 나눌 수 있는 커뮤니티에 대한 수요가 많은 것으로 분석된다.

또한 시니어가 가장 선호하는 여행 스타일은 '짧게 자주 즐기는 여행'(43.7%)으로 나타났다. 영상과 사진 등을 남기는 '기록 여행'(22.5%)과 특정 주제를 깊이 있게 경험하는 '반복 여행'(22.5%)은 공동 2위를 차지했다.

한국관광협회중앙회장은 "여행을 통해 의미를 찾고 자연 친화적인 숙소를 선호하는 등 시니어들만의 독특한 여행 트렌드가 이번 조사에서 뚜렷하게 나타났다"라고 말했다.

4 SMART한 시니어

SMART는 Sense, Money, Art, Re-creation, Technology의 첫 글자를 딴 약칭이다. 즉, 시대에 뒤떨어지지 않는 센스를 갖추고, 일정한 경제력이 있으며, 문화예술에 대한 관심이 높고, 여가활동은 물론 자기 스스로를 재창조하는 활동을 적극적으로 하며, 발전하는 각종 테크놀로지에 거부감을 갖지 않고 주체적으로 수용하고 활용하는 시니어를 말한다.

1) Sense(센스) 있는 시니어는 건강과 함께 외모에 신경을 쓴다.

피부관리와 패션에 관심이 많으며, 유모와 위트가 있고 교양 있게 말하고 싶어 한다. 시니어에게 꼭 필요한 3가지는 건강, 경제력, 커뮤니케이션 능력이다. 이들은 오프라인과 온라인에서 소통하기 위해 끊임없이 노력한다.

2) Money(돈)가 있는 시니어는 쓸 때는 쓴다.

건강을 위해 무언가를 기념하고 경험하고 배우기 위해 아낌없이 투자한다. 투자 의욕도 있다.

41

3) Art(아트)를 누리는 시니어는 시간이 많다.

영화를 보고 미술관과 박물관에 간다. 뮤지컬을 즐기고 무엇인가를 배워 직접 체험하고 만든다.

4) Re-creation(리크리에이션)에 열중한다.

두 번째 인생을 새롭게 살기 위해 여행, 취미활동에 관심이 많다. 이들은 공익과 일, 다음 세대를 위한 봉사에도 분주하다.

5) Technology(테크놀로지)에도 능숙하다.

이미 SNS, 유튜브 등에서 네트워크의 주인공이다. 비대면 시대에 온라인 쇼핑도 즐겨 하고 있다.

❺ 시니어 국내관광 지원정책

정부는 고령층 관광의 필요성에 대한 충분한 인식은 가지고 있으나 이에 대한 정책이 부족하고 예산집행 역시 극히 미미한 수준에 머무르고 있다.

저출산 고령사회위원회의 제3차 저출산·고령사회기본계획(대한민국정부, 2015)에는 '고령친화 관광산업 육성' 영역에 2가지 사업이 있으며, 경제적 지원을 하는 '고령친화 관광상품 개발 활성화'와 관광 인프라를 개선하는 '고령친화 관광 환경조성'이 있다.

문화체육관광부의 고령관광 지원정책은 장애물 없는 관광지, 여행바우처 지원 등 여가복지 측면의 취약계층 관광지원에 집중되어 있다.

❶ 국민의 '생애주기별 관광' 지원대책으로 고령층에게는 세컨드 라이프를 위한 '진지한 여가'의 장려와 지자체와의 연계를 통한 여행 프로그램 개선 등을 계획하고 있다.

≣ 표 2-1_ 고령친화 관광산업 육성

사업	세부 내용
고령친화 관광상품 개발 활성화	• 경제력과 건강이 저하되어 있는 고령층 대상 복지 관광 프로그램(문화누리카드 등) 확대('16~) • 교육 및 문화향유 욕구가 강한 고령층을 대상으로 관광, 여가프로그램 등이 복합된 한국형 엘더호스텔* 프로그램 개발·확산('17~) * 유스호스텔과 상대되는 개념으로 고령층에게 대학기숙사 등을 활용하여 숙식을 제공하고, 특별교육프로그램을 개설하는 학습-관광 혼합프로그램
고령친화 관광환경 조성	• 주요 관광시설(관광숙박시설, 국제회의시설, 관광휴양시설 등)에 대한 접근성 및 편의시설 설치 실태조사, DB구축('16) • 민간 관광시설의 자율적인 접근성 및 편의시설 설치 개선을 유도하기 위해 시범 관광지육성('16~) * 문체부 '열린 관광지 공모사업' 시범사업(5개소) 지속 확대 • 관광시설 접근가능성 수준을 높이기 위한 장애물 없는 관광환경 조성을 위한 가이드라인 개발·보급('17)

자료: 제3차 저출산 고령사회 기본계획(대한민국 정부, 2015).

❷ '관광 교통패스' 도입과제로 고령층에게도 관광에 있어 경제적 부담을 줄여주고자 국내 대중교통 비용을 할인하는 정책을 만들고자 한다.

❸ '실버여행학교' 도입사업은 고령층 대상으로 평생교육기관 도입을 검토하는 것으로, 여행과 평생교육을 결합하여 고령층에게 여행의 기회를 보장하고 평생교육을 실현하고자 하는 것이다.

❹ 고령층에 관한 관광지원 정책은 관광취약계층의 일부계층에 한정하여 관광복지 증진시책을 강구하고 저소득층 대상 여행이용권을 지급하고 있다.

서울시는 '무장애 관광도시 조성 계획'을 수립하여 신체적 여건과 정보접근 제약 때문에 여행이 힘든 장애인, 고령층, 임산부 등 관광약자의 관광 향유권을 기본권으로 보장하기 위해 2018년부터 지속적으로 예산을 투입하고 있다.

관광시설에 장애물이 없는 유니버셜 디자인을 확대 적용하고, 장애유형별·대상별로 특화된 관광코스와 맞춤 콘텐츠를 개발하고 있다. 서울시의 정책시행에 따라 진주시, 강원도, 제주도, 세종시, 전남, 부산 등 지자체로 확산되고 있다.

6 시니어 층의 국내관광 인프라 구축

건강한 집단의 국내관광 활성화를 위해 스마트 관광환경을 조성하고, 비건강한 집단의 국내관광 활성화를 위해 무장애환경 조성을 확대해나가야 한다.

1) 시니어 층이 여행하기 쉬운 환경을 조성해야 한다.

고령층들이 이용하기가 편리하게 고령친화적인 시설을 구축하여 나이로 인한 물리적·사회적 장애 없이 모든 세대가 함께 어울려 살아갈 수 있는 환경을 만들어가야 한다. 관광지 선택에 있어서, 관광지 치안과 안전을 우선적으로 고려하고 있으므로 고령 관광객들의 안전사고 예방수칙 마련과 고령층 관광객들이 많이 이용하는 시설의 안전에 대한 점검대책 마련이 필요하다.

최근에는 모든 사람들이 장애나 편견 없이 다 함께 어울려 살기 편한 사회를 지향하면서, 유니버설 디자인(Universal Design) 적용을 통한 무장애(Barrier-free)환경 조성의 노력이 전 세계적으로 활발하게 이루어지고 있다.

2) 우대 숙박시설 환경을 조성해야 한다.

시니어 층 관광객 대상 하드웨어적인 요소는 교통기관, 숙박시설, 관광시설 등으로, 고령층을 위한 하드웨어적·소프트웨어적 요소가 잘 갖추어진 전용시설을 확보할 필요가 있다. 숙박시설은 고령층들이 이용하는 데 있어서 많은 불편이 따를 수 있기 때문에 고령층의 불편을 최소화할 수 있는 숙박시설이 필요하다.

숙박업체들이 특별히 고령층을 우대하는 제도나 지원활동, 객실 내 고령자들이 이용하기 편리한 단차 제거 등을 고려하지 않는 경우가 많다. 이를 위한 대책은 객실 내 단차 제거, 화장실 내 비상호출 부저 설치, 목욕탕 내 가드 설치 등 고령층을 위한 관광상품에서는 이러한 시설을 이용할 수 있도록 하는 방안이 검토되어야 한다.

문화체육관광부 주최, 한국관광협회 중앙회 주관의 시니어 꿈꾸는 과정은 60세 이상 액티브 시니어들을 대상으로 한 국내 최초의 여행문화 교육프로그램이다. 고령사회로 빠르게 진입하는 한국의 인구 추세에 따라, 시니어들의 주도적이고 자유로운 여행

경험을 지원하기 위해 다음과 같은 시니어 여행 트렌드를 조사하였다.

시니어가 가장 선호하는 여행 스타일은 짧게 자주 즐기는 여행, 영상과 사진 등을 남기는 기록여행과 특정 주제를 깊이 있게 경험하는 반복여행을 선호하는 것으로 나타났다.

❶ 선호하는 여행테마는 역사, 문화 등 주제가 있는 콘셉트 여행과 여행지의 문화를 존중하고 지역민과 소통하며 즐기는 공정여행이 높은 것으로 나타났다. 단순 휴식을 넘어 여행에서 의미를 찾고자 하는 경향이 있다.

❷ 숙소 유형은 휴양림 숙소, 펜션, 부티크 호텔을 선호하고 있다. 국내 여행지는 강원도, 전라도, 제주도가 인기 있는 장소로 꼽히고 있다. 도심보다는 자연경관을 즐길 수 있는 숙소와 지역의 선호도가 높다.

❸ 시니어가 여행할 때 선호하는 동행자는 배우자, 친구, 여행 커뮤니티에서 만난 여행자, 동년배이다.

시니어가 꿈꾸는 여행자 과정의 지원서에서도 여행을 함께 다닐 수 있는 친구를 찾는다는 응답이 많은 만큼 여행이라는 공통 관심사를 나눌 수 있는 커뮤니티에 대한 수요가 많은 것으로 나타난다.

⑦ 시니어 세대의 여행수요 분석 및 전망

베이비붐 세대(1953~1965년생)가 고령자가 되는 시기인 현재 시점에 여가산업은 더욱 활성화될 것으로 예상된다.

실버여가시장 규모는 약 26조 4천억으로 전망되며, 이들은 주로 문화비 지출로서 교육과 여행분야의 비중이 높아질 예정이다. 은퇴 후 제2의 인생의 삶을 위해 새로운 목표를 세우고 이를 도전하는 시니어 층 들은 평생교육 차원에서 교육에 관심을 가지고 있다.

🔹 그림 2-2_ 인구 구조 변화

우리나라 시니어 층은 2025년 65세 이상의 인구 비율이 20% 이상으로 고령화 사회로 진입될 것으로 예상되고 있다.

한국은 OECD 37개국 중에서 고령화 속도 1위이다. 한국관광공사는 시니어 세대의 여행인식 및 실태분석과 여행산업 전망을 통해 국내 여행을 활성화하고자 시니어 세대의 여행수요에 대한 연구를 실시하였다.

65세 이상의 인구가 향후 가장 하고 싶은 활동은 관광으로서 전체의 65%를 상회하고 있는 것으로 나타났다.

과거의 시니어 세대는 복지차원에서 보살핌을 받는 존재로 인식되어왔다. 그러나 현재는 소비시장에서 영향을 많이 끼치는 구매력이 높은 세대로 두각이 드러나고 있다.

미래의 시니어 세대는 나이와 시간에 얽매이지 않고 여유로운 삶을 즐기는 존재로 성장할 가능성이 매우 높다.

시니어 세대 여행 중 여가 서비스업의 소비는 코로나19 기간에도 꾸준하게 성장했다. 여가 소비는 주로 골프, 유원지 그리고 레저활동을 주로 하는 것으로 파악된다.

최근 3년간(2019~2021년) 인기지역 방문지는 시니어 세대 중에서도 연령별 선호하는 지역이 다르게 나타났다. 주로 남부지역에 분포되어 있으며 서해지역과 경상도 지역을 선호하는 것으로 나타났다.

소셜 미디어에 나타난 시니어 세대의 여행기록을 살펴보면,

2021년 시니어의 여행에 대한 관심은 꾸준히 상승세를 유지하고 있다. 지속 상승 여행 키워드는 섬, 한 달 살기, 그리고 제주도에 많은 관심을 가지고 있었다.

여행을 하게 되는 동기로는 다양한 인연 만들기와 행복한 노후생활 그리고 건강과 젊음을 유지하는 것이다.

여행의 테마는 자연 친화적인 여행을 주로 선호하고 있으며, 체험여행, 도보여행 그리고 액티비티 및 체험 등을 할 수 있는 여행을 많이 하고 있다.

이에 따른 불편한 사항으로는, 고령인 관계로 피로를 빨리 느끼게 되면서 장시간 운

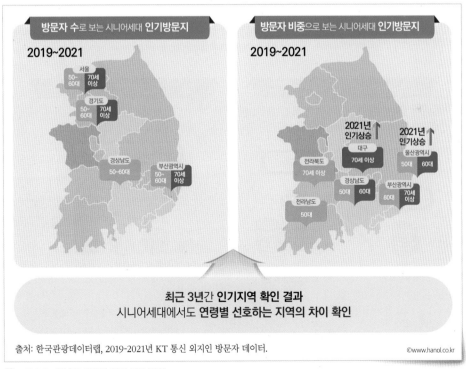

출처: 한국관광데이터랩, 2019-2021년 KT 통신 외지인 방문자 데이터.

©www.hanol.co.kr

🐾 그림 2-3_ 시니어 세대의 인기 방문 지역

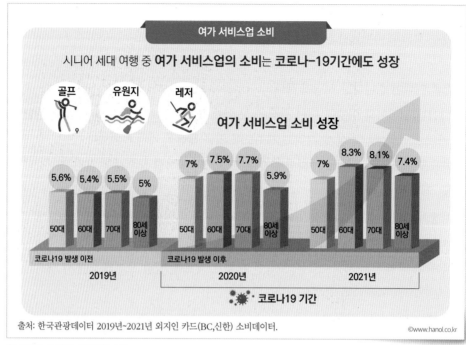

출처: 한국관광데이터 2019년~2021년 외지인 카드(BC,신한) 소비데이터.

🧩 그림 2-4_ 여가 서비스업 소비

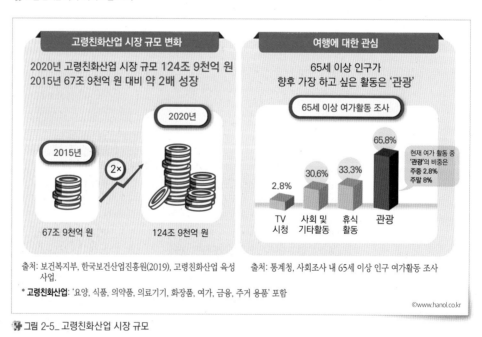

출처: 보건복지부, 한국보건산업진흥원(2019), 고령친화산업 육성 사업.

출처: 통계청, 사회조사 내 65세 이상 인구 여가활동 조사

* **고령친화산업**: '요양, 식품, 의약품, 의료기기, 화장품, 여가, 금융, 주거 용품' 포함

🧩 그림 2-5_ 고령친화산업 시장 규모

과거	현재	미래
복지 차원에서 **보살핌을 받는 존재**	소비시장에 영향을 끼치는 **구매력 높은 세대**	나이/시간 등에 얽매이지 않고 **여유로운 삶을** **즐기는 존재**

©www.hanol.co.kr

🧩 그림 2-6_ 시니어 세대의 소비변화

전을 하는 것이며, 단체 여행 시 동행하는 사람 중에 불편한 관계를 가질 수 있는 것과 심리적으로 불편함을 가질 수 있는 것이 부담스러운 것으로 파악되고 있다.

보건복지부 발표에 따르면, 2020년 고령친화산업시장의 규모는 약 124조 원으로, 2015년 67조 원 대비 약 2배로 성장하였다. 2018년 대비 2020년 주요 백화점(롯데, 현대, 신세계)의 50대의 소비 매출은 각각 6.6%에서 20.1%로, 60대는 14.9%에서 17.2%로 증가했다. 50세 이상 우수고객 비중도 많이 증가한 것으로 나타났다.

시니어 세대 여행에 대한 전문가들의 공통적인 의견은

현재 시니어 세대는 체력, 라이프스타일, 스마트기기 활용능력, 고령화 등 과거와는 달리 확연하게 달라지고 있다. 시니어라는 단일집단으로 통합되지 않고 다양한 기준에 따라 세분화해야 한다. 따라서 세분화된 집단에 따라 새로운 여행상품과 프로그램, 여가활동 상품들을 개발해야 한다.

시니어 세대 수요 맞춤형 여행상품 및 프로그램 개발에 대한 제안은 다음과 같다.

첫째, 액티비티 및 섬투어 특화상품이다.

시니어 세대 중에서도 체력과 라이프스타일에 적절한 맞춤형 체험 및 강습형 프로그램을 개발하는 것으로, 즐거움과 배움을 함께할 수 있는 프로그램 상품이 중요하다. 그

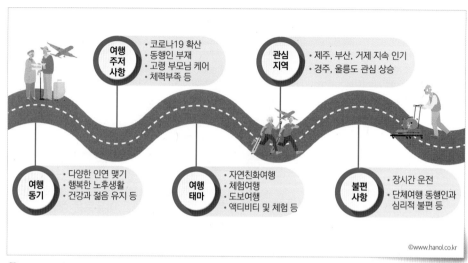

그림 2-7_ 시니어 세대의 여행 제약

리고 맞춤형 섬 여행 프로그램의 상품으로 다양한 풍경과 자연을 만끽할 수 있는 즐길 거리, 먹거리 등의 여행상품을 필요로 한다.

둘째, 계절 상품의 다양화가 필요하다.

지역의 자연 풍경, 문화 등 더 깊이 있게 느낄 수 있는 여행 콘텐츠와 프로그램 개발이 중요하다. 도시지역에서 느낄 수 없는 자연과 문화 등을 접촉할 수 있어야 한다. 계절에 따라 다른 지역과 볼거리, 먹거리, 경치 등을 포함한 지루하지 않은 계절 상품 기획을 해야 한다.

셋째, 동반자에 따른 여행상품을 구성해야 한다.

초 고령화 부모 동반을 위한 특별케어 여행 프로그램 및 서비스를 제공할 수 있는 상품이 고려되어야 한다. 그리고 세대와 무관하게 취미, 관심사가 비슷한 구성원을 위한 커뮤니케이션 여행 프로그램은 여행을 더욱 의미 있고 즐겁게 그리고 다양한 세대와의 친밀감을 느낄 수 있도록 하는 상품이 기획되어야 한다.

시니어 층의 여행 트렌드는 다른 세대보다 안전에 민감한 편이며, 활동적인 여행을 선호하고 인문학 여행교육에 참여율이 높다. 그리고 여행을 할 때 디지털 기기사용에 대한 관심이 높기 때문에 스마트 폰이나 디지털 기기를 원활하게 활용할 수 있는 교육을 실시하는 것도 좋을 것으로 예상된다.

시니어 층 여행의 불편요인 해소 중심 여행을 위한 서비스 개선사항은 다음과 같다.

첫째, 여행정보의 접근성 해소이다.

시니어 세대 여행을 계획하고 소통할 수 있는 커뮤니티 형성이 되어야 한다. 커뮤니티 활동을 통해 다양한 여행 정보를 서로 공유하고, 계획하고, 소통할 수 있도록 접근성이 편리할 수 있도록 확대할 필요가 있다.

둘째, 디지털 기기 사용의 격차를 해소할 수 있어야 한다.

시니어 세대는 디지털 기기를 사용하는 데는 많은 어려움과 한계가 따를 수밖에 없다. 따라서 여행 정보를 쉽게 얻을 수 있도록 디지털 기기를 활용할 수 있는 교육을 증대하여 스스로 여행 정보를 검색하고 선택할 수 있는 능력을 향상시킬 수 있어야 한다.

셋째, 안심여행을 선호한다.

시니어 층의 여행자들은 어느 세대들보다 안전한 여행을 하고 싶어 한다. 따라서 이들에게 심리적·육체적인 안전을 보장할 수 있는 안심탈피, 야외개방 콘텐츠, 비대면 가이드 등 안전욕구 충족을 위한 노력이 필요하다.

넷째, 물리적 장애요소를 제거해야 한다.

시니어 층이 여행을 할 경우, 젊은 세대에 비해 인지능력과 판단능력이 다소 느린 경우가 있기 때문에 이를 대비한 장애요소들을 미리 해소해야 한다. 예를 들어, 도보여행 단절 구간, 시설미비 등 시니어 세대에게 더욱 불편하게 다가오는 물리적인 여행환경의 개선이 필요하다.

다섯째, 국내여행 동반가이드의 안내가 필요하다.

시니어 층을 안내하고 여행지 정보들을 적시에 제공할 수 있는 여행비서, 여행 가이드 동반 투어 확대 등 국내여행 활동지원을 통한 불편을 해소해야 한다.

여섯째, 여행기록 서비스가 확대되어야 한다.

시니어 세대의 블로그, 커뮤니티 등 활용 여행기록 서비스가 증가하는 추세이다. 따라서 다양한 소셜미디어를 통한 기록공유의 용이성이 확대될 필요성이 있다.

시니어 층의 여행상품을 기획할 때 고려되어야 할 사항으로는,

상대적으로 정보 습득에 어려움을 느끼고 있기 때문에 여행정보를 쉽게 제공하는 방식이 필요하다. 그리고 체력과 라이프스타일에 맞는 여행상품을 기획하여 그들에게 적절한 상품을 기획할 필요가 있다.

시니어 여행

2016년 통계청 자료에 따르면 우리나라 65세 이상 고령자들 가운데 절반인 51%가 주말이나 휴일에 가장 하고 싶은 활동으로 '관광(여행)'을 꼽았다. 하지만 건강이 따라주지 못해 못한다는 응답이 의외로 많았다.

하지만 최근 들어선 사정이 많이 달라졌다. 일본에서는 산소호흡기를 달고, 원하는 여행을 갈 수 있는 상품까지 나왔다. 우리나라도 60세 이상 여행객 비중이 2014년 14.8%에서 2015년 16.5%, 2016년 17.7%로 꾸준히 높아지고 있다.

시니어에 최적화된 여행 상품들도 속속 등장하고 있다. 다만, 아직은 해외 상품이 더 다

양하고 가성비가 높다는 사실은 아쉬운 대목이다.

시니어 여행을 선도하는 일본

일본은 2007년 무렵부터 정부가 주도해 실속형 시니어 관광사업 육성을 추진해왔다.

철도 회사인 JR동일본은 50세 이상 대상의 '휴일클럽' 회원을 200만 명 넘게 확보하고 있다. JR큐슈는 '7개의 별'이라는 최고 100만 엔에 이르는 3박 4일짜리 고급 열차 투어 상품까지 선보였다. 고가의 상품이지만 경쟁률이 30대 1에 이를 정도로 인기다.

일본의 대표 시니어 전문 여행사인 클럽 투어리즘(Club Tourism)은 시니어 고객을 타깃으로 출범했다. 1995년에 내놓은 '지팡이와 휠체어로 즐기는 여행'은 전문 도우미의 도움을 받아 누구나 편하게 다녀올 수 있는 프로그램이다. '드림 페스티벌 인 하와이'라는 리마인드 웨딩 이벤트도 인기다. 2007년부터는 '클럽 투어리즘 카페'를 열어 치매 등 건강 정보 교환을 포함해 시니어들 간의 교

류와 치유도 돕는다. 덕분에 '무덤 친구(하카토모, 墓友)'를 뒤늦게 사귀기도 한다.

요리나 스포츠, 그림과 같은 관심 분야를 함께 배우는 '황혼 교육 여행'도 인기다. 일본 최대 여행사인 JTB가 진행한 늦깎이 유학 프로그램에는 60대 이상이 70%에 달했다고 한다. 건강 문제로 오래 걷지 못하는 어르신들을 위한 '케어(care) 여행' 상품도 있다. 고령자와 장애인을 위한 '배리어 프리(barrier free)' 여행도 인기다. 시니어 전문 여행사인 '하토버스(hato-bus)'는 시니어 고객이 원하는 다양한 여행코스를 시티투어버스상품과 연결해 주목을 끈다.

최근에는 시니어들의 대표적 여행 트렌드 가운데 하나가 '혼행(혼자만의 여행)'이다. 일본 여행사들이 이 부문도 선도하고 있다. '클럽 투어리즘'은 50~70대에 혼자 가길 원하는 여행객만 뽑는다. 하루에 많아야 3곳 정도를 들르는 여유 있는 일정을 잡고, 휴식과 취침 시간도 충분히 보장해준다. 혼행의 경우 여행 참가자끼리 친해지는 것까지 금물이다. 그래서 호텔 등 숙박도 철저히 1인 1실이다. 혼자만의 시간을 보장해주는 것이다.

해외 '힐링 프로그램' 벤치마킹

미국에도 시니어 전문여행사들이 많다. 스미스 소니언 여행사가 대표적이다. 이 회사는 5단계로 등급을 나눠 한 도시에 머무는 간편 여행부터 11일짜리 킬리만자로 등반 상품까지 다양한 상품 구색을 갖추고 있다.

미국의 엘더 호스텔(Elder Hostel)도 유명하다. 여름에 학생들이 사용하지 않는 기숙사를 60세 이상 시니어들에게 내주어 공부할 수 있는 기회를 준다. 2010년부터는 이름을 아예 '로드 스칼라(Road Scholar)'로 바꿔 세계 최대의 노인 평생 교육기관으로 탈바꿈했다. 새로운 도전과 인생의 새 동반자를 찾는 시니어들에게 큰 인기다.

스카이스캐너(Skyscanner)는 전 세계에서 가장 싼 여행법을 알려준다. 한국어를 포함해 30개국 언어로 서비스되고 있어 편리하다. 여행을 하고 싶어 하는 나라의 가장 저렴한 항공권을 찾아주고 해당 가격을 제공하는 항공사나 업체의 웹사이트에서 바로 예약할 수 있도록 연결해준다. 월 평균 방문자 수가 5,000만 명에 이른다고 한다.

안전한 혼행을 보장해주는 블라블라카(BlaBlacar)도 있다. 혼자 자동차 여행을 하는 사람과 차편을 구하는 사람을 연결해주는 온라인 히치하이킹 도우미다.

운전자가 목적지와 차량 동행자 정보 등을 올리면 일정이 맞는 사람이 동승한다. 신원이 확실한지 여부와 동승자의 평점은 바로 확인이 가능하다. 교통비의 15% 가량을 동승자가 중개수수료로 내 큰 부담이 없고, 특히 현지인과 함께 여행하니 여러모로 도움이 된다.

고급 호텔 레지던스 '그랜크레'도 알아두면 좋다. 의료는 물론 요양 등의 서비스도 가능하다. 방 하나에 거실과 부엌이 있는데 월 임대료가 51만 엔이라 적지 않은 부담이라는 게 흠이다. 정년 퇴직 후 도심에서 여유 있는 삶을 살고 싶은 럭셔리형 시니어에게는 안성맞춤이다.

아직 다양성이 부족한 한국의 뉴 시니어 여행 상품들

국내에도 인공지능을 활용한 힐링 투어 프로그램이 있다. 스타트업인 '스투비플래너'는 연간 100만명이 이용하는 여행 계획 플랫폼이다. 특히 유럽 여행에 특화된 상품들이 많다. 사이트에 접속하면 전 세계 국제공항이 뜨고, 가고자 하는 곳을 클릭하면 지역정보와 함께 가장 손쉬운 여행 경로와 경비 산출 등을 도와준다. 여행 초보자라도 빅 데이터가 추천해주는 경로를 따라가다 보면 큰 불만 없는 여행을 즐길 수 있다. 하지만 오프라인 상품 가운데는 아직 우리나라에서 특화되었다

고 할 만한 상품이 별로 없다. 국내 시니어 여행시장이 해외보다 활성화가 덜 된 탓이다. 그나마 눈에 띄는 상품으로는 하나투어에서 판매하는 '전문가와 함께 떠나는 테마여행' 정도이다. 유명 셰프인 최현석과 함께 떠나는 미식여행, 전원경 작가와 함께하는 북해도 예술여행, 하지은 교수와 가는 미술여행 등 테마여행 상품들이 있다.

맞춤여행 중 '黃昏愛' 상품도 뉴 시니어를 겨냥한 프로그램이다. 뉴질랜드와 치앙마이, 스페인, 페루, 볼리비아 등이 대상이다.

'父母님愛' 상품도 있다. 효도여행 상품으로, 일본 규슈나 태국 방콕, 대만과 장가계 등 3~4일 프로그램들이다. 인터파크 투어에서도 효도관광이라는 이름으로 장가계 후쿠오카 등의 상품이 많다. 국내 여행상품 가운데는 '노 팁 노 옵션' 2박 3일 투어가 주목을 끈다.

이 회사는 만 60세 이상 고객에게 해외 패키지 여행상품 할인 혜택을 제공하는 '시니어 요금제'를 처음 출시해 주목을 끌었다. 해외 패키지 여행상품 예약 시 유럽·미주·호주·뉴질랜드 등 장거리 여행지는 1인당 7%, 동남아·일본·중국·괌/사이판 등 단거리 여행지는 5%를 할인해준다.

모두투어에 따르면 지난해 자사 해외상품 이용자 가운데 18.5%가 만 60세 이상이었다고 한다. 아직은 여행지가 일본이나 중국, 동남아 등 가까운 곳이 주류를 이룬다고 한다.

제3절   시니어 층의 국내외 활성화 방안 및 사례

한국은 경제협력개발기구(OECD) 37개 국가 중 고령화 속도 1위를 기록 중이다. 2025년에는 전체 인구 중 만 65세 이상이 20%를 차지하는 초고령사회가 될 것이라는 전망도 제기된다. 2035년엔 35%로 고령인구가 급증할 것으로 예상된다. 이처럼 전 세계에서 가장 빠르게 늙어가고 있는 나라인 한국에서 강한 소비력을 가지고 무섭게 팽창하고 있는 시니어 세대가 국내 소비시장의 주축으로 떠오르면서 관광업계에서도 '큰손'으로 떠오르고 있다. 전체 인구 중 시니어 세대의 비중이 커지는 이유는 높은 구매력과 고급 수요 때문이다.

한국관광공사가 발표한 '시니어 세대 여행수요 심층분석 및 전망' 보고서에 따르면 과거 자녀들에게 보살핌을 받는 존재로 인식됐던 시니어 세대는 이제 소비주체로 거듭났다. 시니어 세대는 복지 제도의 보살핌을 받는 존재에서 이제는 과거보다 높은 구매력으로 소비시장에 영향을 끼치는 능동적인 세대로 변화하고 있는 것이다.

다만 시니어 세대가 여행을 주저하는 원인으로는 '코로나19 확산 염려', '동행인 부재', '고령의 부모님 케어', '체력 부족' 등이었고, 여행 후 불편함을 느끼는 원인으로는 '장시간 운전', '단체여행 시 동행인과의 심리적 불편' 등으로 조사됐다. 앞으로 진정한 시니어 관광을 활성화하기 위해서는 젊은 세대보다 사전에 고려해야 할 부분이 많다는 의미다.

시니어 관광 활성화를 위해서는 우선 시니어의 특성을 이해하고, 전문화된 프로그램을 개발할 수 있는 시니어 전문 여행가이드 및 전문직원을 육성할 필요가 있다. 지팡이를 이용해 거동은 가능하지만 이동 속도가 느린 시니어를 배려해 전체적으로 진행 속도를 낮추는 등 전문직원을 배치해 세심하게 여행일정을 수립해야 한다. 거동이 불편한 시니어도 해양스포츠를 즐길 수 있도록 구성된 여행 패키지를 마련해야 한다. 휠체어 전용 마린리조트, 휠체어 탑승이 가능한 유람선 프로그램 등이 대안이 될 수 있다. 장

애가 있는 사람이나 노인, 어린 자녀를 둔 부모님 등 모두가 부담 없이 안심하고 즐길 수 있도록 조성된 해수욕장도 마련해야 한다. 지역 시니어센터를 중심으로 친분 있는 회원 간에 부담 없이 떠날 수 있도록 당일형 근교여행과 단기여행을 중심으로 한 프로그램도 필요하다. 여행 전 사전 안전정보, 건강 및 의료, 휠체어 이용 등 분야별로 미리 숙지해야 할 체크리스트를 만들어 시니어 여행자 스스로가 안전 준비사항을 점검해보는 시스템도 구축해야 한다.

효도여행 등 노인만을 위한 패키지 상품 등을 이용해 해외를 방문하는 경우 '옵션투어 강매 거부시 방치' 등과 같은 불만사례를 막기 위한 시니어 해외여행 안심센터도 마련할 필요가 있다. 시니어 세대를 소극적 소비층에서 적극적인 활동층으로 재조명해야 할 시점에 시니어 세대의 특징에 맞춰 인식을 바꾸고 향후 초고령화 사회에 준비를 시작해야 할 시점이다.

① 시니어 층의 국내관광 활성화 방안

1) 시니어 층 관광정보 제공을 확대해야 한다.

저소득 집단을 중심으로 관광정보 매체를 다양화하고, 정보 내용을 강화해나가고 방문지 내에서 현장 안내 기능을 강화해가야 한다.

고령관광 정보 제공 매체의 다양화

고령층의 국내관광 정보취득과 접근이 용이한 국내관광정보 제공 채널을 다양화하여 고령층의 국내관광 수요 증대를 유도할 필요가 있다.

고소득 집단을 대상으로 온라인 정보의 강화와 저소득 집단의 노인복지관, 사회복지사 등을 통해 정보를 강화하는데 집중해야 한다.

고령층 대상 국내관광 정보내용의 강화

고령 관광객이 참여 가능한 프로그램 및 방문지역 현황, 운영기관 정보, 참여자 후기, 지역 파급효과 등 다양한 정보를 공유할 필요가 있다.

고령층 대상 국내관광 정보서비스는 고령층 관광의 중요성, 고령층 관광지원정책, 고령층 주요 관광상품, 관광교통수단, 숙박시설, 편의시설, 계절에 적절한 관광지, 고령층들을 위한 이벤트, 관광활동 참여방법 등이 다양한 그래픽과 문자가 결합된 형태로 제공하는 것이다. 또한 IT기기를 이용한 정보활용에 익숙한 디지털 시니어 층에 대해서는, 스마트 폰 및 모바일 기기 등으로 접근이 가능한 고령층 대상으로 고령층 관광정책 관련 정보를 실시간으로 이용할 수 있는 정보서비스를 추진할 필요가 있다.

🔍 고령관광 현장 안내기능 강화

관광지 현장에서의 만족도 및 편의 향상을 위한 노력이 필요하다. 고령층 관광에서 관광객들이 관광 목적지까지의 이동을 비롯한 관광지 내에서의 안내를 효과적으로 전달하기 위해 현장에서의 안내기능 강화도 필요하다. 예를 들어, 고령관광 안내소 운영, 고령관광 안내판, 리플렛 제공 등이 있다.

🔍 고령층 대상 관광정보 교육

고령층에게 유용하게 활용되고 있는 정보통신기술은 정보검색부터 예약, 목적지에서의 경험, 여행 후기 공유에까지 관광의 모든 과정에 대한 교육을 강화해야 한다.

관광에는 숙박이 일반적이지만 그 외에 정보획득, 공유 등 온라인을 활용할 부분이 많기 때문에 고령층의 정보의 벽을 허물기 위해 인터넷 교육, 정보화 교육 등이 필요하다. 고령층들이 관광에 대한 관심이나 선호, 경험, 조건에 따라 선택할 수 있도록 다양한 프로그램을 진행하여 다양한 활동을 주도적으로 만들어 나갈 수 있도록 지원해야 한다.

2) 맞춤형 상품을 개발해야 한다.

건강인식과 소득수준에 따른 집단별로 세부시장 맞춤형 상품을 개발하고, 성취기반의 실버여행학교의 활성화를 추진해야 한다.

고령층의 관광상품은 국내 노인 전문 여행사가 소수 운영 중이며, 주로 이동의 제약이 따르는 초고령 노인 대상이며, 액티브 시니어 등 다양한 고령자 계층을 위한 특화여행상품이 부족하여 고령층 국내관광시장이 활성화되지 못하고 있다.

건강하고 고소득인 집단의 경우는 휴양형 상품 등 럭셔리 관광상품을 중심으로 개발하고, 건강하지만 저소득인 집단의 경우, 문화예술향유형 상품 중심으로 개발하고 관광지 할인으로 관광활동을 장려하는 것이 바람직하다.

그리고, 건강하지 않고 고소득인 집단의 경우, 치유여행 상품 중심으로 개발하고, 건강하지만 건강 예방에 대한 관심이 높은 고소득 집단을 대상으로도 치유 및 건강증진형 여행상품을 조성해야 한다. 또한 건강하지 않고 저소득인 집단의 경우 관광상품 개발보다는 관광지 할인 정책을 통해 관광활동을 장려하는 방향으로 추진하는 것이 바람직하다.

시니어 관광 활성화를 위한 관광상품 개발유형으로는 지역 커뮤니티형, 가족유대강화형, 치유여행, 휴양형, 문화예술 향유형 등 고령층의 성향에 맞게 다양하게 개발할 필요가 있다.

❶ 지역 커뮤니티형, 취미 공유형, 학습형

일본의 클럽 투어리즘과 같이 유사한 취미를 가진 사람들끼리 동호회 형식으로 그룹을 조성 및 여행 프로그램을 실시하여 여가생활을 강화해야 한다.

예를 들어, 문화센터에서의 취미생활 프로그램을 여행과 연계하거나, 선호하는 테마와 관련된 지역으로 여행을 가서 직접 체험하는 프로그램을 조성하여 여행수요를 확대하는 방안을 생각해볼 필요가 있다.

❷ 가족유대 강화형

가족간 유대강화 측면에서 조부모와 손자와의 여행 혹은 3대의 가족 여행 등은 여행수요 창출 및 소비 활성화를 위해 효과적일 것으로 판단된다.

고령층은 이동수단 및 거리 등을 타 연령층과 고려하여 결정할 필요가 있다. 그리고 철도연계 고령층의 가족동반 여행상품 등의 콘텐츠 개발로 여행 활성화에 기여할 수 있다.

❸ 건강 수준에 따른 치유여행(단계별)

건강 수준에 따라 전문가를 동반한 단계별 여행 프로그램을 조성하고, 우리나라 지역의 특색을 살린 음식 및 휴양지를 반영할 필요가 있다.

신체적으로 이동이 가능한 범위의 병이 있는 경우, 병의 종류에 따른 치유형 여행상품을 제공하고, 보호자 및 의사 등을 동반한 프로그램을 마련하는 것도 가능하다.

정신적으로 치유가 필요한 경우 등에 대해서도 여행을 통한 휴양이 이루어질 수 있는 프로그램을 조성하고, 치매예방 및 영양 향상 등의 건강 예방차원의 치유여행은 향후 고령층 증가에 따른 과제를 해결하는데도 효과적인 수단으로 추측된다.

❹ 휴양, 럭셔리형

고령층 중 건강한 부유층을 주요 대상으로 휴양을 목적으로 한 장기체류형 럭셔리 여행상품 조성도 고려해볼 필요도 있다. 이를 위해 이동거리가 멀지 않으면서 온천, 음식 등을 통해 휴식을 취할 수 있는 리조트 정비 및 주변지역 콘텐츠와의 연계가 필요하다.

❺ 문화예술 향유형

박물관, 미술관은 고령층의 이동 편의와 취미 등을 반영하여 여행 및 교육 프로그램을 개발하는데 이점이 있다. 이에 고령층의 주요 관심영역인 건강과 여가생활을 접목한 프로그램에 여행 요소를 가미하여 새로운 고령층 대상 콘텐츠를 개발할 수 있을 것으로 보인다. 문화예술 향유형은 단기간 여행을 선호하는 층을 중심으로 구성하는 것이 바람직하다.

3) 실버여행학교를 활성화해야 한다.

대학 내에서 운영하는 평생교육원과 노인대학은 있으나, 노인들의 다양한 관광욕구를 충족시킬 정도의 프로그램이 부족한 실정이고 한국도 평균 수명의 연장, 노인의 비율이 증가함에 따라 경제력 있고 건강한 노인들이 등장하고 이들을 위한 새로운 고령 관광교육이 필요하다.

고령자들은 꾸준한 배움을 통해서 사회 속에서 가치 있는 존재로 남고 싶어 하고, 여전히 여행을 떠나고 싶어 하며, 배움을 추구하고 싶어 한다. 노인들의 욕구체계에 따르면, 교육은 노인의 지적 욕구와 정서적 욕구, 사회적 욕구를 모두 만족시켜주는 것으로 노인들의 자아 성취감에 도움이 된다. 또한 기존 고령관광상품이 단순 여행 중심이라

표 2-2_ 시니어 층 국내관광 활성화 방안

시니어 층 국내관광 활성화		
정보제공 확대	**맞춤형 상품개발**	**인프라 구축**
• 고령층 대상 정보제공매체 다양화 • 고령층대상 국내관광 정보내용 강화 • 고령관광현장 안내기능 강화 • 고령층 대상 관광정보 교육	• 세분시장 맞춤형 상품개발 • 관광상품가격 적절성 제고 • 실버여행학교 활성화 • 관광상품 전문단체 및 여행사 지원 • 고령층 대상 관광지 할인 • 주기적 관광실태 조사	• 고령층 여행하기 쉬운 환경 조성 • 우대 숙박시설 환경조성

제도 개선	
① 민관 협력 체계 구축	② 중장기 계획 수립
③ 관광진흥법 개정	④ 고령층 재능기부 확대시스템 구축
⑤ 고령층 관광전문인력 양성	

면, 교육과 여행을 결합한 형태의 고령관광의 새로운 여행상품을 만들어 시장 다양화를 추구해야 한다.

실버여행학교 프로그램으로 지역별 음식기행과 철도 연계관광을 선호하는 것으로 나타나 편리하고 안전하게 운행되는 철도교통수단과 연계하여 지역 특산음식과 연계한 시니어 관광열차 유형 관광프로그램 확대가 필요하다.

4) 고령층 대상 관광지 할인을 강화해야 한다.

국·공립기관 입장 시 65세 이상 고령층에게 무료입장을 실시하고 있으나, 고령층들이 선호하는 관광 목적지인 온천과 휴양지 등의 관광지, 관광단지, 위락단지 등은 높은 이용료에도 불구하고 할인율이 적용되지 않거나 할인율이 매우 낮은 실정이다.

가족단위의 여행이 증가하면서 고령층과 동반하는 동반자에 대한 배려를 통해 노인관광을 촉진시킬 수 있다. 특히, 건강하지 않은 저소득 집단의 경우 주변 관광지 할인 정책을 통해 관광활동을 장려하는 방향으로 추진해야 한다.

5) 시니어 관광시장 마케팅 접근

고령관광은 특히 관광산업에서도 굉장히 매력적이고 미래 지향적인 분야로, 앞으로는 환대산업과 숙박산업, 박물관, 쇼핑 등 모든 서비스 분야에서 기대되고 있다.

특히, 관광산업의 가장 어두운 부분인 비수기 문제를 해결할 수 있는 유일하고 가장 쉬운 방법으로 고령관광 진흥이 대두되고 있다. 하지만 국내 고령관

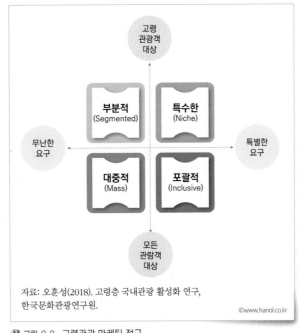

자료: 오훈성(2018). 고령층 국내관광 활성화 연구, 한국문화관광연구원.

©www.hanol.co.kr

✿ 그림 2-8_ 고령관광 마케팅 접근

광 정책은 고령의 다양한 특성을 고려한 세분화가 이루어지지 않고 있어, 고령관광 시장 마케팅에 대한 접근은 우선 시장세분화가 필요한 실정이다.

세분화에 따른 다양한 요구사항에 따라 다르게 인식될 수 있다.

❶ 대중적(Mass)인 고령관광 마케팅

모든 관광객들에게 포괄적으로 적용되는 마케팅 방안으로 기본적인 휴일 관광산업 장려 등으로 세분화하는 것이다.

❷ 세분화된(Segmented) 고령관광 마케팅

특별하게 어려운 요구사항이 없는 일반적인 고령 관광객을 대상으로 하며, 고령관광 패키지나 전형적인 사회관광, 고령을 위한 맞춤형 시설 개발 등의 형태이다.

❸ 포괄적(Inclusive)인 고령관광 마케팅

전반적 관광진흥을 위한 방안이지만 특별한 요구사항을 고려한 방안으로, 가족들에게 특화된 패키지나 이동수단에 제한을 받는 불편한 사람들을 위한 맞춤형 관광 등의 개선, 세대간 프로그램 등의 형태이다.

❹ 특수한(Niche) 고령관광 마케팅

고령관광객만을 대상으로 하며, 특별한 요구사항을 수용하는 전략으로 고령관광객을 위한 정원 가꾸기 수업, 정보화 수업 등의 형태이다.

따라서, 국내 시니어관광 활성화 방안은 변화하고 있는 시니어 층의 다양한 특성을 반영하고 시장의 효율성을 고려한 세심한 접근이 필요하다.

② 시니어 여가산업 전망 및 활성화

고령친화 여가산업은 체험형 여가산업과 평생학습 여가산업으로 구분할 수 있다. 이 뿐만 아니라 또 다른 새로운 고령자 문화여가 서비스 분야가 빠르게 성장할 것으로 예상하고 있다.

새로운 시니어 여가산업이 더욱 빠르게 성장하기 위해서 다음과 같이 몇 가지 생각해야 할 방안이 있다.

1) 새로운 패러다임 시니어 여가 정책 모형 개발

시니어 층의 새로운 라이프스타일의 변화와 제 2의 인생을 멋있게 보내고 싶어 하는 사람들이 증가하고 있다. 정부와 지자체는 지역에 맞는 시니어 층을 대상으로 새로운 여가정책을 개발할 필요가 있다. 또한, 중·고령자에 맞춘 여가문화를 위한 콘텐츠를 개발하고 육성해야 한다.

2) 시니어의 사회참여와 새로운 노년문화 형성

❶ 웰니스

웰니스(Wellness)는 치료적 의미의 건강이라기보다는 행복한 기분과 삶의 질 유지, 향상을 위한 예방적 차원에서의 건강한 라이프스타일을 뜻한다.

지역의 인프라를 활용한 건강 유지와 확대 및 증진시키고, 가족 중심의 교육, 국민 건강 체육 보급 및 세대소통 운동놀이 시설 등이 필요하다.

❷ 여행과 오락

오락, 예술 프로그램의 접근기회를 제공하고 시니어 층의 눈높이에 맞춘 프로그램을 개발해야 한다. 또한, 시니어 층이 스마트 폰 활용법 등의 교육을 통해서 여행과 오락에 관한 정보를 쉽고 정확하게 획득할 수 있도록 해야 한다.

❸ 자원봉사 사회참여

50세 이상의 액티브 시니어의 활성화된 사회참여 장려와 정책적 사회참여 보상 그리고 인증제도를 도입해야 한다. 이를 통해서, 시니어 층은 자신의 역할을 통해서 삶의 활력을 얻을 수 있으며, 사회 봉사활동을 하면서 즐거운 인생을 살 수 있다.

3) 시니어 층을 위한 여가 관련 바우처

❶ 기프트(Gift) 카드 활성화

시니어 층 여가 불만족의 주요한 원인은 경제적인 어려움과 시간 부족인 만큼, 스스로 필요한 시기에 사용가능한 여가 상품권 또는 바우처 제도를 활성화하여 시니어 층 소비자가 필요할 때 언제 어디서나 즐길 수 있도록 지원해야 한다.

❷ 고령친화 여가상품 인증제도 실시

고령층이 믿고 소비할 수 있도록 여가 관련 상품이나 서비스에 인증마크를 부여하여, 불량품 사용이나 잘못된 서비스를 경험하지 않도록 해야 한다.

Case Study

시니어들은 어떤
관광을 원할까?

한국은 OECD 37개국 국가 중 고령화 속도 1위로 3년 후인 2025년이 되면 전체 인구 중 만 65세 인구가 20%를 차지하는 초고령 사회로 진입할 것으로 예상된다. 또 10년 후인 2035년엔 35%로 고령인구가 급증할 것으로 보인다.

한국관광공사는 예비 시니어로 일컬어지는 50대를 비롯해 60대, 70대 이상 소비자들의 2019~2021년 BC·신한카드 지출내역, 티맵 내비게이션 목적지 검색 건수, KT통신 데이터 기반 관광지 방문자 수, 소셜 네트워크 등 빅데이터와 승인통계, 선행 연구보고서, 학계, 업계 전문가들을 대상으로 심층 인터뷰를 실시해 그 결과를 발표했다. 시니어 세대는 복지 차원에서 보살핌을 받는 존재에서 이제는 과거보다 높은 구매력으로 소비시장에 영향을 끼치는 능동적인 세대로 변화하는 중이다.

보건복지부 발표에 따르면, 2020년 고령친화산업시장 규모는 약 124조 원으로 2015년의 67조 원 대비 약 2배 증가했다. 또한, 2018년 대비 2020년 주요 백화점(롯데, 현대, 신세계)의 50대와 60대의 소비 매출은 각각 6.6%에서 20.1%, 14.9%에서 17.2%로 증가했고, 50세 이상 우수고객 비중도 매우 크다[2021년 기준, 롯데 우수고객(MVG크라운) 50%, 현대 우수고객(자스민) 61%].

여행에 대한 관심도 높았다. 통계청의 여가활동조사(2017년)에서 65세 이상 인구의 향후 가장 하고 싶은 여가활동 1위는 관광(65.8%)이었다.

또한, 소셜미디어와 커뮤니티의 키워드 언급 추이를 살펴보면, 2019~2021년 코로나 유행에도 불구하고 '여행' 언급량은 2019년 11,257건에서 2021년 27,371건으로 크게 늘었다. 주요 키워드는 섬, 한 달 살기, 제주, 포토존, 드라이브 등으로, 시니어 층의 여행 소

재들 또한 다양해지는 모습을 나타냈다.

전국 17개 광역지자체의 2019~2021년 카드 소비데이터 분석 결과, 60세 이상의 시·도별 소비비중이 지속 증가한 곳은 8곳(**대구, 광주, 세종, 강원, 전북, 전남, 경북, 경남**)이었다. 코로나19 기간에도 불구하고 전체 업종 중 여가서비스업 (**레저, 골프장 등**)이 차지하는 소비비중은 지속 성장하였다.

통신데이터 분석 결과 2021년 기준으로 50세 이상 방문자 비중이 높은 지역은 전남, 경남, 울산이었다. 선호하는 지역은 연령별로는 50대 전남, 60대는 울산, 70세 이상은 부산으로 나타나 지역에 차이를 보였다.

연령별 선호 지역을 내비게이션 데이터로 살펴보면 골프장 등 레포츠 유형과 가족단위 리조트의 숙박 유형이 인기를 끌었으며, 고급 호텔에도 관심이 높아지는 추세를 보였다.

소셜 네트워크 분석으로 확인된 여행동기는 '다양한 인연 맺기', '행복한 노후생활', '건강과 젊음 유지', '삶의 질 높이기' 등 삶의 의미를 찾는 '목적 있는 여행'으로 변화하고 있다. 주 여행 목적으로는 다양한 먹거리 체험 비중은 줄고, 체험/액티비티 및 관광활동의 비중이 증가하고 있다.

여행 테마로는 자연친화 여행, 체험여행, 도보여행 등에 관심이 많은 것으로 나타났다.

시니어 세대가 여행을 주저하는 원인은 '코로나19 확산 염려', '동행인 부재', '고령의 부모님 케어', '체력 부족' 등이었으며, 여행 후에 불편함을 느끼는 원인으로는 '장시간 운전', '단체여행 시 동행인과의 심리적 불편' 등으로 나타났다.

시니어 세대는 다양한 기준에 따라 세분화되는 가운데 건강한 노년을 적극적으로 받아들이는 태도에 따라 다양화, 고급화된 수요가 늘어날 것으로 전망된다. 이에 발맞춰 액티비티 특화 프로그램, 계절 특화 상품, 동반자여부 및 구성원 특성에 따른 여행상품 구성 등 맞춤형 프로그램 개발이 필요할 것으로 보인다. 또한 불편요인 해소를 위해서 여행정보 접근성을 확대하는 데 노력하고 물리적 장애 해소 및 여행 동반 서비스 확대 등 서비스 개선도 필요할 전망이다.

65세 이상 시니어 세대를 이제는 역동성과 다양성을 가진 세분화된 세대로 이해하고 받아들이는 것이 중요하며, 시니어 세대의 다양한 여행 수요에 대응하고 불편 요소를 적극 해소하기 위해 적극적인 지원이 필요하다.

출처: 핸드메이커, 2022. 07. 15.

③ 해외 시니어 관광 활성화 사례

　해외 시니어 관광 활성화 사례는 고령층 시장에 대해 선진적으로 대응하고 있는 국가 중에서 프랑스, 일본, 미국의 사례를 소개하고자 한다.

　프랑스는 휴가 및 여행문화가 활성화되어 있으며, 공공영역에서 고령층 관광에 지원을 하고 있다. 이에 공공 및 민간영역의 역할 등에 대한 사례로 검토할 필요가 있다. 일본은 세계적으로 빠르게 초 고령화가 진행되고 있는 국가이다. 이에 맞추어 다양한 고령층 대상 여행상품이 판매되고 있다. 최근 고령층 등을 포함하여 누구나 편하게 여행할 수 있는 유니버셜 투어리즘, 배리어프리 등에 대해서도 정책적 관심이 모아지고 있으며, 시장 활성화 및 인프라 구축의 참고사례가 될 수 있다.

　미국은 로드스칼라, 엘더트레크 등의 관광교육 프로그램이 발달되어 있어, 향후 우리나라가 추진할 실버 여행 프로그램에도 선행사례로 참고할 필요가 있다.

1) 프랑스의 사례

　프랑스는 노인들을 위한 여행산업은 점차 커지고 있으며 중요해지고 있다. 공공의 영역에서는 노인인구의 증가로 이들 삶의 질을 향상시키기 위한 측면에서 중요해지고 있음을 깨닫고 있다. 따라서 프랑스 노인여행에 대한 공공에서 민간에서의 공급은 시간이 갈수록 증가하고 있다.

　노인들이 여행을 가기 위해서 제일 중요하게 생각하는 것이 비용적인 부담을 줄이기 위해서 공공에서 보조금을 지급하고 있고, 대중교통에 대한 할인제도를 운영하고 있다. 민간에서는 노인들의 취향에 맞는 안전함과 안락함을 중심으로 상품을 공급하고 있다.

❶ 정부의 고령관광 지원제도

🔍 국립 바캉스-수표 사무소

　프랑스에서는 국립 고령보험금고와 협력해서 2011년부터 고령자들의 고립 문제해결과 사회적 관계 형성을 위한 여행지원을 하고 있다.

노인 바캉스 프로그램을 통해서 고령자들은 저렴하고 쉽게 여행을 준비하고 즐길 수 있다. 그리고 경제력이 낮은 고령자들의 경우는 체류에 들어가는 비용의 최대 50%까지 지원을 받을 수 있으며 고령 바캉스/여행 지원 프로그램은 여행 바캉스 시즌을 피해서 진행이 되고 있다.

고령자 바캉스 지원 프로그램에 가입을 하기 위해서는 우선 60세 이상이고, 은퇴를 했거나, 경제활동을 하지 않아야 한다. 장애가 있는 경우에는 55세부터 신청이 가능하고 프랑스 거주자에 한하고 있다. 주간과 야간 모두 프로그램을 운영하고 있으며, 신체활동으로는 요가, 아쿠아짐(수중 유산소 운동), 산책 등을 하고, 카드놀이나 프랑스 전통 공놀이인 빼땅크도 하고, 노래 교실 그리고 카바레의 밤을 만들어서 제공하기도 한다. 이 프로그램에 참여했던 고령자들의 98%가 만족했으며, 98%는 다른 고령자들에게 추천할 것이라고 했다.

➋ 민간의 고령 관광상품

 Travel Age

Travel Age는 프랑스와 해외여행을 고령자들을 대상으로 한 여행사이다.

또한, 이동이 불편하거나 독립된 생활을 할 수 없는 이들을 위한 여행도 제공하고 있다. 이 여행사는 집에서 역이나 공항까지 이동부터 짐을 옮기는 것까지 서비스를 제공하고 있으며, 숙소는 3성급이나 4성급 호텔을 제공하고 있다. 여행은 6~8일간으로 구성되어 있으며, 5박 6일의 경우 평균 1,750유로의 비용이 소요된다.

Travel Age는 노인들이 원하는 취향의 여행을 준비해서 제공하고 있다. 특히 저녁에는 일정을 잡지 않고 호텔에서 휴식을 취하게 하고, 낮 시간에는 노인들이 좋아하는 자연환경이나 역사적 유물지 또는 박물관 등을 가이드와 함께 방문하는 프로그램을 제공하고 있다.

2) 일본의 사례

일본의 고령층 대상 프로그램은 취미공유, 학습, 가족, 건강, 휴양 등 다양한 테마를 가지고 각 지역의 특색에 맞추어 만들어지고 있다. 특히, 다양한 테마로 이루어진 동호

회 형식의 클럽 투어리즘은 고령층 커뮤니티 형성 및 여행 활성화 측면에서 긍정적인 효과를 거두고 있다. 고령층 대상 여행상품은 주로 민간에서 조성하고 있으나, 국토 교통성 및 관광청이 사업을 추진하여 프로그램을 지원하는 역할을 하기도 한다.

❶ 고령 관광 프로그램

🔍 클럽 투어리즘

클럽 투어리즘은 시니어 층의 여행 친구를 콘셉트로 주로 시간적 여유가 있는 시니어 층을 대상으로 하는 테마별 여행 프로그램이다. 취향이 유사한 시니어 층의 여행계획 및 실현 지원 서비스를 제공하고 있다. 또한 은퇴한 시니어 층을 타깃으로 평일 저가 여행상품을 제공하여 수요를 확보하기도 한다.

클럽 투어리즘에는 걷기, 건강 만들기, 역사 공부, 댄스 등 다양한 테마체험 여행 프로그램을 제공하고 테마에 맞춘 세미나도 실시한다. 여행하기 전에 예비지식을 학습하고 여행이 끝나면 모임을 만들어 운영하기도 한다.

시니어 고객참가형 시스템인 에코 스테프, 팰로 프랜들리 스테프(FFS: Fellow Frendly Staff) 등을 도입하여 참가형 비즈니스 모델을 제시하고 있다.

- 에코 스테프는 '여행의 친구'를 배부하여 지역의 사람들과 클럽 투어리즘을 연결하는 역할을 하며, 매월 수입을 얻어 여행을 즐기고 있다. 또한, 에코스테프 간 교류회, 버스투어 등을 실시하여 지인 만들기 기회를 제공하고 있다.
- 팰로우 프랜들리 스테프(FFS: Fellow Frendly Staff)는 클럽 투어리즘을 이용해본 적이 있는 고객이나 잡지 정기구독자가 직원이 되어 여행을 안내하는 시스템이다. FFS 스테프는 자신이 맡은 그룹의 취향이나 목적을 고려하여 테마여행 코스를 기획하고 여행을 진행한다.

🔍 고령층 대상 럭셔리 여행상품

최근 일본에서는 은퇴한 시니어 중 경제 호황기를 경험한 부유층을 대상으로 럭셔리 여행상품에 주목하고 있다. 철도회사들은 대도시에서 유명 관광지로 이동하며 음악감상, 고급요리, 고급침대 객실 등을 제공하는 럭셔리 여행상품을 내놓고 있다.

　JR 동일본은 피아니스트가 열차 라운지에서 연주를 하며, 미슐랭 스타를 받은 셰프들의 음식을 즐길 수 있는 여행 프로그램을 소개하여 인기를 얻고 있다.

　부유층 대상 크루즈 여행상품 및 고급 버스 여행상품도 출시되고 있다. 도쿄 시티투어 버스회사 '하토버스'는 고령층이 선호하는 여행코스를 시티투어 버스상품과 연계하고 있다.

3) 미국의 사례

❶ 고령 관광 교육프로그램

🔍 로드 스칼라(Road Scholar)

　미국의 대표적이고 가장 큰 여행교육 단체로 '평생교육으로서의 모험(Adventure in Lifelong Learning)'을 슬로건으로 관광과 교육을 결합하고 있다.

　엘더호스텔을 발행처로 하여 3번의 학술논문을 발행하며 관광교육에 대한 중요성을 시사하고 있다. 매년 10만 명 이상이 길 위에서의 교육을 받기 위해 참가하고 있으며, 150개국에 5,500개의 여행교육 프로그램을 보유하고 있다.

　여행뿐 아니라 미국 내 평생교육 단체와 파트너십을 맺어 주제별 학습 프로그램을 제공하고, 박물관과 학교 등을 자유롭게 이용할 수 있도록 하는 다양한 프로그램을 제공하고 있다. 로드 스칼라 프로그램은 다른 프로그램과 구별되는 가장 큰 특징은 여행의 주제를 현 노인에 한정시키지 않고, 미래의 노인까지 본다는 점이다. 프로그램 내용으로는 야외 모험, 탐험, 취미, 교양 등 다양한 분야의 여행과 교육을 제공하며 사회적 교류와 소통의 장이 되고 있다. 여행 프로그램은 문화, 예술에 이어 다양한 콘텐츠를 접목시켜 다양한 체험으로 확장되었으며, 미국뿐만 아니라 캐나다 전역에서도 노년층의 활발한 참여가 이루어지고 있다.

🔍 엘더트레크(Eldertreks)

　전 세계에서 고령층을 위한 여행사로는 최초로 1987년도에 설립되었다. 100여개 국가에서 고령층을 위한 소규모 모험을 제공하고, 많은 지역에 대한 문화여행을 제공하고

있다. 크루즈와 같은 호화여행 대신 자체적으로 작은 선박 등을 이용하여 모험을 하며, 평지, 바다, 산 등 다양한 주제를 선택하여 난이도를 선택할 수 있다. 저렴한 가격에 의미 있는 여행을 모토로 하며, 훌륭한 가이드와 자발적으로 변경 가능한 일정을 제공하며 긴 일정에 다양한 관광과 배움이 포함되어 있다.

고령층을 위한 여행사, 정보지원 사이트

다양한 여행사에서 고령층에게 맞추어진 관광 프로그램을 제공하고 있으며, 일상관광에서의 경험을 중요시하고 있다. 고령층의 여가에 교육과 새로운 경험을 포함시킨 다양한 관광 프로그램을 판매하고 있다. 주로 고령층만을 대상으로 하는 온라인 플랫폼이 다양하게 형성되어 있다.

정보제공 측면에서는 정보에 소외되기 쉬운 고령층을 위한 잡지나, 뉴스 등을 제공하여 고령층의 정보 능력을 돕고 있다. 이 외에도, 고령층의 여가와 문화, 교육 여행 등을 장려하기 위해 관련된 자료나 혜택에 대한 정보를 제공하는 사이트를 운영하여 여행에 대한 접근성에 도움이 되고 있다.

위의 해외사례를 정리하면 다음과 같다.

프랑스는 공공에서의 경제적 수준이 낮은 고령층을 중심으로 여행을 보조금 등의 형태로 지원하는 역할을 주로 하며, 민간에서는 취향에 맞는 여행 프로그램 조성에 노력을 하고 있다.

일본의 경우, 민간 중심의 고령층 대상 여행 프로그램이 많은 것으로 파악된다. 다만, 국토교통성이나 관광청이 민간과 연계하여 테마형 여행 프로그램을 지원하는 역할을 담당하기도 한다.

미국은 민간주도로 로드 스칼라와 같은 관광 및 교육 결합형 프로그램이 인기를 모으고 있다.

우리나라는 고령층의 인터넷 및 모바일 사용환경 이용률이 높은 편으로 여행정보 제공에 이점이 있다. 이에 시니어 층의 국내 관광수요 확대를 위해 맞춤형 여행정보 제공을 비롯하여 애플리케이션 등을 여행에 활용할 수 있도록 정책적으로 지원할 수 있는 방안에 대해 검토할 필요가 있다.

Case Study

뉴시니어, 60대 이상 시니어가 선호하는

여행 숙소는 '휴양림'

60대 이상 시니어들이 가장 선호하는 숙소 형태는 '휴양림 숙소'였다. 한국관광협회중앙회와 야놀자 계열사 여행대학은 '시니어 꿈꾸는 여행자 과정'을 수료한 60대 이상 응답자를 대상으로 여행 트렌드를 조사해 이같이 발표했다.

분석 결과 가장 선호하는 여행 숙소 유형은 휴양림 숙소(62%)가 압도적 1위를 차지했다. 이어 펜션(14.1%), 부티크 호텔(7.7%) 등이 뒤를 이었다. 국내 여행지는 강원도(37.3%), 전라도(26.8%), 제주도(21.1%)가 상위권에 올랐다.

시니어 꿈꾸는 여행자 과정의 지원서에서도 여행을 함께 다닐 수 있는 친구를 찾는다는 응답이 많았던 만큼, 여행이라는 공통 관심사를 나눌 수 있는 커뮤니티에 대한 수요가 많은 것으로 분석된다.

또한, 시니어가 가장 선호하는 여행 스타일은 '짧게 자주 즐기는 여행'(43.7%)으로 나타났다. 영상과 사진 등을 남기는 '기록여행'(22.5%)과 특정 주제를 깊이 있게 경험하는 '반복여행'(22.5%)은 공동 2위를 차지했다.

선호하는 여행 테마는 역사, 문화 등 주제가 있는 '콘셉트 여행'(55.6%)과 여행지의 문화를 존중하고 지역민과 소통하며 즐기는 '공정여행'(25.4%)이 80% 이상의 높은 응답률을 기록하며, 단순 휴식을 넘어 여행에서 의미를 찾고자 하는 경향을 보였다.

윤영호 한국관광협회중앙회장은 "여행을 통해 의미를 찾고 자연 친화적인 숙소를 선호하는 등 시니어들만의 독특한 여행 트렌드가 이번 조사에서 뚜렷하게 나타났다"라고 말했다. 한편 문화체육관광부 주최, 한국관광협회중앙회 주관의 시니어 꿈꾸는 여행자 과정은 60세 이상 액티브 시니어들을 대상으로 한 국내 최초의 여행문화 교육 프로그램이다.

CHAPTER 3

글로벌 의료관광

제1절

의료관광의 이해

 1 의료 서비스의 개념

의료 서비스란 의학적 전문지식을 지닌 의료인이 경험과 기능으로 환자를 진료하고, 적절한 처방과 투약 등 질병의 예방이나 치료행위를 하는 진료행위와 이와 관련하여 부가적으로 생겨나는 진료 외적인 행위로 볼 수 있다. 그리고 의사가 주체가 되어 환자를 진찰하고 그 증세에 따라 적절한 투약이나 처치를 행하는 것으로 환자를 치료하는 행위와 관련된 모든 서비스라고 할 수 있다.

의료 서비스는 의료기관의 본질적인 서비스를 의료인이 직접 제공하는 의료행위 자체(외래, 입원, 왕진, 진찰, 진료 뒤와 부가적인 의료 서비스를 의미하는 의료행위 이외의 환자 치료에 도움을 줄 수 있는 서비스 – 의료 서비스 제공자의 친절, 청결, 진료예약의 편의성 등)로 구성된다.

일반적으로 의료 서비스는 형태가 있는 재화와 달리 품질을 측정할 수 있는 명확한 객관적 단서가 없는 경우가 많기 때문에 소비자가 지각하는 품질로 평가된다.

의료 서비스는 다른 유형의 서비스보다 더 복합적인 특성을 가지고 있다. 무엇보다 사람의 인체를 대상으로 서비스가 이루어지게 됨으로써, 개인적 관여도가 매우 높은 서비스라 할 수 있다. 따라서 서비스 이용자가 만족에 이르는 과정에서 매우 다양한 요인이 영향을 미칠 수 있다. 그리고 후속적인 서비스 이용 행위나 효과적인 구전 활동, 환자를 유치하는 데 있어서 예기치 못한 다양한 문제점을 야기할 수 있다.

의료관광객은 관광 목적지를 선택할 때 의료 서비스의 질을 가장 중요시 여기고 있으며, 다음으로 의료시설의 현대화, 안전, 여행비용의 적절성, 자연경관, 의료관광 프로그램의 다양화 정도, 음식의 맛, 거리, 기후 등의 순으로 중요하게 생각하는 것으로 파악되고 있다. 또한, 의료관광 국가를 선택할 때 중요시하는 고려사항으로는, 의료 서비스

표 3-1_ 글로벌 의료관광시장의 발전단계

1세대: 2000년 이전	2세대: 2001~2009년	3세대: 2010~2019년	4세대: 2020년 이후
Medical Travel	Medical Tourism	Global Tourism	B.H.W.Tourism
• 중증, 수술 차원	• 부분치료, 휴양 차원	• 건강, 예방 차원	• 미용, 건강, Wellness 차원
• 부유층	• 중산층 이용	• 수요층 확대	• 수요층 확대
• 자발적 방문	• 치료와 휴양 연계	• 글로벌 시장확대	• 글로벌 시장다변화
• 선진국	• 개발도상국	• 로컬병원 투자급증	• 각국경제 발전의 대안
• 미국, 스위스, 독일	• 태국, 싱가포르, 인도	• 아시아 중심발전	• 관광상품결합 확대
• 단순 병원치료	• 의료관광 급성장	• 선진국 가세	• 글로벌 산업화

의 질, 의료시설 외 관광 프로그램의 다양함, 음식의 맛, 거리, 기후 등을 고려하여 선택하고 있다. 그리고 의료진의 수준이나 의료진과의 원활한 의사소통, 첨단 의료장비 등이 의료관광목적지 선택에서 중요한 고려요인이 된다.

② 의료관광의 개념

의료관광은 의료(medical)와 관광(tourism)의 합성어이다. 이는 특별한 관심사가 있는 관광 중 건강증진을 목적으로 여가활동의 의미를 가지고 집을 떠나는 행위이다.

이러한 행위에 사업적 측면의 서비스와 시설을 포함하여 고객을 목적시설로 유도하기 위한 노력이 개입될 수 있는데, 건강관리 서비스와 일반적인 관광시설이 결합된 의도적인 시도로 정의될 수 있다.

의료관광은 웰빙문화의 확산과 의료산업의 발달로 등장한 신개념의 관광이다.

의료관광은 고도의 의료기술을 사용하여 환자의 증세를 호전시키고, 삶의 질을 향상시키는 것이다. 또한 의료시설, 보험, 의료기기, 인적 서비스, 관광서비스 등을 제공하는 환대산업이다.

의료관광(Medical Tourism)은 높은 의료기술과 의료 서비스가 있어야만 제공 가능한 관광형태로서 주로 선진국에서 할 수 있는 관광이며, 고부가가치 산업이기도 하다. 국내외 의료기관에서 치료, 수술, 진료 등 의료 서비스를 받는 대상자와 그 가족 등 동반자가

자료: https://kto.visitkorea.or.kr/

©www.hanol.co.kr

🚀 그림 3-1_ 외국인 환자 방문현황

의료 서비스와 병행하는 것이다. 또한, 건강 관련 서비스나 관련 시설로 목적을 가지고 촉진함으로써 소비자를 끌어들이는 관광 목적지나 시설, 의료분야에서는 환자들 질병 치료 목적의 국가 간 이동과 의료산업의 주요 속성을 포함하고 있다. 즉, 의료관광은 의료에 관광을 접목한 것으로, 환자가 진료, 휴양과 관광활동을 병행하는 것뿐만 아니라 의료기술이 뛰어나고 가격 경쟁력이 있는 국가에서 진료받기 위해 여행하는 것까지 포함하고 있다.

의료관광은 의료적인 성격이 강한 것에서부터 점차적으로 비의료적, 또는 관광적인 성격이 더 부여되는 것이다. 현재 질병을 가지고 있거나 건강에 의료적인 문제가 있거나 의료기관에서 수술을 받는 경우에는 치료형 의료관광을 의미한다.

소비자 개인의사에 따라 의료기관에서 제공하는 시술이나 수술을 받는 심미형 의료관광, 그리고 일시적 활동이 가능한 건강한 상태를 유지하기 위한 활동을 원하는 경우 예방형 의료관광, 삶의 질을 관리하기 위한 관점에서 일상에서 벗어나 여유와 휴양 중심의 활동을 원하는 휴양형 의료관광으로 분류하고 있다.

거주 지역의 특성에 따른 의료관광을 인접 국가, 의료 후진국, 의료 선진국 등으로 나누고 있다.

첫째, 인접 국가는 의료관광 목적지와 가까이 있어서 방문 기회가 많고 이동시간이 짧아 가벼운 치료나 쇼핑, 휴양 등의 목적으로 쉽게 선택할 수 있다.

우리나라를 의료관광 목적지로 가정했을 때, 일본과 중국 등의 근거리 국가가 해당하고, 상품으로는 스파, 휴양 등 관광요소와 연계한 다양한 상품개발을 할 수 있다.

둘째, 의료 후진국은 해당 국가의 낙후된 의료수준으로 만족할 만한 또는 안정적인 치료를 보장받지 못해서, 해외 의료 서비스를 통해서 치료를 받고자 하는 경우이다. 우리나라를 목적지로 가정했을 경우, 러시아나 몽골, 베트남, 인도네시아, 중동 등이 대표적이다.

셋째, 의료 선진국의 경우 대부분 건강보험 등의 이유로 서비스 비용이 고가이거나 긴 대기시간 등, 자국에서 충분한 의료 서비스를 받지 못해서 해외 의료기관을 선택하는 경우이다.

성장하는 미래형 시장으로 의료비 절감과 관광 목적을 동시에 갖는 경우가 많다. 대표적인 의료 선진국인 미국은 치료비가 비싸고 진료비가 비싸다는 이유로 해외를 많이 이용하고 있다. 이들의 경우 한국 방문목적은 건강검진, 한방, 양성자 치료 등의 특화된 의료 서비스 또는 장기 요양이 필요한 전문적인 서비스를 원하는 경우가 많다.

한국의 선진적인 의료기술을 앞세워 외국인들에게 의료 서비스를 제공하고 함께 관광서비스도 제공하여, 의료와 관광을 동시에 즐길 수 있는 서비스이다. 한국의 수준 높은 의료기술, 합리적인 가격, 신속하고 정확한 진단결과, IT와 결합한 최첨단 기계 등 한국 의료 서비스를 가진 장점들을 이용하여 외국에서 접하기 어려운 의료 서비스를 외국인에게 홍보하고 제공 및 관광객 유치를 하는 효과가 있다.

의료 서비스를 받은 후, 관광, 쇼핑으로 이어지며 연쇄적인 경제적 이득이 있으므로, 국가 차원에서도 홍보하고 적극 지원하는 사업 중 하나이다.

의료관광을 하기 위해서는 해외에서 정보를 수집하고 상담하는 단계에서부터 출국하는 준비, 그리고 의료관광 목적지에 도착해서 의료 서비스, 요양 그리고 관광, 요양과 관광을 끝낸 후에 귀국을 하는 목적지에서의 활동 이외에 본국으로 갔을 때의 사후관리 등이 있다. 또한, 의료관광 관련 관광사업체에서는 외국인 환자 유치 등록 의료기관이나 여행사, 보험사, 공공기관들이 여권이나 비자 상담, 항공권, 숙소, 병원 예약 상담

등을 담당하고 있다. 직접 의료관광객과 대면하는 의료관광 코디네이터는 의료 서비스와 통역, 간병, 관광 안내 등을 함께 서비스하고 있다.

③ 의료관광의 유형

일반적으로 의료관광에 대한 유형은 매우 광범위하고 다양하다.

1) 의료관광 목적에 따른 관광형태

첫 번째, 유형은 가장 전형적인 의료관광형태로 천연자원에 근거한 의료관광이다.

목적지에서 발생한 자연적 자원들을 포함하며, 온천수를 활용한 친환경 생태 프로그램, 삼림욕 등 건강 예방 및 치유 등이 해당된다.

두 번째, 유형은 웰니스(wellness) 프로그램이다.

주로 호텔이나 리조트 등에서 이루어지는 인공자원에 근거한 건강한 생활과 동시에 휴가 경험을 병행하고자 하는 관광객의 수요를 충족시키기 위해 운영된다.

세 번째, 유형은 특수한 지식의 이점을 이용하여 관광객들을 유인하는 유형이다.

이는 허브 등 전통적으로 약과 치료가 가능한 식물을 중심으로 한방, 청정 유기농 치료, 환경치료와 음식 등이 포함된다.

네 번째, 유형은 고도의 의료 서비스도 자국에서 처치하는 것보다 적은 비용의 지출 등의 이점이다. 질 좋은 의료와 상대적으로 적은 비용으로 치료를 해외에서 받는 유형의 의료관광이다.

싱가포르 관광공사는 의료관광을 서비스 유형과 목적에 따라 다섯 유형으로 나누고 있다.

❶ 의료 서비스를 원하는 휴양·휴식을 겸한 계층(Rest seeker)
❷ 의료 서비스를 기본적으로 얻고자 하는 여행 계층(Essential seeker), 이들은 자국에서 얻을 수 없는 심장 수술 등 의료 서비스를 불가피하게 해외에서 받는 것

③ 고가의 비용으로 자국에서도 의료 서비스가 가능하나, 의료 서비스가 저렴한 외국에서 구하는 계층(Affordable healthcare seeker)

④ 본국의 의료 서비스 부족으로 더욱 안전하고 확실한 치료를 받기 위해 국제적 명성이 있는 외국병원으로 가는 계층(Quality healthcare seeker)

⑤ 부유한 계층으로 고급 의료 서비스를 받기 위해 의료 및 부대비용이 매우 비싼 해외유명 의료기관을 찾는 계층(Premium healthcare seeker)

2) 환자별 의료관광 유형

첫째, 선택적 의료 서비스를 찾는 환자군

성형, 피부미용, 임플란트, 건강검진 등이 이에 해당된다.

둘째, 짧은 진료 또는 대기시간을 찾는 환자군

장기이식 환자가 대부분을 차지하는 동유럽권 및 중동권 환자들이며 병원시설이 부족하여 환자적체가 심한 경우로 진료 또는 대기시간이 길다.

셋째, 고도의 의료 서비스를 찾는 환자군의 경우로 68%가 아시아와 중동의 환자들이 대부분이다. 이들 환자군은 대체치료를 받을 목적으로 또는 국가 간 의료기술의 차이로 이동하는 환자군이다. 예를 들어 우리나라 환자군의 경우 의료시설이나 서비스가 좋은 미국에서 치료를 받는 사례가 있다.

넷째, 저렴한 비용의 의료 서비스를 찾는 환자군으로 미국 또는 선진국 등에서 보험혜택을 못 받는 환자들이 국경을 넘어 이동하는 형태이다. 재미교포의 경우 의료보험 가입률이 평균 이하로 낮아 이러한 의료관광을 선호한다. 이는 국가 간 의료 서비스의 가격 차이에 따라 이동하는 환자군이다.

다섯째, 최고의 의술이라면 비용과 상관없이 찾는 환자군의 경우이다.

부유한 환자들로 의료기술 세계 최고의 보유국으로 유입되는 경우로 심장 수술, 암 치료, 정형외과 등 난치성 환자가 중심이 되는 외과 수술 등인데 현재 73%가 중동과 남미의 환자들이 이에 해당한다.

여섯째, 역사·문화체험, 스포츠, 휴양, 레저 등을 즐기려는 환자군의 경우로 의료 서비스보다는 휴식, 웰빙, 건강관리, 치유, 관광 등에 대한 선호도가 높은 환자군이다.

장기재원 환자, 수술 후 환자 중 재활 치유 또는 요양을 위해 종합병원 등으로 이동하는 환자군으로 앞으로 의료관광 분야 특히 온천 의료관광에서 주목해야 할 환자군이다.

3) 의료관광객의 소비자 요구에 따른 유형

보건의료관광을 비자의 요구에 따라 의료관광, 성형수술, 온천 및 대체요법의 유형으로 구분하고 있다.

❶ 의료관광: 생명과 직결되는 수술로 건강검진, 암수술, 심장수술, 골수이식, 장기이식과 같은 의료서비스 유형을 말한다.
❷ 성형수술: 가슴확대술, 얼굴 주름살 제거 시술 등을 말한다.
❸ 온천 및 대체요법: 침술, 방향요법, 한방요법, 피부관리 등

④ 웰니스 의료관광과 상품

웰니스 관광이 주목받고 있는 중요한 이유는 다른 산업과의 자연스러운 융·복합 형태의 문화관광 산업과 연계되는 부가가치의 경제창출 효과 때문이다.

웰니스 관광의 특징은 질병 예방차원의 건강유지와 향상에 초점을 두어 적용가능한 범위로 미용, 보양, 의료와 건강증진 관광, 자연 휴양자원을 이용한 친환경 관광, 전통음식의 식도락 관광과 문화관광, 농어촌 체험관광 등이 있다.

개인에게 전문적인 기술력과 진료를 제공하는 전문 호텔에 숙박하면서 물리적 피트니스, 미용관리 및 건강영양, 다이어트 및 긴장완화, 휴식 및 지적활동, 교육으로 구성된 포괄적인 서비스 패키지를 제공받는 것도 포함된다.

웰니스 산업은 확장되어 세분화되고 있으며 관련시장은 스파, 보완·대체의학, 건강식 및 식이요법, 다이어트, 예방 및 맞춤형 건강관리, 의료관광, 웰니스 관광, 직장내 웰니스, 피트니스, 요가 등을 포함하며 다양화되고 있다.

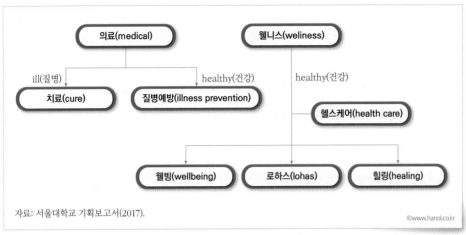

자료: 서울대학교 기획보고서(2017).

그림 3-2_ 의료와 웰니스의 개념적 구상도

1) 웰니스와 연관 개념 비교(웰니스 + 웰빙 + 로하스 + 힐링)

❶ 웰니스와 힐링은 공통적으로 행복을 추구하는 개념이나, 힐링이 웰니스를 제치고 주요 사회·문화 코드로 부상하고 있다. 웰빙은 신체적 건강과 삶의 만족도 제고, 힐링은 마음과 정신의 상처 치유를 강조하고 있다.

❷ 웰빙은 개인의 신체적 건강과 삶의 만족도 제고에 초점을 둔 반면, 로하스는 사회적 정의로서 지속가능성에 집중하고 있다. 웰니스는 웰빙이 갖는 육체적 건강중심의 개념을 다차원적으로 확장하고 있다. 힐링은 인간의 마음과 정신의 상처 치유를 강조하는 웰빙의 한 형태로서 의·식·주는 물론 의료, 문화에까지 영역이 확장된 개념이다.

❸ 단순히 오래 사는 것에서 건강하게 오래 사는 것으로 패러다임의 변화
- 정신 + 신체건강, 건강 생활습관 관련 비즈니스 기회 확대
- 최근 힐링캠프, 힐링푸드, 힐링아트 등 힐링이 사회의 주요 키워드로 등장
- 힐링케어는 자기복원성을 기초하여 보완, 대체의학 혹은 자연치유학을 통해 육체적·정신적 건강회복과 증진을 도모하는 행위를 의미
- 탈스트레스를 위한 상품과 서비스를 제공하는 스트레스 산업이 각광을 받고 있으며, 시장규모가 1조 원을 넘는 것으로 추정하고 있음

❹ 힐링은 치유의 개념으로서 신체적인 건강에 초점을 맞춘 치료와 다른 차원의 개념
  · 치료는 과학적 기술로서 환자의 드러난 신체의 병을 관리하는 데 초점이 맞추어진 반면, 치유는 신체를 포함하여 심리적·경험적, 그리고 인간으로서의 환자에 초점을 두고 있다.

웰니스 의료관광의 유형에는 건강관광의 하위 개념, 수술 등 의료 서비스 정도와 웰니스 정도에 따라 의료와 웰니스 영역을 구분하였다. 서비스 이용목적 및 활동형태에 따라 기치료, 레저와 오락, 메디컬 투어리즘, 메디컬 테라피, 수술형 의료 서비스로 건강관광 유형을 구분하였다.

세분화된 웰니스 영역에는 영성, 요가 및 뉴 에이지와 마사지, 운동 등을 포함하였다. 의료 영역에는 물리치료, 수술 등을 포함한다. 웰니스와 의료가 결합된 중간 영역인 의료 웰니스에는 치료 레크리에이션, 근무 중 웰니스 및 식이요법과 해독이 포함된다. 건강관광 시설의 종류로는 휴양소와 병원 및 클리닉과 축제, 호텔 및 레저센터와 크루즈를 포함한다.

웰빙 의료관광은 주로 리조트나 스파, 뷰티샵에서 관련 서비스가 다양하게 제공되고 있으며, 시간적·경제적으로 여유 있는 소비자가 주로 이용한다. 고객의 상품 선택에 대한 수준이 높아지면서 의료관광 서비스 공급자들은 보다 세련되고 고품질 상품을 출시할 수 있도록 전문성을 갖춘 의료관광 마케터와 함께 발전시키며 상품이 다양화되고 있다. 웰빙과 웰니스의 의료관광은 주로 리조트나 스파·뷰티샵에서 관련 서비스가 다양하게 제공되고 있으며, 시간적·경제적으로 여유 있는 소비자가 주로 이용한다.

고객의 상품 선택에 대한 안목이 높아지고 있어서 제공자들은 보다 나은 고품질 상품을 출시하기 위해 상품개발에 노력해야 한다.

첫째, 국내 웰니스 관광 추진현황이다.

메디컬 투어리즘은 전통적 치료부터 보완적·예방적 혹은 쾌락주의적 열망으로의 변화과정으로 목적성 있는 혁신 기회로서 성공적인 혁신의 원칙을 적용해 발전하고 있다. 예를 들어, 네덜란드의 룸팟 공원(Roompot Parks)은 사업주가 대중의 관심을 받고 있는 건

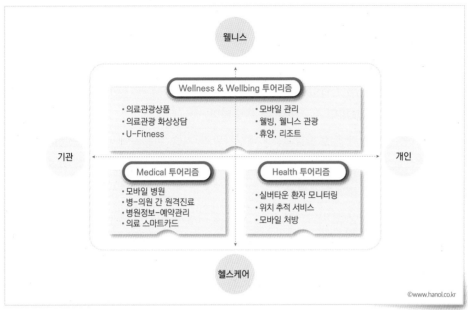

🐾 그림 3-3_ 웰니스 의료관광산업 동향

강과 웰빙에 대한 트렌드에서 기회를 포착하여 웰니스 시설과 프로그램으로 관광객들의 선택을 받고 있는 좋은 사업의 예이다.

문화체육관광부와 한국관광공사는 2017년 웰니스 관광을 본격적으로 육성하기 위한 첫걸음으로 웰니스 관광 25선을 발표했다. 문체부는 국내 웰니스 관광이 성공적으로 자리매김할 수 있도록 국내 웰니스 관광자원 현황을 파악하여 선정했으며, 이를 바탕으로 본격적인 웰니스 관광산업의 시작을 알렸다.

4차 정보화 산업시대의 흐름에 따라 산업형태도 변화하고 있다.

산업혁명 이후 정보통신, 의학, 기계공학 등의 산업이 독립적으로 발전되었다면, 앞으로의 산업형태는 의료관광 산업의 특성처럼 독립된 산업에 다양한 기술과 산업이 접목되어 새로운 경제창출의 효과로 이어져 발전된다.

Ubiquitous-헬스케어를 통해 의료서비스 산업은 인문학과 공학, 고전과 첨단 기술이 접목된 건강·복지·문화산업의 융합으로 다양화되고, 개인 만족과 욕구를 충족하는 친환경을 고려한 생활 밀착형 융합으로의 의료관광상품이 출시된다.

유비쿼터스 & 헬스케어 산업은 서비스 성격과 기술의 이용자에 따라 유형 분류가 가능하다. 제공되는 서비스의 특성에 따라 헬스 케어형과 웰니스형으로 분류된다.

헬스 케어형은 전통의료 분야로서 질병치료에 중점을 두어 건강유지 및 향상을 위해 제공되는 서비스로 유비쿼터스 IT기술의 이용자를 기준으로 U-Hospital 종류인 병원·의원용과 홈 & 모바일 헬스케어로 분류된다.

웰니스 형은 병원과 의료관광 관련 대형기관과 기술 이용자에 따라 구분하는 것이 무의미하므로 개인과 기관으로 간주한다.

둘째, 국내 의료관광객 현황이다.

관광자 특성과 성향을 파악하고 있는 전문 관광종사자의 역량과 창의성으로 의료관광상품개발로, 국내 의료관광을 발전시키고 있는 상황에서 의료관광상품 공급자는 상품개발과 홍보에 적극적이어야 한다.

한국의 의료 서비스는 특유의 효율적 시스템과 발전된 IT기술의 융합으로 원스톱 서비스가 일반화되어 있다. 최첨단 장비 보유 현황에 있어서도 세계 최고 수준을 유지하고 있다.

셋째, 의료관광의 성장이다.

현대사회에서 단순 의료산업 분야를 넘어선 서비스 중심의 의료제공, 관광과 연계되는 의료관광이 고부가가치 미래형 전략산업으로 새롭게 주목받고 있다.

영국이나 캐나다 등의 일부 선진국의 의료 서비스의 공급 부족과 신흥개도국의 낙후된 의료 서비스, 항공교통 수단의 발달로 인해 해외여행 비용도 감소되었다. 따라서 이러한 요인들은 의료관광을 증가시키는 데 많은 영향을 미치게 된다. 의료관광은 관광객의 체류기간이 길고, 체류비용이 많아서 21세기 고부가가치 관광산업으로 성장하게 되었다.

넷째, 의료관광의 구분은 크게 의료 클러스터, 의료관광상품, 의료관광산업으로 나누어진다.

❶ 의료 클러스터는 바이오 클러스터, 신약 의료기기, 개발 클러스터, 혁신형 연구병원, 의료관광 복합단지, 건강문화 클러스터, 허브형 의료복합단지로서 6가지로 나누어진다. 이 중 의료 관광업과 직접적인 관계가 있는 프로그램은 의료관광이 지

역 회사와 건강문화 그룹에 부합한다. 이러한 영역은 이미 상용화를 이루었으며, 중추 의료커뮤니티의 주요한 목적은 건강 서비스를 높이는 것이다.

❷ 의료관광상품에는 질병치료 관광상품, 미용성형 의료관광상품, 휴양의료 관광상품, 전통의료 관광상품 등이 포함된다.

❸ 의료관광상품은 교육연구개발 유형, 중증치료형, 선택치료형, 복합형의 4가지 부분으로 나누어진다. 교육연구개발 유형은 산업관광 자원차원의 의료관광을 말한다.

❺ 의료관광산업의 중요성

의료관광이란 용어는 기원전 3세기경 고대 로마시대 질병치료와 휴양을 위해 사이프러스와 알렉산드리아에 사람들이 모여들었다는 기록이 전해 내려오는 것으로 볼 때 의료관광이 오랜 역사를 가지고 있다는 것을 알 수 있다.

2009년 의료관광 지원정책과 해외 국가에 꾸준한 마케팅 활동으로 우리나라는 명실상부 의료관광 주요국가로 급부상하고 있다. 2016년 해외환자들이 우리나라에서 건강검진 한 환자는 4만 1,316명으로 2010년 이후 연평균 26.9%가 증가하였다. 국가 수는 2009년 141개국에서 2016년 187개국으로 다양해졌다. 연간 환자 100명 이상 한국을 찾은 국가의 수 역시 2009년 28개국에서 2016년 67개국으로 증가하게 되면서, 의료관광 목적지로의 한국 의료시장이 지속적으로 성장하고 있다는 것을 증명하고 있다.

2016년 외국인 환자의 경우 국적별로 중국인이 12만 7,648명으로 약 35%로 가장 큰 비중을 차지하고 다음으로 미국, 일본, 러시아 순이다. 또한 동남아 국가들 중에서도 많은 환자들이 우리나라를 의료관광 목적지로 선택하고 있다.

세계보건기구(WHO)가 발표한 데이터에 따르면, 2022년까지 의료·헬스케어 관련 서비스업이 12%의 시장을 차지하는 세계 최대규모 산업으로 부상하고 있으며, 관광·레저 관련 서비스업은 11%로 상기 산업에 버금가는 세계 2번째로 큰 산업이며 둘을 결합하면 전세계 GDP의 22%를 차지한다고 한다.

의료관광객 수는 2,000만 명 돌파를 앞두고 있으며, 1인당 의료관광 소비 지출액은 약 3,550달러로 의료관광 소비액은 총 740~920억 달러를 예측하고 있다.

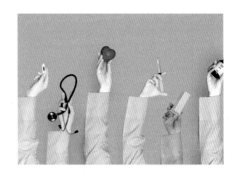

미래 의료관광시장은 15%가 넘는 속도로 성장해서 2030년에는 3,000억 달러 가까운 시장규모가 될 전망이라고 전하고 있다.

생활 수준이 높아지고 건강에 대한 관심도 증가하고, 교통과 통신의 발달로 국내외 모두 일일 생활권으로 가까워지고 있다. 최근 들어, IT, 인터넷 등을 통한 정보의 실시간 공유로 인한 새로운 형태의 의료 서비스인 의료관광이 주목받고 있다.

단순히 치료를 위한 환자만을 유치하여 병을 고쳐주는 범주에서 벗어나 건강관리를 위한 레저와 휴양 등 일반관광 부문과 연계하는 복합적인 개념으로, 웰니스(wellness)를 중시하는 현대인의 라이프스타일 변화에 따라 의료관광산업은 새로운 블루오션으로 부상하고 있다.

일본의 경우, 2011년 대지진의 영향으로 방문객이 줄어들기는 하였으나, 연간 250만 명 이상의 의료관광객을 유치하고 있다. 그러나 동남아시아의 다른 나라들과는 달리 최근까지 일본 정부와 병원들은 의료관광산업에 큰 관심을 나타내지 않았다.

다만, 일본정부는 의료관광산업 육성을 위해 비자제도를 개선한 바 있다. 비자의 경우 체재기간이 90일 이내인 경우에만 복수비자 발급이 가능하고 90일 이상 체재 시에는 입원치료를 조건으로 개선하였다. 의료관광산업 육성을 위해 비자 제도를 개선하면서 적극적으로 의료관광산업을 지원하고 있다.

최근 일본 정부는 외국인 의료관광객 유치를 위해 2년까지 체류할 수 있는 비자 발급을 법제화하였다. 특히 의료관광을 신성장 전략산업 중 중심분야로 정책화하는 등 지방자치단체와 연계하여 의료관광객 유치에 적극적으로 나서고 있다.

우리나라의 경우는 의료관광 후발주자로서 정부나 각 지자체도 다투어 의료관광산업에 대한 행정적·재정적 지원을 시작하였다. 앞으로 정부차원의 적극적이고도 지속적인 지원정책과 입국절차, 비자 제도개선 그리고 민간투자를 통한 온천호텔 병원인 메디텔, 휴식, 휴양을 위한 리조트건축 등 관련 시설 유치로 의료관광 서비스를 확대해나가야 한다.

6 의료관광의 구성요소

의료관광은 의료가 차지하는 비중, 즉 의료의 중심성에 따라 의료관광의 성격이 달라지게 된다. 의료관광도 하나의 관광상품이기 때문에 의료관광객의 만족을 위해서 다음과 같은 구성요소를 갖추어야 한다.

1) 의료관광 인프라

의료관광의 인프라 시설은 병원 및 의료시설과 고객이 진료받는 동안 체류할 수 있는 숙박시설, 건강관리 및 요양에 필요한 마사지, 스파시설, 운동시설 등과 같은 보조시설, 병원이 있는 장소까지의 접근성을 위한 교통시설 등이 있다.

2) 관광자원

관광자원은 부수적인 요소이지만 전문 의료진과 의료시설과 같이 의료관광의 중요한 요소이다. 관광자원은 의료관광객이 편안한 분위기에서 치료와 건강을 증진시키기 위해 아름다운 자연적 관광자원이나 환대를 느낄 수 있도록 해야 한다. 의료관광상품의 요소로는 사회적 관광자원과 지역사회의 고유한 문화를 감상할 수 있는 문화자원 등과 같은 중요한 상품이 되어야 한다.

3) 음식

의료관광객은 치료 후 빠른 회복을 위해 지역에서 생산되는 특색 있는 음식을 먹는 것도 중요한 요소가 된다. 전통음식이나 별미가 관광매력으로 작용할 수 있으며, 유기농 재료의 건강식, 각자의 체질에 맞춘 맞춤 건강식, 치료를 목적으로 하는 보양 음식, 한방 음식 등과 같이 건강을 증진하고 에너지를 보충할 수 있는 음식이 부수적인 역할을 한다.

4) 인적 서비스

의료시설과 종사자들은 환자에 대한 권리를 보장하고 환자에 대한 친절한 서비스를 제공해야 한다. 환자에게 진료와 의료시설에 대한 만족도를 상승시키기 위해 세심하고 철저한 서비스로 무장된 인적 서비스가 필요하다.

5) 기타 서비스

의료관광객이 관광 활동을 편리하게 제공받기 위해 각종 부가서비스를 제공해야 한다. 예를 들면, 출입국 수속, 환전, 쇼핑 및 통역안내 서비스 등이 있다.

7 의료관광 서비스 품질

의료관광은 복합적인 형태의 관광서비스로서 의료 서비스와 관광서비스가 상호적으로 연결된 서비스가 제공되는 특성을 가지고 있기 때문에, 2가지 서비스개념에 대해 완벽하게 이해할 수 있어야 한다.

의료서비스 분야는 특수한 형태의 서비스로 매우 전문적이고 고기능화되어 있는 과학적 서비스라는 특징을 가지고 있다.

의료 서비스 품질은 기능적 품질과 기술적 품질로 구분한다.

기능적인 품질의 의미는 의료 서비스가 환자에게 제공되는 전반적인 상황을 의미하며, 기술적인 품질은 진단과 처치의 정확성을 의미하는 것이다.

의료 서비스 품질은 소비자들이 개별적인 다른 욕구와 필요성을 가지고 있으므로, 제공자의 입장보다도 소비자의 주관적으로 인지된 품질의 중요성을 강조한다.

의료관광은 뷰티, 헬스, 웰니스를 포함한 의료관광이 발생된 고객에게 인적·물적 서비스로 제공되고, 니치(niche)투어리즘의 한 형태로 발전하고 있다.

의료와 관광서비스를 함께 제공받을 수 있다는 긍정적 마인드로 매력화한 상품을 다양화해서 마케팅에 활용되어야 한다. 따라서, 의료관광은 국내외 의료관광객 유치를 위해 관광마케팅의 일환으로 의료관광 종사자가 주체가 되어 의료관광서비스를 제공하고, 의료관광자의 동기와 욕구를 만족시키는 가치 중심 서비스 마인드로 인간의 행복한 삶을 영위할 수 있게 한다.

⑧ 의료관광의 종류

의료관광의 종류는 메디컬 투어리즘(Medical Tourism), 헬스 투어리즘(Health Tourism), 그리고 웰니스 투어리즘(Wellness Tourism)으로 구분할 수 있다.

1) 메디컬 투어리즘

질병 치료의 중심이 되는 중증 치료상품이 포함되며, 의료 서비스에 중심이 되는 순수치료와 수술목적으로 암, 심장 수술 등의 상품이다. 질병 치료가 필요한 환자가 상대적으로 의료관광 서비스 비용이 저렴하고 인프라가 잘 갖추어진 국가를 방문하여 관련 서비스를 소비하는 형태로 발생한다. 병원 및 여행업체와 유치업체 중심으로 진행된다.

2) 헬스 투어리즘

개인의 건강활동과 질병예방 그리고 발견의 차원 의료활동에서 비롯된 의료관광이다. 헬스 투어리즘은 경증치료의 형태로 선택진료가 가능하며 미용, 피부, 치과의 선택 진료상품으로 신체 제약에서 비교적 자유로워 의료 서비스 후 숙박, 교통, 음식, 체험활동 등의 관광상품 연계로 함께 제공받을 수 있는 의료관광상품이다.

3) 웰니스 투어리즘

웰니스 투어리즘은 과거 환자가 해외에서 치료를 받는 의료여행에서 비롯된 의료관광은 의료와 관광이 결합된 의료관광을 거쳐 포괄적인 건강서비스를 소비하게 되는 웰니스 관광으로 범위와 영역이 확대되었다.

웰니스 관광에는 건강, 스파(spa), 서비스, 돌봄(care), 목적지, 휴식, 관리 등을 포함하고 있다. 웰니스 투어리즘은 개인 최적의 심리상태 유지를 위한 적극적인 여가활동의 형태이다. 웰빙을 위한 식이요법, 식도락, 휴양관광의 예방차원 건강 검진과 요가, 명상 대체의학, 이벤트 등이 포함된 상품이다.

자신의 건강과 행복을 지키고 유지하기 위한 일반인이 대상이 되며, 질병치료가 필요한 관광객과 다양한 유형의 소비자가 주체가 되어 의료와 건강, 관리가 포함된 웰니스 관광서비스를 제공받는 형태이다.

의료관광 주도국의 경우, 민간병원과 공공병원의 경쟁 유도 평가시스템 도입, 국제 네트워크 구축 및 관광산업과의 연계로 경쟁력을 강화하고 있다. 또한, 외국인 의료관광객의 편의를 위한 원스톱 서비스를 강화하는 관광객 중심의 서비스로 성장하고 있다. 의료관광 시장이 증가하면서 아시아 국가에서뿐만 아니라 차별화된 고급 웰니스 관광상품을 내세운 유럽, 중국, 러시아, 중동 지역의 고객(VIP)과 대고객(VVIP) 의료관광객 대상으로 유치 경쟁은 더욱 증가하고 있다.

특히, 의료관광을 국가 미래성장 동력으로 육성하고 있는 각 국가는 활성화 전략으로 의료비자 발급, 세제지원과 각종 우대정책을 확대하고 있다.

민간중심 의료유치 기관과 의료기반이 확대되면서 의료 서비스 품질이 높아지고 있다.

의료관광의 장단점

1) 의료관광의 장점

첫째, 해외의 의료관광객을 유치하게 되면 외화를 획득할 수 있다.

의료관광은 주로 부유층의 수요가 대부분이다. 이들을 우리나라에서 치료, 요양, 관광 등을 편리하게 이용할 수 있는 시스템을 만들어서 제공하는 것이다. 이로 인해 의료시설 이용비는 물론 이와 연계된 관광산업에도 많은 영향을 미치게 된다. 의료관광산업이 활성화되면 고용 창출과 소득증대라는 효과적인 결과를 기대할 수 있게 된다.

둘째, 대한민국이라는 브랜드에 미치는 영향이다.

스위스는 알프스 산맥을 배경으로 관광산업이 발달한 나라이다. 아직도 스위스 하면 깨끗한 나라라는 이미지가 강하게 인식된다. 우리나라 역시 의료관광산업을 발전시키고 활성화해서 국내 관광명소들을 세계에 알릴 수 있고 건강하고 아름다운 나라의 브랜드 이미지를 인지시킬 수 있다.

셋째, 의료 기술의 발달이다.

의료관광을 통해 얻은 수익을 의료기술 개발에 재투자를 하게 되면, 우리나라 의료기술이 세계적인 수준으로 발전할 수 있다. 단, 이를 위해서는 정부의 규제 완화와 지원 정책이 뒷받침되어야 하며, 의료관광을 주도하는 병원과 기업, 관련된 산업이 융합하여 적극적인 투자에 대한 의지를 가지고 있어야 한다.

2) 의료관광의 단점

첫째, 의료서비스 제공에 있어서 불평등을 유발할 수 있다.

해외의 부유층 의료관광객이 많아지게 되면, 국내의 서민들을 대상으로 하는 병원의 수가 줄어들게 되면서 불평등을 유발할 수 있다. 현재 국내 병원의 영리법인화에 대한 찬반이 한창이다. 이에 따라 의료관광 문제도 연관이 될 수 있다.

둘째, 보험과 관련된 문제이다.

의료관광의 주요한 대상이 외국인이기 때문에 보험과 관련된 문제는 피해갈 수 없다. 따라서 의료관광과 관련된 보험료가 너무 비싸거나 보험의 적용이 되지 않으면, 의료관광에 대한 경쟁력은 낮아질 수 있다.

셋째, 윤리적인 문제이다.

의료관광의 주요한 장점은 대부분 경제적인 측면이 많기 때문에, 치료해야 할 대상들이 돈으로 보일 수도 있다는 것이다. 이렇게 될 경우, 윤리적인 문제가 발생할 수 있다. 해외에서 온 의료관광객일지라도 환자를 치료해야 하는 의무보다는 경제적인 측면을 강조하게 된다면, 불평·불만과 함께 국가의 브랜드 이미지에도 악영향을 미칠 수 있다.

제2절   미용 의료관광

1 미용 의료관광의 개념

미용성형은 주로 여성의 모습을 아름답게 수정하기 위한 하나의 교정술로 정의하고 있다. 사전적 의미로는 미용 목적으로 얼굴이나 체형을 수술하는 것을 의미하며, 선천적 또는 후천적으로 피부와 그 밑에 있는 근과 골격에 결손 또는 변형이 있을 때, 그 형태는 물론이고 기능도 개선해주는 외과의 한 분야라고 설명하고 있다.

미용성형 수술은 아름다운 용모를 가꾸기 위한 외과적 치료로 성형외과에서 시술 받는 모든 행위를 의미하며, 최근에는 외모의 아름다움이 중요해짐에 따라 미용을 목적으로 하는 미용성형 수술이 증가하고 있다.

우리나라에서 미용성형에 대한 정의는 성형수술은 재건 성형수술과 미용성형 수술의 2가지 종류로 분류되고 있다.

재건 성형수술은 질병이나 사고로 인해 망가진 몸을 원래 상태로 회복시켜주는 수술을 의미하며, 미용 성형수술은 병적인 원인이 아닌 정상적인 상태를 가지고 태어난 신체적 조건을 더욱 아름답게 변형하거나, 자신이 만족하지 못하는 외모를 만족할 수 있는 수준으로 변형하기 위해 행하는 수술을 의미한다.

미용성형 관광상품의 의미는 외모를 위한 성형수술이나 미용, 마사지, 온천, 스파 등을 목적으로 한다. 미용성형 관광상품은 주로 여성들이 선호하는 관광상품으로 자국에서 체험하지 못한 특별한 미용관련 서비스 체험이나 의료기술이 뛰어난 국가에서 성형·미용을 받고 관광을 겸하는 관광상품이다.

미용 관광상품을 개발하고 홍보하기 위해서는 관광객의 필요와 수요를 분명하게 파악하고, 제공해야 할 상품을 준비해야 한다.

미용성형 관광상품은 Cosmetic Surgery, Dentistry, Therapeutic Recreation, Beauty Treatment 4가지로 구분하고 있다.

첫째, Cosmetic Surgery는 아름다운 외모와 미용을 목적으로 전문의를 통해 시술되는 외과적 성형수술로서, 보형물 및 주사법을 통한 무수술을 뜻한다.

둘째, Dentistry는 치아의 관리 및 치료에 관한 사항을 전문의를 통해 서비스받는 형태로서, 미용에 관련된 교정, 미백, 라미네이트 등의 서비스가 있다.

셋째, Therapeutic Recreation은 몸 전체의 균형이나 피부 트러블, 체형의 결점 보완 등 신체의 전반적인 균형유지와 탄력을 유지할 목적으로 전문 Therapist를 통해 스파, 마사지, 전통적 치료 등의 서비스를 받는 것이다.

넷째, Beauty Treatment는 외적인 아름다움을 가꾸고자 하는 다수의 사람들이 미용 전문가를 통해 다양한 치료 및 처방요법을 통해 피부 관리, 다이어트, 체형 관리 등의 서비스를 받는 유형이다.

성형 의료산업이 발달하면서 미용을 목적으로 하는 성형산업이 경제적인 영향을 많이 받고 있다. 미용성형산업을 활성화시키기 위한 방법으로 성형수술만을 목적으로 하는 것이 아닌, 미용·성형의 의료 서비스를 관광자원으로 활용하여 개발·상품화하여 의료 서비스와 관광활동을 결합시켜 새로운 관광유형으로 발전시켜야 한다.

최근 한류 붐으로 인해 중국, 일본을 비롯하여 여러 나라에서 한국으로 미용 의료관광을 선택하고 있다. 한국 성형외과 분야의 기초의학은 줄기세포 연구 등 첨단분야에서 선진국 수준에 미치는 정도라고 평가받고 있다.

성형이나 미용시술을 목적으로 하는 경우, 의료관광객은 의료시술 전후에 관광을 염두에 두고 방문할 가능성이 높다. 따라서 치료비용 및 체류비용을 감안해볼 때 의료산업 및 관광산업으로 매력성이 매우 높은 것으로 인정되고 있다.

② 한국 미용성형의 특성

우리나라 미용성형의 특성에는 완전한 의료체계 및 의료의 전문성이 가장 중요도가

높고, 의료기술 및 수술에 대한 효과, 최첨단 의료시설과 의료장비, 뛰어난 미적 감각, 성형수술의 대중화 등이 있다.

1) 의료 인프라 요인의 선택속성

의료기술, 수술의 안전성, 의료의 차별화와 경쟁력, 의료진에 대한 신뢰, 병원의 명성과 인지

2) 관광 인프라 요인의 선택속성

쇼핑시설, 관광시설, 합리적인 관광비용, 원활한 의사소통, 이동(교통)의 편리성

3) 의료관광 지원서비스 요인의 선택속성

진료상의 원활한 소통, 의료사고 및 분쟁에 대한 대응책, 사전·사후 원스톱 서비스, 비자취득과 입국절차의 용이성, 의료관광 종사자의 서비스 태도

4) 국가 이미지 요인의 선택속성

미용성형 강국으로서의 국가 인지도, 안전한 국가 이미지, 한류열풍, 높은 의료기술을 가진 국가 이미지, 국민의 친절도

5) 의료관광의 저해요인

병원 간 경쟁으로 인한 마케팅 혼재의 문제점, 의료사고 및 분쟁에 대한 대응책 미비, 관광자원 및 관광상품의 부족, 불투명한 의료비용, 국가별 특성에 맞는 의료관광상품 부족

6) 의료관광 활성화 요인

사전·사후 원스톱 서비스의 선진화, 플랫폼을 주축으로 하는 마케팅 활동, 의료사고 및 분쟁에 대한 대응책 강화, 의료기관 및 의료기술의 전문성

제3절 | 한방의료관광

 1 한방 의료의 개념

보건복지부에 의하면, 한방의료 행위는 한의학 전체에 대한 전문지식을 기초로 하여 한의학(동양의학)적 진찰, 검안, 처방, 투약 또는 침구 행위 등을 통하여 질병의 예방과 치료를 하는 일체의 행위를 말한다.

한방 의료는 한의학(韓醫學) 또는 한방의학(韓方醫學), 동의학(東醫學) 등으로 불리고 있으며, 중국에서 전래되어 우리나라에서 독자적으로 발달한 전통의학으로 정의할 수 있다.

현대의 한방의료는 전통의학에서 보는 시점과 보완 대체의학의 관점에서 보는 시각을 통해 양방과의 차이를 보이고 있다. 또한, 양방과 함께 한방은 건강증진 및 치유를 목적으로 하는 목적지의 결정과 활동을 하게 되는 관광객들이 늘어나고 있는 실정이다.

2 한방의료관광

한방의료 관광은 건강 증진 및 치료를 목적으로 한방의약 자원을 이용하는 건강관리 및 치료를 위한 관광이다. 산업적으로 한방의료 관광산업은 한방의술에 근거한 환자의 치료는 물론 예방차원에서의 건강관리 및 치료를 위한 휴양·요양산업과 관광 프로그램이 융·복합화된 산업을 의미한다.

현대인들의 다양화된 관광상품에 대한 소구는 역사문화자원을 발굴·보존하여 새로운 가치가 부여된 지역의 특성을 극대화할 수 있는 유형·무형의 자원에 대한 문화관광을 상품화하는 것이다.

우선 한방의료 관광을 문화관광상품으로 개발하기 위해서는 관광객들의 문화관광을 포함한 수요와 공급의 관계에 있어서 문화관광객들의 여행동기와 선택속성과 만족도에 대해서 지속적으로 파악해야 한다.

우리나라만이 가지고 있는 한방의료는 외국인에게 생소하면서도 확실한 치료방법이라 할 수 있다. 한방의료는 비수술적인 방법으로 수술을 하지 않고서도 빠른 치료와 예후가 매우 좋은 것으로 나타나고 있다.

아래의 그림에서 보는 바와 마찬가지로, 외국 환자들 한방치료에 대한 만족도는 90%에 달하고 있는 것으로 조사되고 있다. 따라서, 한국의 한의학을 외국에 전파해서 홍보한다면, 우리나라의 고유한 의료관광상품으로서 차별화된 아이템이 될 것이다.

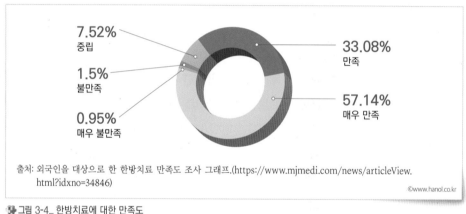

출처: 외국인을 대상으로 한 한방치료 만족도 조사 그래프.(https://www.mjmedi.com/news/articleView.
   html?idxno=34846)

©www.hanol.co.kr

🔹 그림 3-4_ 한방치료에 대한 만족도

③ 한방의료관광상품 개발

한방의료관광산업은 한방자원과 관광자원을 결합해서 발굴되는 한방관광 자원과 한방관광상품으로 형성되는 산업이기 때문에 한방의료 관광산업은 다음과 같이 다양한 형태로 전개될 수 있다.

첫째, 한방치료 및 건강체험을 주목적으로 하는 의료관광

둘째, 한방치료 및 건강체험을 관광목적으로 하는 여행, 자연감상, 문화체험 등과 결합된 형태의 보건관광

셋째, 여행, 자연감상, 휴양을 주목적으로 하는 일반관광의 패키지에 일부 참여하는 형태의 일반관광의 형태로 개발되고 있다.

국내 의료관광상품은 국내 의료 관광업계 중에서 가장 활발하게 추진되고 있는 분야로서 질병의 예방, 진단, 치료, 재활과 건강증진 등을 도모하는 한방서비스는 외래 의료관광객들로부터 많은 관심을 받고 있다.

한방 중심의 대규모 의료관광단지를 조성하는 곳으로 제주도, 경남 산청, 강원도 원주 등에서 의료관광 리조트로 개발하고 있다.

한방의료 관광은 기본적으로 한방의료와 휴양 및 요양관련 관광산업이 결합된 형태로 한방자원과 의료의 콘텐츠를 상품화함으로써 한방관련 수요의 창출 및 관련 산업의 활성화를 도모할 수 있다.

4 한방의료관광 활성화의 중요성과 필요성

선진국의 고령화 증가추세와 급성질환 위주에서 만성질환 위주로 질환의 기본 구조가 변화함에 따라 향후 건강증진을 위한 관광수요가 급증할 것으로 예상된다.

이미 태국, 싱가포르, 인도, 중국, 미국 등은 각 국가의 강점을 살려 세계적인 의료관광 국가로 자리잡고 있으며, 이외에도 40여 개국에서 의료관광 활성화를 위해 많은 노력을 하고 있다.

세계적으로 의료복지 서비스에 대한 수요가 늘고 있는 추세이다. 특히 서구사회에서는 천연물(허브, 한약재, 한약제재 등)을 이용한 대체 의료서비스에 대한 관심도가 높아지고 있다. 화학적인 가공을 통한 약품을 사용하는 서양 의학에 대한 소비에서 한의학·중의학과 같은 천연물을 이용한 대체의학에 대한 관심도가 높아지고 있다.

중국은 중의학 산업을 활성화 시키는 정책을 채택하였으며, 일본은 한방약과 관련한 서비스 산업이 발달하고 있다.

한방의학은 천연물을 가공시킨 약재를 사용하기 때문에 화학적인 가공을 통한 양약보다 인체에 미치는 부작용이 상대적으로 적게 나타남으로써 웰빙시대의 추세에 부합한다.

싱가포르, 태국 등 아시아지역 국가들은 의료산업과 관광산업을 접목시킨 의료관광산업을 국가적 차원에서 육성하여 많은 수익을 얻고 있다. 의료시설을 고급 호텔이나 리조트 수준으로 개발하고, 치료방법을 다양화하는 등의 방법을 통하여 의료관광객을 유치하고 있다.

우리나라 또한 한방의학을 관광산업과 연계시켜 외국인 의료관광객을 유치하기 위해 노력하고 있다.

한방의료 관광산업이 성공적으로 형성되기 위해서는,

우수한 한방의료 기관과 한방의료인들이 참여해야 할 필요가 있으며, 우수한 한방자원이 한방의료 관광산업에 참여하여 경쟁력 있는 상품들을 개발하는 것 또한 중요하다. 개발된 상품들을 외래 관광객들에게 알려서 이용하게 하고, 관광객들이 만족하여 가족·친지들에게 이용을 권유하게 되면서 산업의 기반이 성공적으로 구축된다.

따라서 한방의료 관광산업과 상품을 홍보하고 관광상품의 질을 유지하고 향상시키는 것 역시 필수적이라 할 수 있다.

제4절   의료관광 전문인력

 의료관광 전문인력의 개념

의료관광 전문인력은 의료관광과 관련하여 전문적인 지식을 보유하고, 다양한 직종에서 업무를 수행하는 인력을 말한다.

선진국에서는 의료관광 전문인력을 Medical Tour Facilitator로 표현하고 있다. 이들은 고객의 니즈를 충족시킬 수 있는 의료 서비스·관광 서비스의 접점에서 상호균형적 조정자 역할을 하기 때문이다.

국내에서는 Medical Tour Coordinator의 복합어로서 의료 및 관광분야에 대한 지식과 외국어 통·번역 능력 등을 갖춘 인력을 의료관광 전문가로 정의하고 있다.

의료관광 전문가는 국내 병원에 의료 서비스를 받고자 입국하는 외국인 환자를 위해 다양한 의료와 관광을 연계한 프로그램을 기획하고 진행하는 전문인력이다.

의료관광 전문인력의 역할은 소속된 기관이나 업무의 범위에 따라 다소 차이가 있다. 일반적으로 의료와 관광의 접점에서 업무를 조정하고 진행하는 의학용어 및 진단의 이해, 의료관광 행정, 병원서비스 관리, 마케팅, 관광서비스 지원 등 업무를 담당함으로써, 의료관광산업을 활성화하는 데 매우 중요한 역할을 한다.

의료기관에서는 환자와 의료관계자의 상황과 흐름을 잘 파악하고, 서로에게 도움이 되는 방향으로 가기 위해 연결시켜주는 역할을 한다. 대표적인 전문인력으로는 국제의료관광 코디네이터, 병원 코디네이터, 의료통역 코디네이터, 의료관광 마케터와 같은 전문가가 있다.

❶ 국제의료관광 코디네이터

외국인 환자의 입국 전부터 유치활동과 입국, 상담, 접수, 의료통역, 진료지원과 수납, 외국인 환자의 동반 가족들을 위한 관광 등 한국에서의 의료 및 관광서비스를 지원하는 전문가이다.

❷ 병원 코디네이터

고객의 편의를 살피고 편안한 내원을 만들며, 진료과정의 코디네이팅과 발생할 수 있는 리스크 관리와 대안을 제시하게 된다. 또한, 고객 불평에 대해 의사와 협의하고 긍정적으로 문제를 해결할 수 있도록 조정자 역할을 하면서 병원조직 내 직원의 의사소통을 돕게 된다.

❸ 의료통역 코디네이터

환자와 국내 의료진과의 의사소통을 담당하면서, 의료상황에서 발생할 수 있는 문서적·언어적 전문 통·번역 능력을 갖추어서 환자가 양질의 의료 서비스를 받을 수 있도록 한다.

❹ 의료관광 마케터

국내외 의료관광 서비스의 공급과 수요를 상호 연결하고 교환이 원활하게 될 수 있는 역할을 한다. 또한, 해외 진출 및 특화상품개발, 홍보 등 의료관광 서비스의 가치를 창출하는 활동에 참여한다.

의료관광 전문인력은 통역, 번역 역할뿐만 아니라 의료관광객이 입국하기 전부터 입국 후 출국할 때까지의 모든 업무를 진행한다. 주요한 업무의 내용은 진료 및 관광지원, 커뮤니케이션 및 코디네이팅, 행정업무 등 외국인 환자의 편의를 위한 각종 서비스를 제공하는 의료관광 전문가이다.

의료관광 전문인력의 활동영역은 의료기관, 에이전시, 담당부서 등에 따라 매우 다양하다. 일반적으로는 외국어 능력, 의료 전문용어의 이해, 서비스 마인드, 마케팅 지식과 활용능력, 글로벌 문화역량, 의료분쟁 처리 능력 등을 가장 기본적으로 갖추고 있어야 한다.

SCANS(Secretary's Commission on Achieving Necessary Skills)는 의료관광 전문인력의 자질에 관한 8가지 직업기초 능력을 〈표 3-2〉와 같이 제시하고 있다.

표 3-2_ SCANS가 제시한 8가지 직업 기초능력

능력 분류		해 석
기본 능력	기초 능력	읽기능력, 수리능력, 듣기, 쓰기능력
	사고력	창의력, 의사 결정력, 문제해결 능력, 관찰능력, 학습능력, 합리적 사고력
	개인적 자질	책임감, 사회성, 자기 관리능력, 성실
직무현장 능력	자원활용 능력	시간, 재료 및 시설, 인적자원 등의 자원을 확인, 조직, 계획, 할당할 수 있는 능력
	대인관계 능력	새로운 기술 전수, 팀워크, 상호합의 도출, 고객기대 만족, 지도력
	정보처리 능력	컴퓨터 활용능력, 자료구성/ 유지, 정보습득/ 평가, 정보해석/ 교환
	시스템 능력	조직적, 사회적, 기술적 체제이해, 개선, 관리할 수 있는 능력
	기술 활용 능력	관련 기술지식을 선택하고, 이를 직무에 적용하여 문제를 해결할 수 있는 능력

출처: ISC 관광·레저산업 인적자원개발위원회(2019). 의료관광 활성화를 위한 전문인력 실태조사.

한국관광공사는 SCANS에 근거하여 의료관광 코디네이터의 자질을 유창한 외국어 활용 능력, 문제해결 능력, 자기관리 및 개발능력, 대인관계 능력, 뛰어난 커뮤니케이션 능력 및 이 문화 이해의 6가지 능력을 〈표 3-3〉과 같이 분류하였다.

표 3-3_ 의료관광 전문인력의 자질

자 질	상세 내용
외국어 활용능력	국내 의료기관 의료진과 해외환자 사이에 정확한 용어 사용, 비언어적 표현방식에도 능통해야 한다.
문제해결 능력	관련 문제에 대한 인식 능력, 논리적이고 창조적인 사고력, 대안적용 능력, 의사결정력 등을 통해 예기치 못한 상황을 해결하여 조직의 리스크 관리영역 체계화를 시도한다.
자기관리 및 개발능력	질병 치료 및 건강을 위해 고객을 다루는 일이기에 어느 분야보다 일에 대한 사명감 고취와 자기비전 수립, 뛰어난 자기관리 능력, 철저한 서비스 마인드 함양과 함께 건강한 신체 상태를 유지하는 능력이 요구된다.
대인관계 능력	병원 내 협동력 및 동료들과의 팀워크, 갈등, 의료사고 및 과오 등 문제 발생시 원만한 해결을 위한 협상능력이 요구된다.
커뮤니케이션 능력	공감적 경청 능력, 외국인 환자와 문화적 차이로 인한 몰이해로 문제 발생 시 리스크 관리 대화법 중요 고객의 불만 내용과 원인을 신속히 파악하여 이를 시정하고 고객만족을 이끌어내야 한다.
이 문화 이해능력	국가별 질병에 대한 인식, 해외환자의 의료기관이나 의료인에 대한 신뢰, 종교적 의식, 음식문화, 증상에 대한 표현 방식의 차이에 대해 이해한다.

출처: 유지윤(2012). 의료관광 전문인력 운영실태 및 수요전망 연구. 한국문화관광연구원.

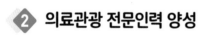 **의료관광 전문인력 양성**

1) 자격증 제도

외국인 환자 유치현황, 외국인 환자 만족도 조사, 관련 법규 등을 바탕으로 국내 의료관광 활성화 및 의료관광 종사자의 전문성을 보장하기 위해, 국제의료관광 코디네이터 국가시험, 의료통역사 검정시험 등 관광종사원 자격시험제도를 도입하였다.

❶ 국제의료관광 코디네이터 국가기술 자격증

2011년 발표된 '의료관광산업 활성화' 대책에서는 국제진료·의료관광과 관련 국가기술자격증 도입에 대해 발표했다.

표 3-4_ 의료관광 전문인력의 직무 유형 정의

구 분		상세 내용
국제의료관광 코디네이터	정의	• 전문적인 의료지식을 바탕으로 외국인 환자의 진료 서비스 제공에 관한 전반적인 계획 및 운영을 담당하는 자 • 직무공간으로 의료기관내에서 활동
	직무	• 의료지식을 바탕으로 환자의 치료 요구를 파악하고, 진료내용을 정확하게 설계, 전문적인 의료 상담 제공 • 환자의 국가 및 문화를 이해하고 의사소통 서비스 제공 • 병원 내 각 진료과 및 소개 마케팅 채널과의 협업 • 시술 후 환자 퇴원 및 사후관리(차기 방문 진료설계 및 관리) • 치료 외 부가적인 서비스 제공(컨시어지 서비스 업무) • 의료기관의 환자진료 설계를 위한 번역 업무
	자질	• 전문적인 의료지식 및 임상경험 • 해당 문화권 의료문화 및 의료환경에 대한 지식 • 이 문화권 환자에 대한 서비스 마인드 및 매너 • 원활한 외국어 소통능력
병원 코디네이터	정의	• 의료관광의 전반적인 과정을 기획 및 운영하며, 관련 서비스를 의료기관 및 고객에게 제공하는 자
	직무	• 고객과의 의료상담 • 치료 외 부가적인 서비스는 제공하지 않는다. • 병원 총무 등 지원 업무
	자질	• 의료기관(대표 시술 및 의료 서비스)에 대한 지식 • 전문적인 고객서비스 마인드
의료통역 코디네이터	정의	• 환자와 담당의사 사이에서 정확한 진료가 이루어질 수 있도록 의료지식 및 용어를 바탕으로 통역서비스를 제공하는 자
	직무	• 외국인 환자와 의료진 사이에서 통역서비스 • 치료 및 사후 관리에 관한 통역서비스(원격 의료 통역서비스) • 대면 통역 및 전화, 화상 통역서비스 제공
	자질	• 정확한 의료관련 지식 및 의료용어 구사 • 해당 언어권별 뛰어난 언어 전달능력
의료관광 마케팅	정의	• 의료관광상품의 홍보전략 및 계획을 수립하고 실행하는 자 • 의료관광상품기획 및 개발전문가
	직무	• 타깃 지역에 대한 시장조사 • 광고 및 홍보 콘텐츠 개발 및 실행(온/오프라인 영역) • 국내외 마케팅 채널 발굴 및 협약 • 해외 의료관광설명회 및 컨벤션 참가 및 홍보
	자질	• 유창한 언어구사력 • 해외 채널과의 뛰어난 업무협상력 • 대인관계 친화력 및 시스템 활용능력

출처: 유지윤(2012). 의료관광 전문인력 운영실태 및 수요전망 연구. 한국문화관광연구원.

의료관광 전문인력 강화를 위해 자격시험 응시자는 외국어 공익시험성적, 의료관광과 연관성이 있는 학과 졸업 또는 관련 경력과 같은 요건을 충족시켜야 한다.

❷ 의료통역사 검정고시

보건복지부는 '의료해외진출법 제13조', '의료 해외진출법 시행규칙' 제11조 및 보건복지부 '의료 통역능력 검정시험 등에 관한 고시'를 마련하였다.

외국인 환자와 국내 의료인 간 원활한 의사소통을 지원하기 위한 의료 통역서비스 제공인력 양성을 위해 응시자격 제한 없이 한국 보건복지인력개발원에서 2016년부터 '의료통역능력 검정시험'을 실시하고 있다.

하지만 2019년 기준으로 국내 법제도에는 의료통역사의 자격에 대한 명시적인 규정이 없는 관계로, 전문 의료통역 교육을 받거나 시험에 합격하지 않은 사람도 일선 의료현장에서 의료 통역사로 활동이 가능하기 때문에 인지도가 매우 낮다.

원인 중의 하나는 1차 필기시험, 2차 구술시험의 복잡한 구성과 시험준비를 위한 교육비가 너무 높다. 또한, 현재는 서울 이외의 다른 지역에서는 본 시험을 응시할 수 없으며, 인증서 발급을 위한 많은 수험생들이 부담감을 가지고 있기 때문이다.

우리나라의 통역서비스는 여전히 하나의 전문성을 갖춘 직무로 인식되지 못하고 있으며, 체계적이고 유기적으로 제공되기 보다는 기관별로 산발적으로 시행되고 있는 것이 문제점으로 지적되고 있다.

표 3-5_ 국제의료관광 코디네이터 자격시험 응시 자격

구 분	내 용	비 고
관련학과	보건의료 · 관광분야 학과로서 고용노동부 장관이 정하는 학과(이하 '관련학과')의 대학졸업자 · 졸업예정자	×
	2년제 전문대학 관련학과 졸업자 등으로서 졸업 후 보건의료 또는 관광분야에서 2년 이상 실무 종사자	2년제 졸업, 실무2년
	3년제 전문대학 관련학과 졸업자 등으로서 졸업 후 보건의료 또는 관광분야에서 1년 이상 실무 종사자	3년제 졸업, 실무1년
실무경력	보건의료 또는 관광분야에서 4년 이상 실무 종사자	4년 실무
관련자격	의사, 간호사, 보건교육사, 관광통역안내사, 컨벤션기획사 1 · 2급 취득자	자격증 보유
공익외국어 시험 범위: 영어, 일본어, 중국어, 러시아어, 기타 언어의 공인시험		

출처: 한국산업인력공단(2019). 연간 보고서(2018년). 한국산업인력공단 홈페이지.

부산광역시 의료관광 현황

부산시의 적극적인 지원과 의료 인프라, 관광 인프라에 관한 내용은 다음과 같다.

2007년 부산권 의료산업협의회를 발족시켰으며, 의료관광 전문 포럼을 구성하였다. 양산에 동남권 첨단 의료 복합단지 유치를 위해 신청하였으며, 서면에 메디컬 스트리트를 조성하였다. 그리고 의료기관 및 의료수가 전국 3위에 해당된다.

양산 부산대학교 병원에 최첨단 의료장비가 마련되어 있고, 해운대 백병원에 전문 클리닉 중심의 원스톱 체제가 구축되어 있으며, 기장의 동남권 원자력 의학원에는 중입자 치료기가 도입되었다. 그 외에 관광 인프라는 수려한 자연경관과 문화재, 위락시설, 숙박, 교통, 국제영화제, 대규모 해외시설 등 풍부한 관광 인프라가 구축되어 있다.

부산시에는 5개의 의과대학을 비롯해서 4,110여 개의 의료기관이 밀집되어 있어 풍부한 의료인프라가 확충되어 있다. 관광적인 요소로는 산과 바다로 어우러진 자연경관, 특급 호텔, 쇼핑몰, 크루즈 등을 활용한 융·복합 관

광지로 각광받고 있는 지역이다.

외국인 환자 유치 등록기관이 337개, 유치업체는 100여 개로 서울에 이어 두 번째 규모이다. 매년 국제의료관광 컨벤션을 개최하고 있으며, 해외 홍보 및 상품개발, 네트워크를 구축하고 있다.

부산시에는 JCI 국제인증병원이 9개 있으며, 한·중 비즈니스 신용인증 플랫폼으로 의료관광 분야에 9개소를 인증 획득하고 있다. 미국의 병원 인증 제도인 JCI는 환자가 병원에 들어서는 순간부터 퇴원까지 치료 전 과정을 11개 분야로 나누어 환자의 안정성과 양질의 의료 서비스 제공에 관한 평가를 3년 단위로 수행하고 있다.

2016년에는 전 세계의 60여 개국에서는 836개 의료기관이 JCI 인증을 받았다. 우리나라는 대학병원과 전문 병원을 중심으로 의료서비스 인증 필요성에 대한 인식이 확대되면서 28개의 의료기관에서 JCI인증을 받았다.

부산·경남 지역의 특화 소재를 살펴보면, 해운대를 중심으로 한 장기 휴양형 의료관광 상품과 부산 영화제를 소재로 한 FIT 개인 관광객을 대상으로 하는 의료관광 홍보를 집중하는 상품들이 있다.

이러한 상품들은 MICE 등과 연계해서 연계 의료 코스로 지속적인 발굴을 하고 있다. 서면 메디컬 스트리트의 서면 특화거리와 연계한 안내센터의 기능을 강화하는 한편, 크루즈와 인센티브 단체 등 특화 코스를 신규로 개발하는 등 의료관광상품개발에 노력하고 있다.

부산 롯데호텔, 부산 메디컬 리조트, 이비스 앰버서더, 부산 시티센터, 호텔 메디컬 센터에는 성형외과, 산부인과, 피부과, 치과, 안과 등을 운영하고 있다.

부산권 의료산업 협의회에서는 의료관광 코디네이터 양성 교육, 외국인 환자 진료 통역 지원서비스, 부산 국제 의료관광 컨벤션 주관, 홍보사업, 부산 의료관광 안내센터 운영, 해외 의료관광 설명회, 뉴스레터 발송, 의료산업 선도기업을 추천하고 있다.

부산시는 2009년 의료관광 활성화에 관한 조례를 제정, 공포하였다. 의료관광 활성화 지원의 주요한 정책으로는 의료관광 전문인력 양성 및 선도 의료기관을 지원하고, 의료관광 관련 지식·정보 공유 및 확산을 위한 학술행사, 의료관광 해외 마케팅 및 홍보활동 및 외국인 환자 유치현황, 통계관리, 의료관광 유치 안내센터 설치 및 운영, 국내외 의료관광 네트워크 구축 등이다.

2016년 문화체육관광부가 주최한 '글로컬 관광상품 육성사업' 공모전에 당선되었다. 보건복지부 주관의 '지역 선도 의료기술 육성사업'에 최우수 기관으로 선정되었으며, 척추, 관절 분야에 세계적인 브랜드를 육성하고 있다. 그리고 해외 의료진출 확대를 통한 글로벌 의료 서비스 네트워크 기반을 원스톱 의료서비스로 제공하고 있다.

외국인 환자 전문 서비스 프로세스 향상을 위한 '인천공항의 컨시어지 서비스'를 운영하고 있으며, 해외 거점센터 진출 확대와 해외의사 국내병원 연수 프로그램을 운영하고 있다. 해외환자 나눔 의료사업, 의료관광 코디네이터 양성 지원 등을 하고 있다.

부산시는 의료관광 허브 도시로서의 성장을 위한 적극적인 지원정책을 확대 시행하고 있다.

제5절　세계의 의료관광

싱가포르, 태국, 말레이시아 등 동남아시아 국가에서는 미국, 유럽, 일본 등 선진국과
비교하여 비용이 저렴하면서 동시에 선진국 수준의 의료 서비스와 휴양시설을 갖추고
있기 때문에 의료관광 서비스가 활발히 이루어지고 있다.

　이용객의 경우 간단한 검진 및 수술을 받으며 관광을 함께할 수 있기 때문에 경제적
효과는 더욱 크다고 할 수 있다.

싱가포르

싱가포르는 의료관광의 선진국으로 인정받게 되면서, 의료부문의 장점을 바탕으로
이를 관광에 적극적으로 이용하고 있다.

　의료 서비스는 21세기 고령화 사회를 맞아 새로운 고부가가치 관광산업으로 주목받
게 되면서, 싱가포르는 자국의 의료체계와 서비스를 알리는 기구인 '싱가포르 메디신
(Singapore Medicine)'을 설립하여 투자촉진과 의료마케팅 및 종사자들에 대한 지원을 적극
적으로 투자하고 있다.

　싱가포르 관광청에서도 헬스케어 부문을
하나의 부서로 신설하여 외국인 환자를 유치
하는 병원에 대해 지원하고 있다. 또한, 민간병
원에 대한 영리 법인화를 허용하여 자유로운
마케팅 활동을 하게 하여 병원들끼리 건전한
경쟁을 하도록 장려하고 있다.

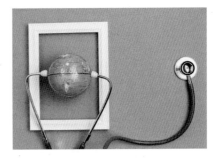

② 태국

세계 여행 및 관광협회(WTTC)의 최신 조사에 따르면,

태국은 전 세계 인 바운드(In-bound) 의료관광 지출국 중 다섯 번째 국가이다.

'건강한 경제를 위한 처방전'이라는 제목의 보고서는 2000년에서 2017년 사이에 의료관광 제품들과 서비스에 대한 국제 지출이 358% 증가하였다. 이는 24억 달러에서 110억 달러로 증가하였다. 이로 인해 2000년에는 0.6%에 그쳤던 의료관광 지출이 2017년 외국인 방문객 지출의 1.2%에 도달하였다.

태국의 의료관광 수입은 589백만 달러로 세계 인 바운드 의료 관광국 순위 5위이며, 의료관광 지출의 1%이다. 태국의 뒤를 이어 요르단, 코스타리카, 영국, 헝가리, 한국(415백만 달러)의 순이다.

태국은 의료관광 산업을 이끄는 상위 10개국 중 하나이며, 태국 정부의 건강과 관련된 시설 투자에 대한 세금 면제, 투자 이니셔티브 등의 정책으로 의료관광의 세계 글로벌 허브를 목표로 하고 있다.

③ 인도

의료계의 인적자원과 해외 네트워크가 의료관광 경쟁력에 큰 보탬이 되고 있다.

미국의 인도계 의사협회(약 9,000명)를 중심으로 인도 의료계와 교류를 주선하고 있다. 인도의 일류병원 의사 15% 이상이 해외에서 교육을 받거나 개업을 했던 선진국 의사들을 영입해서 외국인 환자를 유치·진료하고 있다.

적정한 진료가격 산정과 의료분쟁 및 의료보험 가이드라인을 제정하여 시행하는 것도 큰 강점이라 할 수 있다.

세계적인 웰빙관광 목적지로 유명한 인도는 질병 치료와 전통적인 요가, 명상 및 아유르베다(음식, 약초, 호흡법, 마사지를 이용한 생활치료 요법 등) 전통의술을 결합한 의료관광상품을 개발하고 있다. 주요 의료관광 의료기관으로는 Appllo 병원그룹 산하의 아폴로병원이 있다.

의료관광은 의료에 관광을 접목한 것으로 환자가 진료를 받는 중이나 완료 후 휴양과 관광활동을 병행하는 것뿐만 아니라, 의료기술이 뛰어나고 가격 경쟁력을 갖고 있는 국가에서 진료를 받기 위해 여행을 하는 것이다.

의료관광의 가장 큰 장점은 비용 절감 효과가 크다는 것이다. 의료 관광목적지로 인기를 끌고 있는 지역의 의료비를 미국과 비교하면 인도는 10%, 태국은 25%, 쿠바는 60~80% 수준으로 저렴해서 적은 돈으로도 치료와 관광 2가지 목적을 달성할 수 있는 이점이 있다.

④ 한국

우리나라의 경우, 제주도는 의료산업과 관광산업이 연계된 제주형 의료관광 모델개발 및 실행방안 모색을 통하여 향후 동북아의 의료허브로 거듭나기 위해 많은 노력을 하고 있다. 단기간에 세계적 수준의 병원을 설립할 수 있는 방안은 외국의 유명한 종합병원을 유치하는 것이다. 하지만, 성공 관건은 어떻게 외국병원과 투자자, 금융기관의 투자를 이끌어낼 수 있는가이다.

현실적으로 종합병원에 대한 수요조사, 비즈니스 플랜 조성, 타당성 조사 등을 해보면, 제주도 인구의 규모상 한계 등으로 긍정적인 결과는 기대하기 어려운 실정이다.

그러나 미국의 PIM(Philadelphia International Medicine)이 종합병원 설립에 상당한 관심과 의지를 가지고 제주특별자치도와 MOU를 체결한 것은 매우 고무적이다.

제주도 내의 의료관광 인프라를 활용하여 의료관광에 접목시킬 수 있는 분야를 찾아 특화시키는 방법도 검토해볼 필요가 있다. 기존 호텔과 병원시설을 연계하여 클리닉호텔 설립방안과 클리닉 타운 조성도 가능하다.

의료관광산업육성을 위한 마스터 플랜 작성과 정책을 집행할 조직을 구성하고, 법령과 제도를 개선하고 의료관광관련 공공서비스를 제공할 전담기구를 설립하여 경쟁력 있는 세계적인 의료관광목적지로 발전시켜야 할 것이다.

의료산업은 이제 더 이상 환자의 질병을 치료하는 수단만으로는 블루오션을 창출해

널 수 없다. 관광산업과 같은 타 산업과의 적극적인 연계를 통한 다양한 접근은 물론 개방적·혁신적 아이디어를 토대로 시너지 창출을 위한 신규사업을 지속적으로 개발해야만 변화하는 세계시장에 대응할 수 있다.

글로벌 시장에서 한국의학의 위치

글로벌 시장에서 한국의학의 위치는 높은 수준을 자랑하고 있다.

실제로 국내에는 우수한 의료기술을 보유한 선도병원들이 집중되어 있다. 2015년 현재 서울 시내 총 2만 1,507개의 의료기관이 소재하고 있다. 그중에서 상급종합병원의 경우, 전국 43개 중 1/3인 14개 병원이 서울에 위치하고 있을 만큼 다양한 진료과목과 의료진들이 있으며, 한방에서부터 양방진료과목 의료진이 외국인 환자의 필요를 만족시킬 수 있는 의료상품들을 제공하고 있다.

또한, 많은 외국인 환자 유치 사업 등록업소(총 914개, 전국 총 등록업소 1,401개소/2015년 기준)가 집중되어 있다. 따라서 외국인 환자들이 어려움 없이 의료관광 프로그램을 안내받을 수 있다. 이 외에도 러시아 및 CIS 지역에서 의료관광 목적으로 한국에 오는 관광객은 약 5만 명으로, 러시아의 전체 방한 관광객 중 10%인 3만 명이 의료관광으로 한국을 방문할 정도로 글로벌 시장에서 한국의학의 위치는 앞으로도 지속적으로 발전할 수 있으리라 믿는다.

제6절 의료관광 트렌드와 활성화 방안

1 의료관광 트렌드

1) 의료관광의 세계적 추이

❶ 의료관광산업의 성장

전 세계적으로 평균수명은 점점 증가되고 있으며, 고령인구의 증가와 더불어 고령화 사회로의 진입이 급속도로 빨라지고 있다. 이로 인해, 의료비 부담은 지속적으로 상승하여 가계 지출에서도 의료비 비중이 점차 증가하고 있다. 동시에 복지수준의 향상, 의료기술 발달, 고급 의료서비스에 대한 수요 또한 많아지고 있다.

글로벌 의료 거버넌스의 등장으로 개별국가가 해결하기 어려운 의료문제를 국제사회가 함께 해결하기 위해 노력하고 있으며, 국가간 협의체 증가는 의료기관의 국제화에 기여하고 있다.

❷ 웰니스 관광의 지속적 성장

웰니스 관광은 해외관광과 국내 관광 모두 빠르게 성장하고 있는 형태 중의 하나로 지속적으로 성장할 것으로 전망된다.

웰니스 관광목적지는 현재와는 매우 다른 양상으로 전개되어 아프리카, 남아메리카, 중앙아시아, 호주, 뉴질랜드 등에 위치한 웰니스 관련 호텔과 리조트들이 큰 인기를 얻고 있다.

❸ 전 세계 의료관광시장의 성장요소

이코노미스트 인텔리전스 유닛(Economist Intelligence Unit)에서 발간한 'Travelling for

health: the potential for medical tourism' 보고서에서는 전 세계적인 의료관광산업의 성장요소와 어떤 나라가 목적지로서 가장 이득을 보는가에 대해 다음과 같이 기술하고 있다.

- 글로벌 기술: 인터넷을 통해 환자들은 국경을 넘어 치료옵션을 찾을 수 있음
- 낮은 운임의 항공편: 외국여행을 더 저렴하게 할 수 있도록 함
- 무역자유화: 소비자가 자국 밖에서 서비스를 찾도록 함
- 외국자본의 투자: 많은 나라에서 현대식 병원을 건설함
- 외국인력의 국제화: 외국에서 경험을 쌓은 의료 인력들이 존재함
- 의료관광에이전시: 의료관광객들에게 서비스를 제공하는 의료관광 에이전시 증가

보고서에는 기회를 창출하기 위해서 의료관광으로부터 발생하는 이익이 보다 많은 사람들에게 돌아갈 수 있도록 정부와 개인이 함께 협조해야 한다고 지적하고 있다.

의료관광은 모든 나라들이 성공하는 것이 아니며, 자국의 정치, 내부보안문제, 의료기술과 시스템의 부족, 관광인프라와 정부지원의 부족으로 인한 실패를 경계해야 한다.

2 의료관광 활성화 방안

의료관광은 건강과 관련된 서비스나 시설을 홍보함으로써 관광객을 끌어들이는 관광시설이나 특별한 흥미가 있는 관광의 하나로서 여행의 동기가 건강과 관련되어 있다. 의료관광 활성화 방안은 다음과 같다.

첫째, 의료관광을 전문으로 하는 각각의 병원을 특성화 방안으로 탈바꿈해야 한다.

우리나라에는 종합병원이 의료관광을 운영하고 있지만, 이는 전문적이고 특성화되어 있지 않다. 따라서 병원마다 특성화된 진료를 지정해서 차별화되고 전문화된 진료로 바꾸어야 한다. 예를 들어, 부산시는 각 지역마다 의료관광 지구를 지정하는 방법이 존재한다. 대표적으로 서면, 해운대, 아미동, 대신동으로 나누어 의료(세부적으로 성형외과, 안과, 피부과, 치과 등)와 주위 관광(롯데호텔, 파라다이스 호텔 등)으로 접목시키고 있다. 대학병원이 위치하는 대신동의 경우, 보다 전문화되고 높은 의료기술 수준이 요구되는 해외환자 수치가 필요하다.

둘째, 의료관광 지역을 지정하는 방안을 모색해야 한다.

2~3개 지역을 지정하여 일명 의료관광 벨트를 만들 필요가 있다. 지정된 지역에는 안내부서를 비롯하여 여행사와 연계된 호텔 등 숙박시설, 관광지, 전통음식점으로 특성화하여 형성해 나가야 한다. 단순히 의료상품을 만드는 것이 아니라, 주변 관광요소들을 결합한 의료관광상품을 독자적으로 개발해야 하는 것이다.

또한, 주요 의료관광 국가들과의 결연을 통해 치료 전·후 처치를 위한 병원을 지정하는 것이다. 그리고 의료관광을 할 수 있는 병원과 연계해 보험상품 개발을 하는 것도 의료관광객에게는 매력적인 상품이 될 수 있다.

셋째, 의료와 IT를 결합한 디지털 헬스케어 기기, 원격진료 서비스를 도입해야 한다.

외국인 환자들을 위해 국내의 최고 의료기술과 IT기술을 융합하여 외국인 환자의 진료와 사후관리를 병행하는 것이다. 의료관광 발전을 위해서 의료체계를 국민의 건강을 지켜주는 행위로 받아들이면서도, 의료서비스를 수출한다는 개념으로 이해하면 우리나라를 의료관광 선진국 이미지를 향상시켜서 국가경쟁력을 높일 수 있게 될 것이다.

넷째, 인프라를 활성화시켜야 한다.

수도권으로 몰려 있는 병원 상권을 분할해야 하고, 지역홍보와 더불어 같이 홍보한다면 많은 외래 관광객을 유치할 수 있을 것이다. 또한, 인프라를 확충하면서 언어적인 문제, 즉 의사소통 문제도 해결해야 한다. 언어의 장벽이 관광에 큰 장벽이 된다는 것은 누구나 알고 있다.

❸ 의료관광 호텔

의료관광 호텔(메디텔)은 의학을 뜻하는 Medicine + Hotel의 합성어로서, 의료와 숙박시설을 겸한 건물을 말한다.

한국관광공사에서 정의한 의료관광 호텔은 "의료관광객의 숙박에 적합한 시설 및 취사도구를 갖추거나 숙박에 딸린 음식, 운동 또는 휴양에 적합한 시설을 함께 갖추어, 주로 외국인 관광객에게 이용하게 하는 업"으로 정의하고 있다. 즉, 의료를 목적으로 우리나라를 방문한 환자 및 보호자가 단기 또는 장기체류하는 데 불편함이 없도록 호텔업으로 규정한 전문 숙박시설이다.

우리나라 정부는 성형이나 미용을 위해 한국을 찾는 의료관광객을 편리하게 이용할 수 있도록 하고, 의료관광 허브로서의 역할을 하기 위해 메디텔 육성을 위해 노력하고 있다. 메디텔은 해외 의료관광객을 위한 휴양치료 센터로서, 특별한 여가활동과 건강증진을 도모할 수 있는 기능을 한다.

메디텔의 구성요소에는 주로 치유 프로그램인 건강체크, 치유 프로그램 이용, 효과 확인을 위해서 의료 검사 등을 필수 요소로 하고 있다.

질환을 가진 고객의 경우, 의료진의 전문적인 상담과 처방을 근거로 하여 치료 프로그램을 제공한다. 진료 이외에도 고객들이 휴식할 수 있는 기본적인 시설인 객실과 레스토랑을 제공하고 있다. 또한, 운동 치료가 가능한 피트니스 센터와 치료 시간외에 산책을 할 수 있는 산책로, 정원, 바닷가의 모래사장, 해안 둘레길 등 건강관리와 휴양을 함께할 수 있는 시설이 필수적이다.

🔍 유럽의 휴양의학

휴양의학은 독일에서 약 100여 년 전부터 시작되어 유럽에서 차별화된 경영형태로 시작되었다.

휴양의학은 현대의학적 치료뿐만 아니라, 기후가 양호한 지역에서 해양, 산림 같은 자연치유자원을 치료에 병행하여 질병의 예방, 재활 치료(신체적·정신적)를 돕는 의학이다. 의학적 치료와 더불어 해양이나 산림의 치유효과를 결합하고 다양한 wellness, healthy aging 프로그램을 접목하여, 환자나 건강인들이 일정 기간 휴양을 하며 건강증진, 질병 예방, 재활치료를 하는 것을 목적으로 하고 있다.

독일 휴양의학을 실행하는 의료기관은 의료와 숙박시설(호텔, 펜션, 리조트)을 동시에 운영하는 형태이다. 국내에서 새로 도입된 메디텔과 유사하다.

독일에서는 산업적 측면에서 사업의 중대성과 시장을 중시해, 현재 혁신 보건관광 4.0 프로젝트를 만들어 휴양의학과 보건 관광, 바이오 및 관련산업을 연계하는 헬스케어산업으로 확대되고 있다. 이외에도 프랑스는 휴양 중심 해양치유 센터를 건설해 연간 90만 명에 이르는 방문객을 유치하고 있으며, 관광관련 시장을 기반으로 해양치유센터를 활성화하고 있다.

관광진흥법 시행령 개정안 주요내용

- 의료관광 활성화를 위해 호텔업의 세부 업종으로 의료관광 호텔업 신설
- 부티끄 호텔과 같이 규모는 작지만 개성 있고 우수한 서비스를 제공하는 호텔을 활성화하기 위한 소형호텔업 신설
- 소형호텔업 및 호스텔업에 대한 투자활성화 차원에서 주거지역 입지 시 도로연접 기준을 완화하는 내용을 담고 있다.
- 의료관광 호텔업 신설 법 공포 후 3개월 뒤부터 가능하다.

의료관광 호텔은 우리나라를 방문한 환자 및 그 동반자가 불편함이 없도록 19제곱미터 이상의 면적을 가진 20실 이상의 객실과 장기 체류하는 의료관광객의 식사에 대한 애로사항을 반영해 취사도구를 갖추도록 했다. 또한, 의료관광객의 출입이 편리한 체계를 갖추도록 해 외국인 환자와 동반자 등 투숙객이 방문하는 데 어려움이 없도록 한다.

의료관광 호텔업은 연간 환자가 1,000명 이상(서울지역은 3,000명 이상)을 유치한 의료기관 개설자 또는 연간 실환자 500명 이상을 유치한

유치업자만이 등록할 수 있도록 하여 실제로 의료관광객 유치를 하고 있는 기관이 참여토록 했다.

복수의 의료기관 또는 유치업자가 의료관광 호텔업을 등록하는 경우에는 그 실적을 합산할 수 있도록 해서 신규사업자의 진입이 용이해졌다. 또한, 연간 기준으로 총 숙박가능인원 중 내국인 투숙객이 40%를 넘지 않도록 하고, 의료관광객을 위한 숙박시설이라는 취지에 충실하게 운영이 될 수 있도록 했다.

CHAPTER 4

글로벌 농촌관광

제1절　농촌관광의 이해

1 농촌관광의 개념

농촌관광은 농촌 지역에서 행해지는 관광행위를 통칭하는 용어이다.

이는 농촌다움을 바탕으로 소규모의 농촌 지역사회 주민들이 자신들의 생업인 농업이나 생활문화, 농촌의 경관과 환경 등을 도시민들과 교류와 체험을 통해서 이루어지는 관광이다. 또한, 주민들과의 교류를 바탕으로 한 체험활동 및 농촌의 자연과 경관, 역사와 문화, 농업이나 생활 등을 경험할 수 있는 관광형태이다.

즉, 농촌관광이란 농촌의 풍성하고 깨끗한 자연경관과 지역의 전통문화, 생활과 산업을 매개로 한 도시민과 농촌 주민간의 체류형 교류활동이라 할 수 있다.

예를 들면, 농촌 체험활동(휴양마을, 교육 체험농장, 농촌축제, 자연휴양림, 농촌 승마장, 관광농원 등), 농촌숙박(농촌민박, 고택숙박 등), 농촌 맛집방문(농가맛집, 농가 레스토랑, 향토음식점, 농가 카페 등), 농촌에서 농특산물 직거래, 농촌 둘레길 걷기, 농촌 지역에서 캠핑 등의 활동 체험을 통해 농촌을 이해하고 경험하는 것이라 할 수 있다.

많은 도시의 사람들이 농촌관광에 대한 정보가 부족하고 경험을 잘하지 못하는 이유는 바쁜 일상과 낮은 관심등 이다. 이미 농촌관광에 대한 경험이 있는 사람들에 대한 피드백을 살펴보면 다음과 같다.

❶ 농가소득 증대 차원에서의 농촌관광 활성화
❷ 정부 중심의 하향식이 아닌, 지역사회 주도의 필요성
❸ 농촌의 자원 관리, 활용의 필요성
❹ 젊은 사람 중심의 농촌관광 사업실시 등을 원하고 있다.

현재 농촌에는 고령의 농민이 대부분이고 농사일보다는 노년을 보내기 위한 경우가 많다. 하지만 도시생활을 정리하고 귀농하는 젊은 사람들이 있지만 아직도 많이 부족하다. 농촌관광을 활성화하고 발전시키기 위해서는, 지자체에서 귀농하는 젊은 사람들을 유치하기 위한 적극적이고 지속적인 지원이 필요하다.

또한, 농촌관광 활성화를 위한 지자체의 차별화된 체험활동, 프로그램, 음식, 휴양 등 다양한 경험과 체험을 할 수 있는 활동과 즐길거리, 볼거리 등을 개발하는 것이 중요하다.

② 농촌관광의 특성

농촌관광의 특성은 다음과 같다.

첫째, 농촌 지역에서의 농촌성에 바탕을 둔 관광활동인 농촌관광은 풍부한 자연속에서 이루어지는 관광활동이다.

농촌관광은 농촌이라는 장소에 대한 보편적인 특성, 즉 농촌성을 바탕으로 하고 있다. 또한, 농촌관광은 농촌에 건축물이나 시설물 등으로 유기적인 성장을 특징으로 한다. 한편, 농촌성에 바탕을 두고 자연속에서 이루어지는 활동으로서 농가를 강조하고, 정부의 마을 활성화 정책으로 추진되는 마을단위 농촌관광 활동을 주요 범위로 하고 있다.

둘째, 농촌관광은 농촌을 중심무대로 하기 때문에 주된 관광자원은 인공적인 시설보다는 아름다운 경관과 깨끗한 환경, 고유한 역사와 문화 등에 토대를 둔다는 특징이 있다.

셋째, 농촌관광은 농촌지역에 입지해야 하며(입지성), 소규모 기업, 오픈 스페이스, 자연 및 유산, 전통사회, 전통적 관습과의 접촉 등 농촌의 특수성에 의존해야 하며(농촌 특수성), 지역의 장기적인 이점을 위해 개발되는 특성(개발의 농촌성 및 지역주민 연계성)을 지니고 있다.

넷째, 관광객 시장의 도시성으로 농촌관광의 유락주체는 일반적인 도시주민이다.

농촌관광객의 주요한 고객은 상업화된 대도시가 가장 큰 관광객 목표시장이라 할 수 있다. 도시와 농촌의 큰 차이로 인해 도시주민은 농촌관광에 대해 여행매력을 느끼게

된다. 따라서 농촌관광의 방문객은 주로 도시에서 자라나서 농촌, 농업과 농부의 상황에 대해서는 다소 낯선 도시 주민들이다.

다섯째, 농촌관광이 다른 관광과 다른 특성은 농촌 공간에서의 활동, 이벤트, 매력물을 경험하거나 참여하는 것을 목적으로 하고 있다.

여섯째, 농업을 통한 체험활동과 농산물 판매를 제공하는 것이다.

농촌관광은 농촌의 주 산업인 농업을 통한 체험활동과 지역에서 수확한 농산물 판매 등을 제공하고 있다.

일곱째, 농촌지역의 자원 보호 및 유지하는 것이다.

농촌관광은 농촌지역의 고유성, 생태, 역사 등으로 구성된 자원을 기반으로 한 농촌자원의 보호와 지속적인 유지가 중요하다. 이러한 자연을 바탕으로 행해지는 활동이므로 환경보존을 지속적으로 유지시키는 관광의 형태라 할 수 있다.

③ 농촌관광의 필요성

1) 농촌지역 활성화 수단으로서의 농촌관광

농촌의 고령화, 인구 과소화, 농산물 시장개방 등 국내외 어려움에 맞서 농업, 농촌은 새로운 먹거리 개발을 위해 노력해야 한다. 농업과 농촌이 재도약을 하고 농촌지역을 활성화하기 위해서는 농업소득의 감소분을 대체할 수 있는 새로운 소득원 개발이 필요하다. 그 대표적인 대안 중의 하나가 농촌관광이다.

농촌관광의 주요 수요자라고 할 수 있는 도시민들의 소득향상, 주5일 근무제 정착 등 사회·경제적 여건 변화는 농촌관광 수요의 급속한 증대를 가져오게 된다. 도시민들은 저렴한 관광비용으로 다양하고 유익한 효과를 거둘 수 있는 농촌관광을 지속적으로 즐기게 되는 것이다.

도시민들은 농촌의 자연, 환경, 어메니티 등을 즐기기 위해 농촌을 찾아오고, 농촌은 도시민들을 대상으로 민박, 농산물 판매 등을 통해 소득을 증대시킴으로써 농촌지역 활성화를 위한 새로운 가능성을 제기할 수 있다.

2) 대안관광으로서 농촌관광에 대한 사회적 관심 확대

국내관광의 주요 형태가 명승지, 견학 등 단체관광형태의 대중관광 위주에서 산업현장체험, 자연·생태관찰, 전통문화체험 등 가족관광 형태의 다양한 대안관광(Alternative Tourism)으로 변화하고 있다.

농촌관광에 대한 양적 수요증대와 더불어 질적 수요의 다변화가 기대된다. 전원적 삶에 대한 도시민의 동경, 안전한 친환경 농산물에 대한 소비자의 관심 증대로 농촌관광에 참여하고자 하는 인원이 지속적으로 증가하고 있다.

3) 농촌의 관광상품화를 통한 도·농 상생토대 마련

친환경적 농업·농촌개발, 농촌의 주택개량, 농촌문화유적의 보존 및 산림자원의 축적, 그린 투어리즘에 대한 농업인 및 지자체의 인식전환은 농촌지역 자원의 관광상품화를 촉진시키고 있다.

농촌관광은 자연스럽게 민박 및 농산물 판매로 이어져 농촌에 소득을 높여 활력을 증진시킬 수 있다. 도시민에게는 여가공간을 제공하고 안심하게 믿고 먹을 수 있는 친환경 농산물을 직접 제공하여 도시민과 농촌이 서로 상생할 수 있는 터전을 마련해 주게 될 것이다.

농촌관광의 핵심내용을 살펴보면 다음과 같다.

첫째, 농촌의 생활, 문화, 자연자원을 포함한 각종 농촌 어메니티 자원을 방문객 혹은 관광객과 농촌 주민간에 교류를 통해 농촌지역을 활성화하는 데 활용하는 것이다.

둘째, 농촌관광을 농·산촌 지역의 경제적·사회적 활성화를 위해 유·무형의 농촌문화 및 쾌적한 생활환경을 유지·보전하려는 지역주민의 노력으로 인해 도시민과의 인적 및 물적교류를 추구하는 관광이다.

셋째, 농촌관광은 도시와는 구별되는 독특한 자연, 생태, 경관, 생활문화, 역사 등을 보유한 농촌에서 농촌의 자원을 활용하여 농촌지역 주민에 의해 상품과 서비스를 제공하는 관광활동이다.

넷째, 농촌관광은 농촌환경, 자연생태계, 농촌생활, 전통문화 등을 관광자원으로 활용하여 관광객을 대상으로 지속가능한 관광을 추구하는 것이다.

4) 농촌관광 추진방향

농촌관광은 환경친화적 체험관광의 의미가 강하다. 따라서 도시민이 농촌의 문화, 자연경관과 생태, 조용함과 따뜻함을 느끼고 농촌가정에 체류하면서 농촌생활을 체험하고 그 지역 사람들과 교류하며 여가활동을 즐기는 것이다.

농촌관광은 농촌주민의 삶의 질 증대, 농촌환경의 보전, 관광객 만족 등 3가지 목표를 균형 있게 달성하는 것을 목표로 하고 있다.

농촌관광은 단순히 민박이나 식당을 경영하는 것이 아니라, 농촌을 생산과 판매, 체험과 휴식이 가능한 일종의 종합상품으로 개발해야 한다.

농촌은 자연·환경·어메니티 등이 잘 보존되어 있는 농촌에서 자연, 문화, 사람들간 교류를 통한 농촌관광은 농촌지역 활성화의 새로운 가능성을 제시한다. 농촌관광은 대규모 개발을 하지 않고 지역자원을 최대한 활용함으로써 마음의 접촉, 사람간의 교류를 중시하는 개발을 지역주민이 주체적으로 참여하여 사람과 지역이 공생하는 농촌을 지향하는 것이다.

농촌관광은 농촌주민이 주체가 되어 소규모 투자로도 다양한 파급효과를 얻을 수 있기 때문에, 지속적인 농촌개발을 촉발하고 유지하는 농촌활력증진 수단으로서 그 역할이 기대된다.

농림부는 향후 지속적으로 늘어날 것으로 예상되는 관광수요를 농촌관광마을 등으로 흡수하여 농가소득 안정을 달성하고, 농업인과 도시민이 함께하는 농촌가꾸기를 통하여 농촌 활성화를 도모하여 도·농간 균형발전 달성을 목표로 농촌관광 관련 정책을 추진해야 한다.

농촌관광 활성화
지원에 관하여

🌥️ 지원대상

농업인 및 농업법인

🌥️ 사업목적

여가, 문화소비 증가 등에 따라 성장 가능성이 큰 농촌관광을 활성화하여 농촌을 국민의 여가, 휴식공간으로 조성, 도시민에게 농촌관광 관련 공신력있는 정보를 제공하고, 농촌관광사업자의 자발적인 서비스 품질수준 제고 유도

🌥️ 사업내용

❶ 농촌관광 기반조성: 농촌관광 등급제 운영 및 콘텐츠 개발, 역량강화 교육, 보험가입지원, 체험마을 사무장 지원 등을 통해 농촌관광 활성화 기반 마련

❷ 등급제 운영: 농촌체험 휴양마을, 관광농원, 농어촌민박을 대상으로 4개 부문(교육, 서비스, 체험, 숙박, 음식)을 평가하여, 부문별로 1~3등급, 등급외 부여, 평가결과를 공개하고 우수등급 홍보

❸ 관광 콘텐츠 개발: 농촌 지역주민 또는 지자체가 지역의 음식·숙박, 체험을 연계한 특색있는 콘텐츠를 개발·운영하도록 지원

❹ 역량강화 교육: 체험마을 운영자 및 농어촌민박 사업자 등을 대상으로 정책방향, 서비스, 안전·위생, 상품운영 등 관련 교육실시

❺ 보험가입 지원: 체험 마을의 체험 안전보험 및 화재보험 보험료를 지원하여 체험 마을을 찾는 소비자의 안전성 제고

❻ 사무장 활동비 지원: 체험 프로그램 운영, 마을관리, 홍보 등의 역할을 하는 사무장을 지원하여 체험 마을 운영 활성화

❼ 내·외국인 유치·홍보: 농촌관광 정보제공, 농촌여행 상품운영 초·중학생 체험학습 지원, 외국인 및 도시민 유치 확대 지

❽ 정보제공 홍보: 농촌관광 관련 정보를 제공하는 정보포털을 운영하고, 온·오프라인 매체를 활용하여 홍보

❾ 농촌여행상품 개발·운영: 농촌여행 접근성 제고를 위해 국내외 여행사의 내·외국인 대상 농촌여행 상품 개발, 운영지원(12)

⑩ 농촌 체험학습 지원: 초등학생 대상 교과과정 연계 농촌 체험학습 및 중학생 대사 자유 학년제 연계 농업, 농촌 직업체험 지원

관련 법률

도시와 농어촌 간의 교류촉진에 관한 법률

농업회사법인 설립에 관하여

- 농업회사법인은 농업인 또는 농업생산자 단체에서 1인으로도 설립 가능하지만, 영농조합법인의 경우 5인 이상의 농업인 조합원이 참여해야만 설립할 수 있다는 점이다.
- 농업회사 법인을 설립할 수 있는 사람은 농업인(1인 이상)과 농업생산자 단체로 한정하고 있으며, 농업법인의 출자자는 100% 농업인이어야 하고, 농업인이 아닌 자가주식을 가지려면 설립 이후에 주식

을 양도받는 방법을 이용해야 한다.

농업법인 설립순서

❶ 발기인 확정: 발기인은 전체 농업인(발기설립, 모집설립 관계없음)

❷ 자본금 설정
- 모집설립이라면 농업인 출자 10% 이상, 발기설립이라면 농업인 출자 100%
  (*정부지원을 받기 위해서는 자본금을 1억 원 이상으로 설정하는 게 좋음)

❸ 농업법인 설립등기신청: 회사형태, 사업목적, 주소, 원 등 확정 후 서류를 구비하여 등기소에 신청

❹ 사업자 등록신청: 법인설립등기 완료 후 관할 세무서에 신청

❺ 농업법인 설립통지: 사업자등록 완료 후 관할 시·군·구청에 통지

제2절 농촌관광의 운영

 1 국내 농촌관광 마을 유형

국내 농촌관광 마을은 운영목적 및 특성에 따라 총 5가지 유형으로 구분하고 있다.

첫째, 체험형 농촌관광 마을로서 주요 농·수·축산물을 기초로 가공품 판매, 마을자원 및 기타 아이디어를 활용하여 체험상품을 제공하는 마을이다.

둘째, 교육·컨설팅형은 농수축산물이나 가공품 판매보다는 교육, 컨설팅 체험을 제공하는 마을이다.

셋째, 판매형은 체험 프로그램 운영은 최소화하고, 주요 농수축산물 및 가공품 판매에 주력하는 마을이다.

넷째, 힐링 집중형은 힐링관련 체험 프로그램에 집중하는 경우로서 농촌 마을에 치유원, 치유센터 형태로 운영되고 있다.

표 4-1_ 농촌관광 마을의 유형 및 사례

유 형	대표 사례
체험형	평창 의야지 바람마을, 평창 계촌마을, 예천 금당실 전통마을, 충주 내포긴들 체험마을, 제주 낙천 아홉굿마을 등
교육/컨설팅형	평창 황토구들마을, 예천 제이에듀팜, 홍성 거북이 마을, 횡성 에덴양봉원 등
판매형	구미 자연케어팜, 군위 자연닮은 케어팜, 제주 아침미소, 충주 슬로우파머
힐링집중형	영주 국립삼림치유원, 제주 힐링명상센터
사회적 농업형	청송 해뜨는 농장, 보은 성원농장, 강화 콩세알

자료: 유지윤, 오문향(2020). 농촌마을의 힐링자원화 선진사례분석을 통한 국내 농촌힐링 관광지 육성 정책모델 연구. 관광연구, 35(1),37-55.

다섯째, 사회적 농업형은 장애인, 독거농민, 청년농, 고령농 등을 대상으로 재활 및 농촌정책 유도 등을 목적으로 체험 프로그램 및 지원사업을 제공하는 경우이다.

표 4-2_ 농촌관광의 유형

관광 유형	개 념
농장관광 (farm tourism)	농장과 관련된 모든 형태의 관광으로 캠핑, 교육목적의 활동, 방문·식사·휴양 활동 등을 목적으로 농장에 머무는 것
지속가능한 관광 (sustainable tourism)	주어진 문화적, 자연적 자원의 아름다움과 특징을 기반으로 생태적 균형을 유지할 수 있는 관광의 형태
녹색 관광 (green tourism)	전원을 대상으로 한 관광을 의미하기도 하지만, 일반적으로 친환경성을 고려한 관광의 한 형태
농업관광 (agri-tourism)	농업적인 환경(농산물, 농가민박 등)과 직접적으로 관련있는 관광상품(축제, 박물관, 전통공예 등 문화적 이벤트 등)을 포함
생태 관광 (eco-tourism)	자연관광의 형태를 띠고 있으며, 자연관광보다는 환경보존에 더 적극적이며, 지속가능한 관광의 의미가 강함

② 농촌관광 운영형태

농촌관광을 운영하는 방식이나 주체도 과거에 비해 다양해지고 있다.

전통적으로 농가에서 농사와 관광농업을 함께 운영하는 경우도 많았다. 하지만 2000년대 초반 각종 마을단위의 체험·휴양 마을 육성사업이 이루어진 이후부터는 마을 공동체가 관광농업을 추진하는 경우가 점차 일반화되고 있다.

최근에는 기업형태로도 발전하고 있다. 따라서 운영형태별 특성과 차이를 다음과 같이 알아보고자 한다.

1) 개인 사업형

개인 사업형은 입지조건을 갖추거나 자금 능력이 있는 개별농가들이 스스로 관광농업의 개발계획을 세우고 실천하는 방법이다. 이런 경우에도 정부의 자금지원이나 기술,

운영지도를 받을 수 있으며, 기존 개인농가 형태의 농촌관광으로도 관광농원, 농촌교육농장, 농어촌 민박 등이 있다.

개별농가가 민박 및 체험프로그램 등을 독자적으로 운영할 수 있는 주체로서 농가 주변에 산재한 각종 농업 농촌자원들을 소재로 프로그램을 기획하여 도시민들을 유치할 수 있다. 가족이나 개인 등 소규모 체험 프로그램의 경우는 농가 단독으로 진행해도 무방하며, 보다 친밀감 있고 상세한 진행이 가능하다는 이점이 있다.

또한, 농가에서 생산하는 각종 농산물을 판매하거나 민박과 연계하면 소득 증대, 고객관리 측면에서도 효율적이다. 단점으로는 혼자 경영하기 때문에 소규모 인원을 대상으로 운영하는 체험 프로그램만이 용이하며, 노동력이 많이 든다는 것이다.

농촌관광의 목적은 소득창출에 있으며, 자기 책임하에 새로운 시장과 상품을 개발하여 사업 관련자 스스로 조직할 수 있는 경영인을 육성할 필요가 있다. 물론 마을 단위의 농촌관광 방식의 경우 시장규모 확대, 마을공동체 활성화 등의 장점이 있지만, 농촌관광 산업화를 주도할 경영인 육성 측면에서는 미흡할 수 있다.

따라서 농촌관광의 정책 대상으로 경영능력을 갖춘 개별 경영인과 더불어 구성한 조직제 등으로 확대할 필요가 있다.

2) 마을 공동형

사업초기 마을공동체 방식의 운영형태에는 마을회 중심형과 책임자 중심형의 운영방식이 있다. 하지만 사업이 활성화되면서 책임자가 수용할 수 없는 범위에 이르면 개별농가 중심의 형태로 확장되면서 개인 체제로 변모하게 된다.

최근에는 공동사업에 홍보마케팅이 전문화되어 분리되는 연계 지원형 운영방식이 도입되고 있다. 이러한 운영형태는 농어촌 공동사업의 일반적인 진화과정이다.

❶ 마을회 중심형

대부분의 마을에서 사업초기에 나타나는 운영모델로서 마을 이장과 위원장이 일원화되어 마을 리더를 중심으로 모든 주민이 공동사업에 참여가 가능한 유형이다.

❷ 책임자 중심형

마을 이장(행정기능)과 사업위원장(경제기능)을 이원화시킴으로써 사업에 대한 명확한 권한과 역할을 운영책임자가 중심이 되어 사업전반에 대한 권한을 위임하는 유형이다. 이러한 경우에는 리더의 독단적인 운영방식으로 보여질 수 있으나, 그만큼 전문성과 책임이 뒷받침되어야 한다. 책임자의 경영능력에 따라 마을 사업의 성패가 좌우된다고 할 수 있을 만큼의 경영자의 능력이 중요시 된다.

❸ 농가(사업체) 중심형

농가(사업체) 중심형은 한 단계 발전된 운영방식으로 커뮤니티 비즈니스 방식이다. 이는 총괄 운영주체인 법인 또는 사무국이 홍보, 마케팅, 예약 등 마을 공동업무를 담당하고, 이외 체험 프로그램 운영, 농산물 가공판매, 숙박 등 운영권에 대해서는 협약을 통해 개별 농가별 운영권한 위임으로 독립적인 운영이 가능하다.

❹ 마을 연계형

마을 연계형은 일정 지역 범위내에서 각 마을별 자원을 연계해 프로그램화하여 운영되는 유형이다. 이러한 형태는 권역단위 사업에서 주로 나타나는 유형으로 사업이 마을별로 분산되면서 총괄 권역법인에서 전체 마을사업의 홍보마케팅을 담당한다.

각 마을자원을 연계해 프로그램을 진행하는 방식으로 운영된다.

❺ 자원 연계형

마을 연계형과 같은 방식이며, 이 외에도, 마을 단위가 아니라 마을별 우수한 자원 또는 부족한 자원을 보완하는 방식으로 상품을 개발해 판매함으로써 수익을 창출하는 자원 연계형이 있다.

❻ 중간 조직형

마을 연계형과 자원 연계형의 중간 조직형이 최근에 도입되고 있다.

마을에서 부족한 홍보 마케팅과 체험 프로그램 기획, 주민교육 등의 업무를 담당하게 되고, 마을 또는 법인은 체험프로그램 운영에만 집중할 수 있어 사업의 전문성이 강화되고 운영 효율성이 높아지게 된다.

표 4-3_ 마을 공동사업 운영방식별 운영주체

구 분	경영형태		운영주체
마을공동사업 경영형태	마을공동체 방식	마을회 중심형	전통마을회 중심
		책임자 중심형	추진위원회 중심
	커뮤니티 비즈니스 방식	농가(사업형) 중심형	소사장 + 마을
	연계지원 방식	마을 연계형	마을 - 마을
		자원 연계형	자원 - 자원
		중간 조직형	조직 - 조직

자료: 농어촌 체험마을 등 공동사업 운영모델 개발(2013).

종합해 보면, 마을 공동형은 마을 전체가 참여하므로 대규모 행사 진행이 가능하고, 마을이 공동으로 소유한 각종 공간과 시설, 장비 등을 활용할 수도 있다.

자치단체 및 관련 기관의 관광농업 또는 농촌체험 프로그램에 필요한 지원을 받기에도 용이하며, 사업과 연계해 체험시설 및 설비를 갖출 수도 있다.

무엇보다 체험 프로그램의 운영을 통해 마을 공동체 의식을 회복하고, 농촌의 전통문화 및 생활문화를 유지·전승하는데 기여할 수 있다. 각자의 능력에 맞게 역할을 분담하면서 소외되는 주민들의 불만도 최소화할 수 있다.

단, 사업리더의 지도력과 수익배분에 대한 원칙과 합의를 갖추어야 할 필요가 있다. 관광마을의 조직구조를 살펴보면, 표준화된 운영 규약과 법률적인 규정을 가지고 있다기 보다는 마을 주민들의 약속에 기초한 느슨한 형태의 조직체와 규정이라 할 수 있다. 명확한 운영시스템에 기초하지 않다보니 주민간 사업운영에서의 책임과 권한, 회계 원칙 등을 두고 갈등을 조장하는 요인으로 작용할 수 있다.

3) 기업형

마을은 공동체 조직이다. 하지만, 관광농업 활동은 이익을 내야 하는 기업활동이라서 어느 정도 시장 규모가 커지는 단계에서는 마을 공동체 조직으로 관광농업활동을 하는데 한계가 있다. 따라서 공동회사 혹은 공동체 법인형태로 농어촌 공동체회사, 사회적

표 4-4_ 농촌관광 운영형태별 특성

구 분	개인 사업형	마을 공동형	기업형
개념	• 입지조건이나 자금을 갖춘 개인농가가 농촌관광개발 계획을 세워 운영하는 방식	• 마을 전체 주민이 조직별 역할분담 및 마을 내 시설활용을 통한 사업추진 방식	• 일정규모 이상의 마을공동체 관광사업의 한계극복을 위한 커뮤니티 비즈니스 형태의 사업방식
운영 형태	• 관광농원, 농촌교육농장, 농어촌 민박	• 마을공동체형 • 커뮤니티비즈니스형 • 연계지원형	• 공동회사형태(농어촌공동체회사, 사회적기업, 마을기업) • 공동체 법인형태(협동조합, 영농조합법인, 농업회사법인)
장점	• 농산물판매, 체험프로그램 연계 등을 통한 소득창출과 효과적인 고객관리 가능	• 공공기관의 지원이 용이하고 공동체 회복, 전통 및 생활문화유지기여	• 사회적 목적 추구를 바탕으로 지역사회의 고용과 소득창출에 기여
단점	• 노동력, 수용인원의 한계에 따른 주변 농가, 마을주민과의 협력필요	• 사업운영상 리더의 지도력과 운영관리 및 수익배분 구조에 대한 합의 필요	• 수익성 달성이 설립목적이 아님에 따라 정부지원금에 대한 높은 의존도, 경영난

기업, 마을기업, 협동조합 등이 생겨나기 시작했다.

기업형은 사회적 목적 추구를 바탕으로 지역사회의 고용과 소득창출 기여에 긍정적인 영향을 끼친다는 장점이 있지만, 수익성 달성이 주요 설립목적이 아님에 따라 정부지원금에 대한 높은 의존도로 향후 경영난의 문제점을 나타나게 된다.

③ 농촌관광의 발달과 정책

1) 관광농원의 도입(1984): 농외소득 증대

농촌개발은 농촌지역개발 과정을 통해 사회적·경제적으로 향상되는 과정과 그 결과를 말한다. 농촌주민의 지속적이고 자립적인 노력을 바탕으로 농촌지역 내 사회경제 전 부문을 포괄하는 생산제도와 생활수준을 균형 있게 향상시키는 과정이다.

따라서 농촌개발계획의 일환으로 농촌관광 개발이란 '농촌관광활동에 적합한 편의

를 증진시켜 농촌지역으로 관광객을 유치하고 관광 소비증대를 목적으로 한 개발사업'이라고 할 수 있다.

관광기반이 절대적으로 부족했던 1970년대에는 중앙 정부가 직접 관광단지를 개발하는 방식으로 관광 개발을 주도하였다. 국민의 여가수요 충족이라는 차원에서 잠재력이 큰 지역에 대규모 시설 투자를 집중시킴으로써 그 효과를 널리 확산하려는 방식이었다. 이와 같은 방식은 관광기반이 절대적으로 부족하던 단계에서는 어느 정도 효과를 발휘할 수 있었지만, 관광객의 요구가 다양해지는 오늘날에는 한계가 있다.

농림축산식품부에서는 농촌자원을 활용하여 농가의 농외소득을 증대시키고, 농촌활성화를 도모하자는 취지하에 농어촌 관광휴양 자원개발사업으로 통칭되는 3가지 사업인 관광농원, 휴양단지, 농어촌 민박을 조성하기 시작했다.

1980년대부터 시작된 농어촌 관광휴양자원 개발사업을 통해 2015년 말 기준으로 23개소의 휴양단지와 545개소의 관광농원, 그리고 2만 4,246개소의 농어촌 민박이 생겼다.

최근 10년 기간만 보더라도 휴양단지는 109.1%, 관광농원은 39.0%, 그리고 농·어촌 민박은 108.0%가 증가하여 이들 사업을 통해 농촌관광의 기반이 형성되는 성과가 있었다.

2) 양적 성장기(2002 ~ 2010): 농촌마을 활성화

기존 농촌개발정책에 대한 반성, 변화된 시대적 요구 등을 내세우며 2000년 전후로 새로운 농촌개발정책이 등장하였다. 이들은 모두 사업의 공간 범위를 마을로 설정하고 있어, 마을개발사업이라 통칭할 수 있으며, '녹색 농촌체험마을사업'등 관광 농업과 관련된 정책과 사업을 본격적으로 추진하였다.

2011년 기준 5개 부처에서 추진되는 8개 마을 단위 농촌지역 개발사업을 통해 전국에 약 2,000개의 농촌관광 마을이 조성되었다.

마을 단위의 관광개발이 시도되면서 그동안 마을단위로 시행되어온 다양한 정책과 사업들이 농촌관광이라는 테마 아래 집행될 수 있는 계기를 맞게 되었다. 결국 농촌공동체의 유지와 새로운 농촌문화를 만들어 간다는 차원에서 새로운 시도로 평가되었다.

농림축산식품부 중심의 초기 농촌 관광자원개발은 부분적으로 의미가 있었음에도 불구하고, 전국적으로 무차별적 시설공급에 치중하였기 때문에 농촌 지역 고유의 장점과 매력을 자원화하는 데 실패하였다. 농촌 주민이 실질적 주체가 되지 못하거나, 주체가 되었다 하더라도 기업가 정신이 부족하여 부실 경영을 초래하였으며, 수요자와 공급자 간의 지속성 있는 네트워크를 확보하지 못하였다는 등의 문제점이 자주 지적되고 있다.

3) 질적 성숙기(2011 ~ 현재): 농촌관광 제도기반 마련 및 융·복합 산업화

2010년 이후에는 도시와 농·어촌간의 교류촉진에 관한 법률 제정을 기회로 농촌체험 휴양마을 사업자 지정 등 농촌관광 사업추진에 관한 근거를 마련하게 되었다.

2012년에는 농림축산식품부가 농·어촌 체험 휴양마을의 체험행사·음식·숙박 등의 품질을 평가하여 부여하는 등급제를 도입하였다.

이 제도는 농어촌관광의 활성화를 위해 농·어촌 체험 휴양마을, 관광농원, 농·어촌 민박에 대해 시설·프로그램·서비스 수준의 품질을 평가하는 제도이다. 즉, 양적으로 확대된 농촌체험마을의 수준을 향상하고 도시민의 욕구에 맞추려는 노력인 동시에, 농촌관광을 통해 농업과 농촌의 경쟁력을 강화하려는 의도라고 할 수 있다.

이 시기에 등장한 새로운 사업 형태인 농촌마을 종합개발사업의 경우, 그동안 단위마을 사업 형식에서 권역별로 여러 마을이 공동으로 참여하는 형태를 띠고 있다. 일종의 주민참여가 강조되는 상향식 개발사업이다.

주민들의 적극적인 참여 없이는 성공할 수 없는 사업이라는 인식과 함께 전문경영진 수준의 마을사업 리더들이 배출되어야 하며, 정책의 지원방법도 막연한 마을 공동체 사업지원방식에서 전문회사 형식인 마을기업이 사회적 기업형식으로 등장하기 시작했다.

농촌관광은 정부의 농업·농촌 정책의 핵심 전략으로 간주됨에 따라, 2014년 6월 '농촌 융·복합 산업육성 및 지원에 관한 법률'을 제정해 6차 산업화의 주요 내용 중 하나인 농촌관광 산업화가 강조되고 있다.

정부는 국정과제 중 창조경제 전략의 하나로 농림축산업의 미래성장산업화를 선정하여 농촌관광의 산업화를 포함하였다. 특히 2015년 농식품분야 경제혁신 3개년 계획에서 농촌관광 자원간 연계 강화 및 관광 인프라 구축이 핵심수단 중 하나로 제시되고 있다. 농림수산식품 교육문화정보원에 따르면, 6차 산업은 크게 가공형, 음식형, 유통형, 관광형 등으로 구분된다. 2016년 12월 현재 정부로부터 인증을 받은 농촌 융·복합 사업자는 총 992개소에 이르고 있다.

하지만, 아직까지 농촌관광은 1차 산업의 농업과 2차 산업의 가공·유통산업을 중심으로 농업·농촌의 활성화 수단이 내부적 마을단위 산업추진에서의 융·복합 수준에 미치고 있다. 따라서 타 산업 및 조직과의 연계와 확대에 한계를 지니고 있다.

향후 농촌관광의 부가가치 극대화를 위해서는 농업·농촌 내부의 자원뿐만 아니라 타 산업 및 기술, 조직과의 융·복합을 위한 다양한 접근이 필요하다.

농촌관광 개발은 농촌개발계획의 성격을 갖는 동시에 지역사회 중심의 관광개발로서 생활수준 향상을 위한 구조를 가지고, 관광객과 지역주민의 욕구에 부합한 관광활동과 시설을 제공해야 한다. 또한, 지역주민의 경제적·사회문화적·환경적 측면을 고려하는 지속가능한 개발방안에 대해 고민해야 한다.

④ 농촌관광 마을 프로그램의 성공요인

농촌관광을 성공적으로 이끌기 위해서는 다양한 프로그램을 구성하고 이를 지속적으로 유지하기 위해 노력해야 한다. 따라서 농촌관광 마을 프로그램을 성공적으로 이끌기 위해서는 다음과 같은 요인들을 고려해야 한다.

❶ 농촌 마을이 가지고 있는 자연친화적 자원에 문화적인 요소가 가미된 콘텐츠 개발이어야 하며, 다른 농촌 마을과의 차별화된 프로그램과 콘텐츠를 가져야만 경쟁력도 가지게 되고 지역이 자생적으로 유지할 수 있게 된다.

❷ 하드웨어(시설/조경)와 소프트웨어(문화/관광/산업) 및 휴먼웨어(복지/교육)의 조화가 필수적이다. 이러한 요소들을 구현하는 성과들의 인과관계가 분명해야 한다.

❸ 주민 대상의 프로그램과 방문객 대상 프로그램의 구분 및 균형이 이루어져야 하며, 필요시 주민과 방문객 프로그램의 통합적인 접근과 기획으로 새로운 프로그램으로 기획될 수 있는 대책이 필요하다.

④ 농촌 마을의 자체적인 매력물을 저해할 수 있는 대규모의 건물이나 조경을 지양하고, 유휴시설 재생이나 소규모 시설을 지향해야 한다. 이러한 방법에는 분명한 논리와 철학이 반영되어야 하며, 유지보수와 관리의 현실적인 방안들이 명확하게 설정되어야 한다.

⑤ 마을 주민의 산업과 주민생활과의 유기적인 연계 노력이 필요하며, 생산기반시설의 경우 생산가능 여부보다 홍보나 마케팅 및 유통의 가능성을 동시에 고려한 것이어야 한다.

⑥ 농촌관광 마을이 축적하고 있는 인적/물적 네트워크를 최대한 활용하고 이를 1사1촌이나 방문객 또는 관광객으로 활용하는 관계관리 마케팅의 요소를 활용해야 한다.

⑦ 농촌관광 마을 대내·외 인적자원간의 효율적인 역할분담이 이루어짐으로써 기획과 연구, 실행과 지원 그리고 자문과 행정 등이 협업적으로 이루어져야 한다.

⑧ 다양한 올드 미디어와 뉴 미디어를 활용한 홍보전략의 수립과 일상 속에서의 실천과 함께 전략적인 대상 네트워크를 위한 홍보활동을 통해 인식을 강화하고 평판을 지속적으로 유지해야 한다.

⑨ 친근하면서도 소박하고 고품격의 농촌마을 이미지의 창출과 스토리텔링의 강화가 필요하다. 그러나 많은 이미지를 담으려 하기보다는 대표적인 형상을 강화하고, 작위적 스토리텔링보다는 체험의 구체화를 통한 이야기 마케팅으로 활용되어야 한다.

⑩ 효과적인 운영조직과 역할분담 그리고 주민간의 갈등관리와 이해관계 상충의 해소를 위해 적절한 분배는 필수적이다. 또한 재원조성과 관리의 투명성 및 적합목적성에 대한 설명과 동의는 사업 전반의 신뢰도와 충성도를 높이는 계기가 된다.

1 농촌관광의 생태관광

농촌관광은 농장관광인 동시에 생태관광으로 자연에 기반한 관광으로, 지역이 가지고 있는 자연환경과 문화를 보전하면서 즐기는 관광이다. 농촌관광은 지속가능성, 생태계 보전, 주변지 관광의 복합적인 성격을 가지고 있다.

첫째, 지속가능 개발이라는 패러다임에서 대중관광의 부정적인 요소를 축소시키는 방식의 지속가능한 관광이다.

미래세대를 위한 관광기회를 보호·증진시키는 동시에, 현세대 관광객과 지역사회의 욕구충족을 위해 문화보전, 생태계 유지, 생물 다양성과 생명 부양체계를 유지하고 경제적, 사회적, 심미적 욕구가 충족될 수 있도록 모든 자원을 관리하는 관광이다.

둘째, 생태관광으로 보전이라는 거시적 개념에서 관광을 지속시킨다.

농촌관광은 대중관광으로 인한 환경파괴, 자연훼손, 관광개발지의 공동체 해체 등의 부정적인 요소를 줄이게 된다. 따라서 농촌관광은 지역의 자원과 자연환경에 바탕을 둔 소규모 관광시설을 이용하여 소규모 관광객을 대상으로 지역주민이 중심이 되어 운영하는 관광산업이다.

농촌관광은 생태관광으로 관광목적(자연 및 생태자체에 대한 관찰, 학습과 교육, 보전 등)을 강조한다. 이는 생태 관광지가 자연, 생태, 경관 등의 측면에서 인공적인 간섭이 적은 농촌지역에 위치하기 때문이다.

셋째, 주변지 관광으로 대도시 주변지역 관광의 개발 및 관리와 관련된 경제, 자연환경, 사회문화 편익들을 가치 제안으로 활용한다.

차별화된 관광자원을 대도시라는 중심지역에 대응하는 주변지 개념 요소들이다.

농촌관광은 농장관광인 동시에 생태관광으로 자연에 기반한 관광(nature-based tourism)으로, 지역이 가지고 있는 자연환경과 문화를 보전하면서 즐기는 관광이다.

농촌관광은 다음과 같이 지속가능성, 생태계 보전, 주변지 관광의 복합적 성격을 가지고 있다.

첫째, 지속가능한 개발의 패러다임에서 대중관광의 부정적 요소를 축소시키는 방식의 지속가능한 관광으로서, 미래세대를 위한 관광기회를 보호·증진시킨다. 동시에, 현세대의 관광객 및 지역사회 욕구충족을 위해, 문화보전, 생태계 유지, 생물 다양성과 생면 부양체계를 유지하고, 경제적·사회적·심미적 욕구가 충족될 수 있도록 모든 자원을 관리하는 관광이다.

둘째, 생태관광(eco tourism)으로 보전이라는 거시적 개념 속에서 관광을 지속시킨다. 농촌관광은 대중관광으로 인한 환경파괴, 자연훼손, 관광개발지의 공동체 해체 등의 부정적 요소를 줄이게 된다. 지역의 자원과 자연환경에 바탕을 둔 소규모 관광시설을 이용하여, 소규모 관광객을 대상으로 지역주민이 중심이 되어 운영하는 관광산업이다.

농촌관광이 농가 혹은 농촌주민이라는 추진 주체를 강조하면서, 생태관광으로 관광목적(자연 및 생태 자체에 대한 관찰, 학습과 교육, 보전 등)을 강조한다. 이는 생태관광지가 자연, 생태, 경관 등의 측면에서 인공적 간섭이 적은 농촌지역에 위치하기 때문이다.

셋째, 주변지 관광(peripheral tourism)으로 대도시 주변지역 관광의 개발 및 관리와 관련된 경제, 자연환경, 사회문화 편익들을 가치 제안으로 활용한다.

농촌관광은 도시민이 농촌을 방문하여 농촌 주민들과의 교류를 바탕으로 생활과 산업, 역사와 문화, 자연과 경관 등을 폭넓게 향유하는 관광형태이다.

② 농촌관광 전략

농촌관광의 추진배경은 환경파괴와 농촌지역 개발에서의 소외감과 고령화, 농산물 시장 개방 등에 의해 논의되었다. 따라서 농촌사회의 탈 농촌화, 황폐화로 인한 농촌

공동체 문화의 파괴 등으로, 전반적인 위기의식 팽배와 농가소득 감소에 따른 새로운 소득원 개발로 인해 농촌관광의 필요성을 인식하였다.

특히, 농촌관광은 산업화와 도시화 진행에 따른 도시민들의 농산어촌에 대한 향수를 기반으로 하고 있다. 농촌의 주산업인 농업을 통한 체험활동이나 농산물 판매 등을 전략목표로 개발에 힘쓰고 있다.

농촌관광은 농업생산이 이루어지는 공간의 독특한 자연, 생태, 경관, 전통 및 역사, 주민 생활문화 등 도시와 구분되는 것이어야 한다.

첫째, 농촌관광은 농촌성을 바탕으로 풍부한 자연 속에서 이루어지는 관광활동으로, 인공적인 시설보다는 아름다운 경관과 깨끗한 환경, 고유한 역사와 문화 등에 토대를 두어야 한다.

둘째, 농촌지역의 환경, 생태, 경관, 역사, 문화, 산업 등 자원의 보전과 유지가 농촌관광의 필수적인 특징으로 자리잡고 있다.

따라서, 농촌지역에 존재하는 다양한 자연자원 및 전통, 생활, 문화, 산업, 지역축제 및 이벤트 등을 제공한다. 농외소득 제공원천으로 농산물 판매(1차 산업), 가공(2차 산업)과 숙박·음식 서비스(3차 산업)를 통한 6차 산업활동을 수행하는 농촌관광으로 추진하고 있다. 6차 산업의 주요 활동 수단으로 농촌관광을 추진하여 지역 산업과의 유기적인 연계달성 및 기반구축을 통한 발전을 위해 마을이나 지역을 가꾸는 노력이 병행되어야 한다.

셋째, 지역자본에 의해 추진되는 소규모의 내부개발 방식으로 외지 자본에 의한 개발이익 유출을 막아야 한다. 그리고 주 산업인 농업을 살리면서 새로운 소득원 개발을 통한 지역 농촌 및 농업의 지속가능성 유지와 농외소득 증대 달성에 의한 농촌지역 활성화를 추구하는 것이다.

넷째, 농촌지역에 거주하는 주민과 농가가 중심이 되어야 한다. 농촌관광을 위해 방문하는 도시민들에게 휴식·휴양과 새로운 체험공간 제공과 함께, 활발한 교류를 바탕으로 생활과 산업, 역사와 문화, 자연과 경관 등 폭넓게 제공하는 것이다.

❸ 농촌관광의 경쟁력 요인

농촌관광이 대중관광에 대해 갖게 되는 차별적 경쟁력 요인에는 주변지 관광, 생태관광, 농장관광, 그리고 지속가능한 관광으로 규정할 수 있다.

첫째, 농촌지역에 입지하여 환경, 생태, 경관, 역사 등 천연자원의 보전 및 유지를 필수적인 특징으로 갖는다.

둘째, 농촌적인 기능을 가지면서 농가생활에서 체험하는 영농활동, 신선식품 섭취, 오염되지 않은 비인위적인 환경을 제공해야 한다.

셋째, 지역사회의 공동체, 문화, 전통을 유지·계승하는 관광요소를 보유해야 한다.

넷째, 경영활동이 소규모로 이루어지면서 고정비를 줄여야 하며, 관광수요 여건 변화에 대해 신축적인 대응이 가능해야 한다.

다섯째, 지역산업과의 유기적인 연관성이 높아 지역에 의해 통제되고 지역의 장기적인 번영에 기여하는 요소들을 갖추어야 한다.

농촌관광을 지속적으로 확대하고 새로운 고객을 창출하기 위해서는 서비스 품질에 주목해야 한다. 농촌관광의 핵심상품은 서비스이다.

농촌관광은 궁극적으로 자원을 개발하는 것이 아니라, 시장을 개발하고 서비스를 경영하는 것이다.

농촌관광 서비스는 크게 인적 서비스, 물적 서비스, 그리고 시스템적 서비스 요소로 구성된다.

첫째, 인적 서비스이다.

주인과 방문객 간의 서비스 접점이 중요하므로, 고객에 대한 운영자의 태도, 환대 서비스를 개선하는 것이다.

둘째, 물적 서비스이다.

입지조건, 제반시설, 식음료, 각종 설비와 장비를 쾌적하고 아름답고 안전하게 정비하는 것이다.

셋째, 시스템적 서비스이다.

예약과 시설 이용에 관련된 절차, 마을 운영규약, 수익배분, 마케팅 시스템 등을 개선하는 것이다.

 최고의 서비스는 하루아침에 이루어지지 않는다. 농촌 주민들 스스로 차별화된 고객만족 노하우를 끊임없이 개발해야 한다. 체험마을을 개발하는 것만으로 관광객이 오는 것이 아니기 때문이다.

 전국에는 수많은 농촌마을이 농촌관광시장을 놓고 경쟁하고 있다. 마을마다 자원과 농산물, 시설 등은 비슷비슷한 수준이다. 따라서 디자인, 스토리, 서비스 등 심리적·감성적인 가치를 높여서 차별화해야 한다.

 모든 것을 고객중심으로 생각하고 서비스를 끊임없이 혁신해야 한다. 농촌관광상품과 서비스도 늘 새로움을 더하지 않으면, 관광객들로부터 외면당하게 된다.

 서비스는 농촌관광의 핵심 경쟁요소이자 경쟁력이다.

④ 농촌관광 성공사례

 농촌관광은 중국에서 이미 백여 년의 역사를 갖고 있고, 유럽, 미국 등의 나라에서도 농촌관광을 발전시킨 성공사례가 풍부하다.

 최근 선진 각 나라에서는 정부차원에서 자금, 정책 부분에서 막대한 지원을 제공함으로써, 농촌관광은 자원보호, 제품개발, 관리체계 측면에서 성공에 이르고 있다.

1) 유럽의 농촌관광 성공사례

 유럽농업은 도시와 농촌이 상생하는 추세이다. 특히 장기적으로 비전이 있는 사업으로 농촌과 관광을 연계하고 있다.

❶ 독일

 독일은 연간 160만 명이 농촌테마 마을을 이용하고 있다. 세계의 모든 국가들에서 농업은 점차 감소하는 추세에 있지만, 도시민을 위한 소규모 가족농장(약 100평)과 친환경

표 4-5_ 국외 농촌관광 성공사례

구 분	사 례		주요 특징
추진주체	관민협동형	일본 아타미정	관민협동으로 광역관광 기반조성
	주민주도형	오스트리아 티롤 산촌마을	자발적 협의 구성으로 지속가능성 확보
마을자원	내부자원 활용형	이탈리아 코르테밀리아 에코뮤지엄	마을 유무형 유산의 보전과 활용
	외부자원 활용형	프랑스 퐁트누아 라 주트	농가를 활용하여 서점, 공방 조성
관광상품	농가숙박형	일본 아지무정	농가민박 품질관리 규정 운영
	농업체험형	일본 우키하정	계단식 논 오너제도 운영
지역민/ 관광객 교류	팬클럽 운영형	일본 이쿠노정	체험프로그램을 통해 지역의 매력을 알리고, 일회성 관광객이 아닌 팬클럽으로 지속 연결
	명예시민 위촉형	스위스 오버무텐	SNS를 통한 소통, 지속적인 관계 형성 및 방문유도

출처: 박주영(2010). 농촌마을 관광활성화 방안, 한국문화관광연구원.

농산물에 대해서는 그 중요성이 점점 강조되고 있다.

농촌과 관광의 연계는 도시민에게는 휴양을 제공하고 농업인에게는 소득을 창출할 수 있는 좋은 프로그램이라 할 수 있다. 특히 독일은 농촌지역의 삶의 질 개선이 농촌개발의 기본목표와 방향으로 간주하고 있다. 예를 들어, 바이에른 주는 '농가에서 휴가를' 캐치프레이즈를 표명하고, 농가민박의 경우 침대 수가 8개를 넘지 않는 경우 정부에서 저리 융자 지원을 해주는 등 적극 대처하고 있다.

❷ 프랑스

프랑스는 농촌관광 발전전략의 특징으로 농촌관광상품의 고부가가치화를 목표로 하고 있는데, 농촌관광 시장규모가 전체 관광매출의 20%에 이르고 있다.

❸ 스위스

스위스는 전 국토의 80% 이상이 산으로 된 산악지대이며 알프스 지역이 60%, 해발

450m의 중앙고온이 30%인 산지 농업의 본고장으로서 임업과 목축업이 발달한 나라이다. 연간 1천 70만 명의 외국인이 방문하는 스위스는 산지농업을 관광산업의 핵심으로 하고 있다. 대표적인 자원은 새파란 하늘을 배경으로 한 융프라우의 만년설이 절경이다. 또한, 그림 같은 초원의 산지 방목장도 뛰어난 경관이다. 이는 스위스 정부가 특단의 노력으로 평지보다 1/3이나 적은 산악지역 주민의 소득을 보존해 주기 위해 적극적인 농업지원 및 산촌 진흥계획을 시행으로 인해 가능하다고 할 수 있다.

2) 한국의 농촌관광 성공사례

❶ 경북 고령군 개실마을

개실마을은 도시민들에게 건전한 여가시간과 농촌체험 기회를 제공하기 위해 전통한옥 14동을 개량하여, 민박체험의 장소로 활용하고 있는 마을이다.

농촌관광의 체험거리는 전통교육 체험, 만들기 체험, 농사 체험, 전통음식 체험 등이 있다. 숙박 체험은 전통한옥 20여 가구에 숙박이 가능하다. 먹거리로는 고추장, 된장, 유과 등의 체험을 할 수 있다. 특히, 엿 만들기 체험은 다른 마을에서는 할 수 없는 체험거리 등이 있다.

농촌관광 사업의 운영형태는 '영농조합법인'이고, 마을의 총 가구(총 주민 수)는 45가구(70명)이다. 이 중 16가구(18명)가 사업에 참여하고 있다.

차별화 전략을 실행하기 위해서는 새로운 농촌관광상품 개발과 고객 및 접객 서비스 품질을 개선하기 위해 노력하고 있다. 이 마을의 성공요인은 인적자원 관리 측면에서 원만한 공동체 관계이며, 마케팅 측면에서 마을의 인지도 향상이다.

❷ 경기도 양평군 단월면 수미마을

수미마을은 365일 축제가 열리는 마을이라는 테마로 하여, 차별화된 농촌관광 마을 개발을 하기 시작하였다. 이 마을은 대규모 소비적인 축제를 지양하고, 주민과 방문객을 중심으로 소규모 문화체험을 진행하고 있다. 주민에게는 농외 소득을, 방문객에게는 다양한 문화를 경험할 수 있는 상생 전략을 실천하는 축제를 기획·추진하고 있다.

마을운영 조직은 '영농조합법인 수미마을', '농업회사법인 ㈜광장' 등을 운영하고

있다. 그리고 수미피자 만들기, 네바퀴 체험, 수미찐빵 만들기, 4륜 구동 오토바이 등 다양한 체험활동, 새로운 농촌관광상품 개발, 고객 및 접객서비스 품질 개선에 노력하고 있다.

이 마을의 성공적인 요인은 인적 자원관리 측면에서 투명성이 있는 회계관리와 민주적인 의사결정이고, 마케팅 측면에서는 마을의 인지도 향상이며 농업회사법인 ㈜광장을 통한 예약 시스템 운영과 농산물 유통 등을 들 수 있다.

❸ 김해시 진영읍 봉하마을

봉하마을은 봉화산, 화포천이 있는 전형적인 배산임수형 농촌마을이다.

농촌관광의 체험거리는 두부 소세지 만들기 등이 있고, 볼거리는 장군차밭, 대통령사저, 대통령 생가, 대통령 묘역, 부엉이 바위, 봉화산, 사자바위, 생태연못 등이 있다.

살 거리로는 유기농 오리 쌀, 우렁이 쌀, 봉하 쌀 막걸리, 전통장류 등이 있다. 먹거리로는 연잎 밥, 산채 비빔밥, 메밀묵 무침, 메밀 전 등이 있다. 그리고 쉴 거리로는 개별민박이 5가구, 회관에 4개의 방에서 하루 최대 숙박가능 인원수 60명이 가능한 민박등이 있다. 봉하마을은 2009년부터 농촌관광을 시작한 마을이며, 농촌관광사업은 영농조합법인의 형태로 운영되고 있다.

⑤ 농촌관광의 전망

농촌관광은 점차로 소비 핫스팟이 되어 모든 곳의 마을 사람들이 부자가 되고 소득을 증가시킬 수 있는 필수 아이템이 되고 있다.

한편으로는, 농촌 관광객 수와 관광수입이 급격히 증가하고 아름다운 시골과 매력이 점차 증가하고 있는 반면, 풍부한 농촌 문화 자원에 의존하여 다양한 농촌 관광 브랜드는 계속되고 있다.

농촌관광은 농촌이 가지고 있는 자연경관과 전통문화와 더불어 농촌생활과 농산물과 같이 산업을 매개로한 도시민과 농촌 주민 간의 체류형 교류활동이며, 휴식 · 휴양을 즐길 수 있는 체험 공간 속에서 1차, 2차 산업과 더불어 농촌의 지속가능한 지역발전을 지향하는 농촌주민 주도 활동이다. 즉, 농촌지역의 자연환경, 문화자원을 중요한 관광 자원으로 인식하여, 이를 관광 매력물로 발전시키고, 지역사회에서 운영하는 체험 프로그램을 중심으로 운영되는 자연 친화적인 관광형태라고 할 수 있다.

농촌관광은 1980년대 등장 이후로 꾸준한 관심을 받고 있으면서, 도시인들로부터 지속적으로 웰빙과 휴양 등의 장소로 선택되고 있다. 미국인을 대상으로 한 관광연구에서 농촌에서 이루어지는 관광 체험활동은 전체 관광 활동 중에서 10~25%를 차지하고 있을 정도로 인지도가 높다.

또한, 세계관광기구는 지속가능한 관광시스템을 형성하기 위해 세계 관광윤리강령을 공표하였다. 그중에서 농촌관광은 자연환경 파괴를 최소화하고, 지역사회 경제에 긍정적인 영향을 미친다. 무엇보다도 지역사회가 주체적으로 농촌관광을 운영한다는 점에서 윤리적 관광형태로 주목받고 있다.

농촌관광이 해외뿐만 아니라 국내에서도 대안관광으로 자리 잡고 있음을 알 수 있다. 또한, 농촌관광에 참여하는 관광자 유형은 평균 4명으로 개인 관광객보다 단체관광객이 많다. 특히, 가족, 친지와 함께 방문한 유형이 대부분으로 농촌관광은 가족 여가로서의 역할을 수행하고 있다.

제4절 농촌 체험관광

1 농촌 체험관광의 개념

농촌관광은 대중적 관광에 대한 대안적 형태의 관광을 의미한다. 대규모 관광시설을 조성하고 외지의 대자본을 유치하여 관광산업을 진흥시키는 형태의 대중적 관광은 대규모 시설 설치와 대량의 관광객 유입으로 인한 환경파괴나 관광자원 고갈 등의 문제점들을 낳고 있다. 반면, 농촌관광은 이에 대한 대안으로서 농촌 환경, 자연생태계, 농촌 생활, 농촌의 전통문화 등을 관광의 소재로 삼아 소규모 관광객들을 대상으로 지속가능한 관광을 추구하고 있다.

관광의 개념을 일상적인 환경에서 벗어나 다른 지역을 방문해서 정기적으로 행하지 않는 여가 및 레저활동을 3시간 이상 또는 숙박을 하는, 지속적인 행위로 정의한 잉글랜드 전원청의 견해를 소개한다. 이러한 광의의 관광을 크게 대중관광(mass tourism)과 대안관광(alternative tourism)이라는 2가지 형태로 분류하고 있다.

농촌관광은 기존의 대중관광과 구분되는 대안관광이라는 관점에서 접근하고 있다.

즉, 관광은 많은 수의 사람들이 일정하게 마련된 관광시설이나 상품을 즐기는 전통적인 관광(대중관광)과 방문지의 자연환경이나 사회적·문화적 가치를 중시하면서 상대적으로 독립적이며 책임감 있는 관광형태인 대안관광으로 대별될 수 있다.

대안관광의 다양한 형태 중의 하나가 농촌관광이다. 특히 농촌의 인구 감소 또는 노령화로 생산적인 활동이 현저히 저하된 현실에서 도시를 탈피하여 인생 2막을 시골 전원생활을 꿈꾸는 은퇴자들을 유입하는 정책을 시도해야 한다. 은퇴 이후에도 삶의 질을 유지하며 약간의 소득이 생기는 농촌관광 프로그램이 좋은 대안으로 제시되어야 하는 것이다.

대안관광은 크게 관광의 장소를 중심으로 본 농장관광(farm tourism)과 관광자원의 이용이라는 측면을 중심으로 본 그린 투어리즘(green tourism)과 생태관광(eco-tourism) 및 지속가능한 관광(sustainable tourism)으로 분류하고 있다.

　또한, 관광객이 이용하는 관광자원의 종류에 중점을 둔 자연기반관광이라는 다소 새로운 개념을 적용하고 있다. 자연기반관광이란 관광객이 해당지역의 야생동물이나 지리적인 자원을 즐기는 것에 초점을 두는 것으로 자연관광(nature tourism)과 유사하다. 주민참여, 마을경영전략이라는 측면을 강조하는 농촌관광 측면에서 보면 농촌관광을 마을 가꾸기의 일환으로 보고 있다. 마을 가꾸기가 성공하기 위해서는 그 마을에서 살고 있는 주민들의 주체적인 참여가 전제되어야 한다.

　생태적인 측면에서의 농촌관광은 다음과 같다.

　첫째, 생태자원의 활용은 자연환경 교육의 성격을 가지기 때문에 청소년에게 유익하다.

　둘째, 자원을 새로 만드는 게 아니라 지역에 존재하는 자연자원을 이용하는 것이므로 프로그램 개발과 활용에 비용이 적게 든다.

　셋째, 독특한 생태계나 자연경관은 홍보나 마케팅에 유리하다.

　넷째, 농업활동 체험과 연계한 지역 내 체험 프로그램의 다양화에 유리하다.

　농촌관광 정책의 문제점에서 마을단위로 추진되고 있는 현재의 농촌관광정책은,

　첫째, 농촌관광의 서비스 공급자인 농가 측의 준비가 제대로 갖추어지지 않은 상태에서 중앙정부나 지자체에 의해 추진되고 있다.

　둘째, 관광사업 위주의 지역(마을)진흥정책은 자칫 지역자원의 훼손과 남용, 고갈시킬 우려가 있기 때문에 농업이 갖는 생태계 보호측면이 약화될 수 있다. 결국 목적하는 농외소득 증대에도 한계가 있을 것으로 예상된다.

　어메니티를 활용한 지역 활성화 정책으로서의 농촌관광을 살펴보면,

　농업발전을 위한 성장 동력으로서 농촌 어메니티를 상정하고 농촌이 가지고 있는 다양한 어메니티 자원을 농업발전의 기회요인으로 활용하고 있다. 이를 통해 새로운 시장을 창출하는 것이 중요하다고 보는 것이다.

농촌사회에 대한 새로운 패러다임의 욕구가 최근 농촌 어메니티 추구로 나타나고 있다. 농촌 어메니티를 활용한 일본 군마현 신지촌의 경관협정지구 사례를 들어보면, 농촌 어메니티를 활용한 지역경제 활성화의 기능성을 제시하고 있다.

선진국의 사례로부터 얻을 수 있는 점은,

❶ 어메니티의 파악과 보전을 위한 정부나 자치단체의 재정적인 지원
❷ 어메니티 자원의 네트워크와 지역경제 활성화의 연계
❸ 주민의 자발적인 참여 등을 강조하고 있다.

❷ 농촌관광 체험의 유형

농촌 관광체험 유형은 다양하고 분류기준이 다르기 때문에 관광농업의 유형을 분류하는 것이 쉬운 것은 아니다. 하지만, 그동안 우리나라에서 분류해 온 다양한 유형을 가급적 객관화시켜 유형을 분류하면 다음과 같다.

1) 기능에 의한 분류

❶ 자연 학습형

직접 농사 체험을 하거나 농장의 자연물 등을 견학, 관찰하게 하는 것이다. 기본농업시설인 농장(관광목장, 관광과수원, 관광화원 등)과 농산물 판매시설(판매장 또는 직판장)을 갖추고 있다. 그 밖에도 동물원, 식물원, 민속자료관, 생태관 등의 부가시설을 설치한 관광농업 형태이다.

❷ 주말 농원형

여가시간에 가족이나 단체 등이 농사 체험을 위해 직접 생산에 참여하는 것으로 감자캐기, 밤 줍기, 파종, 수확, 채취 등의 활동을 한다.

기본적인 농업시설인 목장, 과수원, 화원 등과 농산물 판매장 또는 직판장 이외에 야영장, 민박, 간이식당, 어린이 놀이터, 원두막, 벤치, 특산품 판매장 등을 설치한 관광농업 형태이다.

❸ 심신 수련형

야영장, 훈련장 등을 갖추고 청소년이나 직장인들의 단체 수련장으로 이용한다. 기본적인 농업시설인 목장, 과수원, 화원 등과 농산물 판매장 또는 직판장 이외에 야영장, 민속자료관, 운동장, 풀장 등을 설치한 관광농업 형태이다.

❹ 숙박 휴식형

숙박시설, 놀이시설, 휴식공간을 마련하여 이용객들에게 제공하는 것이다.

기본적인 농업시설인 목장, 과수원, 화원 등과 농산물 판매장 또는 직판장 이외에 숙박시설, 야영장, 휴게소, 특산물 판매장, 스포츠 레저시설 등을 갖춘 관광농업 형태이다.

❺ 음식 판매형

향토음식, 특수 음식 등 각종 음식이나 다양한 차와 음료수 등을 이용객에게 판매하는 것이다. 기본적인 농사시설인 목장, 과수원, 화원 등과 농산물 판매장 또는 직판장 이외에 음식점, 전통찻집, 휴게소 등을 설치한 관광농업 형태이다.

2) 운영형태에 의한 분류

❶ 생산수단 임대형

이용객이 임대료를 지불하는 조건으로 토지나 농기구 등을 임대하여 농작물을 직접 생산하거나 사과나무, 포도나무, 배나무 등이나 사슴, 돼지, 소 등을 임대하여 직접 재배 또는 사육하거나 창고, 비닐하우스 등 농업시설 등을 이용하여 생산, 농산물가공 등에 참여하는 관광농업 형태이다.

❷ 농산물 채취형

농장의 경영주가 직접 생산한 농작물을 이용객이 일정한 요금을 지불하고 직접 채취하여 구매하는 형태이다. 무공해 채소 등의 야채 채취, 사과, 배, 밤 등 과실 따기나 줍기, 고구마, 감자 등의 캐기 참여하는 관광농업 형태이다.

❸ 위락공간, 장소 제공형

농장의 경영주가 입장료나 이용료를 받고 농산물을 견학, 감상하게 하거나 풀장, 원두막, 오락시설 등을 이용하게 하는 형태이다.

다양한 활동내용으로는 새, 개미, 개구리 등 자연생태 활동, 관찰, 낚시, 도예, 공예, 반딧불이 놀이, 불꽃놀이 등을 하는 취미나 감상활동, 풀장, 노래방, 테니스장 등 각종 유기시설이나 놀이시설 등을 이용하게 하는 관광활동 형태이다.

❹ 농산물 판매형

농원에서 직접 생산한 각종 채소, 과일, 특용작물 등을 직접 판매하는 것으로 무공해 농산물의 구입, 향토음식이나 특산물의 시식 또는 구입, 야외에서 직접 농산물을 채취하여 요리를 만들 수 있도록 하는 관광농업 형태이다.

3) 입지형태에 의한 분류

❶ 산악 계곡형

산악이나 계곡 및 고원지대에 입지하여 깨끗한 물과 기후적 특성을 이용하기 위해 개발한 것으로 특수채소, 약초, 휴양 및 효도시설 등을 조성한 관광농업 형태이다.

❷ 내륙 호수형

대부분 교통이 편리한 내륙이나 호수지역에 입지한 것으로 영농체험 중심의 인삼, 원예, 과수, 꽃, 주말 농원 등을 하는 관광농업 형태이다.

❸ 연안 해안형

강이나 바다에 인접한 지역에 입지한 것으로 지리적 특성을 이용한 어촌 박물관, 어류 채취, 바다낚시 등을 하는 관광농업 형태이다.

4) 체류성에 의한 분류

❶ 체류 숙박형

관광의 최종 목적지로서 휴가나 주말 또는 공휴일을 이용하여, 하루 이상을 숙박할 목적으로 체류하는 관광객을 대상으로 농가주택, 방갈로 등 숙박을 갖추어 놓은 관광농업 형태이다.

❷ 경유 목적형

해운대, 설악산 등 유명 피서지나 경주의 불국사, 부여의 백마강 등 고적지 등 주변의 다른 관광자원과의 연계 속에서 중간 목적지의 기능을 지닌 관광농업 형태이다.

❸ 단순 영유형

농장에서 직접 생산한 농산물이나 그 지역의 특산물 구매 또는 휴식이나 놀이를 위해 일시적으로 경유하는 관광농업 형태이다.

5) 작목형태에 의한 분류

❶ 원예형

식량 작물, 채소, 특용작물, 과수, 화혜 등 원예작물을 위주로 하는 관광농업의 형태로서 우리나라 대부분의 관광농업이 이에 속한다.

❷ 임업형

유실수(밤나무, 감나무, 대추나무 등)나 버섯 등을 중심으로 과실 따기, 과실 줍기 등 임업을 위주로 하는 관광농업이다.

❸ 축산형

초지나 조류, 가축(소, 닭, 말, 돼지, 사슴 등) 등을 사육장에서 감상하게 하거나 방목 등을 하

여 관광객들에게 즐거움을 주거나 축산가공품 등을 제조, 판매하는 것을 목적으로 하는 관광농업 형태이다.

❹ 어업형

양어장, 저수지 등에 생산시설을 설치하고, 생산물을 판매하거나 낚시, 조개 줍기, 갯벌놀이 등 어업활동을 위주로 하는 관광농업 형태이다.

❺ 농업생산 시설형

축사, 양어장, 하우스 시설, 분재원, 조류 및 가축사육장 등 생산시설이나 창고, 원두막, 농업공간 등을 관광객들에게 임대해주고 사용료나 입장료를 받는 관광농업 형태이다.

6) 이용자의 연령에 의한 분류

❶ 아동자연 학습형

농가가 직접 재배한 고구마, 감자 등을 캐거나 과일을 따는 등 농업생산시설을 이용하게 하거나, 꽃밭 등에서 자연학습을 하게 하는 형태이다. 또는 운동장, 수영장, 학습장, 농업박물관 등 놀이시설 등을 개발하여 아동 학습을 목적으로 운영하는 관광농업 형태이다.

❷ 청소년 수련형

농가의 농업생산시설(밭갈이, 파종하기, 수확하기 등), 놀이시설(수련시설, 캠프장 등), 편의시설(노래방, 휴게실) 등을 개설해 놓고 그것을 청소년 등의 학습이나 수련을 목적으로 운영하는 관광농업 형태이다.

❸ 성인 위락공간 제공형

장년층의 스트레스 해소, 레크리에이션, 휴식 등을 제공하기 위해 원두막, 그늘막 등 농산시설이나 휴게실, 테니스장 등 편의·운동시설 등 모든 시설을 제공하여 운영하는 관광농업 형태이다.

❹ 노인 휴양형

정년 퇴직자, 신체 부자유자, 고독자 등 보양이나 건강을 목적으로 산책, 농사, 운동, 건강식 등을 할 수 있도록 시설을 만들어 운영하는 관광농업 형태이다.

7) 참여형태에 의한 분류

❶ 단독 농가형

관광농업의 경영주체가 개인 단독으로 이루어지는 관광농업 형태이다.

❷ 소수 농가형

관광농업의 경영주체가 2~5호로 이루어지는 관광농업 형태이다.

❸ 집단 농가형

관광농업의 경영주체가 6호 이상 또는 마을전체, 생산자단체 등 집단으로 참여하는 관광농업 형태이다.

8) 시행주체에 의한 분류

❶ 관 주도형

개발주체가 시·군이거나 농업기반 공사인 관광농업 형태이다.

❷ 민간 주도형

개발주체가 농민이거나 농민단체(농협, 수협, 임협 등)인 관광농업 형태이다.

❸ 관·민 공동형

개발주체가 시·군이거나 농업기반 공사인 관광농업 형태이다.

❹ 제3섹터형

농민이 토지를 제공하고 관에서 행정적 지원을 하며 개발비는 자본가가 투자하여 개발하는 관광농업 형태이다.

농촌관광 체험 유형에는 추구편익 중심의 유형화, 관광 편의시설 그리고 농촌체험활동 등이다. 농촌관광 체험활동이 점점 다양하게 변화되고 있다.

최근에는 의료, 건강증진, 미용적인 보양체험과 교육체험이 확대 및 시행이 되고 있다. 또한 축제와 이벤트, 자연생태체험, 박물관 견학 등이 시도되고 있다.

농촌관광의 체험유형은 농촌에서 행해지는 체험 프로그램을 말하는 것으로, 여러 가지 목적과 내용 그리고 흥미를 자극시키므로 다양하게 구분할 수 있다.

농촌관광 체험유형을 살펴보면, 영농체험, 문화예술 체험, 농촌생활 체험, 건강육성 체험의 구분은 활동의 내용에 따른 것이기도 하다. 하지만 그 활동을 통해 참여자가 느끼고자 하는 방문목적 혹은 의도가 활동내용에 따라 다를 수 있다.

영농체험

농사체험, 약초 캐기, 과실 따기, 산나물 채취, 민물낚시, 수확 등 다양한 농장체험의 과정 중 일부를 현장에서 직접 체험할 수 있다.

생활체험

요리, 가공체험, 지역주민들과 함께 경험할 수 있는 체험은 공동체감, 상호작용 교류의 느낌을 얻을 수 있다.

문화체험

전설, 문화유적, 민속, 지역축제, 문화제, 전시관, 박물관 등은 방문 또는 참여하는 것으로 천연 자연환경을 체험함으로써 자연의 일부분으로 동화 및 친화감, 문화학습을 할 수 있다.

힐링체험

산림욕, 올레길 걷기, 스키, 석양, 골프, 트레킹, 민간 건강요업, 등산 등은 모험적이며 흥미롭고 신비로운 이색체험을 통해 심신의 안정과 회복을 느끼고자 하는 것이다.

표 4-6_ 체험요소

체험유형	특 징	활동사례
유희적 체험	• 가장 오래된 형태의 체험 • 수동적 참여, 쾌락적 소비 • 다양한 감각기관 활용	• 공연 참관(연극, 이벤트) • 음악 감상(콘서트, 음악회) • 쇼핑센터의 정기적 공연개최
교육적 체험	• 새로운 것을 배우기 위해 적극적으로 몰입 • 소비자들이 체험창출에 결정적 역할 • 관광에 있어 매우 중요한 역할 • 광의: 사람들이 새로운 사람을 만나 사귀는 것도 교육적 체험	• 매장(백화점, 마트) 판매제품을 활용한 요리법과 준비과정을 시연 • 관광: 문화탐닉, 다양한 지식습득(예 랜드마크)
일상탈출 체험	• 일상에서 벗어나 새로운 세계에 몰입 • 문화, 예술의 경우 실제 공연에 미치는 연기자가 되는 경우	• 테마파크, 유니버셜 스튜디오의 오락용 시뮬레이터 • 골프, 캠핑, 카지노, 가상현실 헤드폰, 채팅룸 등
심미적 체험	• 감각기관을 통해 수용되는 물리적 환경에 대한 수동적 해석 • Bitner(1992)는 3차원으로 분류: 주위조건, 공간적 배치, 기능성, 사인·심볼·인공물	• 관광: 좋은 길 산책, 역사적 장소방문 • 유통매장에서 미적감각요소를 감상: 매장의 물리적 환경

3 농촌 체험관광의 특성

체험 관광은 관광객이 목적지나 경유지 등에서 단순히 구경하는 것만이 아니고, 스스로 손과 몸을 움직여 무엇인가를 체험하는 프로그램을 제공하는 관광을 의미한다. 체험 관광은 지역 고유의 문화와 지역주민과의 직접적인 접촉을 중요하게 여기면서 교육적인 내용이 포함된다. 이런 이유로, 농촌체험 관광은 아동·청소년들의 교육적 측면과 시골에 대한 부모님들의 향수를 느끼게 되면서 더욱 활성화되고 있다.

특히, 시각적 관광형태가 아닌 직접 몸으로 느끼고 체험하는 프로그램은 참가자들의 재방문 동기를 부여하기 때문에 도시에 사는 사람들로부터 많은 관심을 받고 있다.

농촌 체험관광은 농촌지역에서 행해지는 관광행위를 의미하고 농촌환경, 자연생태, 농촌생활, 전통문화, 지역 토착산업 등을 바탕에 둔 지역, 사람, 문화, 산업이 함께 조화를 이루는 관광에 체험 프로그램을 접목한 것이다.

따라서, 농촌체험 관광은 농촌지역의 다양한 유·무형의 자원들을 관광자원으로 활용함으로써, 환경과 건강에 대한 도시민의 욕구를 충족시키는 것이다. 게다가 농업인이 소득향상과 농촌지역 활성화에 기여하는 것을 목적으로 하고 있다.

④ 체험 관광의 성공요인

체험 관광의 성공적인 결과를 얻기 위한 결정적인 요인에는 자연환경, 휴식 체험, 지식 획득, 일상탈출, 여정 교류, 부대시설, 개인적 학습, 사회편익(유대), 심미적 체험, 관광지 수준, 사회문화·역사성, 만족 등의 역할이 매우 중요하다.

체험 관광의 만족에는 고객 및 이벤트가 주변 환경과의 관계 정도에 따라 심적 체험의 흡수와 육체적 체험의 몰입에 의해 결정된다. 체험 관광의 만족도 제고를 위해서는 자연환경을 보전하면서, 지방자치단체가 중심이 되어 지속가능한 농촌관광 여건의 변화를 달성해야 한다. 이를 위해서는 캠핑, 사우나, 레크리에이션 시설 등과 같은 휴양지 조성, 유기농 재배단지 등 자연 친화형 사업을 추진해야 한다. 또한, 자연 친화형 소재를 이용한 하드웨어 구축을 위한 지원과 원활한 감독과 수행이 이루어져야 한다.

체험요소들이 체험상품 개발에 반영될 때, 기존의 일반적인 제품들과 차별화되고 경쟁력을 갖는 최상의 체험상품이 될 수 있다. 이러한 체험 관광 요소들은 다음과 같다.

첫째, 오락적 체험요소는 대부분의 사람들이 오락으로 생각하는 체험으로 공연을 보고, 음악을 듣고, 즐겁게 책을 읽는 것처럼 감각을 통해 수동적으로 체험을 흡수하는 것이다. 오락적 체험은 레포츠, 농산품 제작, 이벤트, 생태계 및 경관 관광, 특산품 체험 등이다. 이는 지역의 특화된 이벤트, 콘서트, 지역 민요 및 예술품 감상 등을 통해 오락적 체험의 다양화 및 만족도를 높일 수 있다.

둘째, 교육적 체험은 체험을 통해 스스로 무엇인가 새로운 것을 배웠다는 것을 인식하는 것이다. 교육적 체험은 자연학습, 역사 문화체험, 지역공동체 교류체험 등으로 수행된다. 체험객들이 마음(정보교육)과 육체(육체적인 훈련)의 적극적인 참여로 인해 그들의 지식과 기술을 향상시키게 된다.

지역 문화유산에 대한 해설, 지역의 유명 인사 및 문화예술가 등과의 교류, 특화된 요리 레시피의 시연과 전수 등 교육적 체험을 다양하게 제공할 수 있다.

셋째, 심미적 체험은 농촌지역의 특산품이나 예술작품을 감상하고, 지각하고, 즐기는 경험으로 구성된다. 심미적 체험은 보양체험, 지역 문화 이벤트, 지역 예술품의 관람 및 제작, 특산품 판매 등을 통해 농촌관광 이벤트나 자연경관에 대해 스스로 몰입하면서 주위 환경과의 소속감을 얻도록 해준다.

농촌관광의 예술적 성과를 제고시킬 수 있도록 판매 장소에 미적 감각을 높이는 요소를 강화하거나 자연경관, 역사적 장소를 활용하는 관광요소로서 심미적 체험 강도를 증가시킬 수 있다.

넷째, 일탈적(일상탈출) 체험은 현실에서 벗어난 새롭고 신기한 체험으로 규정할 수 있다. 오지마을 순례, 테마파크 등의 오락용 시뮬레이터, 골프, 캠핑, 카지노, 채팅룸 등을 통해 자신이 실제 연기자가 되는 체험을 할 수 있다.

농촌관광은 대중관광의 대안으로서, 농가와 농촌지역 주민들이 주체가 되어 농촌성 또는 농촌다움을 바탕으로 한다. 농장을 방문하는 관광객을 대상으로 숙박을 제공하고 농산물을 판매하거나, 농사 체험활동을 가능하게 하는 등 일련의 농업과 관련되는 활동을 상품으로 제공하는 유형의 관광이다.

농촌관광은 농촌이라는 공간의 보편적 특성인 농촌성을 기초로하고 농촌을 중심무대로 인공시설보다는 자연적인 모습 그대로 보존하면서 관광자원으로 제공되는 특징을 가지고 있다.

농촌관광의 본질적인 특성은 개방공간, 낮은 수준의 개발, 관광객의 농업 및 자연에 대한 직접체험에 초점을 두는 것이다. 따라서 농촌관광은 농업지역 혹은 비 도시지역에 존재하는 매력적인 요소나 행위로 구성되는 전원체험이며, 자연 기초관광과 농업관광으로 구성된다.

자연 기초관광은 생태관광 또는 체험관광으로 야생식물이나 야생동물의 탐사, 자연경관의 감상, 야외활동 참가, 주말농장 등을 포함한다.

농업관광은 농장관광으로 농장체험, 농산물 가공체험, 농산물 판매, 농산물 수확, 농가 및 목장숙박, 농업 관련 축제나 박물관 견학, 기타 체험활동을 포함한다.

농촌체험 관광의 성공사례에서의 공통된 특유한 성공요인에는 민박, 음식, 축제 중심형의 6차 산업화를 근간으로 원가우위를 목표로 하는 원가 리더십, 차별화 우위를 목표로 하는 차별화, 마케팅 우위를 목표로 하는 초점 접근법에 관련된 다양한 기법들로 나타났다. 농촌 체험관광의 성공요인을 분석해 보면, 다음과 같은 성과를 얻을 수 있다.

첫째, 혁신적 마을리더(지도자)에 의한 봉사와 청렴, 장기발전 계획, 추진력, 갈등 봉합, 귀농 인재채용, 주민 의견의 브레인스토밍 등으로 공동체 구성원들의 의식, 문화, 결집력에서의 성과를 보였다.

둘째, 지역공동체 주민의 교육(학습, 견학, 해외연수, 전문가 초빙 등) 및 화합으로 참여도를 제고하여 의식변화를 유도하고 활성화 기반을 구축하여 왔다.

셋째, 정부지원 사업을 통한 녹색 농촌체험마을, 팜 스테이 마을, 아름다운 숲 가꾸기 시범마을 지정, 도농교류 지원센터 건립, 환경 농업교육관, 농촌 생활유물관, 전통가옥 숙소건립 등의 체험 인프라를 성공적으로 구축하였다.

넷째, 친환경 어메니티(amenity, 편의시설)를 활용하도록, 생태마을 건설(사계절 체험장), 무농약, 유기농업 시행, 대체에너지 도입, 친환경 품질인증, 자체 브랜드 등의 노력 및 활동을 적극적으로 수행했다.

다섯째, 차별화 체험 프로그램의 포지셔닝을 확보하기 위해, 즐길거리, 볼거리, 천연 염색, 두부 및 떡 만들기, 친환경 농산물 식사, 산림욕, 여름 및 겨울체험학교 등 가치 제안요소를 제공하고 있다.

여섯째, 적극적인 마케팅 전략 및 계획의 여건 및 기반구축을 위해 교육, 단체방문, 자매결연, 명예주민 제도, 홍보자료(브로슈어, 리플릿 등) 제작, 문화해설사 양성, 홈페이지, 블로그, 카페, 기타 SNS 활동을 적극적으로 전개하였다.

일곱째, 전문 경영조직의 개발과 효율적 관리 체제 구축을 위해 추진위원회의 경영 위원회 전환, 분야별 경영책임자, 과감한 업무 및 권한 위임, 리더그룹 지정 및 양성, 투명한 회계처리, 특화 구조체계 확립 등의 노력을 보여 주었다.

체험관광의 경쟁우위 요소들은 지속가능한 경쟁우위 기반구축의 관점에서 경쟁이 되는 대체 관광사업에서 모방 곤란 정도가 크기 때문에 진입장벽이 높다.

소규모 특화 생산에서의 경험의 경제와 학습곡선 효과, 제품차별화, 소비자 제품 전환 비용 부담증가 등을 달성하는 가능성을 크게 한다. 따라서 농촌관광사업 이익수준 및 범위를 지속적으로 확대 및 증가시킬 수 있는 전략적 요소의 역할을 충실히 수행할 것으로 보인다.

⑤ 농촌관광 체험 만족

시대가 변함에 따라 관광의 형태도 다양하게 변하고 있다. 이는 과거 주유형 관광인 정적이고 단순한 오락이나 즐거움을 추구하던 것에서, 체험형 관광으로 변모하면서 관광객들이 정서적 안정을 느끼고 휴식을 취함과 동시에 교육적인 요소가 공존하는 체험형 관광형태를 지향하고 있다. 또한 농촌관광에서의 체험활동은 농촌지역을 방문하는 관광객의 방문동기는 해당 농촌지역이 운영하는 프로그램 내용 및 활동이 첫 번째 요인으로 평가될 만큼 농촌관광에 있어서 체험활동은 매우 중요한 요소이다. 따라서 농촌관광은 체험형 관광형태의 대표적인 사례라고 할 수 있다.

관광만족은 자신이 선택한 관광활동에 참여하면서 느낀 긍정적인 감정이며, 참여 이후에도 경험에 대한 결과 또한 긍정적인 상태라고 할 수 있다. 즉, 관광체험 만족은 자신이 체험한 관광에 대해서 내리는 전반적인 평가라고 할 수 있다.

농림축산식품부는 농·산촌의 깨끗한 자연경관과 지역의 전통문화, 생활과 산업을 매개로하는 도시민과 농·산촌 주민간의 체류형 교류활동으로 정의하고 있다.

국가와 지역 혹은 시대에 따라 세부적인 관광형태가 혼용되어 사용되고 있다. 특히 국가마다 특색 있게 추진되고 있으며 이에 따라 명칭 및 정의도 다양하게 사용되고 있다. 영국과 네덜란드는 농촌관광 또는 그린 투어리즘, 프랑스와 일본은 그린 투어리즘, 독일과 이탈리아는 농업관광, 그리고 우리나라는 농촌관광 혹은 그린 투어리즘으로 사용되고 있다.

농촌관광의 발상지인 유럽에서는 그린 투어리즘을 '농촌경관을 최대한 보존하면서 최소의 투자로 농촌지역을 도시민의 관광수요에 대응하게 하는 관광' 혹은 '농민이 참여하는 농촌 본연의 농업활동을 전제로 한 소득증대사업을 위한 관광활동'으로 정의하고 있다. 일본에서는 '농촌지역에서 자연, 문화 그리고 사람들과의 교류를 증진시키는 체재형 관광활동'으로 정의된다.

우리나라의 경우 농촌의 고유한 이미지를 살리는 측면에서 그린 투어리즘보다는 농촌관광이라는 용어가 보다 폭넓게 사용되고 있다.

한국관광공사는 '농어촌지역의 자연환경과 지역특산물 등을 활용하여 농어촌 관광시설, 판매, 직판시설 체험, 관찰시설, 편익 및 휴양시설, 체육 운동시설 등 농업 관련시설 등을 갖추어 이를 이용하도록 하거나, 이용객에게 숙박 및 음식 등을 제공하는 활동으로 농어촌지역에서 행해지는 모든 관광활동으로 정의된다.

6 농촌 체험관광 활성화 방안

우리나라의 농촌관광은 정부와 지자체의 노력에 따라 점차적으로 활성화가 되고는 있지만 아직 준비단계에 불과하다. 아직까지는 미흡한 부분이 많고 각종 규제 완화와 정부와 지자체의 적극적인 재정지원과 함께 정보제공, 프로그램 지원 등 지속적으로 지원할 필요가 있다.

따라서, 농촌관광을 활성화하기 위해서는 다음과 같은 내용을 토대로 실행할 필요가 있다.

첫째, 트렌드에 민감하게 반응해야 한다.

최근의 농촌은 생태가치, 여가·휴양에 대한 관심이 증대되고 있고, 도시 사람들의 스트레스 해소, 캠핑, 휴양지로서의 목적지로서 농촌을 경험하고 체험하고 싶어 한다.

농촌체험은 많은 사람들이 과거에 했던 소극적이고 정적인 것이 아니라, 자연이라는 콘텐츠 안에서 농촌이라는 또 다른 일상을 즐기는 농촌관광이 되어야 한다.

이러한 농촌관광을 개발하고 활동적으로 실행하기 위해서는 젊은 세대가 필요하다. 젊은 사람들은 새로운 트렌드에 민감하고 다양한 콘텐츠를 개발하는 데 능숙하다. 또한, 이러한 콘텐츠를 온라인을 통해 다양한 타깃시장에 적절하게 마케팅할 수 있는 충분한 능력을 가지고 있기 때문이다.

둘째, 관광의 부가가치를 높여야 한다.

현재 우리나라의 농촌관광은 대부분 부업의 형태로 이루어지고 있기 때문에, 객단가가 매우 낮게 책정되어 있다. 이유는 체험내용과 프로그램 등이 매우 단조롭고 차별화되지 못하기 때문에 당일 관광으로도 충분하기 때문이다. 따라서 다양한 체험과 프로그램이 개발되어야 하고, 호텔 수준의 깔끔한 숙소, 먹거리, 즐길거리 등 시설들을 만들어서 장기 체류할 수 있는 꺼리를 지속적으로 제공해야 한다.

어느 지역에서는 고가의 고급형 농촌관광을 개발하고 실시하고 있는데, 이는 숙박이 큰 비중을 차지하고 있다. 고급화·대형화되고 있는 펜션에 대응하기 위해서는, 소규모 농가민박을 결합해서 지역에 맞는 브랜드화와 공동인력관리, 표준화된 서비스 매뉴얼 등을 도입해서 경쟁력 있고 타 지역과의 차별화된 이미지를 개발해야 한다.

또한, 고품질의 농산물을 활용한 소득창출을 할 수도 있으며, 50대 이상의 도시사람들은 농촌에 대한 경험이나 부모님과의 추억 등을 회상하는 경향이 많기 때문에, 이러한 트렌드를 활용한 농촌관광상품을 개발하는 것도 좋은 예가 될 수 있다.

셋째, 민간에서의 적극적인 참여가 필요하다.

현대 사회에서의 추구하는 가치가 복잡해짐에 따라, 정부주도의 예산 프로그램 지원에는 한계가 따를 수밖에 없다. 수요자 입장에서는 농촌관광정책이나 사업이 추진되어야 하고, 농촌의 공급자는 적극적으로 이를 개선할 필요가 있다.

농촌체험 관광과 농가민박, 6차 산업 인증업체 등의 업체는 개별적인 운영이 아닌 통합적 운영 시스템이나 플랫폼 구축을 통해 새로운 비즈니스를 창출할 수 있다.

 **Case Study**

농촌관광 성공사례
영월 한반도 뗏목마을

2008~2009년 농촌전통테마마을 사업

농촌문화체험인 뗏목체험을 운영하는데 연간 5만 명, 연간 수익 2억 5천만 원

농촌관광 체험마을사업 추진의 결과로 남해 다랭이마을, 화천 토고미마을, 태안 볏가리마을, 경주 세심마을, 이천 부래미마을, 단양 한드미마을 등 지역을 대표하는 체험마을이 나타나게 되었다. 그러나 사업의 성과 면에서 성공적인 곳만 나타난 것은 아니어서 지역적인 특성과 배후시장의 여건 등이 다름에 따라 사업성과는 매우 부진한 공급처도 나타났다. 이에 대응하는 정부의 새로운 대책이 나오기에 이르렀다.

이제 우리나라의 농촌관광은 마을 단위를 넘어 체험농장, 교육농장 등 다양한 형태로 도시민의 체험수요를 충족시키고 있다.

강원도 영월군 한반도 뗏목마을은 2008년 농촌진흥청 지정 농촌전통테마마을 영월권 사업대상지로 지정되었다.

기존 체험마을의 추진방식인 영농(농사)중심의 단순체험을 지양하고 마을의 자연자원과 문화자원을 새롭게 재구성한 문화체험상품을 대표체험 행사로 개발하여 사업을 추진하였다. 이 마을은 사업 첫해 컨설팅과 사업추진을 위한 주민교육, 기반조성 등이 진행되었고, 2009년 본격적인 체험마을 사업을 시작하였다.

강변마을 문화체험이라는 콘셉트로 한강 뗏목 타기, 줄배 타기, 한반도 지형 트레킹, 섶다리 건너기, 토속음식(메밀전병, 올창묵 등) 체험 등이 주요 체험상품으로 결정되었다. 기존의 체험마을과 달리 지역문화를 결합한 독특한 체

뗏목체험은 이제 '브랜드' 가치를 확보하는 수준에 이르렀다.

험사업의 추진이 좋은 반응을 이끌어 냈다.

사업추진의 성과를 인정받아 2010년 강원도 우수 체험마을 수상, 농촌진흥청 선정으로 가고 싶은 100대 농산·어촌체험 마을에 선정되었다. 이에 더해 2012년에는 홍콩, 마카오 인바운드 관광객 4천 명이 사전 예약하여 진행하는 성과를 올리게 되었다.

대부분의 체험마을이 수익성이라는 측면에서 매우 어려운 상황을 보이고 있다는 현실에 반해 한반도 뗏목마을의 경우, 2012년에는 뗏목체험 당일 행사진행만으로 마을 인건비를 제외하고 약 3천만 원의 수익을 올렸다.

타 체험마을이 정부에서 지원하는 유급사무장제도의 혜택으로 관련 업무인력을 지원

받지만, 이 마을에서는 2013년부터는 자체예산으로 유급사무장을 고용하여 더 높은 체험환경유지와 서비스수준 강화를 꾀하는 체험마을이다.

자료 출처: 농사 GTI

제5절 지속가능한 농촌관광

지속가능한 농촌관광의 가치

세계관광기구(WTO)는 지속가능한 관광에 대해서, "미래세대의 관광기회를 보호하고 증진시키는 동시에 현 세대의 관광객 및 지역사회의 필요를 충족시키는 것으로, 문화의 보전, 필수적인 생태적 과정, 생물다양성, 그리고 생명지원체계를 유지함은 물론, 경제적, 사회적, 심미적 필요를 충족시킬 수 있도록 모든 자원을 관리하는 것"으로 정의하고 있다.

지속가능한 농촌관광은 농촌을 대상으로 한 관광이 환경적 지속성, 사회·문화적 지속성, 경제적 지속성을 잘 유지하고 균형을 이룸으로써, 현재는 물론 미래세대에 이르기까지 관광객에게 높은 만족도를 제공하며 지속될 수 있는 농촌관광 시스템이다.

이러한 개념에서 핵심 개념이 되는 것은 환경보호, 생물다양성, 다원적 기능, 농촌자원 활용, 소규모 농가 및 농촌경제 지원, 협력과 공생의 농촌공동체 정신, 농가소득 증대, 농촌경제 활성화, 농가 이익과 지역의 공익(공유가치)을 함께 고려, 높은 관광만족도, 장기 지속성 등이라 할 수 있다.

지속가능한 농촌관광의 3가지 요소에는 환경적 지속성, 사회·문화적 지속성, 경제적 지속성이 있다.

첫째, 환경적 지속성에는 농촌환경, 어메니티, 생물다양성 등이 있다.

둘째, 사회·문화적 지속성에는 농촌다움, 건강한 농촌공동체, 따뜻한 상호부조 정신, 문화유산 등이 있다.

셋째, 경제적 지속성에는 농가소득 증대, 지역경제 활성화, 농촌재생 등이 포함된다.

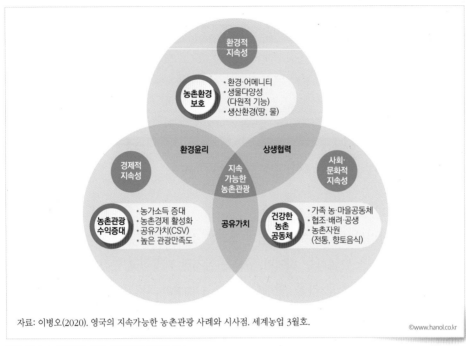

자료: 이병오(2020). 영국의 지속가능한 농촌관광 사례와 시사점. 세계농업 3월호.

©www.hanol.co.kr

🐾 그림 4-1_ 지속가능한 농촌관광의 3가지 요소

이렇게 함으로써, 자연환경과 문화유산 보호, 안전하고 품질 좋은 먹거리의 지속적 생산이 가능하고, 협력, 배려, 소통, 상생을 근간으로 한 따뜻한 농촌공동체, 매력적인 농촌사회의 구축이 가능하다. 농촌도 새로운 사업 전개와 고용창출을 통해 소득을 향상시키고 풍요로운 삶의 질을 구현할 수 있게 된다.

결국 지속가능한 농촌관광은 농업인과 마을, 동·식물이 공존하면서 자원을 유효하게 활용하여, 아름답고 쾌적한 생태계와 풍요로운 삶을 후손들도 계속 영위할 수 있게 하는 것이다.

② 지속가능한 농촌관광과 농업의 6차 산업화

우리나라에서는 농촌활성화를 위해서 2014년부터 농촌 융복합산업화(농업의 6차 산업화)

표 4-7_ 지속가능한 농촌관광과 농업의 6차 산업화의 공유가치

지속가능한 농촌관광	공유가치	농업의 6차 산업화
• 환경적 지속성	• 유·무형 농촌자원	• 농산물 생산 + 가공 + 판매
• 사회문화적 지속성	• 농촌다움	• 혁신 + 아이디어
• 경제적 지속성	• 농촌 어메니티	• 농촌공동체(협력·공생)
• 차별화된 관광상품	• 향토음식	• 연결의 경제(네트워크)
• 지역밀착형 관광	• 순박하고 따뜻한 마음	• 농가소득 증대(부가가치)
• 높은 관광만족도	• 인간과 동·식물의 공생	• 농촌경제 활성화

자료: 이병오(2020). 영국의 지속가능한 농촌관광 사례와 시사점. 세계농업 3월호.

정책을 주요 수단으로 시행하고 있다.

농업의 6차 산업화는 각 지역에 분산된 건강한 소규모 가족농들이 지역의 부존자원(토종종자와 전통기술 포함)을 발굴하는 것이며, 규모는 작지만 깨끗하고 안전한 차별화 농산물을 생산하고, 이를 스스로 가공·판매하고(직판장, 꾸러미 포함) 그리고 체험관광도 가미하여 부가가치를 올리는 경영형태이다.

6차 산업화에서 농촌관광은 과소화된 농촌에 관광객을 유치하고, 그들에게 6차 산업화 제품을 판매한다는 점에서 매우 중요한 역할을 한다.

지속가능한 농촌관광과 농업의 6차 산업화는 많은 가치를 공유하고 있다.

예를 들어, 유·무형의 농촌자원과 농촌 어메니티, 농촌다움, 향토음식, 순박하고 따뜻한 마음, 인간과 동·식물의 공생 등이다. 공유가치가 많다는 것은 연계할 때 시너지 효과를 내기가 쉽다는 것을 의미한다.

③ 영국의 지속가능한 농촌관광

영국의 잉글랜드 북서부 컴브리아(Cumbria) 지역은 호수지역이라고 불릴 만큼 호수가 많고 경치가 빼어나다. 원래 소, 양을 주축으로 한 축산 주산지이다.

그런데 2001년에 구제역이 발생하면서 지역경제가 초토화될 정도로 큰 피해를 입었다. 주민들은 논의 끝에, 지역경제를 부흥시키는 데 지속가능한 농촌관광이 적합하다고 결론을 내리고 이를 추진하게 되었다.

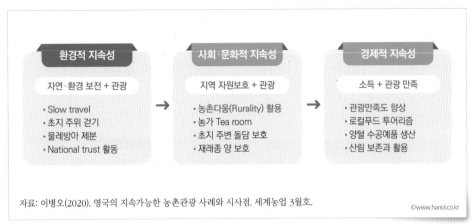

자료: 이병오(2020). 영국의 지속가능한 농촌관광 사례와 시사점. 세계농업 3월호.

©www.hanol.co.kr

🐾 그림 4-2_ 영국의 지속가능한 농촌관광의 구도

지속가능한 농촌관광을 실현하기 위해 그들이 지향한 목표는 다음과 같다.

첫째, 자연환경, 어메니티, 전통, 문화유산을 효율적으로 활용하되, 여기에 스토리 텔링을 잘 가미하여 관광자원화 한다.

둘째, 조용하고 여유있는 여행(슬로우 트래블) 트렌드를 반영하여, 다양하고 재미있는 관광상품을 개발하여 관광만족도를 향상시킨다.

셋째, 주민이 함께 참여하는 농촌공동체 문화를 확산시킨다.

넷째, 농촌다움을 최대한 살리면서 소규모 비즈니스로 연결시킨다.

다섯째, 전체적으로 환경적, 사회·문화적, 경제적으로 지속가능한 농촌관광 시스템을 구축한다.

영국의 지속가능한 농촌관광의 시사점을 살펴보면 다음과 같다.

첫째, 농촌자원을 슬로우 트래블 트렌드에 맞게 잘 활용하고 있다.

큰 시설투자 없이 주민들이 자발적으로 지속가능한 농촌관광 시스템을 도입하여, 대규모 가축질병으로 피폐해진 지역경제를 부흥시켰다. 초지 주위 걷기는 슬로우 트래블 콘셉트와 잘 매치가 되며, 관광객들은 농업생산 및 환경에 피해를 주지 않으면서 관광을 즐길 수 있다. 사라져 가던 재래종 양(지역 토종자원)을 복원하여 로컬푸드 건강식으로 개발하였다.

둘째, 농촌다움을 최대한 살렸다.

축사 2층 건초창고를 개조하여 Tea Room으로 만들었으며, 지하 농기구 창고를 개조하여 유기농산물, 축산가공품, 수공예품의 소규모 판매장으로 활용하고 있다.

중세에 조성된 초지 주위의 돌담 경계선도 농촌의 역사유산으로서 스토리텔링되어 관광객들의 주의를 끌고 있다.

셋째, 자연환경을 보존하면서 소득증대 기회로 활용하고 있다.

물레방아 제분소에서 맷돌로 귀리를 제분하여 빵과 쿠키를 제조하여 판매하는 것은 좋은 예이다. 또한, 산림자원을 보호하면서, 짚 와이어를 설치하거나 산림 부산물로 목공예품을 생산하고 있다. 시민이나 학생들은 공원에서 야생 동식물에 대해 학습하고, 보호하기 위한 다양한 활동을 펼치고 있다.

재래종 양의 숫자가 늘어나 호수환경을 오염시킬 우려가 있자 내셔널 트러스트의 중재로 농업생산과 환경을 공존시킨 것도 좋은 사례이다.

넷째, 건강한 농촌공동체 정신이 돋보인다.

농장주들이 연대하여 관광객들에게 초지 주위를 걸을 수 있게 개방하였고, 농촌 여성그룹은 재래종 양털로 손뜨개질을 하여 수공예품을 생산하고 있다.

거점 농가의 직판장에서는 주변 농가의 농산물이나 가공품, 공예품 등도 함께 판매한다. 영국의 지속가능한 농촌관광은 지역자원, 농촌다움, 지속가능성(환경적, 사회문화적, 경제적)을 잘 살리면서, 차별화된 관광자원과 프로그램들을 적절히 조화시켜 관광만족도를 높이고 있다.

우리나라에서도 지속가능한 농촌관광을 활성화시켜, 농업농촌을 풍요롭게 해나가야 할 것으로 사료된다. 이때 관광객을 맞이하는 농촌은 영국의 사례와 같이 농촌다움을 최대한 살리면서 도시민들이 재미와 친근감을 느낄 수 있는 소재나 프로그램을 다양하게 개발할 필요가 있다. 예를 들어, 원두막 카페, 물레방아 빵집, 짚이나 목공예품 공방, 마을 뒷산의 나무를 활용한 그네나 짚 와이어 설치, 논·하천·연못의 물고기·수중 곤충·수초 탐구 등이다.

　지속가능한 농촌관광을 즐기려는 도시민들은 통상 가족, 친구, 동호인 등 소그룹으로서, 농촌사회와 문화를 이해하고 농민과 교류하면서 즐거움과 만족감을 얻으려는 성향이 강하다. 물론, 관광객도 농촌의 환경과 자원을 잘 보존하도록 세심한 주의를 기울여야 한다.

　지속가능한 농촌관광이 더 큰 효과를 거두기 위해서는,

　협동과 배려를 기반으로 하는 건강한 농촌공동체가 잘 구축되어야 한다. 지속가능한 농촌관광은 농촌이 가지고 있는 공간과 사회·문화 등 공유자산을 함께 이용하기 때문에 농촌주민들이 서로 협동하지 않으면 안 된다.

　지속가능한 농촌관광은 다소 시간이 걸리더라도 하드웨어적 인프라 구축(법·제도 정비 포함)과 소프트웨어적 혁신(협동정신, 농촌공동체, 친절함 등)을 병행하며, 차근차근 추진하는 것이 바람직하다. 추진과정에서 지나치게 경제적 성과에만 초점을 맞추거나, 성과를 단기적이고 획일적인 잣대로 평가하는 것은 경계해야 한다.

CHAPTER 5

글로벌 음식관광

제1절

음식관광의 이해

1 음식관광의 개념

음식은 지역의 전통과 삶의 방식을 전하는 문화이자 환경, 풍토 인식까지 표현하는 역할을 한다. 음식은 지역에 최적화된 상품으로 여행을 더욱 풍요롭게 하면서, 특정한 지역에서의 차별화된 상품으로 제공된다.

음식관광은 음식과 관련된 특정주제로 이루어지는 특수목적, 특별관심관광(SIT: Special Interest Tourism)으로 표현되고 있다. 특수목적은 문화, 역사, 자연 등 지역적 환경이 제공하는 주제를 관광에 적용하는 광범위한 범위를 포함한다. 음식관광을 즐기기 위해서는 그 지역으로 가서 특정 관심분야를 경험하고 학습하는 효과를 중시하고, 이러한 경험을 통해 성취감, 만족감, 행복감 등을 얻을 수 있다.

음식관광은 특정한 나라와 지역에 대한 고유문화를 대변할 수 있으며, 관광객들이 가장 쉽게 접할 수 있는 것이 지역의 문화인 음식이다. 따라서 음식은 관광객의 경험을 형성하는 데 있어서 중요한 요소가 된다. 예를 들어, 이탈리아의 파스타, 프랑스의 와인처럼 한 나라를 대표하는 브랜드로 성장하고 있는 것이다.

많은 국가들이 자신들만의 음식을 마케팅 도구로 사용하면서, 이를 관광 소재로 활용하기 위해 개발하고 상품화하고 있다.

음식관광은 준비된 음식을 맛보기 위해 또는 즐기기 위해 여행하는 행위로, 지역 이미지 제고 및 지역경제 활성화에 중요한 역할을 수행하는 지역의 문화자산이라 할 수 있다.

음식관광을 푸드 투어리즘으로 인식하고 있다. 관광 목적지에서 식사를 하고 관광지역 특산품 또는 음식관련 제품을 구매하기도 한다. 특정 푸드 생산지역의 특성을 경험하는 모든 음식과 관련된 모든 행동들로 관광객들의 외식소비뿐만 아니라, 음식에 관련된 모든 제품의 구매비용까지 포함하고 있다.

음식관광은 즐거움과 행복감을 느끼고 기억에 오래 남을 수 있는 중요한 역할을 한다. 즉, 관광객들은 음식 경험이 만족스러웠으며, 다시 그 지역을 찾기 때문에 음식 자체가 지역의 중요한 마케팅 도구가 될 수 있다.

관광 선진국들은 편리한 접근성과 문화적 특유성을 마케팅 도구로 활용하기 위해서는 음식을 관광상품화하여 관광객의 사랑을 받고 있으며, 음식관광을 통해 관광수입도 올리고 있다. 이처럼 관광산업에서 관광객의 지역 음식에 대한 중요성은 날이 갈수록 강조되고 있다.

관광에 있어서 음식의 중요성에는 다른 지역이나 혹은 외국으로 여행을 떠났을 때, 지역 또는 나라의 특유한 음식들을 경험할 수 있다. 이로 인해, 여행을 더욱 즐겁게 하면서도 여행의 가치를 한층 업그레이드될 수 있도록 하는 계기가 되기도 한다. 따라서 음식은 특정한 지역이나 국가에 있어서 훌륭한 사회문화적 관광자원으로서의 훌륭한 역할을 수행하고 있다.

음식은 지역의 생활방식과 문화를 체험할 수 있는 중요한 문화자원이며, 관광객들이 쉽게 접할 수 있는 필수 관광 활동이다. 관광 활동이 인기가 많아지면서 여행지 자체의 매력보다는 여행지의 음식이 관광객의 관심을 끌며, 여행의 주요 동기로 떠오르고 있다.

음식관광은 관광 활동, 음식 축제, 관광지 내 식당에서의 식사, 전통음식 체험, 지역 특산품 구매, 주말농장, 과수원 체험 등이 포함되어 있다. 음식으로 인한 즐거움은 관광의 주요한 목적은 아니지만 음식으로 즐거움과 흥미를 불러일으키는 관광, 또는 그것을 목적으로 하는 관광을 음식관광이라고 할 수 있다.

음식관광은 여행경험의 일부분으로서 관광객들은 방문한 지역이나 여행지에서만 맛볼 수 있는 그 지역의 특산음식을 먹고 구입하게 되며, 다른 지역에서는 경험할 수 없는 음식과 관련된 활동이다. 음식관광은 일반적으로 다른 지역에서 즐거운 경험을 찾으면서 음식을 즐기고 체험하는 것을 목적으로 하는 사회와 여가 등의 속성을 가진 관광을 음식관광이라 한다.

음식관광이 일반 관광상품과 다른 점은 다음과 같다.

첫째, 음식자원의 본질적 특성상 음식관광의 근본은 1차 산업인 농업과 이를 기반으로 신선한 식재료를 생산하는 1차 생산지 방문이다. 식재료가 가공되는 과정을 체험할 수 있는 공장 및 가공생산지를 방문하는 것을 2차 산업이라 한다.

3차 산업은 요리사의 창작요리를 경험할 수 있는 레스토랑 방문이라 할 수 있다.

이를 지역기반으로 융합하면 새로운 6차 산업형 관광상품으로 탄생되는 것이다.

특히, 음식관광은 특정 지역을 기반으로 활성화되는 그 지역만의 독특한 환경 및 문화·역사와 전통, 생산자의 기술 및 지역민을 포함하고 있다.

이는 차별화의 근원이며 지역명이 곧 상품 브랜드가 되는 것이다.

음식관광이 지역의 다양한 음식 자원을 중심으로 지역의 1차, 2차, 3차 산업이 서로 네트워크를 형성한다면 지역의 6차 산업화의 촉진 및 지역경제 활성화에 기여할 수 있다. 이는 창조적 융·복합 관광상품의 대표적인 사례가 될 수 있다.

둘째, 음식 자원은 계절에 따라, 지역에 따라, 만드는 사람에 따라 다양하고 새로운 이야기를 지닌 관광의 핵심 콘텐츠이다. 관광객의 변화하는 욕구를 충족시킬 수 있는 변화무쌍한 특성이 있는데 이를 지속가능한 관광자원이라 할 수 있다.

셋째, 해외여행이 보편화됨에 따라 국가간, 도시간 관광객 유치 경쟁이 치열해지고있는 가운데 지역 고유의 문화와 역사가 담긴 음식은 차별화된 관광자원이 된다. 지역의 매력과 차별성으로 관광객들의 만족도를 높일 수 있고, 재방문율을 확대할 수 있는 관광자원으로서의 가치가 높아서 지역경제 활성화에도 도움을 줄 수 있다.

넷째, 음식은 그 자체만으로도 한 국가나 지역 문화의 중요한 측면을 지니고 있다. 식품의 생산과 조리, 가공, 상차림, 음식을 먹는 습관, 도구와 식기 등 여러 가지 요소들의 자체가 관광의 대상이 될 수 있다. 이러한 음식문화는 그 지역의 정체성이며, 현재와 전통이 혼합된 역사적 산물로서 관광의 핵심적인 요소로 작용할 수 있다.

다섯째, 관광의 수요가 증가하고 다양화되면서 관광객들이 관광지에서 차별화된 경험을 하고 싶은 욕구가 꾸준히 증가하고 있다. 그중에서도 맛있고, 색다른 음식을 먹고 싶어 하는 관광객들의 증가로 인해 음식관광의 중요성이 높아지고 있다.

또한, 방송이나 SNS 등의 영향력이 커지게 되면서, 음식관광에 대한 관심과 수요가

높아지고 있다. 많은 관광객들 중에서도 단순히 음식만을 위해 떠나는 음식관광객이 점차적으로 증가하고 있다. 더불어 건강한 삶을 추구하는 웰빙의 트렌드와 맞물려 세계적으로 음식관광은 일상적 습관이 아닌 핵심 관광 콘텐츠로 주목받고 있다.

② 음식관광의 특성

세계의 관광시장은 기본적인 관광형태인 단체관광이나 대량관광에서 관광객들의 특정 관심사를 주제로 하는 개별화된 관광으로 진화되고 있다.

음식관광은 수요가 많은 것이 아니기 때문에 독립적인 형태의 관광으로 보기에는 다소 무리가 있어 보이지만, 현실적으로 다양한 속성을 가지고 있는 융합 관광상품으로 볼 수 있다. 음식관광은 지역문화와 관련된 문화관광의 일부이며, 음식 재료산지를 찾

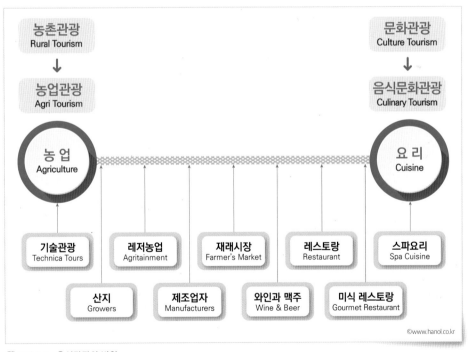

🐾 그림 5-1_ 음식관광의 범위

아 체험하는 자연관광, 농촌관광, 전원관광 등에 속한다. 또한 음식·와인·농산물을 주제로 열리는 지역축제를 포함한 이벤트 축제 관광에 포함되기도 한다.

음식관광의 특성은 지역 정체성과 문화를 바탕으로 차별화된 관광을 선호하는 경향이 강해지고 있다.

음식관광객들은 일반 관광객들보다 음식을 경험하는 태도가 매우 능동적이고 적극적이며, 지역 음식에 관심을 가지고 구매 및 소비하는 관광객까지 포함하는 것이 적절하다.

음식관광의 범위는 음식이 관광동기의 1차 및 2차적 관심사인 집단까지 포함할 수 있다. 선진국의 경우 전체 관광객 중 약 40~50%를 차지하고 있다. 음식을 즐기는 사람들은 호기심과 탐구심이 높으며, 일반관광을 즐기는 사람에 비해 해외여행 경험도 풍부하면서 많은 정보를 보유하고 있다.

음식관광상품은 차별화된 특색 및 특징을 보유해야 하고 고유성을 갖추고 있어야 한다. 이를 확보하지 못했을 경우에는 취약하고 지역화되지 못해서 음식관광객이 방문하지 않을 수 있다.

음식관광에 대한 활성화는 관광객이 관광 목적지에서 지역 음식과 관련한 다양한 경험을 통해 높은 관광만족도를 형성하게 되면, 지속적으로 재방문, 구전, 추천의도 등의 방법으로 관광 목적지와 관련된 일관적인 소비행위가 이루어질 개연성이 높아지게 된다.

③ 음식관광의 중요성

음식관광은 특정지역을 기반으로 상품이 기획되고 운영된다. 특히, 음식관광은 지역의 다양한 식품자원을 중심으로 지역의 1차, 2차, 3차산업이 서로 네트워크를 형성한다면, 농촌 지역의 6차 산업화의 촉진 및 지역경제 활성화에 크게 기여할 수 있다. 음식관광의 또 다른 중요한 효과는 지역의 식재료생산, 가공, 외식서비스와 결합하여 지역기반 경제 활성화를 이끌 수 있다.

음식관광은 지역 전통음식의 맥을 전승하며, 지역의 정체성을 유지·발전시켜줄 뿐만 아니라 지역의 음식생산 및 소비경제를 강화시킬 수 있는 잠재력을 제공하게 된다.

음식과 관련된 농업, 향토음식산업, 외식업에 관광산업의 접목을 기존자원에 부가가치를 더하는 것이다. 무엇보다도 상호이익이 되는 상생관계가 형성되어 시너지 효과를 창출할 수 있다. 즉, 지역 음식이 가진 차별적 특성을 활용해 독특한 상품을 판매하게 되면, 지역경제가 활성화된다.

관광은 다양한 요소로 구성된 활동이지만 일상 생활권을 벗어나 이동을 수반한 활동으로 바라본다면, 관광지에서 머무는 동안의 음식은 매우 중요한 기본적인 요소가 된다.

음식관광의 중요성을 요약하면 다음과 같다.

첫째, 음식관광은 지역경제 발전에 중요한 역할을 한다.

2016년 국내 여행객의 여행 경험자 1인 평균 항목별 여행 지출액 구성비에서 식음료 비용은 32.9%, 교통비 19.2%, 숙박비는 17.2%에 비해 월등히 높게 나타나고 있다. 관광지에서의 음식관광으로 인해 고용 창출과 지역경제 발전에 큰 역할을 하고 있다.

둘째, 음식관광은 지역의 정체성과 문화발전에 중요한 역할을 한다.

음식은 지역 고유의 역사와 문화 위에 성립하는 것으로, 지역음식과 전통음식은 지역다움을 표현하는 중요한 소재이다. 지역마다 특색을 가진 음식은 독자적인 조리법이나 식습관 등 음식에 얽힌 문화를 관광객에게 제공하여, 다양한 음식문화의 창출과 지역에 대한 자부심을 가지게 된다.

셋째, 음식관광은 지역관광 발전에 중요한 역할을 한다.

지역의 음식자원은 지역을 방문함에 있어 중요한 동기가 될 수 있는 요인이다. 음식관광객에게는 지역 음식을 경험하는 것이 지역방문의 주된 목적이 될 수 있다.

관광지에서는 지역특성을 반영한 음식을 통해 관광객에게 차별화된 지역 이미지를 생성하고 기존의 지역 이미지를 긍정·부정적으로 바꿀 수 있는 요인이 될 수 있다.

음식관광은 지역의 음식과 관련한 경제를 활성화시키고, 지역 전통음식의 흐름과 다양성을 보존하며 지역의 정체성이 유지될 수 있는 잠재력을 제공한다.

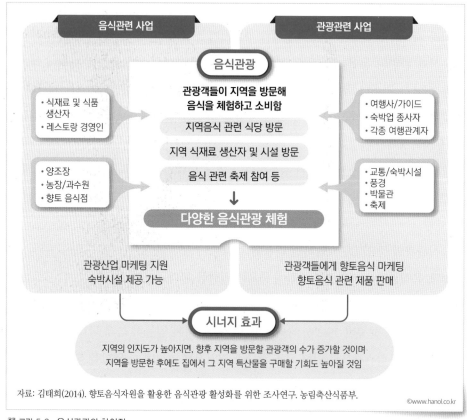

자료: 김태희(2014). 향토음식자원을 활용한 음식관광 활성화를 위한 조사연구. 농림축산식품부.

©www.hanol.co.kr

➡ 그림 5-2_ 음식관광의 차이점

음식관광이 관광산업의 새로운 영역으로 등장하고 있고, 음식은 관광지 선정에 있어서 부차적인 동기를 넘어 우선적인 요인이 되고 있다. 방문지에서 경험하는 특별한 음식은 관광의 만족도를 높이고, 지역의 정체성 및 문화를 이해하는 중요한 요소가 되고 있다.

음식관광은 특정지역을 기반으로, 지역의 정체성을 나타내는 지역의 상품브랜드가 될 수 있고 지속 가능한 관광자원으로서 중요한 역할을 하고 있다.

관광산업에서 음식의 중요도와 가치는 갈수록 높아지고 있으며, 미래 음식관광의 가능성은 더욱 커질 수밖에 없다.

음식관광의 활성화는 관광객이 관광 목적지에서 지역 음식과 관련한 다양한 경험을 통해 높은 만족도와 긍정적 이미지를 형성하게 되면, 지속적으로 재방문, 구전, 추천, 재구매 등의 방법으로 관광 목적지와 관련된 일련의 소비행위가 이루어질 개연성이 높다.

　지역의 전통음식은 지역의 문화를 대변하는 중요한 관광자원으로서 음식을 통해서 국가와 지역의 이미지를 강화시킬 수 있다. 또한, 지역의 전통음식과 문화의 차별화를 통해서 부족한 재원을 마련할 수 있는 문화자산으로서 개발할 필요성이 크다.

④ 음식관광의 유형

　음식관광일 경우, 관광객들의 여행동기는 음식에 대한 관심도에 따라 달라질 수 있다. 음식에 대한 관심이 높은 관광은 식도락관광(Gourmet Tourism), 퀴진관광(Cuisine Tourism), 미식관광(Gastronomy Tourism)이다.

　중간 정도의 관심을 보이는 관광으로는 요리관광(Culinary Tourism), 음식에 대한 관심이 낮은 수준의 관광은 농촌·도시관광(Rural·Urban Tourism)으로 분류한다.

　음식에 대한 관심이 높은 음식관광의 특징은,

　방문목적의 우선순위가 음식 맛보기이고 관광지에서의 다른 활동도 음식과 관련되어 있다.

❶ 식도락 관광은 음식에 대한 지식이 풍부하고 맛에 대해서도 깊이 있는 지식을 갖춘 식도락 여행이다. 방문지 레스토랑에서는 최고급 식재료를 사용하여 음식을 만들고, 메뉴에 대한 자세한 설명과 감상이 요구된다.

　프랑스의 지역별 와이너리(Winery) 투어를 식도락 여행의 사례로 들 수 있다.

❷ 퀴진 관광은 레스토랑에서 식사를 하고 직접 주방에서 조리법을 배울 수 있는 관광을 의미하는 것으로, 특정한 목적을 가지고 시도되는 경우가 많다.

❸ 미식 관광은 고급요리를 즐기는 미식 여행으로 식도락 여행의 일종이라고 할 수 있다. 각각의 관광지 활동을 명확하게 구분하기는 쉽지 않지만, 특정 레스토랑이

나 산지시장 등을 주요 방문지로 한다는 점에서 거의 모든 활동이 음식과 관련되어 있다.

❹ 요리 관광은 음식 관련 체험을 위해 방문하는 재래시장, 음식축제, 레스토랑 등에서의 활동과 관련이 있다는 점에서 음식관광의 주요 활동으로 간주된다.

❺ 농촌·도시관광은 필요에 따라 방문지역의 재래시장, 음식축제, 레스토랑을 방문하지만, 단순한 흥미 위주의 방문이기 때문에 지역 음식에 대한 관심도는 높지 않다.

이 외에도, 무관심한 지역에서 음식점을 방문하는 것은 여행 중 단순히 식사를 위한 방문일 수 있다.

표 5-1_ 음식관광객의 분류

관심 정도	음식관광 유형	음식관광 활동
높은 관심	• 식도락 관광 • 미식 관광 • 퀴진 관광	음식문화에 관심이 많은 음식애호가, 음식 전문가로 특정 레스토랑, 양조장, 전통시장, 요리학교 등 방문
적절한 관심	• 요리 관광	음식에 대한 관심도가 중간 정도인 것으로, 문화소비 측면에서 음식을 문화체험의 매체로 간주하고, 음식활동의 경험과 소비하기 위해 음식축제, 요리수업 등 참여
낮은 관심	• 농촌 관광 • 도시 관광	음식에 대한 관심도는 가장 낮지만, 관광객수는 가장 많고 색다른 경험의 하나로 농촌관광, 지방의 재래시장 등을 방문

제2절　음식관광의 범위와 기능

1 음식관광의 범위

일반적인 관광에서도 먹고 마시는 일은 숙박, 교통, 관광명소, 관광 활동과 같은 관광의 가장 기본적이고도 결정적인 요소이다.

기존의 관광이 시각 중심의 관광대상물을 만나는 것에 방점을 찍었던 것과는 달리, 미각을 중심으로 한 오감을 충족시키는 관광행위라는 점에서 음식관광을 새로운 범주로 인정하고 있다.

일반적으로 우리나라 사람들의 관광에서 음식의 중요성 및 관여도는 다음과 같은 특징과 추세를 나타내고 있다.

첫째, 관광 목적지를 선정함에 있어서 음식의 비중은 갈수록 높아지고 있다.

둘째, 관광에서의 먹을거리 선택 시 가격보다 건강과 맛 등을 우선으로 고려한다.

셋째, 이미 알려져서 누구나 찾는 음식보다는 새롭고 독특한 음식을 추구하는 경향이 커지고 있다.

넷째, 사회의 국제화 및 다문화 시대 영향에 따라 다양한 음식에 대한 수용도가 높아진다.

다섯째, 언론과 인터넷 정보를 통해 음식에 대한 정보를 얻고 적극 활용하며, 자신의 경험 정보를 적극적으로 공유한다.

여섯째, 관광만족도 평가에서 음식의 비중이 더욱 높아지고 있다.

이러한 특징과 추세로 인해, 관광업에서 음식의 중요도와 가치는 높아지고 있으며, 미래 음식관광의 발전 가능성은 한층 더 커질 수밖에 없는 것이다.

2 음식관광의 가치

가치는 추상적인 신념이며, 묵시적으로는 바라는 수단이나 목표로 모든 행동유형을 선택하는 데 영향을 미친다. 관광 가치는 여행경험 전후에 포괄적인 가치로 이해하는 것이 합리적이다. 관광 가치에 대한 인식은 관광정보 및 관광경험 과정에서 개인이 형성한 개인 신념과 관광관련 행동이나 판단에서 선호되는 신념으로 정의할 수 있다.

지각된 소비가치는 기능적 가치, 사회적 가치, 감정적 가치, 상황적 가치, 진귀적 가치로 구분하고 있다.

1) 기능적 가치

효용적인 목적을 이행하기 위한 능력의 결과로 소비자 선택에 의해 획득·인지된 유용성을 말한다. 일반적으로 가격, 내구성, 신뢰성, 수행성, 서비스 등과 같은 속성과 연관되어 있으며, 제품형태와 브랜드 선택 시 소비자는 연관된 기능적 혹은 물리적 속성과 기능을 고려한다.

2) 사회적 가치

타인의 시선 또는 사회단체들 그리고 사회적 규범과 연관된 결과로서 얻어지는 효용성을 말한다. 즉, 다른 사람들과 공유하고 규범에 따라 제품을 구매하는 것으로 사회적 가치의 속성은 눈에 잘 띄는 소비재에서 가장 빈번하게 발생한다.

3) 감정적 가치

기분이 좋거나 나빠지는 상태의 정서적인 감정과 관련된 가치를 말한다. 제품의 소비로 인해 긍정적·부정적 감정, 좋고 싫음의 평가적 내용 이외의 낭만적, 공포, 심미성 등이 될 수 있으며, 이와 같은 감정이 지속될 때 감정적 가치를 가지게 된다.

4) 상황적 가치

소비자가 특정 상황에 직면하여 선택을 통해 획득한 효용성을 의미한다. 즉, 상황적 가치는 개별상황에 따라 가치가 달라지므로 선택상황에서 매우 중요한 역할을 담당한다.

5) 진귀적 가치

호기심, 참신함, 지식에 대한 욕망을 불러일으키는 능력의 결과로서 선택에 의해 획득한 효용성을 말한 것이다. 이 선택들은 어떤 새로운 것을 제공하는 능력을 통해 진귀적 가치를 획득한다. 소비자들은 새로운 브랜드를 찾고, 여러 브랜드를 이용하면서 호기심을 충족시키고 진귀적인 가치를 획득하는 것이다.

3 음식관광의 효과

음식관광은 관광목적 지역의 다양한 음식관련 자원을 기반으로 다양한 긍정적인 효과를 창출한다.

음식관광은 특정지역의 음식문화 정체성을 전파하고 유지함으로써, 미래의 지속가능한 식품시스템을 구축할 수 있게 해준다. 이러한 시스템을 통해 항구적으로 음식관광상품을 판매하는 것은 관광 목적지의 정체성을 알리고 강화하는 데 큰 영향을 미친다. 관광의 생산과 소비를 이루는 핵심 구성요소로서 음식은 관광객을 위한 체험과 시장성있는 이미지의 중요한 공급원이다.

우리나라를 포함한 캐나다, 호주, 홍콩, 싱가포르, 남아프리카, 일본, 태국과 같은 많은 나라에서 로컬푸드와 지역의 요리를 관광촉진을 위한 유인 요인 및 중요한 틈새 시장으로 지목하고 있다.

음식관광의 또 다른 중요한 효과로는

첫째, 지역의 식재료 생산 가공, 외식서비스와 결합하여 지역기반 경제 활성화를 이끌 수 있다.

둘째, 지역 전통음식의 맥을 전승하며 지역의 정체성을 유지·발전시킬 뿐만 아니라 지역의 음식생산 및 소비경제를 강화시킬 수 있는 잠재력을 제공하게 된다.

셋째, 체류기간과 지출을 확장하여 계절과 상관없이 관광객을 끌어들일 수 있는 잠재력을 가진다.

넷째, 지역경제개발, 고용창출, 지방세 및 외환증가 등의 효과가 발생한다.

음식관광은 관광목적지역의 다양한 음식 관련 자원을 기반으로 여러 긍정적 효과를 창출한다는 점에서 크게 주목받고 있다.

음식관광은 특정 지역의 음식문화 정체성을 전파하고 유지함으로써 종국적으로는 미래의 지속가능한 식품시스템을 구축할 수 있게 해준다. 이런 시스템을 통해 항구적으로 음식관광상품을 판매하는 것은 관광 목적지의 정체성을 알리고 강화하는 데 많은 영향을 미친다. 또한 지역의 문화지도 형성과 지역의 정체성 확립 등에 강력한 단초를 제공해주는 역할을 한다.

관광의 생산과 소비를 이루는 핵심구성 요소로서 음식은 관광객을 위한 체험과 시장성있는 이미지의 중요한 공급원이 된다.

우리나라를 포함한 캐나다, 호주, 홍콩, 싱가포르, 남아프리카, 일본, 태국과 같은 많은 나라에서 로컬푸드와 지역의 요리를 관광촉진을 위한 유인 요인 및 중요한 틈새시장으로 지목된다.

음식관광이 지역경제 활성화의 중요 요인이라는 사실을 인식한 정부와 각 지역 자치단체들은 국가와 지역의 내적발전을 위해 음식을 활용한 관광상품 연계방안을 마련하는 등 음식관광에 대한 정책적 관심을 기울이고 있다.

제3절 음식관광 트렌드와 활성화

 ① 국내 음식관광의 현황

국내 관광분야의 여행실태 조사 보고서에는 음식관광에 대한 관심과 활동이 크게 증가하여, 능동적으로 미식체험을 즐기는 방향으로 관광 트렌드가 변화되고 있는 것을 알 수 있다.

2018년 문화체육관광부 조사에 의하면, 국내를 여행하는 외래 관광객의 주요 참여 활동으로는 쇼핑이 92.5%, 식도락 관광은 71.3%를 차지하고 있다. 또한, 외래 관광객이 한국을 방문할 경우 고려되는 요인으로는 음식과 미식 탐방이 57.9%로 조사되었으며, 가장 좋았던 활동에는 29.3%로 2위로 나타났다. 이러한 결과는 2013년부터 꾸준히 증가하고 있음을 알 수 있다.

또한, 쇼핑과 자연 경관감상 등은 감소한 것으로 나타나면서, 외래 관광객들의 한국 관광 주요 요인과 활동이 음식관광에 대한 높은 관심을 보이고 있다.

세계적으로 한류가 확산되면서 국내 음식관광에 대한 관심은 관광 트렌드로 부상하고 있으며, 한국음식에 대한 외국인들의 관심은 지속적으로 증가하고 있다.

이에 따라 음식관광은 방한 외래 관광객의 여행목적지 선택 및 동기에 높은 영향을 주고 있지만, 음식의 어떠한 요소들이 선택과 주요 참여활동에 만족감을 주는지에 대한 파악은 어려운 실정이다.

❷ 음식관광 트렌드

관광 트렌드 변화는 관광지 개발 및 관광객 유치에도 많은 영향을 미치고 있다.

지역의 문화와 전통에 대한 관심과 더불어 새로움을 추구하는 욕구는 관광객들의 호기심을 자극하기도 한다.

미식을 주제로 하는 방송 프로그램이나 SNS 등의 영향으로 음식관광은 단순 맛집 투어를 넘어서 개개인의 취향과 테마에 따라 세분화되고 있다.

향후 음식관광 트렌드 변화는 다음과 같은 특성을 가지게 된다.

첫째, 소득과 지출 성향의 변화로 관광객들은 건강을 고려한 조리음식, 식품, 외식에 대한 소비가 증가하고 있다.

음식과 관련된 활동들은 본질적인 욕구충족 면에서 중요한 의미를 지니고 있다. 또한, 음식으로 인한 삶의 가치와 질적인 면도 중요하기 때문에 관광객들은 즐거움과 만족감을 주는 음식, 식품, 외식 등에 많은 소비를 하는 경향이 있다. 음식을 주목적으로 하는 관광객들은 맛이 뛰어나고 질이 좋으면 비용에 관계없이 소비하는 경향이 증가하고 있다.

둘째, 독자성 강조로 인해 관광객들은 개성 있고 독특한 음식을 추구하고 있다.

관광객들은 방문지를 대표하는 토속적이고 신선한 품질의 요리를 통해, 그 지역 자체만의 특별함을 느끼고 싶어한다. 많은 관광객들은 어디에서나 구매할 수 있는 음식보다는 특정한 관광지에서의 독특한 매력과 문화를 지니고 있는 음식에서, 다른 사람들과 차별화되고 싶어 하는 욕구를 가지고 있다.

셋째, 세계화 및 다문화주의로 인해 다양한 음식과 식품 등에 대한 소비 증가이다.

TV 프로그램이나 유튜브(Youtube), SNS 및 해외 관광의 증가, 이민자들의 증가로 인해 다문화 소비가 확대되고 있다. 음식문화는 지역의 여러 관광자원 중 가장 쉽고, 자연스럽게 접할 수 있어서 관광객들에게 타 문화를 경험하고 이해할 수 있도록 하는 중요한 자원이 된다.

관광객들은 방문지에서 경험해 본 음식으로 인해 직접 향신료를 구매하기도 하고, 매

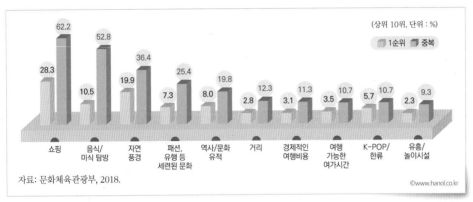

그림 5-3_ 외국인의 한국 방문 시 고려하는 요인

체를 통해 접하는 음식을 직접 만들어 먹기도 한다. 이렇듯, 세계화 및 다문화주의는 음식관광에 있어서도 중요한 개념으로 자리 잡고 있다.

넷째, 유명 요리사의 대중매체 영향력이 커지면서 관광객들의 소비에 많은 영향을 미치고 있다.

인터넷이나 방송 등 다양한 소셜 미디어의 영향력은 점점 커지고 있으며, 관광객들이 음식을 선택하고 결정하는 중요한 매개체로 작용하고 있다.

다섯째, 새로운 경험을 하고 싶은 욕구가 음식관광에 영향을 미치고 있다.

현재의 관광객들은 새로운 맛에 대한 갈망과 지식 등에 많은 관심을 가지고 있다. 따라서 음식은 고유의 문화적 영향력을 발휘하는 중요한 요소가 되고 있다. 관광객들이 더 부유해지고 섬세해질수록 자신의 미적 취향과 욕구를 만족시킬 수 있는 차별화된 맛에 끌리기 때문이다.

이러한 트렌드 변화 분석 및 전망은 음식관광을 통해 지역의 정체성을 확립시키고, 지역의 문화관광 지도를 만들어 지역경제 발전의 중요한 요소로 작용할 수 있다.

③ 음식문화관광의 활성화

어떤 특정 산업분야의 활성화 및 지속적인 발전은 해당 산업과 관련된 기업이나 개인 또는 지역에 직접적으로 경제적 혜택이 주어질 경우에만 가능하다. 하지만, 많은 관심과 노력에도 불구하고, 아직 우리나라에서 음식관광의 전체 영역에서 기대한 만큼의 가시적인 경제적 성과를 내놓지 못하고 있는 것이 현실이다.

각 지역마다 자신들의 소문난 맛집 찾기 또는 향토음식 및 관련 문화자원에 대한 발굴조사와 연구 및 개발에 많은 투자를 추진하여 왔으나, 음식문화 분야의 유용화 작업을 위해서는 더욱 많은 노력과 투자 등이 필요한 상황이다.

또한, 음식과 직접 관련된 요소 외에도 주변의 지리적 자원, 사람, 역사와 문화재 자원 등을 보다 세밀하게 발굴하고 관광 자원화하여 음식과 융합할 수 있는 관광상품의 개발이 요구된다.

음식은 기존의 일반 관광상품 중에서도 얼마든지 프로그램 구성에 포함되고, 다채롭게 즐길 수 있는 것이기 때문에, 음식관광이라는 차별성을 관광객들에게 확실하게 인지시킬 수 있어야 한다.

음식문화관광의 활성화를 하기 위해서는 정부와 민간의 상호협력이 필요하다.

따라서, 음식문화관광에 대한 각 단위 차원의 연계된 비전과 비전달성을 위한 전략 및 세부 실행계획을 수립하는 작업을 먼저 추진해야 한다.

중앙 부처와 지방자치단체는 각각의 단위에서 음식관광 활성화를 위해 필요한 제도적·정책적 기반 조성을 위한 조치가 따라야 한다. 또한, 음식관광의 직접 참여자인 기업단체 및 개인들 역시 각자의 위치에 따라 준비와 실행작업을 실시해야 한다. 그리고 추진 결과에 대한 객관적인 평가와 점검을 통해 문제점을 보완하는 과정을 지속적으로 시행해야 한다.

푸드 투어리즘의 중요성은 의미와 가치에 따라 4가지 요소로 살펴볼 필요가 있다.

첫째, 푸드 투어리즘은 지역 활성화를 이루는 데 유용한 모델이다.

기존의 지역 활성화 방식은 기업 또는 다양한 정부 및 공공사업 등을 유치하여, 이를 기반으로 지역개발을 이루는 개념이다.

둘째, 푸드 투어리즘은 최근 그 중요성이 강조되고 있는 식품산업과의 연계성이 높은 모델이다.

전 세계적으로 식품산업을 전략사업으로 육성하고자 하는 움직임이 확산되고 있다. 외식산업은 생활 패턴의 변화, 관광의 증가로 인해 규모가 더욱 커질 것으로 예상되고 있다. 우리나라는 국민 건강에 직결되는 먹거리를 생산·공급함으로써 부가가치를 창출하고, 고용기회를 제공하는 기초적 산업인 식품산업에 대한 관심이 높아지고 있다. 지역문화 정체성 및 농외 소득원으로서의 지역 향토음식과 관련된 외식산업의 중요성이 커지고 있으며, 먹거리 문제에 지역문화 육성의 문제까지 확산되고 있다.

셋째, 푸드 투어리즘은 지역 자립화 모델로서 각광받고 있는 커뮤니티 비즈니스의 중요한 모델 중의 하나이다.

커뮤니티 비즈니스는 지역의 자립화를 위해 지역 내 다양한 주체들이 자발적인 사업 추진을 통해 지역 활성화를 모색하는 개념이다.

넷째, 푸드 투어리즘은 관광사업과의 유기적인 연계가 가능한 모델이다.

지역자원의 OSMU(One Source Multi Use)를 통한 다양한 활용을 시도하고, 이를 기반으로 관광객들의 무한 욕구를 충족시킨다. 결국, 이를 통해 높은 부가가치를 창출할 수 있으며, 이 과정에서 음식 기반의 푸드 투어리즘이 효율적인 모델로서 활용 가능하다.

푸드 투어리즘의 활성화를 위해서는 지역의 자원을 활용한 지역만의 특색 있는 투어리즘을 개발하고, 이를 관광객들에게 효율적으로 제공하면서, 지속적인 성과 창출을 이룰 수 있는 종합적인 방안 마련이 필요하다.

푸드 투어리즘의 개발 측면에서 보면 역량강화, 활용측면에서 인지도 강화, 활성화 측면에서 연계 및 지속화의 3가지 측면으로 핵심 요인들을 추출할 수 있다.

이를 통해, 푸드 투어리즘 모델개발을 이룰 수 있다.

첫째, 역량 강화는 관광객들이 직접 체험하고 소비할 수 있는 경쟁력 있는 콘텐츠를 확보하는 단계로서, 타 지역과 차별화되는 강력한 킬러 콘텐츠의 개발을 통해 지역으로의 방문을 유도할 수 있다.

둘째, 인지도 강화는 관광객들이 지역의 콘텐츠를 인지하고 흥미를 가지며, 직접 지역으로 방문하여 체험할 수 있도록 하는 요소들로 인지도를 높여준다.

셋째, 연계 및 지속화는 단발적인 성과 창출이 아닌 지역이 지속적인 활성화를 이루기 위한 핵심적인 장치를 마련하는 단계이다. 따라서, 내·외적 인프라를 강화하고 사업의 지속적인 추진을 통해 장기적으로 성과를 창출할 수 있도록 한다. 그 기능과 역할을 수행할 때 비로소 지역에 효율적으로 적용되는 특화된 관광자원으로 볼 수 있다.

넷째, 음식관광을 위한 인프라 품질 향상에 노력해야 한다.

음식관광이라 해서 음식관련 상품의 개발만이 필요한 것은 아니며, 여타의 관광상품과 같이 그에 따른 인프라가 절대적으로 필요하다. 음식관광은 관광만을 위해서도 안 되고, 음식만을 위해서도 안 되며 음식을 목적으로 하는 관광객을 만족시켜야 하는 산업이다. 내국인뿐만 아니라 외국인 등 누구를 위해서라도 제공되는 음식관광상품의 품질이 개선되거나 향상되어야 한다.

음식관광을 위해 동반되는 숙박이나 교통 등의 시설을 외국인들의 생활에 맞도록 제공할 수 있어야 하며, 체험을 위한 프로그램이라 할지라도 체험을 위해 고통이나 불편으로 상품의 본래 이미지를 손상하지 않도록 해야 한다.

다섯째, 음식관광과 연계가 가능한 기존상품 발굴에 힘써야 한다.

기존에 이미 많이 알려져 있는 관광지나 혹은 관광이벤트 등에 음식이 또 다른 관광상품이 될 수 있는 방안을 마련할 필요가 있다. 또한, 기존에 이미 홍보되고 있는 축제나 이벤트 등의 관광상품을 파악하여 그와 연계된 음식관광상품을 추가하여 관광객들에게 시너지 효과를 제공하도록 해야 한다.

향토음식 먹거리촌 조성 및 축제를 개최하여 관광객들이 지역의 음식을 보다 쉽게 접할 수 있게 하고, 음식관광 목적지로서의 이미지를 형성하는 등 장소성을 통한 마케팅 효과를 낼 필요성이 있다.

여섯째, 정부의 적극적인 지원 및 참여가 필요하다.

음식관광이 중요한 관광의 요소로 여겨지면서 이러한 중요성을 인지한 국가들은 이미 정부차원에서 많은 노력을 기울이고 있다. 성공사례로서, 정부의 노력으로 재정비된 싱가포르의 호커센터는 지방정부에서 적극 참여하여 단기간에 체계적이며 효율적으로 개발되어 더 많은 관광객들을 유치하여 지역 경제발전상을 수상하기도 하였다. 또한, 유명요리사들을 초청하여 국가적인 축제를 개최하고 있기도 하듯이, 음식관광 발전을 위해서 주최 혹은 후원자로서의 정부의 적극적인 지원과 참여가 필요하다.

향토음식의 관광상품화

음식관광은 준비된 음식을 맛보기 위해서 또는 즐기기 위해서 여행하는 것이다. 음식관광은 음식의 맛을 보는 것과 즐기는 것 외에도, 음식과 음료 상품, 다양한 음식조리 방법에 대한 배움의 과정을 거치기도 한다. 또한, 음식에 대한 다른 맛과 향에 대한 새로운 발견과 즐거움의 과정으로서, 지역에서 생산된 식·음료를 관광객에게 연계시켜주는 과정이다.

음식관광은 한국을 방문하는 외래 관광객에게도 한국의 음식문화 체험기회를 제공하는 중요한 요소 중의 하나이다. 방한 외래 관광객의 주요 관광체험 활동에서 음식관련 관광활동이 높은 비중을 차지하고 있다. 일본과 중국 등 주요 인바운드 시장의 관광체험활동 중 음식관광 비중이 60%를 상회하는 것으로 나타났다.

음식관광은 음식과 관련된 농업, 향토음식산업, 외식업에 대해 관광산업과 융합하는 것은 기존자원에 부가가치를 더하는 것이다. 무엇보다도 상호이익이 되는 상생 관계가 형성되어 시너지를 창출할 수 있게 된다.

지역 음식이 가진 차별적 특성을 활용해 독특한 관광상품을 판매하게 되어 관광업계는 경쟁력을 갖게 되고, 지역은 관광객들에게 지역 음식을 홍보할 수 있게 됨으로써 제품홍보 및 판로를 개척하는 효과를 가지게 된다.

관광객들은 현지에서의 음식체험을 통해, 그 지역의 특산물을 활용해 자신의 거주지에서 소비할 가능성이 높아지게 된다. 따라서, 음식과 음료를 기반으로 하는 관광산업은 지역 농업 생산자의 생계유지를 돕고, 좋은 품질의 지역 농산물을 홍보할 수 있다.

음식관광은 지속가능한 지역사회 개발과 지역경제 발전에 상당한 공헌을 하게 된다. 지역이 체류 관광을 하는 주요 여행지가 될 수 있도록 홍보한다면, 음식판매 보다 총 소득은 증가하게 될 것이다.

5 **음식관광의 성공요인**

세계관광기구(UNWTO)는 음식관광은 관광의 새로운 부분으로 글로벌 성장세가 뚜렷하고 역동적으로 잠재력을 보유한다고 했다. 각국에서 음식관광 개발 시 지역 생산품, 음식의 질, 다양성, 독특함을 전략적인 수단을 통해 호감이 가도록 표현해야 한다. 또한, 관광객에게 그곳에 거주하는 느낌이 들 수 있도록 경험과 진실성, 문화 정체성 및 관광객 보호 가치에 기반할 것을 권유하고 있다.

음식관광 마케팅과 홍보는 지역 브랜드 이미지를 구축하는 전략으로 인식하여, 음식의 체험기회를 제공하고 지역의 셰프(Chef), 신뢰받는 음식 전문가에 의한 홍보와 언론, SNS 등을 효율적으로 활용하여 음식관광을 마케팅 함으로써 지속가능한 관광을 도모해야 한다.

아울러, 음식관광 개념화 및 상품제공 등에 관하여 지역 주체간 네트워크를 기반으로 한 음식관광 가치사슬의 협력체제 구축이 중요하다. 음식관광 성공을 위해 지역, 상품, 문화유산, 지속가능성, 질적 수준, 커뮤니케이션, 협력 등 핵심요소에 대해 음식관광 성공을 위한 세부 지침을 제시하였다.

음식을 포함한 한 국가의 문화가 관광에서 차지하는 비중은 매우 크다. 음식관광을 포함하는 넓은 의미의 문화관광은 국제관광에 있어서 가장 비중이 크고 빠르게 성장하고 있다. 문화는 관광 목적지를 알리고 국가 이미지를 창조하는 데 있어서 핵심적인 역할을 하고 있다.

표 5-2_ **음식관광의 성공요인(UNWTO)**

분류	성공 요인
지역	지역은 음식제공의 핵심적인 역할을 하며, 타 지역과 차별화를 위한 요소로 지역 정체성 확보
상품	특정지역의 문화, 자연자원을 해당 지역의 정체성과 관련된 관광상품으로 발전시켜 정체성 확립
문화유산	음식관광상품구성 및 사업화를 성공시키기 위해서는 지역의 문화적 특성에 대한 고려 필요
지속가능성	음식자원 개발에 있어 지속가능한 차원의 발전적 가치지향
질적수준	지역 특산품 보전 및 인적자원 전문성 제고 등으로 음식관광 목적지의 차별화된 질적 수준 향상
커뮤니케이션	관광지에서 수준 높은 음식관광 안내 및 서비스 제공
협력	음식관광 산업과 연관된 주요 이해당사자 간 협력체계 구축

출처: UNWTO(2012). Global Report on Food Tourism.

제4절 　　　　　　　　**국내외 음식관광 동향**

 세계의 한국 음식 선호도

　프랑스, 이탈리아, 태국 등 특정국가의 음식에 대한 긍정적인 이미지가 관광객들로 하여금 음식 선호도를 증가시키게 되면서, 미래에 해당 국가를 방문할 가능성을 증가시킨다.

　한식과 방문 의도와의 관계를 알아보기 위해, 태국, 홍콩, 대만 소비자들을 대상으로 한국 방문의향에 대해 조사한 결과, 태국은 한국 음식의 다양함과 조화 요인, 홍콩은 한국 음식의 독특성 요인, 대만은 한국 음식의 건강 식단 요인 등으로 한국 방문을 긍정적으로 검토하는 것으로 나타났다.

　농촌을 방문한 중국인 관광객들은 한국 음식관광과 관련된 주요한 특성에서,

　중국인들은 평상시와 다른 새로운 음식에 대한 욕구로 음식관광에 참여했으며, 방문 지역의 음식을 먹는 것을 의미 있는 행동으로 간주하는 것으로 알려졌다. 또한, 음식의 맛, 신선도, 위생상태 등이 주요한 결정요인으로 나타났다.

　향후 중국 관광객들의 음식관광객 유치를 위해서는 다음과 같은 요소들을 반영해야 할 것으로 보인다.

❶ 지역 특색이 잘 나타나는 음식상품의 개발
❷ 지역 농산물과 육류를 바탕으로 하는 다양한 메뉴의 서비스와 간편한 아침식사 제공
❸ 높은 수준의 음식 신선도와 위생 및 청결 상태의 유지

❹ 음식의 시각적, 후각적 요소 및 장식에 대한 연구개발 등을 주요한 유치방안을 강구해야 할 것으로 촉구된다.

음식 서비스는 문화적, 정신적, 공간적 경험을 통해 특정 장소에 대한 애착도를 높이게 된다. 이는 상징적인 음식의 개발 및 서비스가 지역의 아이콘으로 활용되어 새로운 관광객의 개발 및 지역의 이미지 창출에 도움이 된다.

❷ 세계의 음식문화

음식문화는 각 국가의 지역, 문화, 기후, 인종, 종교적 특성에 따라 차이가 발생한다. 서양 음식은 목축문화에 근거한 육류를 중심으로 하고 있는 데 비해, 동양 음식은 농경문화에 바탕을 둔 곡물을 중심으로 하고 있다.

우리나라의 음식은 1992년 이후 해외투자 제한 폭이 확대되어 대형 한식당의 해외진출이 증가하면서 해외에 본격적으로 소개되기 시작했다. 이후 2002년 월드컵을 계기로 한국 음식이 건강식과 저 열량식으로 인식되면서 외국인의 주목을 받기 시작했다.

한류의 확산과 함께 파생상품이라 할 수 있는 음식 한류가 상당한 관심을 끌고 있는 시점에서 한국 음식의 시장다변화를 위해서는, 일본과 미국 중심의 시장을 넘어 외식산업이 급성장하고 있는 중국 시장에 대한 관심도 필요하다.

한식의 세계화가 가능한 이유는 음식문화의 상호보완성에 있다.

일반적으로 음식문화의 중요한 3가지 기준으로 입맛의 미학, 영양위생, 생태와 절약을 들 수 있다.

첫째, 입맛의 미학은 맛 좋고 먹기 좋아야 하며 형태가 아름다워야 한다는 것으로, 식기와 장식의 아름다움뿐만 아니라 식사 분위기 등도 포함하는 의미이다.

이는 초국가적 문화가 가능한 보편적 가치에 관한 것들이다. 즉, 특정지역의 가치를 담고 있는 문화상품은 이러한 공통의 가치를 제공하지 못한다. 따라서, 보편적 가치의

우월성이 중요한 요인이 된다. 이 점에서는 중국의 음식이 일본이나 서양의 음식보다는 우위에 있는 것으로 판단된다. 한국 음식은 중국에 가까운 것으로 볼 수 있다.

둘째, 영양위생은 원재료의 영양 보존상태 등을 의미하므로, 고온에서 볶고 튀기기를 즐기는 중국 음식이 매우 열세에 있다.

일본 음식은 냉채 위주이므로 원재료의 영양유지에서는 유리하나 사람의 미각이 섭씨 30도에서 가장 예민하다는 점을 감안할 때 미각에서는 불리하다. 또한, 화식제인 중국의 음식이 분식제인 일본에 비해 비위생적이라 할 수 있다.

한국은 발효음식이라는 점에서 영양이 높으나 화식제라는 점에서 비위생적이라 할 수 있다.

셋째, 생태와 절약이라는 점에서 보면, 중국은 진귀한 재료를 중시하므로 불법 또는 비위생적인 상황에 쉽게 노출될 수 있으며, 재료와 시간 면에서 낭비가 많다.

반면에, 일본이나 한국은 보편적인 재료를 사용하므로 위생적이고 절약적이다.

이러한 점에서 볼 때, 한국 음식은 상당한 보완성을 갖고 있는 것으로 분석되며 시장성이 있다. 즉, 음식한류가 한국적인 색다른 음식이나 문화를 의미하는 것이 아니고, 충족되지 않고 있거나 미 탐색적인 음식 욕구를 충족시켜줄 수 있는 한국 음식을 의미한다.

③ 세계 음식관광의 동향

1) 세계 관광동향

국제연합 세계관광기구(UNWTO:United Nations World Tourism Organization)에서 발표한 Tourism Highlights: 2018 Edition에 따르면,

2017년 세계관광인구가 13억 2,600만 명으로 2016년 12억 3,900만 명에 대비해서 7.0% 대폭 성장 증가율을 보였다. 국제 관광수입은 2016년 대비 5% 증가한 1,340억 달러를 기록했다고 발표했다.

UNWTO는 2010~2020년 사이 세계관광인구가 평균 3.8% 정도 성장할 것으로 예측했지만, 실제 2017년 성장세는 이를 훌쩍 뛰어넘어 2009년 세계 경제위기 이후 가장 높은 증가율을 보였다.

나라마다 성장세를 비교해 보면, 2017년 세계관광의 성장세는 유럽과 아시아, 아메리카가 주도한 것으로 나타났다. 유럽의 경우 2017년에는 2016년 대비 평균 8% 성장한 6억 7,200만 명의 여행객이 방문한 것으로 나타났으며, 국제관광 수입은 전년대비 8% 증가한 519억 달러로 기록되었다.

아시아 지역은 세계 두 번째로 전년 대비 평균 6% 성장한 3억 2,300만 명이 방문하였고, 국제관광 수입은 전년 대비 3% 증가한 390억 달러를 기록하였다.

특히, 남부 아시아 지역이 전년 대비 10% 성장하였고, 남동아시아 지역이 9%, 오세아니아 지역이 6%, 북동아시아 지역이 3%, 서아시아 지역이 6% 성장한 것으로 나타났다. 북동아시아 지역의 경우 일본이 주도하는 많은 지역에서 확고한 성장세가 나타났으며, 6년 연속 2배의 성장률을 보였다.

한국의 경우, 중국의 사드영향으로 감소하였다. 아메리카 지역은 2016년 대비 5% 성장한 2억 1,100만 명이 방문하였으며, 국제관광 수입은 전년 대비 1% 증가한 326억 달러를 기록하였다.

2) 세계 음식관광 동향

국제연합 세계관광기구(UNWTO: United Nations World Tourism Organization)에서 발표한 Global Report on Food Tourism: 2012에 따르면, 미식활동(Gastronomic Activity) 중 음식관련 행사(79%), 쿠킹클래스 워크숍(62%), 푸드투어(62%), 지역특산물 음식 박람회(59%), 시장 및 생산자 방문(52%) 순으로 관광산업에 미치는 영향이 나타났다.

그다음 2번째 보고서인 UNWTO Second Global Report on Gastronomy Tourism: 2017에서는 관광 목적지를 방문하는 주된 이유 중 문화적 동기, 자연적 동기에 이어 현지의 독특한 요리법(Gastronomy)이 10점 만점에 평균 8.19점으로 3번째를 차지하여 관광목적지개발의 매우 중요한 요소로 간주되었다. 또한, 지역공동체의 생계를 향상시키기 위한 요리법의 가능성은 10점 만점에 8.53점으로 평가되었다(UNWTO, 2017).

Gastronomy Tourism은 관광의 동기에 중요한 역할을 하며, 관광여행에 대한 미식 경험을 개발하는 것은 매력적인 개발전략이 될 수 있다면서, 농촌 및 지방의 지속가능한 관광개발에 미식경험을 통합하면 빈곤을 완화하는 데 도움이 된다고 지적하였다. 이를 위해서는 다른 정책분야(농업, 생산, 국가브랜드 및 문화 및 창조산업)간의 통합적이고 총체적인 접근법으로 관광정책을 개발해야 함을 강조하였다.

Gastronomy Tourism 개발에 대한 조언을 구했을 때, 많은 응답자가 공공-민간협력의 중요성을 공유하고, 특정 음식/제품 및 독특한 경험에 중점을 두도록 조언했으며, 현지 요리를 유지하면서 훈련과 학습의 중요성을 강조하였다. 대부분의 응답자들은 요리법(Gastronomy)을 관광 목적지의 특징적인 중요 요소로 간주하였다.

CHAPTER 6

글로벌
레저스포츠 관광

제1절 　 레포츠의 이해

① 레저스포츠의 개념

레저스포츠란 레저(leisure) + 스포츠(sports)의 합성어로서 레포츠(leports)라는 용어로도 사용된다. 레저스포츠는 전통적 스포츠와 달리 비경쟁적이고 개인종목 위주이면서, 자연 친화적이고 모험적인 스포츠의 특성을 가지고 있다.

여가와 레저의 정의를 살펴보면 다음과 같다.

여가는 잉여시간, 레크리에이션, 놀이, 휴식, 즐거움, 오락, 스포츠 등 다양한 개념으로 정의되고 있다. 현재 널리 인정되고 있는 개념은 경제와 노동이 결합되어 시간적·활동적 그리고 상태적 정의로서의 여가, 이를 통합한 전체론적 관점에서의 여가로 정의된다.

레저의 어원은 자유롭게 되다(to be free) 혹은 허락하다(to be permitted)라는 뜻이 포함되어 있는 라틴어 licere에서 유래되었으며, 불어의 laisser(허락되다)로 발전되다가 오늘날 영어의 레저(leisure)로 정착하게 되었다.

레저스포츠의 협의적인 개념으로는 여가 시간을 활용하여 생계수단이 아닌 자발적인 스포츠 참여방법으로서, 제정된 규칙과 방법에 의해 실시되고 있는 스포츠이다.

광의적인 개념으로는 경쟁적인 스포츠 활동뿐만 아니라 야외활동, 예술적 활동, 건강운동 등 'Sports for All'에 근거한 내용으로 여가 시간에 행할 수 있는 자발적인 신체 활동을 모두 포함한다.

현재 사용하고 있는 레저는 원래의 의미 이상으로 발전되어 신체적 활동인 스포츠, 게임이나 놀이와 같은 개념이 혼재되어 있다. 레저와 레저스포츠를 동일하게 생각하고 사용하기도 한다. 여가는 레저의 상위개념이고 레저의 필요조건으로 여겨지기도 한다.

하지만, 선진국에서 레저는 여가의 의미로 쓰이고 있으며, 스포츠 또는 레크리에이션이라는 용어는 그 하위 개념이다.

레저의 개념은 다음과 같이 3가지로 정리되고 있다.

첫째, 시간적 정의에서 하루 24시간 가운데 노동, 수면, 식사 그리고 기타 생리적으로 필요한 시간 등을 제외한 시간이다.

둘째, 활동적 정의에서 자유시간에 행해지는 자발적인 모든 활동이다.

셋째, 상태적 정의에서 즐거움이나 행복을 느끼게 하는 자유로운 마음의 상태이다.

따라서, 레저는 기본적으로는 시간적 개념으로 정의되고 있으며, 일상생활에서 사용하는 시간을 생존을 위한 시간과 생계를 위한 시간, 그리고 자유시간으로 구분할 경우, 생존과 생계를 위한 활동을 하고 시간이 남았을 경우 자유시간의 측면에서 접근되고 있다.

레저스포츠는 여가 시간을 이용하여 삶의 질을 높이기 위해서 어떤 규칙과 룰에 의해 도심, 근교, 산악지대, 강, 창공 등에서 이루어지는 스포츠를 의미한다.

전통적인 스포츠와는 달리 비경쟁적이고 개인종목 위주이며, 높은 기능수준의 요구되지 않는 자연 친화적 형태의 자발적인 신체활동으로서, 우리들의 생활 주변에서 자신의 건강을 위한 목적 지향적 생활 스포츠와 구별된다.

주로 자연을 상대로 하여 건강증진, 기분전환, 스트레스 해소, 창의력 향상 등을 위한 일종의 스포츠 활동이다. 진정한 의미의 레포츠 활동은 특정 스포츠 종목뿐만 아니라 다른 모든 스포츠 종목에서 재미, 흥미, 즐거움, 기쁨, 보람, 기분전환 등을 목적으로 하는 활동이다.

레저스포츠의 개념을 설정하기 위해서는 다음과 같은 내용들이 모두 포함되어야 한다.

첫째, 레저시간에 행해지는 레저활동으로서의 스포츠

둘째, 생계유지의 목적이 아닌 순수한 스포츠 활동

셋째, 의무적이거나 강제적인 성격이 포함되지 않은 스포츠 활동

넷째, 자발적이고 흥미로운 스포츠 활동

다섯째, 건강을 유지하고 증진시켜 기분전환을 할 수 있는 스포츠 활동

여섯째, 자기계발을 위한 레저시간의 스포츠 활동

레저와 스포츠는 깊은 관계를 가지고 있으며, 이는 여가가 발생하였을 때 사람들이 선택하는 활동 중 스포츠활동이 차지하는 비중이 높기 때문이다.

레저스포츠산업은 스포츠 활동과 관련된 제품을 생산하는 산업활동으로 정의된다. 또한, 스포츠 활동에 참가한 스포츠 소비자의 욕구를 충족시키기 위해서 각종 재화나 서비스를 제공하는 스포츠 단체와 기업의 생산활동이기도 하다.

따라서, 레저스포츠산업은 스포츠활동에 필요한 용품과 설비, 그리고 스포츠 경기, 이벤트, 강습 등과 같은 유·무형의 재화나 서비스를 생산, 유통시켜 부가가치를 창출하는 산업이다.

② 레포츠의 특성

현대적 의미의 레포츠는 다음과 같은 특성이 있다.

1) 여가활동 중 일상 생활권을 벗어난 활동이다.

레저스포츠는 여가활동 중에 이루어지는 스포츠 활동으로서, 일반적으로 주말이나 휴일 또는 휴가 중에 일상의 생활권을 벗어나서 실행되는 경우가 많아, 레저스포츠와 관광을 동시에 추구하는 경향이 높다.

레저스포츠의 가장 조직적인 형태는 낚시, 등산, 골프 동호회 등이 있으며, 최근에는 캠핑, 자전거 동호회 등도 급증하고 있어 레저스포츠의 영역이 점차 확대되고 있다.

2) 생활 스포츠는 목적 지향성이 강한 반면, 레저스포츠는 순수 지향적이다.

생활 스포츠가 건강 등을 위해 특정한 스포츠 종목의 기량 향상 등을 목적으로 하

여 생활 필수 시간을 줄여 참여하는 한편, 레저스포츠는 명확한 목적성보다는 자기만
족 등 활동 그 자체를 순수하게 즐기는 경향이 높다.

레저스포츠는 매슬로우의 욕구 5단계 중 생리적 욕구, 안전의 욕구, 사회적 욕구, 존
경의 욕구, 자아실현의 욕구 중 상위욕구에 포함되며, 이러한 특성은 관광이 지니는 특
성과도 일맥상통하는 공통 특성이 있다.

3) 고비용의 참가 비용 및 자연친화적 활동이다.

레저스포츠를 위해서는 일정한 이동 거리와 이에 따른 시간 소요, 필요 장비의 구입
등에 따른 고비용이 전제된다. 또한, 자연과 동화되는 레저스포츠 활동이 급증하고 있
으며, 이는 신체적·정신적 건강을 추구할 뿐만 아니라, 자연으로 되돌아가고 싶은 인간
의 본능적인 욕구가 레저스포츠를 통해 얻어지게 된다.

4) 산, 바다, 강, 호수, 항공 등 자연적 환경을 최대한 활용한다.

다양한 환경들을 활용하여 스포츠 체험 및 활동을 하는 것이다. 이는 현대인들의 친
자연적, 친환경적 필요성의 요구로 인해 스트레스를 해소할 수 있는 유일한 방법 중 하
나로 레저스포츠에 대한 관심이 증가하고 있다.

5) 모험 또는 극기 등 색다른 체험과 활동을 추구한다.

현대인들의 정신적 노동은 정신적 스트레스로 작용하여 일상에 대한 탈출과 고도의
스트레스를 해소하기 위한 액티브한 활동을 요구하고 있다. 단순히 반복적인 일들을 탈
피하여 자신의 삶에 대한 도전과 극기를 통해, 또 다른 삶을 추구하려는 경향이 확산되
면서 레저스포츠에 대한 관심과 참여는 더욱 증가하고 있다.

6) 특정 계절에 대한 한계가 없어진다.

과학기술의 발달로 인해 잔디스키, 실내스키, 윈드크루즈 등 새로운 레저스포츠가 계

표 6-1_ 레포츠의 유형

구 분	종 류
항공 레포츠	초경량 항공기, 스카이다이빙, 패러글라이딩, 열기구, 패러세일링, 번지점프 등
수상 레포츠	스쿠버다이빙, 수상스키, 윈드서핑, 래프팅, 제트스키, 요트 등
육상 레포츠	암벽등반, 사격, MTB, 승마, ATV, 카트 등

절과 환경의 제약에서 벗어나 가능하게 되면서, 활동범위가 점차 넓어지고 있다.

과거 특정 계절에만 집중적으로 이루어진 스키 등의 활동이 사계절형으로 변화되면서, 새로운 형태의 레저스포츠로 떠오르고 있다.

결국, 레포츠 활동은 스포츠의 가치, 즉 자신감, 동료애, 책임감, 자기정체감 등을 형성할 수 있을 뿐만 아니라, 자연을 접하는 활동을 통해 자연섭리를 이해하고 모험심과 도전욕구를 불러 일으키게 된다. 이로 인해, 적극적인 사고능력과 사회성을 배양할 수 있게 되면서 진정한 가치를 찾을 수 있다.

③ 레저스포츠산업의 특성

레저스포츠산업은 각 분야마다 서로 다른 산업분류에 속하는 업종의 집합체로서 다음과 같은 특성이 있다.

첫째, 레저스포츠산업은 복합적인 산업분류 구조를 가진 산업이다.

스포츠용품 제조업은 2차 산업이고, 스포츠 시설업 중 스포츠 시설운영업과 스포츠 용품 유통업, 스포츠 서비스업은 3차 산업으로 분류할 수 있다.

한국표준 산업분류의 관점에서 보면, 스포츠산업은 각기 다른 산업분류를 복합적으로 통합한 형태를 갖는다. 예를 들면, 스포츠 용품업에서의 용품 제조업은 스포츠 산업이기 보다는 각각 상품에 해당하는 제조업에 해당하기도 하고, 도·소매업은 다른 산업으로 분류할 수 있다. 스포츠 서비스업에서도 각기 다른 분류가 통합된 복합적인 구조를 가지고 있다.

둘째, 공간·입지 중시형 산업이다.

스포츠참여 활동에는 적절한 장소와 입지조건이 선행되어야 한다. 스포츠 산업분야의 서비스는 입지조건이나 시설에 대한 의존도가 높다. 예를 들어, 월드컵 주 경기장, 스키장 그리고 골프장은 얼마나 쉽게 접근할 수 있는 위치에 있으며, 어느 정도의 규모나 시설을 갖추고 있느냐가 소비자들에게 있어 관심의 대상이 된다.

이뿐만 아니라, 해양스포츠나 스키 등은 제한된 장소에서만 활동이 가능하기 때문에 공간의 입지조건에 크게 의존한다.

셋째, 시간 소비형 산업이다.

레저스포츠산업은 노동시간의 감소와 교통수단의 발달과 함께 발전해 왔으며, 삶의 질 제고를 위한 여가활동의 증대로 발전한 산업이다. 관람 스포츠와 참여 스포츠가 활성화되는 것은 체육 및 스포츠 활동에 소비하는 시간이 크게 늘어난 것에 기인한다.

넷째, 오락성이 중심 개념인 산업이다.

레저스포츠가 하나의 산업으로 자리할 수 있었던 것은, 필요보다는 재미와 관련이 있는 오락이 존재하기 때문이다. 대중들은 여유 있는 삶 그리고 삶 속의 여유를 찾기 위해서 스포츠 활동을 한다. 행하는 것도 재미있고, 관전하는 것도 재미있기 때문에 많은 사람이 스포츠 활동에 참여한다.

다섯째, 감동과 건강을 가져다주는 산업이다.

영화나 연극같이 각본에 의한 감동과는 달리 스포츠는 각본 없는 감동으로 사람들의 눈과 귀로 전달된다. 또한, 레저스포츠는 참여자들에게 건강과 감동을 함께 가져다주는 산업이라 할 수 있다.

스포츠산업이 21세기 유망산업으로 각광을 받는 이유는 사람들이 스포츠에 참여함으로써 정신적 만족과 함께 육체적인 건강을 얻을 수 있기 때문이다.

4 스포츠 관광

스포츠 관광이란 스포츠와 관광이 어우러진 일종의 패키지 투어를 말한다.

패키지 관광의 개념은 여러 공급자들에 의해 제공되는 몇 개의 여행요소를 결합시켜 단일상품 및 단일가격으로 소비자에게 판매하는 것을 말한다.

일반적으로, 하나 또는 그 이상의 교통수단과 숙박시설, 식사, 매력물과 행사 등 다양한 요소로 구성되어 있다.

스포츠 관광상품은 관광지에서 스포츠에 직접 참여하거나 유명선수들의 경기장면을 관람하는 것뿐만 아니라, 관광지를 견학하고 체험하는 모든 문제를 여행업자가 패키지화하여 여러 가지 서비스를 제공하는 것이다.

현대생활은 경제성장과 과학문명의 발달로 인해 새로운 스포츠가 개발됨으로써, 스포츠 관광상품은 더욱 관심을 불러일으키고 있다.

표 6-2_ 레저스포츠 발전 단계

구 분	주요 내용
1950년대	• 여가, 휴가시간이 힘든 일을 한 후 레크리에이션과 휴식을 취하는 것으로 인식된 시기 • 여가의 주된 활동은 집에 머물거나 해변가로 가거나 들로 또는 산으로 가서 휴식하는 것
1960년대	• 소비에 의해 특정지을 수 있는 시기 • 자동차와 같은 운송수단의 엄청난 발전으로 인해 관광은 집을 떠나 휴식하고 잘 먹는 것으로 인식하면서 레저스포츠의 등장
1970~ 1980년대	• 새로운 트렌드가 출현하고 개발과 활동, 사회적 참여, 쾌락, 자아고취의 관념이 사회적으로 핵심적인 시기 • 집중적으로 관찰하고 진지하게 즐기는 활동적인 방식으로 변화되었으며, 휴가기간에 레저스포츠가 대중화(1970년대 이후 대중화)
1990년대	• 여가활동의 결합으로 특정 지워지는 시기 • 레저스포츠와 관광 사이의 경제적인 편익의 결합이 일어남으로써 상당한 편익이 발생하였고 스포츠 관광이라는 용어 태동 • 관광은 레저스포츠 지향적인 프로그램의 상당수 제공
2000년대	• 여가활동으로 레저스포츠가 일상화된 시기 • 개인 중심이던 레저스포츠가 가족, 동호회 등으로 확산되고 있으며, 건강과 웰빙에 대한 트렌드가 사회전반에 확산되면서 레저스포츠에 대한 수요가 급증되며 레저스포츠 시설과 수단이 첨단화

자료: 한국관광공사(2011). 스포츠 관광 마케팅 활성화 연구.

스포츠 관광은 개최지의 지역경제와 공동체의 이익을 달성할 목적을 가진 스포츠 이벤트의 개발 및 마케팅 과정이다.

스포츠는 많은 사람들의 관심과 참여 속에 발전을 거듭하여 오늘에 이르게 되었다. 현대 사회에서 스포츠와 관련된 산업, 관광에 대한 관심이 집중되는 이유는 레저산업의 확장과 관광산업의 급속한 확장에 스포츠가 가지는 역할이 지대함을 인식하였기 때문이다.

스포츠 관광은 관광의 주 목적이 스포츠를 즐기기 위해 관람을 하거나 스포츠에 참여하기 위한 관광의 한 형태이다. 스포츠 관광은 스포츠 관광을 제한된 시간 동안 일상생활권을 벗어난 스포츠 중심의 여행으로 정의하고 있으며, 여기에서 스포츠는 독특한 규정, 신체적 능력에 관련된 경쟁, 그리고 놀이적 특성을 지닌다.

스포츠 관광의 구성요소는 스포츠 관광시설, 스포츠 관광 프로그램, 스포츠 관광상품가격, 스포츠 관광과 연계한 일반관광상품, 다양한 마케팅 매체 및 지역사회의 협력체계도 포함하고 있다.

우리나라의 스포츠 관광은 1980년대 후반부터 점차 확대되었으며, 오늘날에는 스포츠와 관련된 여가 여행을 의미한다. 한국관광공사에서는 스포츠 관광을 각종 스포츠 참가나 관람을 목적으로 일상 생활권인 집을 떠나 여행하는 것으로 정의하고 있다. 스포츠 관광은 일반적으로 세 분야의 형태를 포함하는 것으로, 관심 있는 스포츠 관련 활동에 참여하고 (활동적 스포츠), 관람하고(이벤트 관광), 방문하는(회고의 스포츠관광) 것을 의미한다.

제2절 | 현대사회의 특징과 레저스포츠 관광

 현대사회의 특징

현대사회가 가지는 특징들은 경제성장의 발전, 여가시간의 증대, 도시의 인구집중 현상, 인구의 고령화 현상, 과학기술의 발달, 교통기관의 발달 및 매체산업의 발달 등이다. 이러한 모든 현대사회의 특징들은 레저스포츠를 발전시키는 데 많은 역할을 하였다.

첫째, 경제성장의 발전은 사람들에게 과거와 비교하여 금전적인 여유를 가지도록 하였다. 이를 통해 사람들은 먹고 살기에 급급하여 일에만 매달리는 것에서, 자기계발과 스트레스 해소를 위해서 레저스포츠를 찾기 시작하였다.

둘째, 과학기술의 발달과 주5일 근무제의 실시 등으로 인한 여가시간의 증대는 사람들이 다른 곳으로 눈을 돌릴 수 있는 여유를 주었다. 이와 더불어, 스포츠산업 시장이 발달하였고, 사람들은 자연스럽게 레저스포츠 시장으로 이어지게 되었다.

셋째, 의학기술이 발달하면서 사람들의 평균수명은 과거와 비교하여 많이 연장된 것이 사실이다. 이러한 의학의 발달로 인한 인구의 고령화 현상은 우리 사회에 새로운 이슈가 되기에 충분했고, 보다 질 높은 삶을 영위하기 위해 실버 스포츠 등의 형태로 레저스포츠의 발전이 되었다.

현대사회는 전 세계가 1일 생활권이라고 할 정도로 교통수단이 발달했다. 주5일 근무의 실시와 교통수단의 발달은 관광객들의 공간적인 범위를 확대할 수 있게 되었다. 이러한 영향으로, 국내에서의 레저스포츠 참여뿐만 아니라 해외로의 레저스포츠 참여에도 지속적으로 증가하고 있다.

🐾 그림 6-1_ 레저스포츠 관광의 영역

② 레저스포츠 관광

현대사회는 전반적인 국민생활 향상으로 인해 여가활동에 소요되는 지출의 증가는 물론, 개인의 자아실현이나 즐거움 추구에 대한 욕구가 상대적으로 증가하고 있다. 또한, 주5일제 정착으로 인해 더욱 다양한 레저스포츠 참여가 활성화되고 있다.

레저스포츠는 여가시간을 활용하여 즐길 수 있는 스포츠이며, 생활체육, 생활스포츠, 레크리에이션 등과 비슷한 개념에서 사용되고 있다.

레저스포츠 관광은 골프, 승마, 스키, 요트 등의 스포츠 성격이 강한 관광과 트레킹, 스쿠버 및 스킨 다이빙, 낚시 등 레저성격이 강한 관광이 혼합된 관광으로 정의될 수 있다. 즉, 레저스포츠 관광은 레저 성격과 스포츠 성격이 혼합된 경쟁형 또는 비경쟁형 체험활동으로 참여와 몰입에 대한 정도가 매우 높고, 능동적·우발적으로 이루어지는 체험관광이다.

③ 레저스포츠의 기능

레저스포츠 기능을 순기능과 역기능의 2가지로 구분할 수 있다.

1) 레저스포츠의 순기능

레저스포츠가 가지고 있는 순기능에는 교육적 기능, 생리적 기능, 심리적 기능, 사회적 기능, 여가선용의 기능과 경제적 기능이 있다.

첫째, 교육적 기능은 참여자로 하여금 건강에 대한 관심을 유발시켜 지식과 정보를 제공받게 되고, 인간의 삶을 풍요롭게 영위하게 하는 능력을 배양시켜 주는 기능을 한다.

둘째, 생리적 기능은 산업구조의 고도화 및 자동화 등으로 신체활동의 둔화가 이루어지고, 이로 인한 질병의 증가 현상이 예상되나, 레저스포츠는 지속적인 근력 활동 및 향상, 심폐기능 향상 및 면역력 등을 향상시키는 기능을 한다.

셋째, 심리적 기능은 레저스포츠 활동을 통해 공동체 일원으로서 자신의 역할, 상대방의 존재 인식 및 공동체 일원의 자각을 경험할 수 있게 한다.

표 6-3_ 레저스포츠의 순기능

구 분	내 용
교육적 기능	• 관심과 참여를 통해 건강에 많은 정보를 얻음 • 교육의 3대 목표인 지, 덕, 체를 조화롭게 발전시키기 위해 반드시 필요
생리적 기능	• 지속적인 근력 활동에 의한 근력의 탄력유지와 향상에 기여 • 에너지 소비량을 크게 함으로써 비만 예방에 도움 • 혈관확장 및 혈압감소로 인한 성인병 예방 및 치료 • 내장기관의 운동능력 상승으로 인한 소화기능의 향상 • 충분한 산소공급을 통한 심폐기능의 향상 • 말초신경 자극과 세포내의 불순물 제거로 인해 노화현상 지연 • 관절 및 근육의 활동으로 인체의 유연성과 평형성 향상 • 백혈구 및 각종 임파구의 활성화로 면역력 향상
심리적 기능	• 긴장과 불안 및 스트레스 해소 • 인간의 기본적인 욕구 충족
사회적 기능	• 협력, 책임, 사교, 예의 등을 몸에 익힘 • 스포츠맨십 기능
여가선용 기능	• 여가시간을 이용한 기분전환 및 자기발전
경제적 기능	• 레저스포츠관련 산업 및 시장의 증대

넷째, 여가적 기능은 여가시간을 이용하여 기분을 전환하는 역할을 하고, 개성의 발휘, 명랑성 및 적극성 등을 높여 삶의 만족도를 높여주는 기능을 한다.

다섯째, 경제적 기능은 레저스포츠의 생산과 소비와 관련되어 있으며, 레저스포츠 용품 및 시설 등 산업의 성장, 경제 활성화 및 고용창출 등의 기능을 한다.

2) 레저스포츠의 역기능

레저스포츠가 가지고 있는 역기능에는 상업화 기능, 모방화 기능, 향락화 기능, 그리고 중독화 현상 등이 있다.

첫째, 상업화 기능은 레저스포츠 활동과 직간접적으로 관련되어 나타나는 골프 관광, 스키 관광, 온천 관광 등이 지나치게 상업화되어 올바르지 못한 레저스포츠 문화를 조성하는 것이다.

둘째, 모방화 기능은 레저스포츠 활동이 친구, 직장, 동호회 등을 중심으로 이루어져 소속감을 얻기 위해 지나친 사치와 낭비, 소비성향을 자극하는 것이다.

셋째, 향락화 기능은 레저스포츠가 다양화·상품화되면서 향락적 일탈 행동과 연결되어 건전하게 실시되지 못하고, 향락적·쾌락적 추구에 국한되는 것이다.

넷째, 중독화 기능은 지나친 레저스포츠 활동 욕구를 억제하지 못하고, 일상생활에 어려움이 발생할 수 있는 정도로 나타나는 것이다.

표 6-4_ 레저스포츠의 역기능

구 분	내 용
상업화 기능	• 기업의 이윤추구 목적으로 사용되어질 수 있다. • 일반 대중들에게 소비를 조장하기도 한다.
모방화 기능	• 사치와 낭비를 초래할 수 있다. • 유행심리에 빠져 금전적인 손해를 가져올 수 있다.
향락화 기능	• 음주 및 도박을 동반한 향락 문화가 될 수도 있다. • 경제적인 손실로 지속적인 레저스포츠 참여가 어려울 수 있다. • 돈의 가치가 수단이 아닌 목적이 될 수 있다.
중독화 기능	• 심한 중독현상으로 인해 일상생활에 지장을 줄 수도 있다.

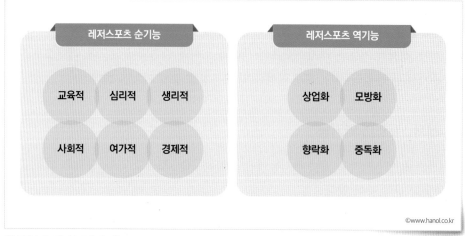

레저스포츠 순기능		레저스포츠 역기능	
교육적 / 심리적 / 생리적	사회적 / 여가적 / 경제적	상업화 / 모방화	향락화 / 중독화

©www.hanol.co.kr

🚀 그림 6-2_ 레저스포츠의 기능

4 관광과 스포츠의 관계

관광은 전통적으로 휴식의 개념과 이완 그리고 심신이 지쳤을 때 위안을 얻기 위해서 많이 떠나기도 한다. 치료적 서비스를 제공하는 관광은 고도로 긴장된 오늘날 사회에서 중요한 역할을 담당하고 있다. 그러나 사람들의 관심이 신체적인 건강과 생활에 있어서 양질의 삶을 누리고자 하는 데 관심이 집중됨으로써 관광상품도 신체적 활동과 스포츠 활동을 요하는 방향으로 상품을 개발할 필요성이 있다.

스포츠와 관광은 상호공생의 관계에 있다. 관광은 스포츠에 서비스를 제공하고, 사람들의 관심을 집중시킬 수 있으며, 스포츠 이벤트는 중요한 매력물이면서 많은 관광자를 만들어낸다. 국제적 스포츠 이벤트를 개최하는 국가의 외래 관광객은 세계 여러 나라에서 방문하게 된다. 이들은 스포츠 관람과 참여뿐만 아니라 방문국의 관광명소를 찾게 됨으로써 스포츠가 관광과 연계되는 것이다. 또한, 관광산업은 새로운 스포츠 분야를 만들어 많은 사람들이 새로운 스포츠 분야에 접할 수 있는 역할을 한다. 이는 관광이 여가활동을 위한 기회를 제공하기 때문이다.

많은 사람들이 즐기게 되면서 형식적으로 조직화된 스포츠 활동으로 변화하게 되고, 시간이 흐르면서 스포츠 제도권 안으로 진입하게 된다.

관광과 레저스포츠는 매우 깊은 관계에 있으며, 관광과 레저스포츠는 여가의 영역 안에 있다. 스포츠와 관광은 경험을 만들어내고, 성공을 위한 더 나은 경영과 수행에 의존하는 등 많은 유사점을 가지고 있다. 그러나 본질적으로 관광은 경험 지향적이고, 스포츠는 실적 지향적이라는 점이 다르다.

① 해양관광의 개념

해양관광의 영어표현으로는 Marine and Coastal Tourism, Marine Tourism, Coastal Tourism 등으로 사용되고 있다.

해양관광은 현대관광에서 가장 급속하게 성장하는 분야인 연안을 중심으로 한 공간적인 기준을 바탕으로 하는 관광이다. 국가와 지역에서 다양한 윤리와 문화를 체험하고 집단간 혹은 문화를 교류하고, 창출하는 동시성을 찾는 활동이다.

해양관광은 해양과 해변지역에서 레크리에이션 활동을 창출하는 레저·관광의 모든 범주를 포함한다. 이는 지역의 특성과 해양의 인접된 문화를 배우고, 체험하며, 지역을 이해하는 데 많은 역할을 하고 있다.

즉, 해양관광은 일상생활에서 벗어나 변화를 추구하기 위한 행위로서, 해역과 연안에 접한 단위 지역사회에서 일어나는 관광목적의 활동이다. 직간접적으로 해양공간에 의존하거나 연관된 활동인 해양과 도서, 어촌, 해변 등을 포함하는 공간에 부존하는 자원을 활용하여 일어나는 관광목적의 모든 활동이다.

② 해양관광의 유형

해양관광은 경관을 감상하거나 해변에서 일광욕을 하는 등의 휴식 활동부터 활동성이 강한 요트, 서핑까지 다양한 형태의 활동으로 구성되어 있다.

최근 레크리에이션 활동이 다양화, 개성화, 복합화되어가는 경향이 강해지고는 있지만, 해양은 참여자의 욕구와 원하는 활동량에 따라 다양한 레크리에이션을 제공하는 공간이라 할 수 있다.

해양관광은 활동형 해양관광, 자연형 해양관광, 사회·문화형 해양관광, 특정 이벤트형의 4가지로 구분할 수 있다.

첫째, 활동형 해양관광은 서핑, 윈드서핑, 낚시, 스쿠버다이빙, 수상스키 등 수상레저와 항해, 해수욕 등이 있다.

둘째, 자연형 해양관광은 자연적 해양관광의 감상과 관람 및 생태체험(갯벌체험, 조개잡이) 등이 있다.

셋째, 사회·문화형 해양관광에는 전통축제와 지역축제(흑산도 홍어축제, 보령 머드축제, 대하축제 등) 및 어촌민속·역사박물관 등이 있다.

넷째, 특정 이벤트형 해양관광에는 각종 윈드서핑, 요트, 바다낚시 등의 대회가 있다.

해양관광자원으로는 해안, 암초, 포구, 수평성, 일출과 일몰, 백사장 등의 관광자원적 성격을 지닌 대상 모두를 포함하고 있다. 즉, 해양관광자원은 바다를 중심으로 한 자연적, 산업적, 사회문화적 측면의 시설이나 공간 그리고 무형적 자원으로서 관광동기와 관광욕구를 일으킬 정도의 매력적 가치를 지닌 해양관광대상을 의미한다.

해양관광의 유형을 활동형태에 따라 휴양형(해수욕, 낚시 등), 운동형(서핑, 보트, 요트, 다이빙 등), 유람형(크루즈 등)으로 나눌 수 있다.

해양과의 관련 정도에 따라 해양 의존형 관광활동은 관광활동의 전부 또는 일부가 직접 해양과 해역에서 이루어지는 활동을 의미한다. 해양 연관형 관광활동은 직접적으로 해양과 해역에서 이루어지는 활동은 아니지만, 해양공간과 인접된 곳에서 이루어지는 관광활동을 의미하는 것으로 해양관광의 질을 높이고, 매력적인 관광상품을 만드는 중요한 부분을 차지하고 있다.

휴양형과 유람형은 모든 계층이 다양하게 선택할 수 있으므로, 해양관광을 활성화시키기 위해서 적절한 시설을 마련하고 이를 널리 홍보해야 한다. 해양 연관형 활동은 해양 의존형 활동에 부수적으로 이루어짐으로써 해양관광의 매력을 높일 수 있다.

운동형과 휴양형은 개인적이나 해변축제 등에서 가볍게 활용될 수 있는 활동이다.

이에 반해, 유람형은 해양과 관련된 무형자원, 즉 풍습 혹은 문화 등을 관람하는 것으로 풍어제나 당산제, 해양과 관련한 역사를 소재로 한 축제이다. 예를 들어, 수족관 및 해양 박물관 관람, 수산물시장 방문 등 해양관광에서 해양과 지역사회를 이해하고 관광의 정신적 가치를 추구하게 함으로써, 해양관광의 질을 높여서 매력적인 관광상품을 만드는 중요한 요소가 된다.

따라서, 울릉도·독도, 홍도·흑산도, 거문도·백도 등의 예를 보면, 스포츠형, 레저형, 관광형과 해양 의존형, 해양 연관형의 개념과 일치하여, 우리나라를 대표하는 해양관광지로 부상하고 있다.

③ 해양스포츠 관광

21세기는 소비자에게 독특하고 기억에 남을 만한 인상적인 경험을 제공하는 경험과 여가경제의 시대이다. 또한, 해양과 관련된 산업이 주목을 받는 해양시대라고 할 수 있다. 이러한 시대적 흐름과 함께 관광산업은 세계 여러 나라에서 주요한 경제이익 산업으로 간주되고 있으며, 이미 국가경제에서 중요한 부분으로 자리 잡고 있다.

21세기 초 여러 학자들은 자연·모험스포츠가 인기 있을 것이라 예측하였으며, 이러한 선호경향은 선진국을 포함한 우리나라에서도 젊은층을 중심으로 일어나고 있다.

해양스포츠는 역동적인 활동이 가능하고, 바다라는 넓은 공간을 마음껏 이용할 수 있다는 점에서 어딘가에 얽매이거나 구속받는 것을 거부하는 젊은이들의 정서를 한껏 고무시키고 있다.

해양스포츠의 개념은 해양관광 그리고 해양 스포츠 관광과 유사하게 사용되어 왔다. 해양관광은 바다와 해양 스포츠, 레저활동을 가능하게 하는 해양성 복합자원, 즉 기온, 해풍, 맑은 공기, 바다 색깔, 주위환경 등을 대상으로 한 활동을 해양관광이라 할 수 있다. 해양관광은 바다를 여가활동의 중심이 되는 친숙한 국민생활 공간의 장으로 조성하여 바다를 체험하고 여가를 즐기는 것을 의미한다. 다양한 해양 관광자원을 이용한 여가활동을 통하여 국민 삶의 질을 향상시켜 나간다.

세계적으로 관광형태가 보다 다양해지고 생활수준이 향상됨에 따라 새로운 관광대상으로서 해양관광에 대한 수요가 빠른 속도로 성장하고 있다. 주5일 근무제 시행으로 인한 여가시간 증대와 생활수준 향상은 기존의 관람 및 탐방 등과 같은 수동적인 관광형태를 스포츠, 생태, 체험 또는 모험관광 등과 같은 능동적 관광형태로 변모시키는 계기가 되었다. 보다 질적인 관광을 추구하고자 하는 현대인들의 요구에 부흥하여 레저스포츠는 관광객의 목적지 결정에 중대한 선택요인으로 작용하고 있다.

　해양스포츠 관광은 해양관광 중에서도 경험적이고 능동적인 특성을 지니고 있는 하나의 관광형태이다. 또한, 해안 및 해양에서 이루어지는 스포츠 활동으로서 해수욕, 윈드서핑, 스쿠버다이빙, 낚시, 그리고 요트 등의 각종 해양스포츠를 즐기면서 관광을 동시에 즐기는 활동의 형태를 의미한다.

　해양스포츠 관광을 친수공간, 연안, 해중 및 해저 등의 공간에서 정신적, 휴양적, 신체적, 창조적 활동을 위해 지역이 보유하고 있는 환경을 토대로 이루어지는 스포츠, 레저, 여가, 레크리에이션 등의 활동을 모두 포괄하는 개념이다.

　해양스포츠 관광을 통해 관광객은 경험적이고 오락적이며 도전적인 독특한 소비경험을 할 수 있다. 이는 새로운 관광 핫스팟으로 여겨지고 있다. 따라서 해양스포츠를 활용한 해양관광산업은 해양이라는 자연적 요인, 해양문화가 이루어낸 독특한 그 지역만의 사회적 및 역사적 요인, 그리고 스포츠라는 레크리에이션적 요소와 함께 디자인에 따라 경제적 소득효과도 이루어낼 수 있는 시장이라는 관광 목적지의 결정요소를 갖추었다.

　해양관광은 해양공간을 둘러싼 자원을 관광자원화하여 관광객들의 관광욕구를 충족시키는 것이다. 관광자원의 입지적 측면과 공간이용에 대한 활동에 있어 독특한 특성을 지니고 있다. 즉, 변화무쌍한 해양조건 및 기상조건, 해양환경 등에 많은 영향을 받고 있으며, 다음과 같은 특성을 지니고 있다.

　첫째, 해양관광은 해변 또는 해양에서의 활동으로서 자연조건에 대한 의존도가 절대적이다.

　둘째, 환경적 측면에서 해양생태 및 환경보전에 대한 배려가 필요하다. 특히, 연안지역은 육지와 바다가 교차하는 지역으로서 환경변화에 민감한 생태계를 유지하고 있다.

셋째, 접근성에 있어 많은 제약요인이 따른다. 연안은 도시지역으로부터 멀리 떨어진 경우가 많아서 관광자의 접근성에 제약을 받는 경우가 많다.

넷째, 해양관광은 기후와 기상변화에 민감하고, 계절적인 영향을 강하게 받는다. 따라서 대부분의 해양 레저관광활동은 수온이 낮고 바람이 비교적 강한 겨울철에는 많은 제약을 받는다.

다섯째, 해양의 특성에 대한 이해가 요구된다. 해상의 조류, 파도, 풍량 등 바다의 특성을 이해해야 하며, 특수한 기술과 장비가 요구되는 경우도 있다. 해양은 지역에 따라 수온, 수심, 조석간만의 차, 탁도, 바다 색깔 등에 차이가 있다. 그 특성에 따라 해양관광 형태가 달라진다. 또한, 내만·외해·곶·도서·절벽 등 해역에 인접한 육지의 형상에 따라 활용방법도 다양하다.

4 해양레저스포츠 관광의 특성과 중요성

해양 레저스포츠 관광에 대한 개념은 해양과 연안 및 도서에서 이루어지는 모든 레크리에이션 활동을 창출하는 관광 및 레저, 스포츠 활동의 모든 범주를 포함하는 활동이라 할 수 있다. 관광과 해양 레저스포츠를 접목시킨 해양 레저스포츠 관광은 관광산업의 한 분야로서 해양 스포츠 자원과 일정한 해양 스포츠 시설을 이용하여, 해양 스포츠 상품의 형식으로 여행자에게 건강, 오락, 휴식, 사교 등을 제공하는 산업이다. 해양 레저스포츠 관광활동은 자연조건에 의해서 활동영역과 시기가 결정된다는 특징을 가지고 있다. 즉, 바람, 조석간만의 차, 수심과 파도, 수온, 해안선의 형태에 따라 활동이 영향을 받는다.

해양레저스포츠는 특유의 역동성과 더불어 바다라는 넓은 공간을 마음껏 이용할 수 있다는 점에서, 현대사회의 젊은 세대의 기호에 부합되는 장점을 가지고 있다.

해양레저스포츠는 육상에서 이루어지는 스포츠 활동과는 달리, 거의 대부분 장비를 이용한다는 특징을 가지고 있다. 또한, 바다를 활동의 영역으로 하고 있기 때문에 안전사고의 위험이 크고, 해상공간에서 바람, 파도, 해류의 흐름 등 역동적인 자연조건을 활용해야 한다는 점에서 차이점을 가지고 있다.

해양레저스포츠 관광의 중요성과 기능은 개인적 측면, 사회·문화적 측면, 경제적 측면 그리고 산업적 측면에서 보면 다음과 같다.

1) 개인적 측면

첫째, 현대인의 스트레스와 긴장감을 해소하고 심리적 안정감을 회복하는 데 효과적인 기능을 가지고 있다.

둘째, 기분전환의 기능으로서, 장소나 활동유형의 형태를 변화시킴으로서 일상으로부터의 도피를 경험하게 한다.

셋째, 자아형성의 기능으로서, 협동적이고 낙천적인 태도와 외향적이고 능동적인 성격으로 변화시켜 준다.

넷째, 태도, 성격형성의 기능으로서, 협동적이고 낙천적인 태도와 외향적이고 능동적인 성격으로 변화시켜 준다.

다섯째, 보상의 기능으로서, 성공에 대한 경험과 사회적 보상을 제공한다.

여섯째, 자신의 직업과 관계없이 취미, 특기를 살릴 수 있으며, 급변하는 사회 속에서 창조적인 삶을 영위하며, 해양레저스포츠 활동에 자발적으로 참여함으로써 자신과 사회 발전에 도움을 줄 수 있다.

2) 사회·문화적 측면

첫째, 사회환경에 적응하는 사회적 능력의 배양과 사회학습의 기능을 제공한다.

둘째, 재생산의 기능이 있는데, 정신적·육체적 피로회복과 노동력 재생산의 기회를 제공한다.

셋째, 사회통합의 기능으로서, 연대감을 형성하고 일체감과 소속감을 제고시켜 준다.

넷째, 사회문제 해결의 기능으로서, 노인의 소외감, 고립감과 청소년들의 비행 및 범죄 해결에 기여하게 한다.

다섯째, 해양레저스포츠 활동을 통하여 사회 속에서 자신의 위치를 깨닫게 하고, 조화로운 인간관계를 길러주면서 자신의 개성을 살릴 수 있다.

해양관광 레저를 통해 전원과 도시의 토지이용, 지역주민의 사기앙양, 문화적 이해, 전통의 보전과 혁신의 기회를 제공할 수 있다. 이와 함께, 교육적 효과도 있는데 해양레저스포츠는 자연학습의 장으로서 청소년의 도전정신과 성취감 고취 등 자기계발에 효과적인 교육기능을 제공해 준다.

3) 경제적 측면

해양레저스포츠 관광은 유통업, 제조업, 교육업, 시설업, 서비스업 등에 파급효과가 있다.

첫째, 해양레저스포츠 관광은 해양레저스포츠용품 제조업의 발달에 기여한다.

해양레저스포츠용품은 고부가가치 산업으로서 선진국에서 발달한 산업이다.

둘째, 지역경제 활성화에 기여한다.

해양레저스포츠 관광은 낙후된 어촌경제의 활성화와 함께 어업과 관광을 접목한 새로운 산업을 창출함으로써 지역경제 발전에 기여한다.

셋째, 새로운 일자리 창출에 기여할 수 있다.

제조업, 유통업, 교육업, 시설업, 금융업, 서비스업과 관련된 다양한 일자리 창출이 가능하다. 결국, 해양레저스포츠 관광의 경제적 효과는 단지 해양레저와 관광객의 유인효과뿐만 아니라 해양레저 기구산업의 발전 및 경제적 효과도 함께 가져올 수 있다.

4) 산업적 측면

첫째, 해양레저스포츠 관광산업은 사회·경제적 측면에서 고용효과가 크고, 소규모 경제단위의 활성화에 기여한다. 후방연관 효과가 큰 특징을 가지고 있다.

둘째, 자연조건에 대한 의존도가 높다.

해양레저사업은 그 목적에 따라 해양환경에 미치는 영향이 다양하게 나타난다.

따라서, 해양자원의 생태나 보존가치에 따라 적합한 해양관광 레저산업의 유형을 적용할 수 있다.

셋째, 입지에 따른 지역사회와의 마찰 가능성이 있다.

해안지역은 해상통로로 연결되는 입지성과 수산자원 및 수자원이 풍부하게 부존하는 자원성에 따라 경제적 활동이 활발하게 이루어지고, 인간의 주거지가 밀집되는 지역이다. 따라서 지역사회와의 마찰 가능성이 상존한다.

넷째, 접근성에 의한 제약을 들 수 있다.

해양레저스포츠관광 산업은 도시지역으로부터 멀리 있어서 접근성이 불량한 경우가 많다. 접근성은 항로나 도로, 해로 등의 접근경로와 교통 기반시설에 달려 있다.

5 해양·레저관광 활성화 정책

해양수산부에서는 대한민국 관광혁신 전략에 포함된 해양레저관광 활성화 정책을 적극적·체계적으로 추진하기 위해 다음과 같이 활성화 정책을 수립하였다.

우리나라는 국토의 3면이 바다로 둘러싸여 있으면서, 연안별로 특색 있는 환경을 보유하고 있어 다양한 해양레저관광 활동이 가능한 강점을 가지고 있다.

또한, 일과 삶의 균형, 일명 워라밸을 중시하는 문화와 함께 색다른 체험과 경험을 중시하는 최근 여행 트렌드로 인해 해양레저관광에 대한 수요가 증가하고 있는 추세이다. 이러한 상황에서 정부는 '다 함께 즐기는 바다, 활력 넘치는 연안지역'이라는 비전 아래 해양레저 관광산업을 적극적으로 육성하여, 급속한 고령화 등으로 침체된 연안지역을 활성화시키기 위함이다.

이와 관련된, 우리나라 해양관광의 발전방안은 다음과 같다.

첫째, 전국 권역별로 해양레저관광 거점을 개발하여, 우리나라에도 호주의 골드코스트, 멕시코의 칸쿤과 같은 해양관광 명소를 조성할 계획이다.

수심이 깊고 파도가 좋아 서핑 등 해양레저를 즐기기에 적합한 동해권, 다양한 생물이 서식하는 갯벌이 어우러진 서해안권, 아름다운 경관과 따뜻한 기후를 자랑하는 제주권, 한려수도권 등 해역별 특성에 따른 7대 권역을 설정하였다.

그리고, 마리나 거점인 군산, 수중레저 거점인 강원도 고성, 제주, 해양치유 거점인 전남 완도 등 권역별로 우수한 해양관광자원을 갖춘 지역을 선정하여 해양레저 체험 및 창업지원 등이 종합된 복합시설을 갖춘 해양레저관광 거점으로 개발할 예정이다.

또한, 해양레저관광 거점, 어촌뉴딜300 사업지, 해양치유시설 등 주요 관광거점을 연결하는 전국일주 바닷길인 'K-Ocean Route'를 구축하여 이를 따라 주요 관광자원이 연결되는 여행코스를 개발할 예정이다.

둘째, 체험·체류형 해양관광 콘텐츠를 강화하여, 누구나 쉽고 편하게 체험하고 머물 수 있는 바다를 만들 계획이다.

어촌체험의 경우, 갯벌생물 채취 위주의 정형화된 콘텐츠에서 벗어나 생태학습, 문화체험 등 각 어촌의 특색을 살린 다양한 체험 콘텐츠를 마련할 계획이다.

또한, 거점 섬과 주변 섬들을 레저선박으로 이동하며 체류할 수 있는 섬 연계 관광코스를 개발하고, 반려동물 동반, 서핑 전용 등 특색 있는 테마 해수욕장을 조성할 예정이다. 안전한 낚시 문화조성을 위해 안전기준 및 교육을 강화하고, 아름다운 경관과 자연, 해양문화, 인물, 역사에 대한 이야기를 담은 해안 누리길을 조성하여 다른 도보 여행길과 차별화할 것이다.

셋째, 성장 가능성이 높고 연관산업 파급효과가 큰 4대 해양레저관광 핵심사업을 국가 경제의 새로운 성장 동력으로 키워나갈 계획이다.

해양재원을 활용하여 건강관리와 휴양서비스를 동시에 제공하는 융·복합산업인 해양치유 산업의 육성을 위해 근거법률을 제정하고, 지자체와 함께 전문인력 양성, 관련시설 조성, 시범 프로그램 운영 등을 통해 산업화 선도사례로 만들 예정이다.

마리나 산업의 경우, 6개소에 거점 마리나 항만 등 관련시설을 확충하고, 레저선박 제조업 및 정비업 육성을 위한 '마리나 비즈센터' 조성과 함께 관련 투자를 적극적으로 유치하기 위해 규제완화 및 체험기회를 확대할 계획이다.

최근 수요가 급증하고 있는 수중레저 산업의 경우 바다 속 경관이 우수한 지역을 해

중경관 지구로 지정하고, 수중레저시설 조성지원과 함께 청소년 대상 수중레저 기초교육 및 체험을 통해 누구나 저렴하고 쉬우면서도 안전하게 수중레저 활동을 즐길 수 있도록 저변을 확대해 나갈 것이다.

넷째, 해양레저관광 관련 교육·체험의 기회확대를 통해 바다를 친숙하게 여기고 바다를 찾고 싶은 친수문화를 정착시킬 예정이다.

찾아가는 해양교실, 해양교육 시범학교 등을 운영하여 청소년들이 교육과정에서 친수문화를 습득할 수 있도록 하고, 생존수영, 해양레포츠 체험교실 운영을 통해 일반 국민들도 해양레저를 체험할 수 있는 기회를 확대할 것이다.

그리고, 청소년 해양교육원, 해양과학교육관, 해양박물관 등 해양교육·문화 육성기관을 건립하고, 해양문화 순회 콘서트, 간행물 발간 등 해양문화 콘텐츠도 지속적으로 제공할 것이다.

정부는 주52시간 근무제 실시, YOLO Life 스타일의 유행 등 여가를 중시하는 사회적 변화와 함께 증가하는 해양레저관광 수요에 부응하기 위해 해양레저 관광산업을 중점적으로 육성할 것이다. 이를 통해, 국민들은 다양한 여가생활을 즐길 수 있는 기회를 가질 수 있으며, 침체된 연안지역에는 일자리 창출과 함께 산업발전으로 인한 경제력 활력을 주게 될 것으로 기대된다.

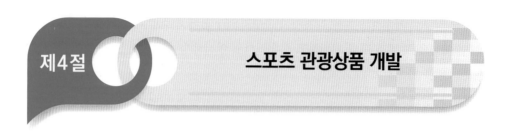

제4절 스포츠 관광상품 개발

1 스포츠 관광의 특성 및 효과

스포츠 환경은 일률적이고 국제적인 기준을 가지고 있는 특성으로 인해 기하학(geom-etry)이 지리학(geography)을 대신할 수 있을 것으로 보이지만, 장소가 완전히 공간에 의해 대신될 수 없다.

관광객들은 참여하는 활동의 특성에 따라 모험, 스포츠관광으로 관심분야로서 구분한다.

첫째, 모험 관광은 위험한 활동을 의도적으로 찾는 행위이며, 스포츠 관광의 중요한 특성은 경쟁, 그리고 건강관광은 의학적인 치료를 위한 행위와 건강과 휘트니스 증진을 위한 모든 활동을 포함한다.

둘째, 스포츠 관광은 스포츠와 관광을 개별적으로 뒷받침할 수 있는 여러 요인들의 조합을 통해서 이루어진다.

스포츠 관광은 스포츠와 관광의 상호작용에 의존하며 새로운 장르의 레저 활동을 창조한다. 스포츠와 관광의 중복되는 시설과 이해관계는 긍정적 그리고 부정적 측면을 모두 가지고 있다. 자원의 지나친 이용, 행정적 이해관계의 혼란 등은 스포츠와 연계에 있어서 부정적 측면이며 잘 수립된 정책, 행정, 마케팅, 그리고 효과적인 자원의 이용은 스포츠와 관광연계의 긍정적 측면으로 볼 수 있다.

스포츠 관광은 단순한 경기의 내용만으로 국한시키기보다는 다양한 문화행사와 같은 문화관광상품 및 문화이벤트를 개방하여 세계에 알리는 홍보효과를 가져올 수 있다.

또한, 지역의 지명도를 높이고 이미지를 개선시켜 지역의 새로운 매력을 창출하는 기회를 제공하며, 지역주민의 연대감과 문화수준의 향상을 기대할 수 있다.

이 외에도 오늘날 새로운 관광형태인 스포츠 관광은 국가와 지역사회의 경제적, 사회적, 문화적 효과가 매우 크다.

② 스포츠 관광의 형태와 유형

1) 스포츠 관광의 형태

스포츠 관광은 능동적이거나 수동적일 수 있다. 따라서 참여형태에 따라 적극적인 스포츠 관광과 수동적인 스포츠 관광으로 구분된다.

적극적인 스포츠 관광은 스포츠 활동을 체험하기 위해서, 실제 경기에 참가하기 위해서, 그리고 경기에 앞서 현지에서 훈련하기 위해 이동하는 활동이다.

이 중에서 일반인들이 선호하는 스포츠 활동을 체험하기 위해 목적지로 이동하는 경우가 적극적인 스포츠 관광으로의 개념을 포함하고 있다. 반면, 수동적인 스포츠 관광은 대부분 간접적인 참여형태로서 스포츠 관람이나 응원하기 위해 이루어지는 관광활동이다.

❶ 능동적인 스포츠 관광형태

능동적인 스포츠 관광은 여행의 주목적이 스포츠인 스포츠활동 휴가에서부터 스포츠가 부수적인 휴가기간 동안의 스포츠 활동에 이르기까지 여러 개념을 포함한다.

단독적인 스포츠 활동의 휴가는 특정스포츠가 휴가를 주도하는 목적과 다중 스포츠 활동이다. 이는 몇 가지 스포츠에서의 참여가 휴가 경험의 중요한 부분 곧 휴가가 스포츠 클럽이나 캠프에서 이루어지는것 등을 형성한다.

휴가 스포츠 활동에는 2가지로 분류된다.

첫째, 휴가 기간 동안 제공되는 조직화된 스포츠에 부수적으로 참여하게 되는 것으

로 보통 그룹으로 해변 등에서 경쟁적인 스포츠 경기를 하는 것 등이다.

둘째, 휴가 기간에 독립적인 개인 스포츠 활동을 하는 것이다. 즉, 골프나 조깅, 산책 등의 활동을 하는 것이다.

❷ 수동적인 스포츠 관광 형태

수동적인 스포츠 관광객들은 여행 목적상 스포츠가 어느 정도 중요하냐에 따라 관련되어 일반 관광객과 전문 관광객으로 구분된다.

전문 관광객들은 해당 스포츠의 관람객 또는 관계자로서 스포츠 관광을 하는 관광객들이다. 이들은 주로 관심이 많이 있거나 또는 업무상 반드시 관람해야 하는 경우의 관광 활동이다. 따라서 대규모 스포츠 이벤트 또는 스포츠 관련 행사 등에 참여하는 스포츠 관광형태이다.

2) 스포츠 관광의 유형

스포츠 관광은 스포츠에 대한 관심, 관광목적 그리고 능동적·수동적 참여형태 등에 따라 다음과 같이 구분할 수 있다.

❶ 체험형 스포츠 관광

체험형 스포츠 관광은 능동적인 스포츠 관광형태로서 자신이 관심 있거나 선호하는 스포츠 활동을 현지에서 직접 체험하기 위해 여행하는 유형이다.

체험형 스포츠 관광은 일반인과 전문인으로 구분되는데, 일반인의 경우에는 휴가 기간 등의 자유시간을 이용하여 즐기는 순수 관광적 성격을 띤 반면, 전문인 스포츠 선수의 경우에는 경기에 출전과 동시에 관광을 겸하는 겸관광적 성격을 지닌다.

❷ 관람형 스포츠 관광

관람형 스포츠 관광은 특정 스포츠 활동에 직접 참여하는 것이 아니고, 대규모 스포츠 이벤트에 관심 있거나 응원 등의 관람목적으로 관광하는 간접적 참여유형이다.

최근 올림픽이나 월드컵 등의 경기가 개최지를 달리하여, 스포츠 이벤트로서 등장하고 있다. 소득수준 향상과 교통수단 발달 등의 관광여건 향상에 의해 이동하는 수요가 많아지고 있다. 따라서, 관련 조직위원회나 국가 그리고 지역차원에서는 보다 많은 수요의 스포츠 관광객들을 유치, 방문시키기 위해 적극적인 관광마케팅 전략을 수립, 실시하고 있다.

❸ 스포츠 관련 관광

스포츠 관련 내용을 중심으로 한 관광을 일명 노스텔지어 스포츠 관광(nostalgia sport tourism)이라고 한다. 노스텔지어 스포츠 관광은 올림픽경기장, 스포츠 관련 역사박물관, 유명 스포츠 스타 등을 대상으로 한 명예의 전당 등을 방문하여 견학이나 관람하는 관광활동이다.

❸ 스포츠 관광상품의 개념

1) 스포츠 관광상품

오늘날 우리 생활은 상품과 밀접한 관계를 지니고 있다. 따라서 상품은 인간 생활에 필요하거나 도움이 되고 나아가 인간욕망의 대상이 되어 만족을 추구해주는 하나의 생활수단, 곧 소비나 생활문화의 구성 요소이다.

상품이란 인간의 기본적인 욕구를 충족시켜줄 수 있는 편익차원의 경제재화로 시장에 출시되어, 관심과 획득, 사용 또는 소비의 대상이 될 수 있다. 여기에는 물리적 대상물뿐만 아니라 서비스, 사람, 장소, 조직, 아이디어 등도 포함하고 있다.

관광상품은 관광객의 관광활동에 필요하고 도움이 되면서, 관광욕구를 충족시켜주는 수단적인 개념으로서 인간의 생활문화 가운데 하나의 구성 요소가 된다.

하지만, 관광상품은 기본적으로 소비자인 관광객의 욕구만족을 추구하면서, 공급자인 관광기업의 경제적 이익 극대화를 도모해야 한다.

관광상품은 경제적 욕구충족에만 그치는 것이 아니라 관광객의 내면적인 욕구를 충족시켜 줌으로 인해서 일상생활의 수준을 질적·양적으로 향상시키는 데 크게 이바지하고 있다.

스포츠 관광상품은 일상거주지를 떠나 반드시 다시 돌아올 목적으로 이동하면서 방문 목적지의 스포츠활동에 직간접적으로 참여하고자 하는 관광객의 욕구를 충족시켜주는 유·무형의 경제 재화의 역할을 한다. 즉, 스포츠 관광을 대상으로 하는 일체의 재화와 서비스의 결과물이며, 관광기업에서 생산, 판매되는 관광상품 중 하나이다.

2) 스포츠 관광상품의 특징

스포츠 관광상품의 특성은 무형성, 동시 소멸성, 비저장성, 계절성, 동질성, 유일성, 보완성, 효용의 주관성으로 구분된다.

첫째, 무형성의 특성을 가지고 있다.

스포츠 관광상품은 손으로 만져보거나 시험해 볼 수 없기 때문에, 관광객이 최종소비 후에 만족의 정도에 따라 상품의 질을 평가할 수 있는 특성이다.

둘째, 생산과 소비의 동시 소멸성의 특성을 가지고 있다.

스포츠 관광상품은 동일한 장소에서 동일한 시간에 생산되어 판매되고 소비된다.

셋째, 비저장성의 특성을 가지고 있다.

관광상품은 제조업에서 생산되는 제품과는 달리, 생산되는 즉시 판매·소비되는 특성이 있기 때문에 저장해 둘 수 없다.

넷째, 계절성의 특성을 가지고 있다.

스포츠 관광상품의 수요는 기후나 계절의 영향, 휴일 등에 따라 변화한다. 따라서 스포츠 관광상품의 수요는 주말, 공휴일, 휴가 기간 등에 집중적으로 수요가 증가하는 현상이 발생한다. 따라서 스포츠 관광상품은 성수기와 비수기에 영향을 많이 받는 특성을 가지고 있다.

다섯째, 동질성의 특성을 가지고 있다.

스포츠 관광상품의 구성요소는 본질적으로 비교가 가능한 동질성을 지니고 있기 때문에 모방의 가능성이 매우 크다.

여섯째, 유일성의 특성을 가지고 있다.

동질성의 문제해결을 위해 스포츠 관광상품은 유일한 특성을 지니게 하여, 경쟁기업과의 차별화를 위해 관광기업은 지속적으로 노력해야 한다.

일곱째, 보완성의 특성을 가지고 있다.

스포츠 관광상품은 관광부품의 조성으로 이루어진다. 따라서 스포츠 관광상품을 구매할 때는 연쇄반응에 의해 구성된다. 즉, 하나의 관광상품을 구매하면 연속적으로 보완성 상품의 구매가 이루어지는 특성을 가지고 있다.

여덟째, 효용 주관성의 특성을 가지고 있다.

스포츠 관광상품을 소비한 후에 느끼게 되는 효용은 관광객마다 차이가 있을 수 있다. 이러한 특성을 개개인마다 스포츠 관광상품에 대한 욕구, 가치기준이 다르기 때문에 효용, 곧 만족도가 각각 다르게 나타나는 것이다.

④ 스포츠 관광상품 개발전략

스포츠 기업간 치열한 경쟁으로 기업이 유지되거나 성장하기 위해서는 신상품 개발이 절대적으로 필요하다. 따라서, 기업은 시장점유율 확보나 확대를 위해 끊임없이 신상품 개발을 해야 하며, 기업활동의 핵심이 되는 고객창조를 도모해야 한다.

현실적으로 신상품 개발이 쉬운 것은 아니다. 왜냐하면, 신상품 개발이 기업유지나 성장을 위해서는 절대적이기는 하지만, 상대적으로 그 자체가 혁신이기 때문에 기업에 크다란 위험을 동반할 수 있기 때문이다. 다시 말하면, 신상품 개발에는 막대한 개발비용과 시간이 소요되기 때문에 실패할 경우에는 기업에 치명적인 손해를 끼칠 수 있기 때문이다.

신상품 개발을 하기 위해서는 다음과 같은 전략의 방법이 필수적이다.

1) 반응전략과 선제전략

반응전략에는 방어전략, 모방전략, 차선전략, 대응전략이 있다.

선제전략에는 연구개발(R&D) 전략, 마케팅 전략, 기업가적 전략, 기업인수 전략, 전략적 제휴로 나누게 된다.

2) 다각화 전략

기업성장의 중요한 전략의 하나이며, 관광상품 개발전략으로도 적용하고 있다.

다각화 전략에는 수평적 다각화, 수직적 다각화, 집성적 다각화 전략으로 나누고 있다.

수평적 다각화 전략은 동일 고객층을 대상으로 관광상품을 개발하기 위한 전략이다.

수직적 다각화 전략은 생산공정에서 통합하여 각 단계별 적정한 관광상품을 개발하기 위한 전략이다.

집성적 다각화 전략은 현재의 관광상품 라인과 관계없는 전혀 새로운 차원으로의 관광상품 개발전략이다.

3) 새로운 관광상품 개발 시 필요한 전략은, 공격전략, 방어전략, 모방전략으로 구분할 수 있다.

첫째, 공격전략이다.

하나의 기업이 새로운 관광상품을 관광시장에 투입하여 관광시장의 선도주자가 되기 위한 전략이다.

둘째, 방어전략이다.

새로운 관광상품에 대한 관광시장의 반응을 살펴본 후 추진하는 전략이다.

셋째, 모방전략이다.

기존 관광상품과 차별화하여 기존의 관광상품보다 더욱 향상된 점이 필요시되는 중요한 전략이다.

관광상품 자체와 서비스 활동의 품질관리 그리고 관광상품 구매자의 개인적 요인에 중점을 둔 관광상품의 전략적 개념 도입으로 시장세분화, 차별화, 기업 이미지의 관점으로 볼 수 있다. 이에 대한 세부적인 전략은 다음과 같다.

첫째, 시장세분화의 전략적인 개념인 시장세분화 전략과 지역밀착형 전략이다.

둘째, 차별화의 전략적인 개념은 품질 측면은 서비스 품질보증 전략과 서비스 패키지 차별화 전략이며 원가 측면은 생산성 제고 전략이다.

셋째, 기업 이미지의 전략적인 개념은 이미지 제고 전략과 기업시민화 전략으로 나누고 있다.

⑤ 스포츠 관광상품 개발과정

1) 신상품 개발과정

새로운 상품개발은 성공확률을 극대화하고 실패할 가능성을 극소화하기 위해, 보다 체계적인 신상품 개발과정이 필요하다. 신상품 개발과정에는 일반적인 형태가 존재한다. 그러나 신상품 개발과정이 일반적으로 어떤 과정으로 이루어지느냐에 따라 달라지게 된다.

❶ 아이디어 창출단계

신상품에 관한 각종 정보를 토대로 탐색하여 아이디어를 창출한다.

❷ 아이디어 선별단계

정보탐색을 토대로 창출된 다수의 신상품 아이디어에 대해 선별하는 과정이다.

❸ 상품콘셉트 개발과 테스트 단계

선별된 신상품 아이디어를 토대로 콘셉트를 개발하고, 이에 대한 테스트 과정을 거치는 단계이다.

❹ 마케팅 전략개발 및 사업성 분석단계

신상품 개발과 출시 시의 경제성에 대한 분석이 이루어지는 단계로서, 이에 필요한 마케팅 전략을 수립, 개발 후 이에 대한 사업성을 분석한다.

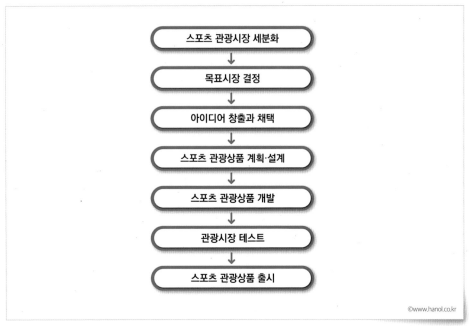

➕그림 6-3_ 스포츠 관광상품 개발과정

❺ 상품개발단계

상품 콘셉트를 기초하여 시험상품을 개발하는 단계이다.

❻ 테스트 마케팅

시험상품으로서 신상품의 시장성을 분석, 검증하는 단계이다.

❼ 시장도입단계

테스트 마케팅 전략에 의해 신상품의 시장성, 경제성이 검증되어 시장에 출시하는 단계, 곧 상업화가 이루어지는 단계이다.

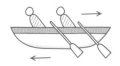

제5절 　 레저스포츠 트렌드 변화와 전망

① 새로운 레저시대 등장과 특징

1) 레저시대의 등장

❶ 새로운 생활양식의 변화로 신 레저 활동이 등장하고 있다.

경제와 문화 발전에 따라 선진국을 중심으로 국민의 새로운 생활양식으로 요트, 경비행기 등 신 레저가 성장하고 있다.

신 레저는 1인당 국민소득 2만 달러 전후 시기에 차별화된 소비를 원하는 계층의 새로운 소비양식이다. 신 레저란 특별한 장비가 수반되는 레저로 캠핑, 요트, 경비행기, 자동차경주, 승마 등이 대표적인 활동이다. 선진국에서의 신 레저와 관련된 변화 중 하나는 소득증대와 함께 문화적으로 대중소비와는 차별된 여가선용을 원하는 계층이 등장하면서 소비양식에 변화가 나타나고 있다.

❷ 소득 증가, 레저패턴 변화로 체험과 역동적인 활동을 중심으로 확장되고 있다.

국내 레저시장 규모는 국민소득 증가, 레저패턴 변화로 다양한 체험과 역동적인 활동에 기반을 둔 레저와 관련된 장비, 시설, 서비스의 성장세가 예측되고 있다.

❸ 신 레저 확대는 국민 개인 삶의 질과 고용 창출에 기여하고 있다.

OECD 국가 중 국민들의 삶에 대한 만족도는 일반적으로 여가시간과 비례해서 증대하는 데 비해, 한국은 다른 선진국들에 비해 여가시간이 부족하고 삶에 대한 만족도도 낮은 편이다. 신 레저의 보급 및 확산으로 한국의 연평균 노동시간이 OECD 평균 수준

으로 단축되면, 일과 생활의 균형으로 고용창출과 노동생산성 증가가 가능한 것으로 여겨지고 있다.

레저문화의 확산을 통해 술 권하는 스트레스 사회에서 건전한 레저문화를 즐기는 웰빙사회로의 전환이 이루어지고 있다.

❹ 신 레저는 21세기 국가 경쟁력의 핵심으로 부상하고 있다.

국가의 경쟁력 강화는 노동 중심의 산업사회를 벗어나 지식정보에 기반한 창의적이고 다양한 미래사회로 가는 과정에서 중요한 과제로 대두되고 있다.

과거에는 국내총생산 중심시대에서 국민총행복의 시대로 전환됨에 따라 여가가 국가의 발전 정도를 평가하는 척도로 활용되고 있다.

한국의 여가경쟁력 지수는 영국과 프랑스 등에 비해 낮다. 이에 대한 주요 원인은 취약한 여가생산조건과 정치·사회적 기반이 열악한 것에 기인한 것으로 여겨진다.

여가의 경쟁력은 여가 생산조건, 여가 연관산업 및 인프라, 여가 수요의 질, 정치·사회적 기반 등 4가지 요소로 구분된다.

② 레저시대 레저스포츠 트렌드 전망

1) 사회문화적 요인에 따른 트렌드 변화와 전망

❶ 학교 수업의 변화: 주5일 수업제와 현장 체험 중시

주5일 수업제는 주말 및 공휴일 등을 활용하여 자녀를 위한 교육 체험여행, 가족단위의 레저 체험 여행 등을 증가시키고 있다. 학교에서는 주중 주입식 교육보다는 현장 체험을 중시하는 교육으로 전환되면서 근거리 레저체험, 스포츠체험 등에 대한 수요가 증가하는 추세이다. 이러한 학교 수업의 변화는 레저스포츠 시장에 매우 긍정적인 영향을 미치고 있으며, 그 시장 규모도 지속적으로 증가할 것으로 전망된다.

❷ 건강 유지의 주요 활동으로 레저스포츠 인기

건강에 대한 욕구가 젊은층까지 폭넓게 확대되면서 건강을 지키고 병을 예방하려는

웰빙이 중요한 소비화두로 떠오르고 있다. 이러한 분위기 속에서 여행과 관광이 건강한 삶을 살기 위한 예방적 차원의 보완 및 대체의학을 제공하는 서비스 상품으로 각광을 받을 가능성이 높아지고 있다.

과거 질병에 의한 사후적 건강회복 개념에서 사전적 건강유지 및 질병예방에 대한 관심의 제고가 친환경적, 활동적, 친교적 및 가족적 중심의 레저스포츠에 대한 관심의 확대로 이어지고 있다.

❸ 여가시간의 증대로 인한 레저스포츠 동호회 활동 확대

레저스포츠 활동은 과거 개인적 취미로 여겨지던 영역에서 동질감과 공감대를 지닌 그룹형태(동호회 등)로 전환되고 있다. 특히, IT기술이 발달하면서 SNS와 인터넷을 통한 동호회 모임이 급증하고 있으며, 이러한 분위기는 레저스포츠 동호회의 확대에 많은 영향을 미치고 있다.

과거 레저스포츠의 활동 대상으로만 여겨지던 동호회 회원들은 하나의 새로운 친교목적 집단에서 이해관계 집단까지 발달되면서 신소비를 이끄는 주요한 계층으로 부상하고 있다.

❹ 새로운 소비계층으로 노령인구 등장

국내 레저스포츠는 고령화 추세로 인해 60대 이상이 앞으로 새로운 최대 소비층이 될 것으로 예상된다. 신체적 수명이 늘어난 고령인구의 주요 관심사는 자아실현과 건강한 노후대비에 집중되고 있으며, 자아실현에 대한 욕구는 공연, 관람, 요리, 문화행사에 참여하고 등산, 낚시, 골프, 파크 골프 등을 탐닉하는 취미, 여가활동이 늘어날 것으로 전망된다.

노령인구는 사회활동에의 참여가 줄어드는 만큼 여가시간이 늘어나기 때문에 레저스포츠 분야는 노인 소비자의 주요 관심사로 부각되고 있다.

미래학자들이 공통적으로 지적하는 미래사회의 가장 큰 변화 중의 하나는 노인 인구의 증가이며, 노인을 중심으로 하는 실버산업과 레저스포츠와의 연계는 그 가능성이 매우 높다.

2) 과학기술 발달에 따른 트렌드 변화와 전망

❶ 인터넷 시대와 e-sports 등장

인터넷은 라디오, TV에 이어 또 하나의 대중매체로서 당당히 그 역할과 권한을 획득하고 있으며, 인터넷 발전으로 인류는 산업혁명에 버금가는 변화를 경험하고 있다. 특히, 성인의 대다수가 전자우편을 보내고 웹을 통해 상거래를 하는 생활, 이른바 웹라이프 스타일이 일반화되고 있는 추세이다.

인터넷을 통해 e-sports에 대한 관심과 참여가 급격히 높아지고 있고, 그 시장 규모도 매우 큰 폭으로 커지고 있다. 이러한 추세는 오프라인 레저스포츠의 한계를 극복한 컴퓨터 만능 시대의 산물이며 온라인과 공존·공생할 수 있는 매개체이기에 가능하다. e-sports의 활성화는 새로운 레저스포츠 시장의 성장을 요구하며, 결국 레저스포츠 시장의 규모도 양적·질적으로 제고시키는 순기능의 역할을 하게 될 것이다.

❷ 하이테크 시대와 e-sports 발전

향후 첨단기술을 적용한 제품은 급속하게 발전하게 될 것이며, 금융 서비스 등 기존 상품의 복잡화와 지식기반 상품화 경향으로 미루어볼 때 하이테크 시대와 레저스포츠와의 관계성을 체계적으로 구축하는 일은 매우 의미가 있다.

레저스포츠 역시 하이테크의 열풍이 불고 있는데, e-sports를 비롯한 기술 혁신적인 스포츠용품과 장비 및 시설의 개발과 상품화는 레저스포츠의 미래와 성장동력에 많은 가치를 부여하고 있다. 특히 첨단화된 스포츠용품과 장비는 레저스포츠를 산업화시키는 절대적인 원동력 역할을 하고 있다.

3) 소비행태 변화에 따른 트렌드 변화와 전망

❶ 레저스포츠의 고급화 추세

양극화 현상은 이미 전 세계적인 현안으로 등장하고 있으며, 양극화 현상은 일반적으로 극심한 장기 불황이나 경제위기 상황을 경험한 대부분의 나라에서 공통적으로 나타나는 현상이다. 양극화 시대에는 두 개의 확연한 시장을 중심으로 상류층 시장에는 최고품질의 서비스와 시설을 제공하고 있다. 또한, 중산층 및 중·하류층 중심으로는 접근성과 가용성이 있는 서비스와 시설 제공을 통해 차별화된 시장전략을 가능하도록 해야 한다.

레저스포츠는 국가적인 차원의 사회복지적인 지원에서 벗어나 새로운 시장과 품격을 갖출 수 있는 기회를 갖게 될 것이며, 레저스포츠 산업 발전을 가속화시킬 수 있을 것이다.

❷ 레저스포츠 용품의 고급화

고가의 캠핑용품에 돈을 아끼지 않는 글램핑 족 증가와 가족단위의 럭셔리 캠핑이 새로운 트렌드로 떠오르고 있다.

글램핑이란 글래머러스(Glamorous: 화려한, 매력이 넘치는)와 캠핑(Camping)을 조합한 신조어로 특급 호텔 못지않은 시설과 서비스를 갖춘 캠핑장에서 아늑하고 호화로운 캠핑을 즐기며 자연을 만끽할 수 있는 새로운 캠핑 트렌드이다.

고급 캠핑도구 역시 새로운 체험을 위한 미니빔 스마트TV, 아이와 함께하는 체험학습에 효과적인 천체 망원경, 야외활동에서 신나는 분위기를 만드는 미니 붐박스, 캠핑장에서 충격에 강한 아웃도어용 카메라 등이 출시되고 있다.

❸ 신체적 활동 이외에 엔터테인먼트적 요소의 중요성 증가

21세기 모토는 제품의 사용가치나 니즈보다는 욕망의 충족이 보다 중요해지기 때문에 단연 오락성이라 할 수 있다. 미래 경제에서 오락적인 요소는 기업의 성장이 아닌 생존을 위한 조건이며, 이러한 오락에 대한 몰입현상은 현대 사회생활의 복잡성과 무거움에서 그 원인을 찾을 수 있다.

즐거움과 가벼움을 추구하는 미래세대에 대해서는 오락적 요소의 적절한 활용이 성패의 관건이 될 수 있다.

❹ 친환경적 여가활동으로서 레저스포츠 중시 경향

20세기 초 아무도 관심을 갖지 않았던 환경문제는 이제 인류의 최대 관심사로 부상하고 있다. 앞으로는 환경친화형 산업이 아니고서는 그 생존성이 불투명할 수 있으며,

환경을 보호하고 지속가능한 개발을 도모하는 추세는 삶 자체를 환경친화적이고 환경에 순응하는 발상의 전환을 가속화시킬 것이다.

자연을 이해하고 자연을 활용하는 최선의 방법은 자연과 함께하는 레저스포츠이다.

쾌적한 삶을 지향하는 어메니티(amenity)의 개념이 도시 경쟁력의 중요한 부문이 되는 현재와 미래의 사회에서는, 자연과 호흡하는 환경친화적인 레저스포츠야말로 최고의 부가가치를 창출하는 산업적인 가치로 인정받을 수 있다.

Convergence Tourism
융합관광론

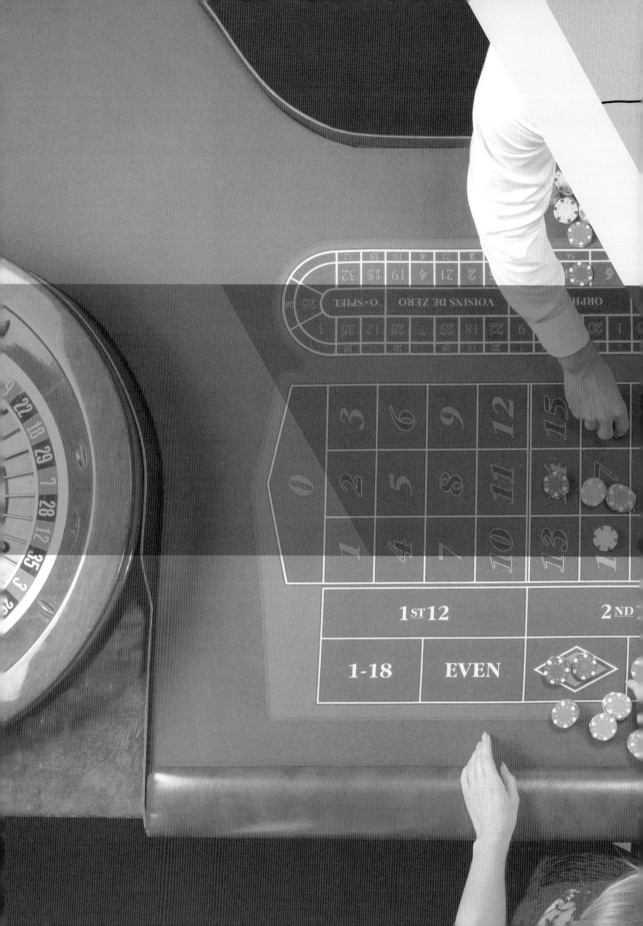

CHAPTER 7

글로벌 카지노산업

제1절 카지노산업의 이해

1 카지노산업의 개념

카지노(Casino)는 이탈리아어 '카자(Casa)'를 어원으로 한 도박·음악·쇼·댄스 등 여러 가지 오락요소들을 갖춘 집회장이라는 의미로서, 르네상스 시대 귀족이 소유하고 있었던 사교·오락용 별관을 뜻한다. 이는 1800년대 모나코와 미국으로 유입된 것을 시작으로 전 세계로 확대되었고, 현재는 해변과 휴양지 등에 소재하고 있는 옥내 도박장으로서 서양식 도박을 통칭하고 있다.

카지노산업은 사교 또는 여가를 위한 공간으로 도박과 같은 게임뿐만 아니라 다양한 볼거리와 즐길 거리를 제공함에 따라, 관광산업 측면에서는 중요한 수입원으로 작용하고 있다. 외국인 관광객을 대상으로 외화를 획득함으로 인해 국제수지를 개선하며 국가 재정수입의 확대가 이루어지는 등 경제효과 증대가 가능한 고부가가치 산업이다.

카지노는 도박, 음악, 쇼, 댄스 등의 여러 가지 오락시설을 갖춘 연회장의 의미이다. 르네상스 시대에는 귀족이 소유하고 있었던 사교, 오락용 별관을 의미하나, 현재는 춤, 음악 따위의 오락시설을 갖춘 공인 도박장이라는 사전적 의미를 벗어나, 복합 레저시설을 갖춘 종합 엔터테인먼트를 제공하는 장소로 진화되고 있다.

최근에는 세계적으로 복합리조트(IR: Integrated Resort)라 불리며 카지노를 핵심시설로 두고 있다. 우리나라 관광진흥법 법률(제12689호)에서는 카지노를 관광사업의 한 종류로 규정하며 '전용 영업장을 갖추고 주사위, 트럼프 등 특정한 기구 등을 이용하여 우연의 결과에 따라 특정인에게 재산상의 이익을 주거나, 또 다른 참가자들에게는 손실을 주는 행위 등을 하는 업'으로 규정하고 있다(관광진흥법 제3조 1항의 제5호). 현재 우리나라에서 운영되고 있는 카지노는 서울시에 3개소, 부산시에 2개소, 강원도에 2개소, 인천시, 대구시에 각각 1개소, 제주도에 8개소의 카지노가 분포되어 있다. 1995년 '폐광지역 개발지원에 관한 특별법'을 근거로 1998년 설립된 내국인 출입 카지노 강원랜드㈜를 제외하고, 모두 외국인 전용 카지노로 총 17개 업체가 운영되고 있다(문화체육관광부 공시자료, 2018). 그리고 모든 카지노가 24시간 영업하고 있어 종사원들은 1일 8시간씩 3교대로 근무하고 있다.

2 카지노산업의 기능

카지노산업은 많은 기능과 특징을 가지고 있다. 특히 게임과 오락시설의 제공이라는 2가지 서비스는 대다수 카지노산업의 기본적인 기능이라 할 수 있다.

지금까지 카지노는 외국 관광객 중심의 장소에서 강원랜드의 개관으로 인해 외국인 뿐만 아니라 내국인도 카지노에 참여할 공간이 생기면서 카지노에 대한 인식변화가 확대되고 있다. 우선 카지노산업의 기능을 보면 카지노산업은 사교나 여가선용의 공간으로 게임시설은 물론 각종 편의시설과 더불어 훈련된 종사원이 조직적으로 존재하는 곳이다.

카지노는 다음과 같은 기능을 가지고 있다.

첫째, 외국 관광객에게 게임장소를 제공하는 것이다.

카지노산업은 게임을 원하는 외국인에게 게임장소 및 방법, 기타 서비스를 제공해야 한다.

둘째, 오락장소를 제공하고 있다.

단순 게임을 할 수 있는 공간이 아니라 다양한 엔터테인먼트를 제공하여, 한정된 공간에서 많은 경험을 할 수 있는 기능을 가지고 있다.

셋째, 사교시설 기능을 제공하고 있다.

카지노는 게임 오락의 장소일 뿐만 아니라 사회과정에서의 사교기능을 수행하기 때문에 그에 맞는 시설을 제공하고, 인적, 물적, 정보적 서비스를 제공하고 있다. 즉, 카지

노에서 게임과 오락의 요소를 제외하고도 서로 다른 문화와 가치관을 가진 사람들과 접촉할 수 있는 사회적 공간이기에 사교장소로서의 가치를 충분히 가지고 있다.

카지노는 이처럼 다양한 기능을 가지고 있으며, 이러한 기능의 복합체로서 다양한 상품을 지속적으로 제공하면서 즐거운 시간을 보낼 수 있는 프로그램 개발에 힘써야 한다.

③ 카지노 서비스 품질의 구성요소

카지노 서비스 상품은 카지노 이용객의 게임욕구 충족을 위한 물리적, 상징적 서비스의 총체로서 카지노시설(테이블 게임, 비디오 및 슬롯머신), 딜러의 숙련도, 실내분위기, 호텔(숙박시설), 식당, 바(Bar), 연회장 등 카지노 상품을 보조해주는 부대시설과 쇼 등을 제공하는 엔터테인먼트 요소를 포함하고 있다.

카지노 서비스의 경우 확률을 기본으로 하는 게임을 제공한다는 특성상 관광과 관련된 일반적인 서비스와 구별되는 고유한 요소들을 포함하고 있다. 카지노 서비스는 독자적으로 운영되는 요소들을 제공하는 인적 집약형 서비스 상품으로 무형성을 지니고 있으며, 생산과 소비가 한 장소에서 이루어지는 동시성(비분리성)의 특성을 가지고 있다. 따라서 카지노마다 인적자원에 의해 제공되는 서비스이기 때문에 표준화를 하는 데 어려움이 존재하고 있다. 또한, 게임과 관련된 운영은 재고로 보유하지 못하고 즉각적으로 소멸되는 특성을 가지고 있다. 이러한 요소들로 제공되는 카지노 서비스는 카지노 측의 매출 확률이 유리하지만 상품의 가격을 결정할 수 없다는 점에서 차별화된다.

카지노 서비스는 변화의 폭이 크고, 비표현적이며, 고객접촉의 빈도가 매우 높다. 전달과정에 있어 반드시 고객이 참여하고, 고도의 개인적 판단이 필요한 것으로 서비스 품질에 대한 고객의 평가는 주관적이라는 특징을 가지고 있다.

카지노 서비스는 다른 일반 서비스와는 달리 소비자의 게임욕구를 충족시켜줄 유·무형의 서비스 제공과 이를 간접적으로 지원해주는 카지노 사업장에서 제공되는 부가적인 무형적 서비스가 매우 중요하다. 즉, 카지노 이용은 핵심부분과 연관부분으로

표 7-1_ **카지노 서비스의 구성요소**

서비스 구성	구성요소
서비스 상품	대가를 지불하고 이용할 수 있는 것 - 테이블게임, 부대시설, 슬롯머신 등
서비스 전달	서비스가 행해지는 과정 - 게임진행, 환전, 고객응대, 식음료 서비스 등
서비스 수준	대가를 지불하고 받는 서비스의 정도 - 딜러의 숙련도, 친절도, 신속 정확한 서비스 제공 등
서비스 분위기	고객에게 전달되는 환경 - 조명, 음악, 실내장식 등

출처: Albrecht(1988). At America's service: How corporations can revolutionize the way they their customers.

구성되어 있는데 게임욕구를 직접 충족시켜주는 카지노 장비, 활동동선 및 시설이용의 편리성 등과 게임 시설, 종사원의 친절성, 게임 시간과 비용의 한도 등이 중요한 요인이다.

카지노의 서비스 구성요소는 고객이 대가를 지불하고 이용할 수 있는 서비스 상품과 서비스가 행해지는 서비스 전달, 고객이 대가를 지불하고 받는 서비스 수준, 고객에게 서비스가 전달되는 환경으로 서비스 분위기가 있다. 이러한 카지노 서비스는 고객에게 기억될 만한 경험을 제공해주기 위한 인적 노력으로 카지노업에서 인적 서비스가 차지하는 비중은 매우 높다고 할 수 있다.

4 카지노산업의 특성 및 효과

세계는 지금 카지노 전쟁 중이라 표현할 만큼 북미, 유럽뿐만 아니라 아시아 국가들까지 카지노산업에 관심을 보이고 있다.

우리나라에서도 동북아의 허브공항인 인천공항을 활용하여 영종도에 외국인 전용 카지노 복합리조트가 추진 중이다. 카지노 허가 사전 심사제가 도입되어 글로벌 엔터테인먼트 그룹의 세가사미홀딩스(파라다이스 시티)와 유니버셜 엔터테인먼트, 리포&시저스 엔터테인먼트(미단시티 리조트), 한상드림아일랜드 복합리조트 등 세계적 카지노 자본들이 투자 계획을 발표하고 있다.

카지노 리조트 산업은 세계 120여 개국에서 합법적으로 인정되어 외국 관광객을 위한 오락과 게임을 제공하는 역할을 하고 있다. 카지노산업이 수반하는 여러 가지 역기능(사회적 문제)에도 불구하고 세계 각국은 카지노 리조트 산업을 합법화하고 있다.

이에 대한 이유는 다음과 같은 특성 때문이다.

1) 높은 경제적 파급효과

❶ 카지노로 벌어들인 외화가 국가 및 지역경제에 투입되어 직간접적 효과 및 유발효과로 발생시키는 경제적 효과는 매우 크다. 쉽게 말하면, 카지노 리조트 연관 산업에 대한 생산 및 부가가치 창출효과, 지역주민에 대한 소득 및 고용창출 효과, 중앙 및 지방자치단체에 대한 재정수입 창출효과 등 다양한 경제적 파급효과를 발생시킨다.

❷ 카지노 리조트 산업의 외화가득률은 94%로, 이는 수출산업인 반도체의 39%, TV 60%, 승용차 80%의 외화가득률에 비해 상당히 높다. 즉, 카지노 외국 관광객 11명의 유치는 승용차 1대 수출한 것과 동일한 효과를 가진다.

❸ 카지노는 사행산업이라는 인식하에 중과세를 받고 있으며, 이는 세수증대에 큰 기여를 한다. 따라서 중앙 및 지방정부에 재정적으로 기여함으로써 재정확보의 타개책으로 활용된다. 우리나라의 경우 일정액의 세금과 함께 영업이익에 상관없이 매출의 10%를 관광 진흥 개발기금으로 징수하고 있다.

국내 카지노업에 대한 조세비율			
세금		기금	
국세	지방세	관광진흥 개발기금	폐광지역 개발기금
순이익의 28%	법인세의 10%	매출액의 10%	순이익의 10%

2) 천연 관광자원 개발의 한계를 극복하는 대체 관광산업

❶ 특별한 관광자원 없이(⑩ 라스베가스) 카지노 시설만으로 많은 외국 관광객을 유치할 수 있다.

❷ 실내에서 이루어지는 여가활동이므로 자연현상(태풍, 강우, 폭설 등)으로 인한 관광의 한 계점을 극복하는 관광 대체상품으로는 최적이다.

❸ 일정한 실내 공간에서 게임과 오락시설을 제공하고 있다는 공간적 특성으로 관광 서비스의 고려요인 중 하나인 기후에 대한 한계성을 극복할 수 있다.

카지노산업은 기본적으로 관광객의 유치를 목적으로 하고 있는데, 악천후로 인한 옥외관광에 문제가 생겼을 때 연중무휴로 실내에서 24시간 영업하는 카지노의 경우 대체관광상품으로 적합하다는 이점이 있다.

하루 24시간 연중무휴 영업을 실시한다는 점으로 카지노 이용고객이 주로 관광객이며, 호텔 내에 카지노가 위치한 관계로 호텔 투숙객들이 시간을 가리지 않고 카지노를 방문하여 게임을 즐길 수 있는 특성이 있다. 더불어 고객의 활동시간에는 고객의 니즈대로 만족스러운 서비스를 제공해야 할 의무가 있다.

3) 높은 고용효과 창출

❶ 카지노산업은 노동집약적 산업이다. 테이블게임 1대당 필요한 딜러 수: 9명, 즉 300개의 테이블게임이 있을 경우 최소 2,700명의 딜러가 필요하다. 영종도에 4개의 카지노 복합리조트가 들어올 경우 2,700명 × 4개 영업장 = 최소한 1만 800명의 딜러가 필요하다는 계산이다.

❷ 싱가포르의 마리나 베이 샌즈의 경우, 직접 고용이 1만 명, 연관산업의 고용창출 인원이 약 2만 명에 이른다.

❸ 카지노산업은 카지노 시설물, 편의시설 등의 물적 서비스와 카지노 딜러들로부터 제공되는 인적 서비스가 복합 제공됨으로써 완성된 상품의 기능을 하게 된다. 또한, 슬롯머신 등을 제외하고는 모두 사람간의 상행위이며 이에 중점을 두는 산업이다.

오늘날 기계화가 이루어지고 거의 모든 산업이 자동화되는 데 비해 높은 양질의 인적 서비스 제공이 중요한 환대산업으로의 역할을 담당하고 있다.

이는 카지노산업의 특성상 기계화·자동화의 한계성에 따른 것으로, 인적자원에 의존하는 경향이 다른 분야의 산업보다 크다. 따라서 타 산업에 비해 순수한 인적 서비스 상품을 제공하고 있어 고용창출 효과가 높다는 장점이 있다.

4) 호텔영업에 대한 기여도가 높다.

❶ 카지노 이용객의 1인당 소비액은 외국 관광객 1인당 평균 소비액의 약 38%를 차지한다. 이는 단일 지출항목으로는 가장 높다.

❷ 카지노 리조트의 이용을 통해 외국 관광객의 소비지출을 증가시키고 체류기간을 연장시키는 중요한 관광상품이다. 또한 외국관광객의 재방문율을 높이는 요인이다.

❸ 카지노에서 게임을 즐기는 고객의 유형을 살펴보면, 관광객과 단지 겜블링만을 위해 방문하는 고객으로 구분할 수 있다. 특히 겜블링만을 목적으로 하는 고객은 주로 호텔 내 투숙을 선호하고, 고급 부대시설을 이용함에 따라 호텔 객실 및 판매수입에 기여하는 바가 매우 크다.

5) 관광기반 시설의 투자 및 확충

❶ 영종도의 카지노산업은 카지노 그 자체보다는 복합리조트 건설을 통한 종합 엔터테인먼트의 성격이 중요하다.

❷ 호텔과 컨벤션, 테마파크, 쇼핑몰, 골프장, 공연장, 카지노가 한 장소에서 제공되는 종합 엔터테인먼트 리조트라는 인프라를 구축하여 관광객을 유도하고 있다. 이를 개발하기 위해서는 막대한 투자가 동반된다. 예를 들면, 싱가포르에 건설한 마리나 베이 샌즈의 경우 한화로 7조 원의 금액이 투자되었다.

표 7-2_ 카지노 리조트 산업의 경제적 효과 흐름도

구 분	내 용
직접효과	카지노 리조트 이용객 → 카지노업
간접효과	카지노업 → 산업간 연쇄 파급효과 (숙박업, 음식업, 부동산업, 건설업, 금융업, 수송업, 서비스 업, 홍보광고업 등)
유발효과	카지노업 → 기계부문에 의한 연쇄파급효과 (제조업, 인력업, 전력가스업, 자동차산업, 도소매업, 금융업, 숙박업, 음식업 등)

카지노산업의 경우 게임장소와 오락시설, 사교시설, 그리고 인적·물적 서비스를 제공하는 복합 문화·오락공간의 기능을 가지고 있다.

6) 카지노산업은 양면성이 있다.

카지노산업은 긍정적인 외화획득, 고용창출, 관광객 증대, 호텔이익 증대 등과 같은 경제적 효과를 낳기도 하지만 동시에 사회적 부작용을 유발하기도 한다.

그리고 사회적 영향 중 부정적인 측면은 긍정적인 측면(지역사회 발전, 도시개발이나 건설 등)에 비해 더 크게 느껴진다.

7) 경제적 파급효과가 크다.

카지노산업은 기본적으로 고부가가치 산업으로 타 산업에 비해 외화의 수급율이 굉장히 높게 나타난다. 이로 인해, 외화가 국내로 많이 투여되어 자국 경제에 직간접적인 영향을 끼치게 된다. 또한 외국인들의 체류기간을 연장하게 함으로써 외국인들이 이용하는 호텔을 포함한 다양한 곳에 인근 지역 주민에 대한 소득 및 고용효과, 지방자치단체의 재정, 수입창출 효과 등 경제적 파급효과를 가져오게 된다.

8) 천연 관광산업의 한계를 넘을 수 있다.

우리나라의 경우 대부분의 관광산업은 자연경관과 문화유산에 관련된 산업이 다수를 차지하고 있다. 하지만 이런 산업들은 악천후 같은 자연현상과 환경보호 등의 이유로 여러 한계점을 가지고 있다. 카지노산업은 기본적으로 실내에서 실행하는 것이고 24시간 개방을 하고 있기 때문에 외국인 혹은 내국인들이 이용하는 데 아무런 한계점이 없다.

9) 상품공급의 비탄력성이 있다.

카지노산업은 타 산업에 비해 상품특성상 보관할 수 없고, 이동할 수 없으며, 탄력적

표 7-3_ 카지노산업의 특성

구 분	긍정적 특성	부정적 특성
경제적 특성	• 인적 서비스 산업, 노동집약적 산업으로 높은 고용창출 효과 • 정부의 세수확보, 외환보유고 및 관광수지개선에 기여	• 자금의 비생산적, 투기적 도박에 투입됨에 따라 자원배분의 편중 왜곡 • 카지노 수입이 지역개발 진흥으로 연결되지 않을 경우 해당지역 사회 퇴락 가능성
사회·문화적 특성	• 다양한 오락적 요소의 결합으로 종합위락공간으로 활용 • 제도권 내에 흡수·양성화함으로써 음성적, 탈법적 활동에 따른 조세포탈 및 범죄화 방지	• 도박을 죄악시하는 우리의 전통사회 윤리관에 대치 • 사행심 조장, 일확천금주의 팽배로 근로의욕 저하 초래 • 지역 및 국가 이미지 실추, 탈세 및 비정상적 자금의 세탁수단으로 이용 • 관리·감독이 소홀할 경우, 마약, 매춘폭력조직 등과 연계 확산

자료: 박병기(2006). 강원랜드 카지노 개장이 지역에 미치는 영향 및 발전방향에 관한 연구, 고려대학교 정책대학원 석사학위 논문.

인 운영을 하기 힘들다. 즉, 카지노는 이동할 수 없기에 고객이 직접 방문하여 이용해야 하며, 고객이 한순간에 증가하였다고 해서 시설물의 확충을 가져오기 힘들다.

10) 카지노 종사원의 독특한 직무특성을 가지고 있다.

카지노 딜러는 실제 게임을 담당하는 시간과 휴게시간을 포함하여 하루에 평균 8시간 근무를 수행한다. 그러나 고객이 많은 날은 휴게시간이 그만큼 감소하게 되면서, 장시간 동안 매번 같은 자세로 반복적인 동작을 수행함에 따라 신체의 부담도 크다.

또한, 딜러가 게임에서 이겨야 회사의 수익이 발생하기 때문에 게임의 승패에 대한 부담감과 더불어 게임진행 시 실수, 딜링 업무에 대한 불확신감 등으로 딜러는 업무수행에 있어 심리적 부담감으로 인한 스트레스를 받고 있는 실정이다.

카지노산업의 특징 중 가장 큰 장점은 높은 고용창출 효과와 지역사회의 발전이다. 실제로 카지노산업이 관광산업으로 인식되어 발전하면서 규모와 형태가 점점 더 성장해 나가고 있다.

과거 도박이라는 부정적인 인식과 겜블링이라는 용어에서 게이밍이라는 긍정적인 이미지를 부각시키면서 카지노 게임 시설뿐만 아니라 다양한 볼거리와 먹거리, 테마파크와 컨벤션 센터 등 복합리조트의 형태로 변화·발전하고 있다.

현재는 카지노산업이 관광객들에게 다채롭고 양질의 여가를 제공함으로써 레저산업인 게임산업으로 인정받으며 역할을 해나가고 있다.

양면성을 가지고 있는 카지노산업은 부정적인 이미지로서 도박중독과 범죄율 증가, 과소비와 사행성 조장 등 많은 부작용을 초래할 수 있는 위험성을 가지고 있다.

이러한 카지노 기업이 가지고 있는 부정적인 요소 때문에 카지노 기업의 사회적 책임활동과 윤리적인 의무와 실천 등은 매우 중요하다.

실례로서, 한국 마사회의 경우 경마라는 부정적인 시각을 가지고 있다.

이러한 부정적인 시각을 개선하기 위해 마사회는 봉사단을 구성해 매년 기부활동으로 농어촌 지역의 복지증진, 저소득 소외계층 지원활동, 각종 공익 캠페인, 스포츠 지원 등 약 100억 원의 기부금을 활동에 활용하고 있다. 또한 매년 당기순이익의 70%를 특별 적립금으로 하여 사회적 책임활동을 하고 있다.

마사회 기업의 사회적 책임활동은 경마에 대한 부정적인 인식을 개선하고 건전한 스포츠로 정착시키면서, 기업과 사회구성원이 상생하는 사회적 가치를 구현하고 있다.

위와 같이, 부정적인 이미지가 강한 카지노 기업의 경우도 사행성 도박이라는 부정적인 인식의 개선이 반드시 필요하다. 향후 카지노산업의 지속적인 성장에 걸림돌이 될 수 있는 부정적인 이미지 개선 및 탈피하기 위해서는 쇼핑, 테마파크 및 컨벤션 센터 등과 같이 다양한 구성을 갖춘 복합리조트로서의 변신이 필수적인 요인이라 할 수 있다.

카지노산업의 효과에는 경제적 효과, 사회·문화적 효과, 관광산업 측면에서의 효과를 가지고 있다.

❶ 경제적 효과

고용창출의 효과, 외화가득률이 약 95% 정도를 차지하고 있다. 따라서, 지역과 국가적으로 경제적인 면에서 많은 영향을 미치게 된다.

❷ 사회·문화적 효과

일상생활의 권태에서 벗어나 새로운 것과 스트레스 해소에 많은 도움을 주게 되면서, 사람들의 일탈행위를 줄이게 된다. 또한, 다양한 사람들과의 접촉으로 새로운 것들을 보고 배울 수 있는 기회가 주어진다.

❸ 관광산업 측면에서의 효과

대안 관광상품, 체재시간 연장, 외화획득에 기여하게 되면서, 고용창출과 관련 산업발전에 많은 영향을 주게 된다.

제2절   카지노 기업 이미지

 카지노 기업 이미지

기업 이미지는 사람들이 기업정보를 기반으로 마음속에 형성되는 기업의 모습이며, 기업 실체는 기업이 능동적으로 활동하여 대중들에게 보이는 것으로, 2가지의 개념은 서로 구분되어 사용되고 있다.

브랜드 이미지나 제품 이미지와 같은 요소들이 상호작용함으로써, 기업 이미지가 형성되고, 언론 보도, PPL, 광고, PR 같은 마케팅 효과를 통해 새로운 기업 이미지가 형성되기도 한다.

소비자들은 기업의 제품 및 서비스에 대해 기업의 이미지와 동일시하며, 이런 현상은 제품을 구매하는 결정 과정에서 큰 영향을 미치게 된다. 이런 이유로, 기업 이미지가 소비자의 행동에 큰 영향을 미치고 변화시킬 수 있으므로 마케팅 측면에서 기업 이미지를 매우 중요하게 생각한다.

 카지노 기업의 사회적 책임

1) 사회적 책임의 개념

기업의 사회적 책임(CSR: Corporate Social Responsibility)은 기업의 전통적인 경영 목표인 이윤 추구를 위해 생산 및 영업활동을 하면서, 환경경영, 윤리경영, 사회공헌 등과 같은 지역사회와 사회 전체에 이익을 줄 수 있는 활동을 병행하는 것으로 기업에 대한 긍정적인

이미지와 평판을 만들어내고 확산시키는 행동이다.

사회적 책임의 개념을 4가지 단계로 구분하면 다음과 같다.

첫 번째, 기업이 가장 필수적으로 생각해야 하는 것은 법규와 사회적 책임이다.

두 번째, 사회적 책임의 최저수준을 결정하는 데 법적 단계 이상으로 공공의 기여가 필요하다.

세 번째, 미래에 대한 투자로 공공의 기대와 수익을 예상하는 활동을 하도록 요구한다.

네 번째, 도덕적, 사회적 책임에 기여할 수 있도록 기업이 공공의 기대를 구축할 것을 강조하였다.

사회적 책임 활동은 4가지로 나누게 되는데, 1단계는 경제적 책임, 2단계는 법적 책임, 3단계 윤리적 책임, 4단계는 자선적 책임이다.

첫째, 1단계인 경제적 책임은 기업의 가장 기본적인 책임으로써 기업이 제품과 서비스를 생산하여 적절한 가격에 판매하고, 그에 따른 이윤을 창출하여 투자자들에게 그 수익의 일부를 배분해야 하는 책임이다.

둘째, 2단계인 법적 책임은 기업의 경영이 공정한 규칙 속에서 이루어져야 한다는 뜻으로, 기업이 속한 사회의 법을 준수해야 하는 책임이다.

셋째, 3단계인 윤리적 책임은 법으로 규제되지는 않으나 투명거래, 윤리규범 준수, 환경경영, 제품안전 등 기업의 활동이 사회에 미치는 영향들이 윤리적으로 타당해야 한다.

넷째, 4단계인 자선적 책임은 기업의 경영과는 별개로 이루어지는 것으로, 자원봉사, 기부행위, 자선활동, 지역사회 공헌활동 등 기업의 개별적 판단과 선택에 관련된 책임을 의미한다. 그러므로 상위차원으로 갈수록 고차원적인 사회적 책임 단계라고 할 수 있다.

카지노가 사회에 미치는 부정적인 영향을 최소화하기 위한 전략 중의 하나가 책임도박이며, 이는 사회적 책임의 윤리적인 책임활동과 유사하다.

기업의 사회적 책임 활동은 기업이 혼자서만 이루어나갈 수 없으며, 모든 관련 구성원간의 상호교감과 소통을 통해 이루어지는 것으로 기업 이미지에 직간접적으로 미치는 중요한 자산이다. 또한 기업 이미지에 미치는 중요한 활동이기에 효율적이고 효과적인 방법을 강구하며, 지속가능한 성장을 위해 지역사회와의 친밀한 유대감 형성을 이루어내는 것이 무엇보다 중요하다.

③ 국내 카지노산업의 이미지 개선 방안

우리나라에서 카지노의 이미지는 도박, 중독 등 부정적인 시각이 많은 것을 알 수 있다. TV 드라마나 영화 등의 매체에서 카지노를 소재로 하여 부정적인 도구로 게이밍을 노출시키는 영향이 많았지만, 긍정적인 효과도 많이 있다. 그 내용을 살펴보면 다음과 같다.

1) 생활 속에서 카지노의 긍정적 효과 노출

한국 카지노업 관광협회에서는 관광산업에 있어서 카지노산업의 중요성을 알리기 위해 제주도와 강남역에 옥외 광고를 진행하고 있다. 이렇게 생활 속에서 자연스럽게 노출시킴으로써 카지노에 대한 긍정적 효과를 알리고 이미지를 개선하기 위해 노력해야 한다. 또한 젊은층들이 많이 사용하는 SNS와 크리에이터를 활용하면 더 큰 파급력을 가져올 수 있다.

2) 모두가 함께 즐길 수 있는 카지노형 복합리조트 개발

라스베가스에서의 non-gaming 수익이 gaming 수익보다 많아지는 것을 알 수 있다. Non-gaming 시설의 개발을 통해 카지노만을 목적으로 가기보다는 다른 엔터테인먼트 활동을 통해 즐거움은 더하고 도박성은 줄일 수 있다.

우리나라의 복합리조트 파라다이스 시티도 다양한 엔터테인먼트 시설을 통해 모두가 즐길 수 있는 복합 리조트를 만들고 있다. 이렇듯 카지노와 non-gaming 시설의 조

화를 통해 모두가 함께 즐길 수 있는 복합리조트를 만든다면 도박의 장이 아닌 enjoy 시설로서의 카지노 이미지를 개선할 수 있을 것이다.

3) 활발한 사회 공헌사업 진행

다양한 분야에서 카지노 기업들의 사회공헌을 함으로써 카지노에 대한 인식을 개선할 수 있다. 카지노 기업이 단순히 수익만을 창출하는 것이 아니라, 사회공헌사업을 통해 수익재분배 효과를 위해 노력해야 한다. 또한 벌어들인 수익을 사회에 도움을 주는 방식으로 사용하여 국민들의 인식을 개선하는 데 노력해야 한다.

4) 건전게임 문화 캠페인 활성화

국민들에게 도박중독의 위험성을 홍보하고 사전 예방법을 안내해 건전게임 문화를 확산시킬 수 있어야 한다. 사회적 부작용을 미리 예방하고자 하는 캠페인은 카지노 기업의 이미지 개선에도 많은 도움이 된다. 또한 카지노 이용객 모두 건전하게 이용할 수 있도록 엄격한 출입횟수 제한, 게임 베팅금액 통제 등의 정책을 강화하여 사전에 예방해야 한다. 또한 사람들이 중독에 대해 제대로 인지하고 스스로 예방할 수 있도록 하면 건전한 게임문화로서 자리 잡을 수 있을 것이다.

④ 카지노산업의 긍정적·부정적 영향과 해결방안

카지노산업은 1994년도 관광진흥법이 개정되면서 카지노업을 관광산업에 포함시켰다. 그 후 1995년 폐광 지역개발 지원에 관한 특별법을 제정하면서 강원랜드 카지노가 허가를 받아 개장하고 기업도시 개발특별법으로 그랜드 코리아레저에 3개의 카지노 영업장 허가, 제주특별자치도 설치 및 국제자유도시 조성을 위한 특별법이 제정되면서 제주지역 카지노가 오픈되었다.

카지노는 21세기 신성장 관광산업으로서 24시간 연중무휴로 최상의 서비스를 제공

하는 고부가가치 산업이다. 순수한 인적 서비스 산업이기 때문에 일자리 창출에도 크게 기여하고 있을 뿐 아니라 청년 취업난 해소에 큰 역할을 하고 있다.

또한 호텔, 식음료, 메가 이벤트, MICE 등 타 관광산업에 미치는 파급효과가 매우 큰 클러스터 관광산업으로 자리매김하였다.

관광산업의 혁신 성장과 더불어 글로벌 경쟁우위를 확보하고 있다. 이뿐만 아니라 폐광 지역같이 경제개발이 필요한 곳을 새로운 도시 이미지로 재창조하는 데 큰 역할을 하고 있다.

카지노산업은 관광산업의 발전과 크게 연관되어 있다. 특히 관광호텔 내에 위치하여 관광객에게 게임, 오락, 유흥을 제공하여 체류기간을 연장하여 관광객의 지출을 증대시키는 관광산업의 주요한 부문 중 하나이다. 또한 카지노는 외국인 관광객을 대상으로 외화획득을 실현하여 국제수지 개선, 국가재정 수입확대, 지역경제 발전, 투자자극, 고용창출 등의 효과를 가져오는 관광산업 중 주요 수출부문이다.

1) 카지노산업의 긍정적인 영향

카지노산업의 긍정적인 영향은 경제적, 사회문화적 영향으로 구분할 수 있다.

경제적 효과는 카지노 사업장을 만들고 운영함에 따라 고용기회를 증가하면서, 소득

및 생활수준의 향상으로 이어질 수 있다.

사회·문화적 효과로는 카지노 사업장으로 인해 사회적 편의시설이 개선되어 삶의 질이 향상된다.

2) 카지노산업의 부정적인 영향

카지노산업의 활성화로 인해 발생되는 부정적인 영향(사회적 부작용)은 도박중독과 같은 사회적 부작용을 일으킬 수 있다. 또한 도박중독으로 인한 사회적 황폐화, 범죄의 증가, 생산성 하락 등의 부정적인 영향으로 이어질 수 있다.

사회적 부작용의 해결방안

카지노산업의 부정적인 영향인 도박중독을 해결하기 위해서는 무엇보다도 도박중독을 예방하기 위한 노력이 필요하며, 도박중독에 걸렸다 하더라도 이를 치료할 수 있는 시설이 필요하다.

이에 카지노산업을 통해 벌어들이는 일정수익으로 도박중독을 예방하고 치유하는데 사용하고 있다. 도박중독 예방 캠페인을 진행하기도 하고, 도박중독 치료시설에 기부를 하고 있다. 무엇보다 중요한 것은, 우리 국민 스스로가 자신을 제어할 수 있는 선에서만 카지노를 즐기고, 건전한 카지노 문화를 만드는 것이 중요하다.

① 국내 카지노산업 현황

국내 카지노산업은 1961년 복표발생현상 기타 사행 행위단속법의 제정으로 카지노산업의 도입 근거가 마련되었다. 1994년 관광진흥법의 개정을 통해 관광사업으로 분류됨에 따라 주무관청도 내무부에서 현재의 문화체육관광부로 이관되면서 발전의 기틀을 마련하게 되었다.

관광진흥법 제3조 제1항 제5호에서는 카지노업을 "전용 영업장을 갖추고 주사위·트럼프·슬롯머신 등 특정한 기구 등을 이용하여 우연의 결과에 따라 특정인에게 재산상의 이익을 주고, 다른 참가자에게 손실을 주는 행위 등을 하는 업"으로 규정하고 있다.

국내 카지노산업은 1967년 인천 올림포스 카지노 개설을 기점으로 발전되어 왔다. 국내 카지노 시설은 크게 외국인과 내국인 카지노로 나뉘는데, 이 중 16개 업체가 외국인 카지노로 운영되었으며 현재까지도 내국인 출입이 가능한 카지노는 강원랜드뿐이다. 이처럼 국내 카지노산업은 2000년 전까지 외국인 전용 카지노만 운영해오다가 2000년 10월 강원랜드를 개장함에 따라 외국인 전용 카지노와 내국인 전용 카지노로 이원화하면서 운영하고 있다.

문화체육관광부의 2018년 4월 카지노업 현황에 따르면, 국내 카지노업 시설현황은 2016년 3,279개, 2017년 3,552개, 2018년 4월 기준 3,911개이며 매년 꾸준하게 증가하고 있는 추세이다. 매출액의 경우 외국인 전용카지노가 합계 1조 1,592억, 강원랜드 카지노가 1조 5,200억으로, 합계 총 2조 6,700억 원이다. 국내 카지노의 이용객 수는 2009년부터 2015년까지 연평균 5.2% 성장하였으며, 입장객수는 연평균 7.4% 증가했다.

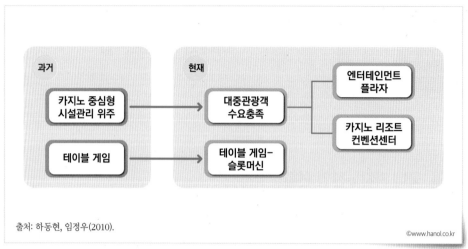

출처: 하동현, 임정우(2010).

➡️ 그림 7-1_ 카지노산업의 과거와 현재

　현재의 카지노산업은 높은 부가가치 창출이 가능한 대표적인 서비스 산업으로 과거의 인식처럼 도박 또는 향락성 산업이 아닌 하나의 문화·레저산업으로 인식되고 있다.
　카지노산업은 아시아뿐만 아니라 미국·유럽 등 여러 국가에서 관광·지역발전의 선순환적 네트워크를 형성하고 있다.

📊 표 7-4_ 국내 카지노 업체 현황　　　　　　　　　　　　　　　　　　　('20.4월 기준)

시·도	업 체 명 (법 인 명)	허가일	운영형태 (등급)	대표자	종사원수 (명)	'19매출액 (백만원)	'19입장객 (명)	허가증 면적(㎡)
서울	파라다이스카지노 워커힐점 【(주)파라다이스】	'68.03.05	임대 (5성)	박병룡	1,106	291,233	515,441	2,685.86
	세븐럭카지노 강남코엑스점 【그랜드코리아레저(주)】	'05.01.28	임대 (컨벤션)	유태열	919	188,005	549,176	2,158.32
	세븐럭카지노 강북힐튼점 【그랜드코리아레저(주)】	'05.01.28	임대 (5성)	유태열	556	221,460	901,723	1,728.42
부산	세븐럭카지노 부산롯데점 【그랜드코리아레저(주)】	'05.01.28	임대 (5성)	유태열	366	83,638	269,695	1,583.73
	파라다이스카지노 부산지점 【(주)파라다이스】	'78.10.29	임대 (5성)	박병룡	423	76,332	154,087	1,483.66

시·도	업 체 명 (법 인 명)	허가일	운영형태 (등급)	대표자	종사원수 (명)	'19매출액 (백만원)	'19입장객 (명)	허가증 면적(㎡)
인천	파라다이스카지노 (파라다이스시티) 【(주)파라다이스세가사미】	'67.08.10	직영 (5성)	최종환	872	376,924	382,666	8,726.80
강원	알펜시아카지노 【(주)지바스】	'80.12.09	임대 (5성)	박주언	19	244	3,462	632.69
대구	호텔인터불고대구카지노 【(주)골든크라운】	'79.04.11	임대 (5성)	안위수	184	20,723	88,102	1,485.24
제주	공즈카지노 【길상창휘(유)】	'75.10.15	임대 (5성)	쭈씨앙보	206	32,187	33,811	1,604.84
	파라다이스카지노 제주지점 【(주)파라다이스】	'90.09.01	임대 (5성)	박병룡	243	40,433	165,650	1,232.72
	아람만카지노 【(주)청해】	'91.07.31	임대 (5성)	김종혁	111	7,651	6,040	1,366.30
	로얄팔레스카지노 【(주)건하】	'90.11.06	임대 (5성)	박성호	133	16,795	20,588	865.25
	엘티카지노 【(주)엘티엔터테인먼트】	'85.04.11	임대 (5성)	김 웅	109	4,659	14,459	1,175.85
	제주썬카지노 【(주)지앤엘】	'90.09.01	직영 (5성)	이성열	150	8,234	31,245	1,543.62
	랜딩카지노(제주신화월드) 【람정엔터테인먼트코리아(주)】	'90.09.01	임대 (5성)	린촉추	510	62,453	85,884	5,646.10
	메가럭카지노 【(주)메가럭】	'95.12.28	임대 (5성)	우광수	113	17,897	11,732	800.41
	12개 법인, 16개 영업장(외국인 전용)		직영: 2 임대: 14	-	6,020	1,448,868	3,233,761	34,719.81
강원	강원랜드카지노 【(주)강원랜드】	'00.10.12	직영 (5성)	문태곤	1,905	1,481,555	2,895,191	14,052.72
	13개 법인, 17개 영업장(내·외국인)		직영: 3 임대: 14	-	7,925	2,930,423	6,128,952	48,772.53

※ 매출액: 관광기금 부과 대상 매출액 기준
※ 종사원수('20.4월 기준): 정규직 외 계약직 등 전체 인원 기준이며 종사원수는 수시 변동함
 - 세븐럭카지노 강남코엑스점에 본사 및 마케팅본부 인원 포함
 - 강원랜드는 카지노 오퍼레이션(영업 및 영업지원) 인원 기준이며 리조트 전체는 3,733명

출처: https://www.mcst.go.kr/kor/s_policy/dept/deptView.jsp?pSeq=1319&pDataCD=0417000000&pType=

한국표준산업 분류에 따르면, 카지노업이 속해 있는 사행산업은 예술, 스포츠 및 여가 관련 서비스업 내 스포츠 및 오락 관련 서비스업에 속하고 있다. 그중 카지노업은 기타 겜블링 및 베팅업에 속한다.

외국인을 상대로 하는 외국인 전용 카지노산업은 외국인의 출입국 및 방문과 밀접한 영향이 있다. 한국을 방문한 외국인 관광객은 2012년 처음으로 1,100만 명을 돌파한 이후 지속적으로 증가하고 있다.

카지노산업의 동향

❶ 다소 폐쇄적인 아시아 국가에서도 관광상품의 다양화를 통해 외화획득 목적 및 자국민의 외화유출을 막기 위해 카지노를 주요 관광산업으로 육성하고 있다.

❷ 호화 유람선 및 항공기 내에 카지노를 설치하는 등 다양한 활로를 모색하고, 인터넷을 이용한 온라인 카지노가 급속히 확산하고 있다.

❸ 컨벤션 산업이나 테마파크 산업과 연계하여 대형화되고 있다.

❹ 새로운 복합 엔터테인먼트를 지향하고 있다.

❺ 단순한 도박장의 개념에서 모든 가족들이 함께 즐길 수 있는 다양한 시설들이 갖추어지면서, 가족 단위의 위락 장소로 변화하고 있다.

② 국내 카지노산업의 구조 및 조직부서

우리나라 카지노산업구조는 이용객 측면에서 외국인 전용카지노산업구조는 일본시장과 중국시장에 대한 의존도가 높은 편이다. 주로 VIP 고객의 매출액에 집중되어 있다. 또한, 우리나라 카지노의 경우 테이블게임 위주의 경영관리가 이루어지고 있으며, 머신 게임 및 테마 시설 등은 상대적으로 의존도가 약하다.

우리나라 카지노의 조직구조는 2008년 7월에 개정된 카지노 영업준칙 제2장 제4조 1항에 의해 카지노 사업자는 카지노의 건전한 발전과 원활한 영업활동 및 효율적인 내부통제를 위해 이사회, 카지노 총지배인, 영업부서, 관리부서, 판촉부서, 영업부서, 출납부서, 안전관리부서, 환전영업소, 전산전문요원 등으로 구성된다.

표 7-5_ 카지노 영업부서의 구성

직 무	역 할
카지노 담당 부사장	테이블게임, 포커, 머신게임 등을 포함한 카지노 영업전반의 책임
시프트 매니저	규정된 근무시간에 따라 발생하는 모든 사항에 대한 관리와 책임
피트보스	게임종목에 따라 구분된 피트를 관리하며, 피트운영에 필요한 직원의 근무 스케줄을 조정 및 특정 테이블게임의 칩 재고 조사
플로어 퍼슨	테이블게임을 관리하는 1차 중간관리자로 고객에게 대면 서비스를 제공하며, 테이블 전반 관리
딜러	고객의 현금을 칩으로 교환해 주고 게임 진행
피트클럭	피트 안에서 고객의 마커(외상칩) 사용 및 상환을 관리하고 고객평가 입력
안전관리부서	카지노 전반의 안전 및 질서유지를 위해 관리하며 고객과 직원보호

카지노산업 조직 중에 매출을 담당하고 가장 많은 조직원이 근무하는 핵심적인 영업부서의 구성을 보면 블랙잭, 룰렛 등, 게임 테이블에서 진행하는 딜러, 1차적으로 딜러 주변에서 지원 및 게임을 관리·감독하는 플로어 퍼슨(floor person), 2차적으로 각 테이블의 칩을 관리하며 딜러를 감독하는 피트보스(pit boss)가 있다.

그리고 카지노 영업시간은 연중무휴 24시간으로 운영되는데, 보통 3부제로 나누어 시프트(shift) 매니저와 카지노 영업의 최종권한을 가지고 있는 카지노 담당 부사장이 각 부를 담당하고 책임지도록 하고 있다.

③ 해외 카지노산업의 발전과정

세계 최초의 카지노는 1638년 이탈리아에서 베니스 축제기간 동안 영업되었던 리도또(Ridotto)라고 불리던 카지노 전용장소가 시초가 되었다. 이는 이탈리아 정부가 공식적으로 인정한 최초의 카지노 영업장이 되었다. 이후, 이탈리아에서 프랑스로 건너와 루이 14세 때 바카라(Baccarat)와 룰렛(Roulette), 블랙잭(Blackjack) 게임이 개발되었다. 18세기에는 클럽, 살롱으로 불리던 카지노가 미국으로 건너가서 카지노 기업으로 운영되기 시작하였다.

표 7-6_ 해외 카지노산업의 발전과정

연 대	내 용
1930년대	미국의 경제침체와 경제 대공황을 극복하기 위한 대책으로 카지노를 산업으로 본격 육성함
1980년대	카지노가 미국 전역으로 확산되었고, 이후 세계적으로 카지노산업이 확산되면서 동구권 국가에서 활성화됨
1990년대	미국의 26개 주에서 카지노가 운영되었고, 이 중 13개 주에서 합법화를 위한 법적 절차를 상정함
2000년대	마카오를 시작으로 아시아 전역에 카지노산업확대, 2004년 라스베가스의 자본이 본격적으로 마카오에 유입이 되면서 부흥기를 맞게 되었음. 1990년대 카지노로부터의 세수는 마카오 정부 재정수입의 50%, 2007년에는 재정수입의 70% 이상을 차지하게 되었음

자료: 한국 카지노업 관광협회(2019).

당시 중세유럽의 귀족 및 소수 권력계층의 사교문화로서 소규모 클럽으로 운영되었던 카지노는 근·현대에 들어서면서 1930년경 미국이 대공황 극복을 위한 일환으로 카지노산업으로 육성하였으며, 이는 현대 카지노산업의 기초가 되었다.

이 시기에 미국은 카지노를 합법화하면서 고용창출, 세수확보, 지역경제 활성화 등의 경제적 발전을 이루는 데 성공하였다. 이후 1980년대에 이르러 카지노산업이 미국전역을 넘어 세계적으로 확산되면서, 동구권 국가에까지 활성화되었다.

1990년대에 이르러 미국의 26개 주에서 카지노가 운영되었다. 2000년대에 와서 라스베가스 자본의 유입으로 마카오를 중심으로 카지노산업의 부흥기를 맞게 되었다.

1990년대에 카지노의 세수는 마카오 정부 재정수입의 50% 이상을, 2007년에는 70% 이상을 차지하게 될 만큼 관광산업이 국가 주력산업으로 자리 잡게 되었으며, 주변의 아시아 국가 전역에도 카지노산업이 확대 발전하게 되었다.

❹ 해외 카지노산업 현황

해외 카지노는 중세 이탈리아 귀족사회의 사교수단으로 시작하여 17~18세기에는 유럽의 프랑스, 독일에서 귀족들이 이용하는 회원제 카지노가 개장하면서 유럽 각국으로 확산되었다.

1) 미국의 카지노

미국의 카지노는 18~19세기 유럽인의 미국 이주로 전파되었다. 초기에는 주로 동부에서 성행하던 카지노는 19세기 중반 서부의 몇 개 주에서 합법화되었고, 1869년 네바다 주에서 포커와 다른 카지노 스타일의 게임을 합법화하였다. 이후, 도박을 반대하는 국민정서 속에서 미국의 게이밍 산업은 오랜 기간 침체기를 거쳐 1930년대에 처한 세계 경제 대공황으로 재정압박을 받던 주 정부들이 경마를 허가하면서 시작되었으며, 이어서 복권과 카지노가 합법화되었다.

카지노는 1931년 미국 네바다주가 유일하게 경제 대공황으로부터 지역경제 활성화 목적으로 합법화하여, 라스베가스 중심의 카지노산업 발전의 기틀을 마련하였다.

2) 마카오 카지노

마카오를 통치하던 포르투갈은 1847년 카지노를 합법화하였으며, 19세기 말에는 게임세를 부과하기 시작했다. 1930년 설립된 마카오 게임감찰협조국(DICJ)은 모든 게임을 총괄하는 법령을 제정하고, 1937년 후탁얌의 태흥유흥공사에 독점권을 부여하여 1961년까지 영업하였다. 독점권의 만료에 따라 시행된 게임사업자 공개경쟁 입찰에서 하홍신이 독점권을 획득한 이후 유럽식 게임(룰렛, 블랙잭)을 도입했으며, 1970년 마카오의 상징인 리스보아 호텔 카지노 개장 등 40년간 마카오에서 카지노 사업을 독점 운영하였다.

3) 싱가포르 카지노

싱가포르는 2010년 두 개의 복합리조트의 성공적인 개장으로 외국 관광객의 획기적인 증가에 힘입어 경기침체를 효과적으로 극복하고 개장 초기에 연 10%대의 경제성장을 함으로써 아시아 각국에서 복합리조트 개발 경쟁을 촉발하였다.

도덕적인 국가였던 싱가포르가 대규모 복합리조트 개발을 위한 외자유치를 위해 내국인 출입 카지노를 허용한 것은, 마카오가 2002년 미국 등 외국자본에 카지노 시장을 개방하여 라스베가스 스타일의 관광목적지형 리조트 개발에 성공한 사례를 벤치마킹한 것이다.

4) 일본의 카지노

최근 일본도 외국관광객 유치를 위해 카지노를 중심으로 하는 복합리조트 시설 정비 법안을 국회에서 통과시켰다. 향후 한·일간 복합리조트를 랜드마크로 만들어 아시아 관광객을 유치하는 경쟁이 본격화될 전망이다.

세계 카지노 시장은 2008년 후반기부터 미국에서 시작된 글로벌 금융위기로 2009년에 일시적으로 매출이 하락하였다가 2010년 이후 회복세를 나타내 2015년 기준, 매출 총액은 약 1,828억 달러로 10년간 연평균 7.2% 증가하였다.

미국이 전 세계 카지노 시장에서 차지했던 비중이 2006년에는 58%로 압도적이었으나 2012년 42%, 2015년 40.1%로 점차 감소하는 반면 아시아의 비중은 2006년까지만 해도 유럽보다 낮은 14%에 불과하였다. 2010년 29%, 2015년에는 미국을 추월하여 43.4% 수준으로 나타났다.

아시아의 카지노 시장은 지난 2006년부터 지난 10년간 연평균 22.3% 수준으로 성장하고 있다. 2015년 이후 마카오는 세계 최대 카지노 도시였던 미국 라스베가스를 추월하여, 세계 최대 규모의 카지노 도시로 성장하고 있다.

싱가포르, 말레이시아, 베트남, 일본, 대만 등이 카지노 유치를 통하여 아시아 권역의 카지노 시장점유율은 높아질 전망이다.

관광수입이 세계 10위권에 속하는 미국, 프랑스, 영국, 독일 등 관광 선진국들은 세수 확보와 경제활성화 또는 외화획득을 목적으로 카지노산업을 육성하고 있다.

카지노가 단순한 도박이 아닌 외국관광객의 욕구를 충족시켜주는 관광상품이며, 자국민에게도 합법화된 여가활동으로 간주되고 있다.

⑤ 세계 카지노산업의 특징

카지노산업의 합법화 목적은 크게 4가지로 볼 수 있다.

첫째, 관광산업 진흥을 들 수 있다.

포르투갈, 말레이시아, 호주 등과 같이 휴양지 카지노를 허용하고 있는 대부분의 국

가들이 관광산업 발전을 위해 카지노산업을
육성하고 있다.

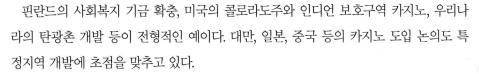

둘째, 외화획득을 목적으로 한다.

네팔 등 외국인 전용 카지노를 설치한 국가
들이 포함되며, 카리브해와 남미, 아프리카 등
저소득 국가의 카지노 합법화의 대부분이 해당된다.

셋째, 특정 목적의 기금을 확보하기 위해 도입하는 경우가 있다.

핀란드의 사회복지 기금 확충, 미국의 콜로라도주와 인디언 보호구역 카지노, 우리나
라의 탄광촌 개발 등이 전형적인 예이다. 대만, 일본, 중국 등의 카지노 도입 논의도 특
정지역 개발에 초점을 맞추고 있다.

넷째, 재정수입 확대이다.

미국의 네바다주, 마카오, 필리핀, 저개발 국가 대부분의 카지노가 이에 해당된다. 프
랑스 등 지방분권화가 잘되어 있는 유럽 국가들 중에도 지역개발을 위한 재정수입 확
충을 목적으로 하는 경우가 적지 않다. 이러한 경제적 목적이 카지노 합법화에 복합적
으로 작용하고 있다.

특히, 저개발국일수록 관광진흥과 재정수입 확대 및 외화획득을 동시에 지향하고 있
다. 카지노산업의 합법화 또는 규제완화는 대개 잠재적인 경제적 이점에 근거하지만, 카
지노산업을 적극적으로 육성하거나 장려하는 경우는 거의 없다.

그럼에도 불구하고, 카지노산업의 확산 및 합법화의 도미노 현상이 일어나는 것은 지
역개발 또는 관광진흥이라는 좋은 명목과 인접국과의 눈에 보이지 않는 경쟁 등도 작
용하기 때문이다.

규제는 주로 도박 중독, 범죄집단의 개입 등에 의한 사회적 문제 완화에 기인한다. 주
요 규제 내용 또는 수단으로는 출입제한, 외국인 투자제한, 세제를 통한 수익의 사회환
원, 게임의 종류 및 베팅 상한선 설정, 영업시간 제한, 카지노 장의 수에 대한 쿼터 설정
등 다양하다. 카지노는 비록 도박이지만 국민들의 레저 욕구 충족과 삶의 질을 향상시
킨다는 점에서 긍정적인 인식도 확산되고 있다.

특히, 유럽의 경우 카지노를 도박으로만 간주하는 동양적 시각과는 달리 카지노에서

의 게이밍을 문화 및 사교활동 수단으로 인식하고 있다. 카지노의 합법화는 사람들의 도박에 대한 본능적 욕구를 충족시키면서, 도박산업의 음성화를 막고 범죄집단의 개입을 차단하는 효과도 무시할 수 없다.

❻ 외국인 전용 카지노의 한계

국내 카지노는 일본인 의존도가 높아 일본경제, 관광객 수에 따라 카지노 고객수의 변화가 심하며, 일본의 카지노업 합법화 추진, 싱가포르의 카지노 허가, 말레이시아의 대형 카지노 건립, 마카오의 거대한 해외투자 유치 등 변화에 대한 대처가 필요하다. 이러한 시장의 열악성은 VIP 고객의 타 국가로 이탈 가능성이 높다는 단점이 있다.

특히, 외국인 전용 카지노의 정부운영은 외부 환경변화에 따른 적극적인 대응을 어렵게 한다. 카지노산업은 겜블링만을 하는 산업이 아닌 종합적인 엔터테인먼트 산업으로 변모하고 있다. 이러한 외부 환경의 변화를 잘 인식하여 카지노산업으로 인한 기타 산업과의 연계를 위한 내국인 출입의 허용을 검토할 시점이다.

이에 대한 해결방안은 다음과 같다.

첫째, 외부환경 변화의 인식 필요

카지노산업은 겜블링만을 하는 산업이 아니라 리조트, 테마파크, 컨벤션 등 복합적인 산업이라는 인식의 전환이 필요하다. 최근 대외 경쟁여건 변화와 국내 외국인카지노의 증가 등 당면한 정책과제를 해결하기 위해서는 카지노 서비스 전략 수립 등 카지노산업의 경쟁력을 제고할 수 있는 정책적 대안의 마련이 시급하다.

국내 카지노의 수요층은 숙련도에 의해 주로 테이블 게임을 즐기는 고액 배팅자(high roller)와 주로 슬롯머신과 비디오 게임을 선호하는 단체 당일 여행객, 여행 중 기분전환을 목적으로 카지노를 즐기는 소액 배팅자(low-stake), 그리고 부부 또는 가족구성원에게 제공된 다양한 레크리에이션 및 놀이를 통해 게임에 참여하는 가족단위형 고객으로 나눌 수 있다. 따라서 수요층에 맞는 합리적이고 차별화된 마케팅 전략이 필요하다.

둘째, 카지노산업의 경쟁력 확보

국내 카지노산업의 매출액 및 입장객 수에 중요한 영향을 미치고 있는 주요 변수는 달러 환율로 나타나고 있다. 달러 환율이 하향 추세에 있음에도 불구하고 국내 외국인 전용 카지노의 영업상황이 부진한 결과를 보이고 있다. 외국인 카지노의 향후 영업적 측면에 대해 부정적인 전망을 더욱 심화시키고 있다.

외국의 선진 카지노 경영기법의 도입, 카지노 개발에 대한 투자자본 도입과 함께 외국인 카지노시장 개척의 용이성 등 경쟁력 확보를 통한 카지노 경영활성화를 도모해야 한다.

셋째, 정부의 카지노 정책 변화

외래 관광객의 성장률에 비해 카지노 이용객 점유율이 지속적으로 낮아짐은 우리나라 카지노가 관광객들에게 점점 매력을 주지 못하고 있으며, 새로운 고객창출과 마케팅이 필요하다.

세부적으로 보면, 중국 시장의 경우 중국시장의 개방화와 중국경제의 고성장으로 VIP 고객이 점차 늘어날 전망이다. 따라서 중국시장이 차지하는 비중이 높아질 것에 대비하여 철저한 대책마련이 필요하다. 또한 대외 여건변화와 관련해 국내 외국인 전용 카지노의 주요 고객인 일본, 대만 등의 VIP 고객을 위한 적극적인 대비책을 강구해야 한다.

제4절   카지노 종사원

1 카지노 종사원의 범위

카지노 종사원의 범위를 관광진흥법 시행령에서는 '대통령령으로 정하는 종사원'을 "그 직위와 명칭이 무엇이든 카지노 사업자를 대리하거나 그 지시를 받아 상시 또는 일시적으로 카지노 영업에 종사하는 자"를 말한다.

카지노 운영 및 관리를 담당하는 종사자에는 딜러, 중간관리 담당자, 안전요원, 식음료, 기타 용역 등이 있다.

외국인 전용카지노의 경우 전체 카지노 종사원 중 딜러가 41%로 가장 많으며, 영업/판촉(35.2%), 관리직(14.8%) 순으로 구성되어 있다. 이 중 카지노의 가치에 중요한 영향을 미치는 것은 단연 카지노의 꽃이라 불리는 딜러라고 할 수 있다.

고용노동부 산하기관인 한국 고용정보원 주관으로 발간된 한국직업사전을 보면, 카지노 딜러는 스포츠 및 레크리에이션 관련 종사자 중 카지노의 중간 관리자인 플로어퍼슨, 피트보스와 함께 기타 스포츠 및 여가 서비스 종사원으로 분류되어 있다.

2 카지노 딜러의 개념

카지노 딜러는 카지노 영업장에서 게임을 하기 위해 입장한 고객을 대상으로 게임을 진행하는 업무를 하고 있다. 즉 딜러는 고객들이 다양한 게임을 즐길 수 있도록 도와주는 보조자이다.

고객의 게임 참여도는 다른 물리적인 외부 요인들에 비해 전문적인 지식과 기술을 습득한 딜러들의 영향을 가장 크게 받는다. 딜러의 가치는 고도의 기술인 딜링을 하는 게임 능력이 우선시되기 때문에 절대적인 노력이 필요하다. 다시 말하면, 카지노 딜러는 테이블 게임부서의 접점에서 고객과 대면하는 최초의 사람이며, 고객에게 첫인상을 남기는 직원이다. 게임 보호와 정책 및 절차 준수, 고객 서비스는 딜러의 업무에 있어서 매우 중요한 요소이다.

딜러는 카지노마다 정해진 House Rule에 따라 신속하고 정확하게 게임을 진행하는 동시에, 테이블에서 게임에 참여하고 있는 고객의 취향과 기호를 파악하여 그에 맞추어 응대해야 한다. 또한, 직원들간에 조금 더 차원 높은 서비스 제공을 위해 선의의 경쟁을 유도하기도 하는 등 고객에게 양질의 서비스를 제공하는 역할을 수행한다.

카지노 딜러가 고객에게 고품격 서비스를 제공함으로 인해서 딜러 자신의 가치창조는 물론 카지노 이미지 형성에 많은 영향을 미치게 된다.

③ 카지노 딜러의 역할

카지노 딜러의 직무를 카지노 영업장에서 고객을 상대로 여러 가지 테이블 게임을 운영하는 것으로 정의하고 있다.

딜러에게 동반되는 직무는 다음과 같다.
❶ 게임 테이블에서 고객의 게임 참여유무나 규정된 외화를 확인하는 것
❷ 룰렛, 카드, 칩스, 주사위 등을 사용하여 해당 테이블의 게임을 운영하는 것
❸ 게임 진행 후 승자나 당첨자에게 룰에 의한 일정비율에 의해 칩스를 지불하고 패자에게서 칩스를 회수하는 것
❹ 현금, 수표, 여행자수표, 바우처 등을 칩스로 교환하여 주는 것
❺ 고객의 고액 칩스를 저액 칩스로 교환하는 것
❻ 고객의 주문사항을 웹패드에 입력시키거나 관리자에게 알리는 것
❼ 규정을 위반하는 고객을 감시하여 관리자에게 통보하는 것이다.

딜러로서의 숙련 기간은 1년 이상 2년 이하로 보고 있으며, 게임진행, 서비스 제공, 게임지원, 게임 테이블 통제 및 관여로 카지노 딜러의 역할을 나눌 수 있다.

카지노 딜러는 게임 진행자로서 고객에게 다양한 서비스를 제공하기 위해 여러가지 게임을 실수 없이 진행해야 한다. 주요 게임뿐만 아니라 새로운 게임이 도입되면 그에 맞는 새로운 규율을 숙지해야 한다. 다양한 게임을 진행하기 위해서는 게임의 특성에 맞는 딜링과 계산방식이 요구되며, 기술적인 면 이외에도 회사를 대표하는 인적 서비스를 제공해야 한다.

보다 나은 서비스의 창출을 위해 고객의 성향과 기호를 파악하여 게임 중에도 고객의 음료와 식사 주문, 칩스의 체인지 등 많은 고객 서비스를 이행한다. 게임 테이블 관

표 7-7_ 카지노 딜러의 역할

딜러의 역할	주요 내용
	게임의 규정에 따라 안정되고 효과적인 딜링(dealing)을 고객에게 제공함
	정확한 베팅의 유무와 게임 테이블마다 정해진 limit와 고객의 베팅 금액의 일치여부를 확인함
게임진행	고객의 현금(달러, 엔화, 원화 등)을 칩스로 교환해 줌
	담당하는 테이블에서 발생하는 fill/collection 등 관련 확인하고 서명함
	회사의 게임규정 절차를 준수하며 공정한 dealing을 함
	모든 comp. 및 coupon을 처리함
서비스 제공	게임 테이블의 시야를 넓게 하여, 고객이 게임을 즐길 수 있도록 함
	회사 이벤트(각종 대회 룰)를 설명함
	게임 테이블의 시야를 넓게 하여, 고객이 게임을 즐길 수 있도록 함
게임 테이블 관장	의심 가는 고객의 행동에 꼼꼼하게 주의를 기울이며, 규정위반 행위 시 플로어 퍼슨(floor person)에게 보고함
	고객들간의 분쟁을 빠르게 처리하기 위해 노력함
	스마트폰과 워치의 사용을 제한함
	영업비품을 항상 점검함
게임지원	고객의 요구사항을 미소와 친절로 응대함
	기타 딜러로서 필요한 업무를 수행함

장자로서 게임 테이블의 시야를 확보하고 고객이 게임을 재미있게 즐길 수 있도록 신속, 유연하게 대처하는 것이 중요하다.

게임의 규칙에 따라 일정하고 정확하고 효과적인 딜링을 고객에게 제공하며 고객의 현금을 칩으로, 칩을 각 단위로 교환하여 준다. 정확한 베팅의 유무 및 limit와 일치를 확인하고 담당 테이블에서 발생하는 fill/coll(collection)을 확인하고 서명한다.

의심되는 고객의 행동에 꼼꼼하게 주의를 기울이며, 필요시에는 플로어 퍼슨에게 콜(call)한다. 항상 영업비품을 관리하고 회사의 게임규율을 완벽하게 인지하여 공정하고 여유 있게 딜링을 한다.

고객이 회사가 정한 규정에 의거하여, 게임을 할 수 있도록 조력하며 고객의 요구사항이 있을 때에는 즉시 플로어 퍼슨에게 알려야 하고, 기타 딜러로서의 필요한 업무를 수행한다.

최근에는 스마트 기기의 발전으로 인해 스마트폰이나 스마트워치 등의 사용을 제한시키며, 모든 comp. 및 coupon을 게임 중에 처리할 수 있다. 그리고 고객들간의 분쟁을 빨리 처리하기 위해 노력하며, 회사의 이벤트(각종 대회 및 디너쇼)를 설명한다.

❹ 카지노 종사원의 직무특성

카지노산업은 하루 24시간 연중무휴로 고객을 위해 운영되며, 다른 서비스 산업과 차별되는 우수한 인적 서비스의 비중이 크고 고객과의 접촉빈도가 높으며, 접촉시간이 상대적으로 긴 특성이 있다.

고객과 실질적인 접촉에 의해 서비스를 제공하는 직무는

❶ 불특정 고객을 대상으로 유·무형의 서비스 상품을 제공하고, 고객과 항상 접점에 있으므로 인적 서비스가 매우 중요시되고 있다.

❷ 고객의 다양한 욕구를 충분히 부응할 수 있는 능력과 책임감 내지 인격형성이 요구되며, 나아가 기술과 기능, 대인관계 능력이 요구되는 특성을 지니고 있다. 이러한 이유로, 일선에서 고객과의 접점에 있는 카지노 종사원의 태도와 행동은 기업 성패의 중요한 변수가 될 수 있다.

❸ 카지노 딜러들은 새로운 규정, 세계화, 인터넷 기술의 증가, 매우 까다로운 고객과의 대면 그리고 불안정한 고용상태 등 많은 복잡한 상황에 직면하고 있다.

❹ 카지노 딜러는 기술적인 업무(여러 가지 게임을 실수 없이 계속적으로 고객에게 제공) 이외에도 여러 표현을 통한 고객과의 공감형성이 중요한 고객만족 요인으로 여겨지고 있다. 따라서 기업의 요구에 맞춰 자신의 감정을 컨트롤하고 고객에게 서비스를 제공하는 등 정신적인 스트레스와 감정노동이 큰 직종이라 할 수 있다.

❺ 근무 자체로 인한 육체적, 정신적 피로뿐만 아니라 근무 이외 시간의 활용에서도 제한된 시간과 범위로 인해 타 업종에 비해 상대적으로 스트레스가 높은 직종이다.

❻ 카지노 딜러들은 보통 2~3개월 주기로 근무시간(shift)을 바꿔가며 근무를 하게 되는데, 06시부터 14시까지, 14시부터 22시까지, 22시부터 다음 날 06시까지 1,2,3부 근무를 분담하여 담당하게 된다.

최근에 추가된 swing 및 상근근무에 따라 근무시간이 바뀔 때마다 자신의 신체의 모든 리듬을 그 시간에 맞추어야 한다. 잦은 근무시간 변동으로 인해 규칙적인 다른 활동은 거의 못하게 된다. 또한, 대부분 주말이나 휴일에 고객들이 집중되기 때문에 주중에 휴일을 갖고 주말에 근무를 하는 등 일반 직종과는 근무시간에 있어 많은 차이가 있어 조직 밖의 사람들과의 교류가 사실상 많이 제한되고 있다.

서비스 산업 중에서도 카지노 딜러의 직무는 게이밍(Gaming)산업이라는 특수성으로 고객에게 서비스 제공에 있어 다른 서비스 종사원의 직무와 차별되는 이질적이고 다차원적이라는 특징을 지니고 있다.

카지노 종사원 중 가장 많은 구성원을 차지하고 있는 딜러의 직무특성은 다음과 같다.

1) 직무 다양성

카지노 딜러는 게임 테이블에서 정확하고 신속한 딜링(dealing)을 해야 하며, 고객과의 여러 상황에서 직무상 필요한 외국어를 습득해야 한다. 또한, 게임 테이블 관장자로서 테이블 시야 확보와 고객이 게임을 재미있게 즐길 수 있도록 신속, 유연하게 대처해야 하고, 고객의 사기를 높이고 편안한 게임 분위기를 조성해야 한다.

고객이 게임을 즐기는 동안 고객과 가장 많은 시간을 보내는 카지노 딜러는 업무의 시작과 끝이 테이블에서 총체적으로 진행되고 업무수행 시 발생될 수 있는 컴플레인(complaint)을 최소화하기 위해서라도 고객에 대한 집중이 요구된다.

카지노 딜러라는 직무는 일반적으로 인식되는 화려한 업무라기보다는 오히려 고된 직종 중의 하나이며, 직무를 수행하기 전에 기술적인 면에서 직무의 다양성에 대비를 하고 있어야 한다.

2) 직무 정체성

직무가 시작부터 끝까지 전체 작업 중에서 어느 정도의 범위를 차지하고 있는지의 정도를 의미한다. 카지노 종사원은 직무의 어느 한 부분을 책임지는 것보다는 완전한 작업단위로서 직무전체를 수행할 때 직무를 보다 의미 있는 것으로 지각하게 된다.

3) 직무 중요성

카지노 게임을 즐기는 고객이 가장 빈번하게 접촉하는 직원은 카지노 딜러이다. 카지노 딜러는 고객과 게임을 해서 돈을 잃게도 따게도 하는 직접적인 업무를 맡고 있다. 따라서 카지노 영업부는 딜러의 승률이 높아져야 회사의 이윤을 많이 남길 수 있으므로, 카지노 딜러의 직무는 핵심적인 역할을 한다고 할 수 있다.

4) 직무 자율성

카지노 종사원의 근무시간은 1일 3교대 8시간으로 나누어져 있으며, 8시간 중에는 실제 게임을 진행하는 시간과 휴게시간이 포함되어 있다. 따라서 고객이 많은 날에는 휴게시간이 상대적으로 줄어들며, 근무하는 시간이 길어지며 동시에 손실과 이익에 대한 부담감도 커지게 된다.

딜러들은 근무시간 이외의 시간에는 휴게실에서 선배, 동료, 후배들과 공간을 함께

사용해야 하는 이유로, 타 직종과는 달리 자신만의 독립적인 공간 확보가 어렵다는 점 등이 종사원간의 내적 갈등요인이 될 수 있다.

상사와 운영관리과의 관리 안에서 게임 규칙과 업무 매뉴얼에 따라 근무를 해야 하는 직무특성으로 인해 자신만의 의사결정권은 그다지 높지 않다.

카지노 딜러는 여러 게임 테이블 중에서 본인이 근무하고 있는 테이블이나 함께 일하고 싶은 동료, 관리자를 선택할 수 없고, 정해진 근무지에서 정해진 동료와 근무를 해야 한다. 이렇게 상사의 지시, 명령에 순응하는 자세, 업무수행 및 결과에 대해 성실하고 책임감 있는 태도를 요구받고 있다.

카지노 딜러의 자율성과 딜러 본인의 역량은 영업장에서 많은 제한을 받을 수도 있지만, 카지노 딜러들은 개개인마다 제한된 게임 테이블 안에서만큼은 철저한 독립적인 존재처럼 느껴진다. 시작한 게임은 담당 딜러가 마무리 지어야 하고 누구도 근무시간이 끝날 때까지 대신해 주지 않는다. 승률이 높든 낮든 근무교대가 이루어지기 전에는 테이블을 주도하고 관장하는 것이 딜러의 독립적인 의무이며 그 안에서 자율성을 갖는다.

5) 피드백

카지노산업에서 인적서비스가 차지하는 비중은 높다. 카지노 서비스는 딜러의 테이블 운영 및 딜링 스킬, 고객과의 소통능력, 고객에 대한 친절도 이다.

그리고 카지노에 방문한 고객에게 좋은 기억, 멋진 추억을 제공하는 카지노 딜러들의 서비스는 곧 훌륭한 고객에게 경험을 제공하는 것이라 할 수 있다.

그만큼 고객에게 얼마나 좋은 인상을 남기느냐에 의해서 카지노의 성패가 좌우된다. 이러한 이유로 피드백을 통해 서비스 향상에 노력하고 있다.

5 카지노 종사원의 직무와 직무 스트레스

과거 아시아에 위치한 국제적 규모의 카지노를 갖춘 지역은 마카오, 말레이시아 정도였으나, 2010년 카지노를 합법화한 싱가포르가 2013년 센토사 카지노와 마리나 베이 샌즈 카지노를 개장하였다.

필리핀은 2010년 12억 달러 규모의 초대형 카지노를 마닐라에 개장하면서, 수많은 관광객을 유치하고 있다.

카지노 종사자의 관리는 카지노 조직의 품질을 좌우하는 마케팅 수단으로서 매우 강조된다. 최근 인적서비스 의존도가 높은 기업에서는 기업의 성공에 긍정적인 영향을 미치는 종사원들의 감정노동에 대해 많은 관심을 가지고 있다.

특히, 카지노산업은 기업의 영업성과가 노동집약적이고 직접적인 접촉빈도가 높은 고객과의 접점 서비스 등의 인적자원에 영향을 받게 된다.

카지노에 종사하는 종사자들에게 사람과의 좋은 관계 능력, 즉 기계적인 기술이 아닌 대인관계의 기술을 매우 중요시한다. 카지노 종사자들은 새로운 규정, 세계화, 인터넷 기술의 증가, 매우 까다로운 고객과의 대면 그리고 불안정한 고용상태 등 많은 복잡한 상황에 직면하고 있다.

카지노 기업에 종사하는 종사자는 카드 게임의 서비스 기술과 고객에 대한 서비스 전문성 및 고객과 기업에 대한 도덕성 및 윤리성 등이 필요한 전문 직종으로 인식되고 있다.

카지노산업은 인적자원을 기반으로 운영되는 관광시설로서 서비스 제공자의 인적 신뢰성이 핵심요소이다. 또한 카지노에서 일하는 직원들은 항상 미소, 존중, 품위를 전달할 것이라는 기대와 함께 종종 신체적·정서적 문제에 취약하다는 특정 측면은 카지노 종사자들의 독특한 근무 환경을 만든다. 카지노 종사원들은 직무환경의 고유한 특성에 따라 높은 수준의 분노와 스트레스를 경험한다. 카지노산업은 기타 다른 서비스 산업보다 인적자원을 통한 서비스의 역할이 매우 큰 비중을 차지하고 있다.

그렇기 때문에, 카지노 종사자의 관리는 카지노 조직의 품질을 좌우하는 마케팅 수단으로서 매우 강조된다.

카지노 딜러라는 직업은 일반적으로 인식되는 화려한 업무라기보다는 오히려 고된 직종 중 하나이다. 게임 딜러들에게 요구되는 사항으로는 장시간 서서 근무를 해야 하고, 때때로 무례하거나 의심 가는 모습을 보이거나 속임수를 쓰려고 하는 고객들과 직면해야 한다. 항상 엄격한 관리자와 서베일런스실(surveillance)의 감시하에서 근무해야 한다. 따라서 카지노 딜러들은 다양한 스트레스를 받게 된다.

카지노 딜러들의 직무 스트레스 요인으로 작용하는 것을 정리하면, 직무환경 요인, 인간관계 요인, 직무특성 요인으로 구분할 수 있다.

1) 직무환경 요인

직무환경은 급여 외의 근무조건, 근무자의 책임을 효율적으로 수행할 수 있게 하는 환경을 총칭한다. 직무환경의 효과나 능률의 극대화를 도모하기 위해서는 무엇보다도 그 직업에 알맞은 직무환경의 정비를 필수요건으로 하고 있다.

노동 집약적 특성으로 인해, 인적 서비스에 대부분 의존하고 있는 카지노산업에서는 고객만족과 직결되는 종사원들의 만족에 관계되는 직무환경을 외면할 수 없다.

딜러의 근무시간은 1일 8시간으로 여기에 실제 게임을 담당하는 시간과 휴식시간이 포함된다. 또한 연중무휴 24시간 영업하는 곳이며, 일반적으로 3교대 근무를 하고 있다. 2개월 간격으로 근무시간이 바뀌기 때문에 자신의 신체리듬을 맞춰야 하며, 같은 시간 동안 근무하는 타 직종보다는 훨씬 많은 육체적인 피로를 느끼게 된다.

2) 인간관계 요인

조직 내에서 인간관계는 주로 동료, 상급자, 하급자 간에 생기는 현상으로 개인 및 조직의 업무달성에 지대한 영향을 미친다.

일반적으로 직무 스트레스와 인간관계는 대부분 개인간의 인지, 인정, 동질성, 개인의 요구 등과 밀접한 관련이 있다. 즉, 구성원 개개인이 서로에게 동질성을 느끼지 못하거나 서로를 인정하지 않으려고 할 때 직무 스트레스가 발생한다. 일반적으로 인간관계가 좋지 못하면 직무 스트레스가 증가하고 개인간의 신뢰도가 저하되며, 사회적 지원도 감소된다. 딜러는 대체로 60분 근무하고, 20분의 휴식시간을 가지는데, 카지노 직무의 특성상 근무시간 중의 일부를 차지하는 대기시간에 휴게실 생활에서의 업무 외적인 지시

📊 표 7-8_ **직무별 직급**

구 분	주요업무	요구능력
딜러	• 테이블 게임운영	• 카드딜링 기술, 게임에 대한 지식, 외국어 능력 • 서비스 마인드와 스트레스에 대한 내성, 팀워크
플로어 퍼슨	• 딜러와 테이블 관리 • 테이블 고객의 불만에 응대 • 테이블 손익관리	• 카드딜링 기술, 게임에 대한 지식, 외국어 능력 • 서비스 마인드와 스트레스에 대한 내성, 팀워크, 리더십
핏보스	• 딜러와 플로어퍼슨 관리 • 고객의 게임현황을 파악	• 카드딜링 기술, 게임에 대한 지식, 외국어 능력 • 서비스 마인드와 스트레스에 대한 내성, 팀워크, 리더십
영업팀장	• 딜러, 플로어퍼슨, 핏보스 관리 • 해당시프트 문제발생시 해결	• 카지노 사업에 대한 전반적인 지식, 경영관리지식, 인사 및 조직관리 • 리더십, 문제해결능력, 협상력, 경영마인드, 서비스 마인드
머신 어텐던트	• 머신게임 고객의 지불금 • 머신게임기의 운영 및 관리 • 머신게임기 고객대응	• 손익관리 관련 지식처리 • 고객지향마인드, 문제해결 능력
메카닉	• 머신게임기계 정비	• 기계관리 지식과 산업공학 관련 지식 • 고객지향 마인드, 문제해결능력, 효과적인 자원 활용과 창의력
안내 데스크	• 카지노 입장권 판매 및 수납 • 고객 물품보관 및 분실물 관리 • 단체고객 투어, 안내	• 카지노에 대한 전반적 지식, 외국어 능력 • 고객지향 마인드, 대인관계 기술, 의사소통 능력
업장판촉	• 고객관리 및 마케팅	• 카지노와 호텔 및 기타 부대시설에 대한 지식, 개별고객 개인신상, 취향, 재정상태에 대한 지식, 외국어 • 고객지향마인드, 문제해결능력, 효과적인 자원활용, 대인관계 기술
서베일런스	• 딜러의 실수 및 부정행위 감시 • 출입금지자 여부 체크	• 카지노에 대한 전반적 지식, 모니터 기계에 대한 지식, 출입금지자에 대한 정보 • 집중력과 식별능력, 팀워크
안전관리	• 입장객 및 출입금지자 관리 • 객장 내외부의 보안업무담당 • 칩 운반	• 체력 및 무술 유단자 • 응급상황 대처능력 및 팀워크
환전 테이커	• 테이블 금고회수 및 계산	• 경리관련 지식 • 정직성과 집중력, 회계관련 전공
환전캐셔	• 칩과 현금을 교환 • 고객의 현금보관 담당	• 경리관련 지식 • 정직성과 집중력, 회계관련 전공

자료: 한국직업능력개발원(2005). 호스피탈리티 산업의 직업구조 특성과 인적자원 개발전략(오수철, 2001), 카지노 경영론.

나 동료들과의 인간관계에서 기수문화라는 특수성이 발생된다.

타 직종과 같이 자신만의 공간 확보가 어렵다는 점, 종사원간에 갈등요인이 될 만한 잠재성을 가지고 있다.

3) 직무특성 요인

카지노 딜러는 장시간 서서 근무를 하고, 무례하거나 미심쩍은 모습을 보이거나 속임수를 쓰려고 하는 고객들과 직면해야 한다. 또한, 항상 관리자와 운영관리과의 감시하에 근무하는 애로점들이 있다. 그리고, 딜러의 실수에 냉담하고 호의적이 아닌 고객과 직면한다는 부담감이 있으며, 업무성과에 대한 중압감으로 인해 스트레스를 많이 받는다.

카지노 딜러의 직무 스트레스의 원인은 크게 직무범주, 조직·물리적 환경 범주, 직무·조직외의 범주 3가지로 구분되고 있다.

첫째, 직무범주는 딜러에게 기대되는 직무요구와 역할특성으로부터 발생되는 직무 스트레스 원인들로 역할갈등, 역할과다, 감정노동, (비)언어적 위협, 일·가족 갈등, 교대근무, 기타 직무요구 등 많은 요인들로 인해 스트레스를 받고 있다.

둘째, 조직·물리적 환경범주로서 상사에 대한 불만족, 임금 및 복리후생제도, 승진제도 그리고 물리적 작업환경 등이다.

셋째, 직무 및 조직과 직접적으로 관련되어 있지 않은 스트레스의 직무·조직 외 범주로 직업존중감과 지역사회의 적합성(근무지 환경) 등이 여기에 속한다.

세계의 주요 카지노

Case Study

세계 10대 카지노 기업 중 6개는 미국, 3개는 홍콩/중국(마카오), 1개는 말레이시아

- 매출액 기준 세계 10대 카지노는 마카오에 8개, 싱가폴에 2개
- 단일 카지노 매출액이 제일 높은 카지노는 마카오의 갤럭시 카지노

글로벌 카지노산업을 가지고 성장한 기업들이 많이 알려져 있다. 그중에서도 우리나라 사람들에게는 샌즈호텔이 더 많이 알려져 있다.

대표적으로 싱가포르에 마리나 베이 샌즈호텔이 있으며, 이 호텔은 우리나라 기업이 건설한 세계적으로도 유명한 호텔이기도 하다. 옛날에는 카지노 회사들이 카지노 사업으로만 돈을 벌었다고 생각할 수 있겠지만, 요즘에

는 카지노뿐만 아니라 호텔, 놀이시설 등 종합 엔터테인먼트 형태로 변하고 있다.

카지노의 기원은 1638년 이탈리아 정부가 세계 최초로 인정한 Ridotto(이탈리아 언어로는 Private Room) 당시 카지노는 일종의 연회장으로 볼 수 있으며, 이탈리아 베네치아에 있었다. 초기 카지노는 많은 사람들이 드나드는 사교장 같은 곳이었다. 유명한 음악가 바그너도 카지노 단골고객으로 전해지고 있다.

처음에는 귀족들끼리 재미있게 놀기 위해서 만들었으며, 나중에는 이곳을 국가가 관리하면서 세금을 걷기 위해서 카지노를 양성화하는 과정을 겪었다.

1650년대 이후 유럽에 유행처럼 번지게 되었으며 프랑스에서 블랙잭, 바카라, 룰렛게임이 개발되었다고 한다. 룰렛의 돌아가는 휠은 파스칼이 만들었다는 말이 있으며, 이는 많은 문헌들 속에 파스칼이 만들었을 것이라는 기

Top International Casino Brands

Sands
LAS VEGAS SANDS CORP.

Wynn.
RESORTS

CAESARS
ENTERTAINMENT.

銀河娛樂集團
GEG Galaxy Entertainment Group

MGM RESORTS
INTERNATIONAL®

GENTING
BERHAD

Gambling, 유럽에서 신대륙으로

도박장 보트 & 살롱

록만 남았다고 한다.

참고로 파스칼은 17세기 유명한 수학자, 물리학자, 발명가, 작가, 신학자로서 천재적인 사람이다. 어느 시대이건 사행성 게임들은 존재해 왔었다.

이탈리아에서 시작되어 프랑스로 전파된 카지노가 유럽 전역으로 다시 전파되어 신대륙 미국으로 전해졌다. 프랑스 사람들이 뉴올리언스로 이민을 많이 갔었기 때문에 당연히 프랑스에서 하던 블랙잭, 바카라, 룰렛이 그대로 이식되게 된다. 그 당시에는 배 위에서 카지노를 즐겼는데 뉴올리언스가 겜블에 성지, 핫플레이스였다고 한다.

골드러시 후 미국 서부로 사람들이 몰려갔고 지금과 같은 사행성 게임이 만들어진 것은 1906년 골든 게이트 카지노가 라스베가스에 생기면서 시작되었다. 조금 더 발전된 형태는 1926년 사진 오른쪽에 칼 네바 리조트 앤 칼 네바 롯지(Calneva Resort and Cal Neva Lodge)였는데, 당시만 해도 도박은 합법화되지는 않았

다. 불법이었지만 과한 단속은 하지 않았던 것으로 전해진다.

카지노가 지금과 같은 사업이 되기 위해서는 합법화 과정을 거쳐야 하는데, 왜 라스베가스에서 먼저 시작되었을까? 그 이유는 1920년 말 대공황시절 네바다주 정부에서는 세금을 걷을 만한 곳이 없었다. 다른 주에서는 세금을 걷을 산업이라도 있었지만, 사막밖에 없었던 네바다주는 먼저 카지노를 합법화시킨 것이다.

1930년대

미국 네바다주에서 대공황을 극복하기 위해 경제대책으로 본격 육성

1980년대

미국 전역으로 확산 이후 세계적인 확산 가속화되어 동구권 국가에서 활성화

1990년대

미국 26개 주에서 운영, 13개주에서 합법화를 위한 합법조치실행, 현재 11개주 합법화

2010년대

마카오 개발을 시작으로 아시아 카지노산업 확대(일본 카지노 합법화 기본법안 통과 전)

이런 합법화 과정을 거치게 되면서 굉장히 성장한 카지노 기업이 라스베가스 샌즈 코퍼레이션(Las Vegas Sands Corporation)이다. 그렇지만 여기도 시작은 아주 작은 호텔부터 사업을 키워왔다. 이제 그 유명한 샌즈기업이 어떻게 탄생되었는지 알아보도록 한다.

카지노의 합법화

1930년대 미국 네바다주에서 카지노를 먼저 합법화시켜 발전시켰고 다른 주에서는 그 이후 받아들이면서 카지노 사업이 점점 발전하게 된다. 1990년대에는 더 많은 주가 합법화되면서 리조트 형태로 바뀌고 2000년대 들어서면서 전 세계로 진출하게 되었다.

샐던 애델슨은 컨벤션 센터로 돈을 벌어본 사람이라 컨벤션 사업이 돈이 된다는 것을 잘 알고 샌즈 호텔을 인수한 뒤 호텔경영과 함께 컨벤션 센터를 만들어서 새로운 수입창출 구조를 만든다.

샐던 애델슨이 두 번째 결혼을 하고 신혼여행을 베니스로 가게 되는데, 와이프가 베니스를 보고 너무 마음에 든 나머지 베니스를 호텔에 접목시키자고 제안했다고 한다.

그 당시만 해도 호텔과 카지노는 각각 분리된 느낌이었지만, 신혼여행에서 돌아와서 기존 호텔을 부수고 베니스 느낌이 나는 호텔을 다시 짓게 된다.

새로운 형태의 모델로 대박이 나면서 사람들이 카지노를 즐기러 오기보다는 가족 단위로 놀러오는 복합 엔터테인먼트 리조트화가 되었다. 그 후 라스베가스 트렌드가 복합 엔터테인먼트 리조트 형태로 흐름이 바뀐다. 이렇게 대단한 성공을 한 애델슨은 눈을 해외로 돌리게 된다.

2000년대부터 아시아 시장이 커진다고 해서 자리 잡은 곳이 마카오다. 예전 마카오에 있는 카지노는 지금처럼 분위기 좋은 카지노 호텔이 아니었고 전형적인 도박장 같은 느낌이었다고 한다. 그러다 샌즈호텔이 들어오면서 국제적인 호텔로 바뀌게 된다. 마카오에도 라스베가스와 똑같은 모델의 카지노호텔을 만들고 또 팔라조 호텔도 추가 건설한다.

아시아 시장이 붐을 이루고 있었던 중 싱가포르에 하나 더 카지노호텔을 건설하게 되는데, 그게 유명한 마리나 베이 샌즈 호텔이다. 지금은 싱가포르의 랜드마크가 되었다. 이 호텔이 오픈하자마자 대박을 치면서 오픈한 해에 6억 달러 매출을 기록한다. 그리고 이 호텔 하나가 싱가포르 관광산업이 20% 성장하는 데 큰 기여를 했다 한다.

마리나 베이 샌즈 호텔을 건설하던 중 2008년 미국 금융위기로 카지노산업이 제일 큰 타격을 받았을 때 이 사업을 계속할지 말지 주주들간 의견이 분분했는데, 셀던 애델슨이 꼭 투자해야 한다고 강하게 밀어붙여 결국 그의 판단대로 대성공을 이루었다고 한다.

샌즈회사는 2004년 주식상장 후 2008년 위기를 겪은 후 성장을 이어오다 2020년 코로나로 타격을 받게 된다. 아시아 지역 투자가 전략적으로 잘 판단한 결정이었다. 2019년까지 매출은 마리나 샌즈 베이와 마카오에서 벌어들이는 수익이 라스베가스 수익보다 훨씬 더 많았다.

카지노 게임 종류

❶ 룰렛(roulette)

- 초보자라도 쉽게 즐길 수 있기 때문에 가장 대중적인 카지노 게임 중 하나이다.
- 딜러가 회전시킨 볼이 회전하고 있는 휠(회전판)상의 어떤 번호(번호/색깔 등)에 낙찰할 것인가를 알아맞추는 게임

❷ 바카라(baccarat)

- 플레이어(player)와 뱅커(banker) 중 어느 핸드가 이길지 예상하여 베팅
- 비길 것을 예상하여 타이(tie)에 함께 베팅하기도 함. 플레이어, 뱅커 중 9에 가까운 쪽이 이김

❸ 블랙잭(blackjack)

- 플레이어와 딜러가 각각 카드를 나누어 받아, 그 합이 21에 가까운 숫자를 얻어 승부를 겨루는 게임
- 19세기 초에 프랑스에서 twenty-one 게임이 처음으로 시작
- 미국 카지노에서는 1910년 twenty-one 게임이 처음 소개되었고, 1915년에 블랙잭 게임이 완성
- 시카고에서 현대의 블랙잭 테이블과 게임 규칙 등 개발

❹ 다이사이

- 식보(sic bo) 게임을 공식적으로 부르는 말로 고대 중국에서 시작

- 원래 식보는 주사위 한 쌍을 의미하지만, 게임에 흥미를 더하기 위해 세 개의 주사위로 게임을 진행함
- 테이블 게임 중 가장 큰 배당(1:150)이 가능한 게임이며, 초보자들도 쉽게 이해할 수 있어 선호도가 높음
- 플레이어가 베팅한 숫자 혹은 숫자의 조합이 shaker(주사위 용기)로 흔들어 결정된 3개의 주사위 합과 일치하면 정해진 배당률에 의해 배당금이 지급되는 게임

Convergence Tourism
융합관광론

CHAPTER 8

글로벌
복합 리조트

제1절 　　　　　 리조트의 이해

1 리조트의 개념

리조트(resort)의 어원은 프랑스의 고어인 resortier(re=again, sortier=to go out)에서 유래된 단어로서 통상적으로 '방문하다'라는 의미이다.

리조트를 사전적으로 해석하면 '자주 가는 곳'이라는 정도의 의미이다.

일반적인 리조트의 개념은 휴양 및 휴식을 제공할 목적으로 기본적으로 숙박시설을 갖추고, 스포츠, 위락, 식음료, 레크리에이션 등을 위한 다양한 시설을 갖춘 종합시설 또는 종합단지를 의미한다.

리조트는 편안한 분위기를 추구하며 비일상적인 환경을 조성해야 한다. 종합적으로 체재성, 자연성, 휴양성, 다기능성 등의 요건을 겸비해야 성립될 수 있는 독특한 개발방식을 가지고 있다. 특히, 리조트 이용자의 선택요인은 기본적으로 리조트가 가지고 있는 시설, 기능 등의 상품적 가치와 매력에 있다.

고객의 이용에 전제되는 접근성, 주변 지역과 어우러진 경관적 매력, 이용상품의 가격성, 관광지의 인적·물적 서비스 그리고 관광시설과 분위기, 판매촉진 활동 등으로 구분한다.

리조트는 피서, 피한, 휴양 및 휴식을 취하면서 각종 스포츠나 여가활동을 즐기는 체류형 휴양시설이며, 관광객이나 휴양객들에게 많이 이용되는 숙박시설이다.

최초의 리조트는 고대 그리스 로마시대의 작은 대중목욕탕에서 시작되었으며, 이는 곧 보다 발전된 모습으로 로마제국 전역으로 확산되었다.

중세시대를 거치면서 줄어들었으나, 예술과 과학이 발달하던 르네상스에 치유와 요양을 목적으로 발달하기 시작해 부활하면서 유럽 전역에 걸쳐 유명해졌다.

1750년대에 아메리카의 첫 리조트가 생기기 시작했으며, 최초의 기원처럼 스파 리조트 형태였다. 19세기 중반에 이르러 우리가 알고 있는 대중형 리조트가 등장하기 시작했다.

초기 발전 당시의 리조트는 고급화되어 부유한 사람들의 영역이었으나, 현재는 그 인식이 모두를 위한 공간으로 바뀌어 여행의 수단 중 하나가 되었다.

근로시간의 단축과 소득의 증가, 가치관의 변화 등 복합적인 이유로 남은 여가를 더 풍족하게 보내고자 하는 여행객들이 증가하면서 리조트가 변화하고 숫자가 증가하였다. 이용객들의 다양한 요구를 충족시키는 새로운 개념의 리조트들이 등장하기 시작했다. 여가 수요층의 다양화와 방문목적의 다변화로 휴양, 레포츠, 업무 등이 반영된 복합 시설의 구성이 이루어졌다. 단순히 휴식을 취하기 위한 편의시설이 아니라, 복잡한 일상에서 벗어나 즐거움을 느끼고 스트레스를 해소하면서 건강을 회복하는 기능을 하는 시설이다.

1) 리조트의 정의

첫째, 자신에게 필요한 여가를 보내는 장소

둘째, 스트레스를 해소할 수 있는 공간

셋째, 자연과 심리적 교감이 가능한 곳

넷째, 현실과 다른 차원의 세계에 들어가 일시적으로 동화될 수 있는 공간을 제공하여 주는 장소

🐾 그림 8-1_ 리조트의 기본적인 역할

다섯째, 공간에서 삶을 재충전하여 삶의 질을 높일 수 있는 장소

 리조트의 변화와 기능

1) 리조트의 변화

집을 떠나 쉴 수 있는 대표적 공간이자 레저문화의 축소판이라 할 수 있는 리조트에도 새로운 변화의 바람이 불기 시작했다.

사람들의 삶 속에서 쉼의 중요성이 커지고 있으며, 쉼에 대한 니즈 또한 다양화되고 있다. 이에 따라 기존에 단순 휴식공간으로만 여겨졌던 리조트가 이제는 쉬면서 동시에 색다른 체험을 할 수 있는 서비스 플랫폼으로 진화하고 있다.

리조트 변화에 따른 분류에는,

리조트는 입지 조건에 따라 유형별로 스키 리조트, 골프 리조트, 마리나 리조트, 온천 리조트 등으로 나누게 된다. 현재에는 여가활동의 다양화와 이용객들의 요구로 인해 다양한 테마를 토대로 한 테마형 리조트가 등장하고 있다.

최근의 리조트는 기본적인 숙박과 편의시설 중심에서 벗어나 문화, 교육, 건강, 힐링 등의 콘셉트를 도입하여, 테마파크, 문화·예술공연장, 명상원, 병원 등의 시설을 도입하고 있으며, 에듀-컬처형, 에코-힐링형 리조트 등의 새로운 개념의 리조트가 생겨나고 있다. 트렌드의 변화에 따라 고객들의 니즈가 다양해지고 있으며, 리조트도 추세에 따라 다양한 테마의 프로그램을 제공하고 있다.

2) 리조트의 성장

리조트의 발생은 고대 그리스와 로마의 스파(Spa)나 욕장(Bath)에서 그 기원을 찾을 수 있다. 이러한 시설들은 로마시대 점령지 주둔 군단과 지배계층을 위한 리조트가 대부분이었다. 목욕과 레크리에이션을 혼합한 현대 리조트 호텔과 유사한 시설을 갖추고 있었다.

표 8-1_ 국내 리조트 산업의 성장사

입지성 리조트 → 테마형 리조트			
태동기 1980년대	대중화 1990년대	복합화 2000년대	개성화 2000년대 후반
• 스키 리조트 도입: 용평 리조트, 이지성 리조트가 대부분 • 설악산, 해운대, 경주 등	• 리조트의 브랜드화 본격화 • 스키 중심의 체인화가 함께 진행되어 리조트의 대중화 확산	• 입지적/계절적 수요편차를 극복하고자 종합/복합 리조트로 탈바꿈 시작	• 다수의 복합 리조트, 스파/워터파크 업체의 진입으로 레드오션화 • 신개념 리조트 도입 시작, 문화, 힐링, 세컨드 하우스 등

제1, 2차 세계대전 이후 수입의 증가와 생활의 여유로 인해 중산층에게도 리조트를 이용할 기회가 제공되고, 스키 중심으로 리조트산업은 급격한 성장을 이루게 되었다.

이에 반해, 우리나라의 리조트 역사는 매우 짧은 반면, 1960년 이후 국민소득의 증가로 국민들의 여가의식이 변화되고 휴식의 비중이 높아졌다. 이와 동시에 경제개발 계획과 급속한 경제성장, 교통시설의 발달과 정부의 정책적 지원을 발판 삼아 급속한 성장을 하였다.

1980년대 관 주도적으로 이루어진 전국 일원에서의 관광지 지정과 개발, 민간개발 업자의 레저단지 건설이 한몫을 담당하게 되었다.

주40시간 근무제에 의한 주5일 근무제와 주5일 수업제 시행으로 여가시간의 확대와 소득 수준향상에 따라 리조트 수요는 크게 늘어나고 있으며, 유명 휴양지와 관광지를 보조하는 단순 숙박형에서 온천 리조트 중심으로 발전하였다.

이후 관광체험형, 체류휴가형으로 변화함으로써 복합 리조트로 발전하게 되었다.

3 리조트의 기능

리조트를 찾아가는 이유는 매우 다양하지만, 근본적으로는 일상생활에서의 탈출, 직업에 대한 스트레스 해소와 재충전, 근심의 해소, 삶의 새로운 변화를 즐기기 위해서이다.

1) 체류와 생활공간으로서 기능

리조트 활동이 장기화되면서 일상생활 환경으로 분리되어 호텔, 콘도미니엄, 유스호스텔, 빌라 등 이용객들이 장기 체류하면서 숙박 거주기능을 만족시키는 시설로서의 기능을 하고 있다.

2) 스포츠, 오락, 문화 등 휴양시설이 다양한 곳

리조트 시설은 삶의 보람을 창조하는 공간이며, 심신의 휴식과 활력을 키우는 공간이다. 자연과 인간의 조화를 꾀할 수 있는 체험학습의 공간이듯 다양한 세대와 계층의 스포츠, 오락, 문화 등 필요와 욕구에 부합되는 공간으로의 다양한 요소로 이용되고 있다.

3) 반복해서 방문하는 곳

관광지와는 달리 다양한 활동을 할 수 있기 때문에 반복해서 방문하는 공간으로 관광객들의 선택을 받고 있다.

4 웰니스 리조트

웰니스는 웰빙(well-being)과 행복(happiness) 또는 웰빙과 건강의 합성어이다.

웰빙이 육체적 건강에 중점을 두었다면, 웰니스는 육체는 물론 정신적으로도 행복한 삶을 추구하고자 하는 것이 특징이다.

건강과 삶의 질 향상에 대한 관심이 높아지며 웰니스라는 소비문화가 하나의 트렌드로 자리 잡고 있다. 자연과의 교감 속에서 건강도 챙기고 삶의 여유를 찾는 관광을 통해 삶의 질 향상을 추구하는 관광의 새로운 트렌드인 웰니스 관광이 확대되고 있다.

웰니스 관광은 무엇을 목적으로 하는가에 따라 의료기술을 접목시켜 육체적 치료에 중점을 두는 경우도 있고, 온천이나 자연 휴양림과 같이 자연적으로 발생하는 자원을 활용하기도 한다. 이러한 요소들로 인해, 정신적 스트레스를 해소함으로써 치유에 목적을 두는 경우 등 한 가지로 정의를 내리기 힘들다. 즉, 건강이라는 분야에 특화되어 웰니스 센터, 스파, 헬스, 명상, 미용, 건강관리 등의 시설이다.

호텔·리조트 등에서 고객의 건강상태를 진단하고 개개인에 맞춤형 서비스를 제공하는 관광의 유형이다.

제2절 리조트의 특성 및 유형

1 리조트의 특성 및 구성요소

리조트는 휴양 및 사교의 목적이 강하고 장기 체재형으로서 오락, 문화, 스포츠 등의 다양한 휴양시설과 체류하기 위한 모든 시설이 골고루 구비되어 있어, 체류기간 동안 그곳을 떠날 필요가 없이 반복적으로 방문하는 곳이다.

리조트의 일반적인 특성은 일시적 체재, 이용자 중심, 재생산적 의미 그리고 단일 주체에 의한 개발이라는 점이 포함된다.

리조트의 부대시설로는 콘도 및 호텔 등의 숙박시설이 필수 요소이며 레크리에이션, 스포츠, 레저, 엔터테인먼트, 상업, 문화, 교양, 비즈니스 등을 위한 시설들이 복합적으로 갖추어져야 한다.

리조트는 주제에 따라 스포츠형, 위락형, 가족 레크리에이션의 형태로 분류되며, 이용형태에 따라 주말형과 장기 체재형으로 분류된다. 따라서 리조트가 갖추어야 할 요건은 체류성, 휴양성, 다기능성, 광역성이 있다.

최소 1박 이상의 장기간 체류할 수 있으며, 자연경관을 배경으로 일상에서 벗어나 휴식을 취할 수 있어야 한다.

리조트의 특성은 복합기능, 개발계획, 입지성 그리고 접근성 등 4가지로 구분한다.

첫째, 리조트의 복합기능은 숙박, 오락, 교양, 문화 등 여가시간을 즐길 수 있는 복합 다양한 기능을 가지며, 대부분의 형태와 기능을 종합화함으로써 체류기간 동안 그곳을 떠날 필요가 없다.

둘째, 리조트의 개발계획은 소규모가 아닌 최소 80ha(24만 평) 이상 대규모로 개발이 이루어져 장기적인 종합계획을 가지고 있다. 이러한 개발계획은 대부분 단일주체에 의해 개발하게 되며, 숙박시설은 보통 500실 이상을 보유하고 있다.

셋째, 리조트의 입지 특성은 주요 시장인 대도시 주위 2~3시간 정도의 거리에 위치하는 것이 일반적이다. 특히 좋은 입지는 교통이 편리해야 하므로 공항, 고속도로, 주요 도로에 인접하는 곳이 좋다.

넷째, 접근성은 자연경관이 수려한 곳인 동시에 자연재해로 인해 피해를 최소화할 수 있는 지형이 적합하며, 사회기반 시설에 적정 투자가 가능한 지역이어야 한다.

주변 도시로부터 격리감을 느낄 수 있고, 주변에 다양한 관광자원과 연계될 수 있는 지역이라면 리조트 입지의 최적이라 할 수 있다.

리조트가 갖추어야 할 요건은 다음과 같다.

첫째, 리조트는 복합적이고 다양한 기능을 가지고 있으므로, 여가시간을 활용하여 즐길 수 있는 대부분의 기능이 한곳에 밀집되어 있어 장기 체류가 가능하다.

둘째, 개발계획 특성에서 대부분의 리조트는 대규모로 개발이 이루어져 체계적인 장기적 플랜을 가지고 있다. 대부분의 개발계획은 단일주체에 의해 개발되며, 숙박시설의 경우 대략 1,000실 정도를 보유하고 있다.

표 8-2_ 리조트의 특성

항 목	내 용
복합기능	• 숙박, 오락, 교양, 문화 등 즐길 수 있는 다양한 기능 포함 • 대부분의 형태와 기능을 종합화함으로써 장기체류 유도
개발계획	• 대부분 100만 평 이상 대규모로 개발 • 장기적인 플랜에 따라 체계적으로 개발 • 개발계획은 대부분 단일주체에 의해 개발
입지성	• 대도시 근접하여 도심으로부터 2~3시간 거리에 위치 • 교통이 편리한 곳으로 항공 및 주요 고속도로에 인접할수록 유리
접근성	• 주변에 다양한 관광자원과 연계 가능한 지역

셋째, 리조트의 적합한 입지로는 대도시로부터 2~3시간 이내 위치하는 것이 일반적이며, 교통이 편리한 곳으로 도로나 공항이 인접할수록 유리하다. 또한, 자연경관이 수려한 지형이 바람직하며, 특히, 물 요소와 밀접한 장소가 적합하다.

넷째, 리조트는 주변 도시로부터 격리감을 느낄 수도 있고 주변에 관광자원과 연계될 수도 있어야 하기 때문에 접근성이 좋은 지역이 리조트가 위치하기에 적합하다.

리조트의 대표적인 구성요소는 다음과 같다.

첫째, 숙박시설은 리조트에 가장 본질적이며 주요한 시설로 과거에는 단순한 숙박 공간의 기능이었다. 현재는 단순한 기능에서 벗어나 휴양시설로서 자연환경과 온천 등을 활용한 전망시설 및 휴양시설이 갖추어져 있어야 한다. 이용하는 기간 동안 보다 가치 있게 즐길 수 있는 복합공간으로 건물의 외형 디자인, 인테리어, 가구 등 디자인을 포함한 미적인 면과 테마 및 콘셉트도 중요하게 고려되고 있다.

둘째, 워터파크 시설을 기본으로 한 레저·스포츠 시설로 수영장, 테니스, 스쿼시, 실내골프, 배드민턴, 승마, 등산, 윈드서핑, 카약, 당구, 볼링, 다이빙 등과 같은 다양한 시설이 가능하다. 해당 지역의 기후나 지형을 고려하여 스키장, 골프장 시설 포함도 가능하다.

셋째, 커뮤니티 시설 및 교육·문화시설로는 기업의 교육 활동이나 연수 활동 등의 지원시설로, 창작 및 취미활동 등을 즐길 수 있는 다양한 교육시설 및 특색 있는 전통문화 프로그램 등이 있다. 해당되는 시설로는 비즈니스 센터, 라이브러리 등을 통해 커뮤니티 내에서 인간적인 교류와 교육적인 소통의 공간을 만들 수 있다.

넷째, 서비스 시설 및 판매시설에는 기본적으로 다양한 레스토랑, 쇼핑센터, 기념품 샵, 스파, 의료 시설, 레저스포츠 용품, 강습 프로그램 등이 해당된다. 건강관리 시설로는 건강체크 시설과 체력향상 시설, 응급조치 등의 건강증진에 대한 정보를 제공한다.

다섯째, 교통시설로는 리조트와의 접근성과 도심까지 이동거리 및 이동방법이 중요한

표 8-3_ 리조트 구성요소

항 목	내 용
체류성	최소 1박 이상의 장기간 머물며 여러 가지 기능을 동시에 즐기는 혜택
자연성	천혜의 자연경관을 배경으로 자연적인 소재가 많고 자연재해에도 안전한 곳
휴양성	일상생활에서 벗어나 휴식을 취할 수 있는 조건
다기능성	대규모 단지로서 특정시설에 국한되지 않고, 다양한 시설이 복합적으로 갖추어진 곳(스포츠, 레저, 위락, 오락, 휴가, 숙박, 편의, 근린, 공공, 쇼핑, 문화, 교육 등)
광역성	전국적인 영업망을 가질 수 있는 권역대상

출처: 김수진(2004), 허윤주(2010).

요소로서 공항, 택시, 리무진, VIP 차량 서비스 등이다. 기반시설로는 리조트의 입지조건이나 개발 규모에 상관없이 필수적으로 필요한 요소이다. 공익시설로는 전기시설, 하수시설, 소방시설, 오·폐수 시설 등이 포함된다. 산업자원 시설에는 지역기반 산업의 전시, 판매, 홍보 등의 지원시설 등이 해당된다.

② 리조트 시설의 종류

리조트는 이용되는 유사장소를 일반적인 개념으로 구분하면, 리조트의 위치와 자원에 따라 산악형 리조트, 해변형 리조트, 스키 리조트, 온천 리조트 등이다.

이는 천혜의 자연조건을 바탕으로 자연 속으로 휴양을 즐기는 사람들의 형태가 주류를 이루게 되지만, 이러한 자연을 인위적으로 창출하여 자원성을 극복한 리조트가 세워지기도 한다. 현대에는 여러 테마와 시설이 함께 어우러진 복합형 리조트를 첨단시설로 조성하는 개발과 콘텐츠 개발에 박차를 가하고 있는 추세이다.

리조트를 구성하는 시설은 크게 숙박시설과 부대시설로 나누게 된다. 체재성이 요구되는 리조트의 성립요건에 반드시 필요한 숙박시설과 이에 부속되는 식·음료 시설, 문화·위락시설, 스포츠 시설, 상업시설 등의 부대시설로 구성된다.

표 8-4_ 리조트 시설별 구성요소

시 설	구성 요소	시설의 특징
숙박시설	휴양콘도미니엄, 호텔, 민박, 유스호스텔, 휴양촌, 캠핑장, 모텔	• 가장 많은 투자가 요구되는 시설 • 리조트에서 중심시설로 전체 이미지를 결정짓는 중요시설
식·음료 시설	레스토랑, 커피숍, 카페, 스넥바	• 체류와 생활을 위한 필수시설 • 지원시설의 규모와 수를 줄이기 위해 여러 주방을 한곳에서 집중 처리
문화위락 시설	야외극장, 다목적홀, 전시장, 동식물원, 카지노	• 리조트 이용객 유치에 중요한 역할 • 리조트 주 활동 이후 여가시간 활용시설
스포츠 시설	운동장, 수영장, 승마장, 골프장, 스키장	• 이용객 유치와 리조트 이미지 형성에 중요한 역할 • 리조트 성격이나 입지환경에 조화 필요
상업시설	상점, 쇼핑시설, 편의점, 브랜드샵	• 리조트의 어메니티 측면에서 의미 • 흥미와 다양성을 위해 여러 상업시설 혼합

③ 리조트형 숙박시설

현대 사회의 숙박시설은 단순히 여행객들을 체류시키고 음식을 제공하는 장소의 기능뿐만 아니라 비즈니스 활동, 사교, 레저와 오락, 레크리에이션, 교육 등과 관련된 다양한 서비스를 제공하는 장소로 발전하고 있다.

숙박시설은 리조트의 전체 이미지를 결정하는 가장 중요한 시설이며, 투자가 가장 많이 요구되는 시설이다. 최근 리조트는 대형화, 복합화되고 있으며, 기존의 리조트들도 새로운 시설을 지속적으로 추가하여 종합적인 복합 리조트로 변화를 추구하고 있기 때문에, 관련된 숙박시설도 다양한 유형으로 발전하고 있다.

리조트 시설 내 위치하는 것은 일반적으로 호텔, 콘도미니엄, 유스호스텔의 3가지를 주요 유형으로 볼 수 있다.

1) 호텔

호텔은 이용객에게 숙소와 식음 서비스를 제공하는 시설을 갖추는 것을 기본으로 한다.

최근에는 비즈니스, 연회, 컨벤션, 오락 등 다양한 유형의 서비스를 위한 공간과 인적자원을 제공하는 시설로 발전하고 있다.

리조트 단지 내에 위치하는 리조트 호텔도 변화하는 고객의 요구에 맞추어 가족 휴게공간, 오락시설, 스포츠 시설 등을 갖추거나 주변의 시설과 연계하여 종합적인 숙박시설의 기능을 하고 있다.

관광진흥법에서 호텔업을 "관광객의 숙박에 적합한 시설을 갖추어 이를 관광객에게 제공하거나 숙박에 딸리는 음식·운동·오락·휴양·공연 또는 연수에 적합한 시설 등을 함께 갖추어 이를 이용하게 하는 업"으로 규정하고 있다.

호텔업은 관광호텔업, 수상관광호텔업, 한국전통호텔업, 가족호텔업, 호스텔업, 소형호텔업, 의료관광호텔업으로 구분하고 있다.

2) 콘도미니엄

객실 내에 숙박과 취사기능이 동시에 구비되어 있어 중·장기 체류 이용객들이 주로 사용하는 유형이며, 리조트에서 가장 일반적으로 이용되는 숙박시설이다.

콘도미니엄은 건물에 대한 공동 소유권을 인정하고 시설의 관리와 서비스는 전문회사가 담당하는 방식으로 운영된다. 객실요금이 호텔보다 저렴하고 주택과 비슷한 구조로 취사가 가능한 주방설비가 갖추어져 있어 편리하다는 특징으로 인해 가족단위의 여행객들이 선호하는 숙박시설 유형이다.

관광진흥법상에는 휴양콘도미니엄업으로 명시되어 있고, "관광객의 숙박과 취사에 적합한 시설을 갖추어 이를 그 시설의 회원이나 공유자, 그 밖의 관광객에게 제공하거나 숙박에 딸리는 음식·운동·오락·휴양·공연 또는 연수에 적합한 시설 등을 함께 갖추어 이를 이용하게 하는 업"으로 규정하고 있다.

3) 유스호스텔

유스호스텔은 여행자가 저렴한 가격으로 이용할 수 있는 숙박시설로서 각 객실에는 기본적인 시설만 갖추고 있으며, 각종 편의시설을 공유하는 체계이다.

일반적으로 체육시설, 야외 활동시설, 강당, 공동취사장 등의 시설을 갖추고 있어 연수, 수련 등을 위한 단체 이용객들이 주로 사용하는 유형이다.

관광진흥법에서는 "배낭 여행객 등 개별 관광객의 숙박에 적합한 시설로서 샤워장, 취사장 등의 편의시설과 외국인 및 내국인 관광객을 위한 문화·정보 교류시설 등을 함께 갖추어 이용하게 하는 업"으로 규정하는 호스텔업에 해당한다고 볼 수 있다.

4 우리나라 리조트 산업의 동향

리조트는 일정 규모의 지역에 레크리에이션, 스포츠, 상업, 문화, 교양, 숙박 등을 위한 시설들이 복합적으로 갖추어져 있으며, 스키장, 골프장, 골프, 수영장, 놀이시설 등 고객 유치를 위한 사계절형 시설들이 집적된 종합 휴양지이다.

국민 소득수준의 향상, 주5일제 근무정착, 가족단위 레저활동 등으로 레저패턴이 점차 단순 숙박 또는 관광형에서 체류와 휴양형으로 변화함에 따라 다양한 시설을 구비한 대형, 복합 리조트들이 조성되는 추세이다.

리조트 산업은 해당 산업 외에도 건설업, 호텔산업, 스포츠산업, 여객운송업, 인테리어산업, 하이테크산업 등 타 산업에 많은 전·후방 산업연관 효과를 발생시킨다.

따라서 복합 리조트 개발은 지역주민의 고용창출, 지역경제 활성화 등 지역경제에 기여할 수 있는 부분이 많기 때문에 지방 정부의 유치의사가 적극적이다.

하지만, 사업자와 투자자 입장에서는 분야상의 차질 가능성과 대규모의 투자와 자본회수기간의 장기화, 비수기의 경영악화 등 운영상의 리스크가 있어 투자에 있어서 신중을 기해야 하는 특성이 있다.

리조트의 특징은 다음과 같다.

첫째, 숙박시설 외에 복합·다양한 기능을 가지고 있다.

리조트는 체류형 관광이 가능한 곳이기 때문에 리조트 내에서의 여가활동을 위해 볼링장, 골프장, 스키, 온천, 게임장, 쇼핑시설이 입지하게 된다.

둘째, 독립된 대규모 토지에 장기간의 마스터 플랜을 가지고 개발하게 된다.

대부분 100만 평 이상의 대규모로 개발이 이루어지며, 숙박시설의 경우 최근 개발되는 리조트 기준으로 평균 1,000실 정도를 보유하게 된다.

셋째, 이용자들이 리조트를 선택하는 기준 중의 하나인 접근성이 양호해야 한다.

리조트로서 좋은 입지의 판단기준은 대도심에서 2~3시간 정도의 거리, 주변에 국제공항이나 지역공항 존재 유무, 인근에 고속도로 입지 등이 있다.

최근에는 레저활동 패턴에 가족 중심의 체류형 리조트를 선호하는 경향에 맞추어 리조트 내 스파, 워터파크, 골프장, 스키 등이 함께 들어서는 복합 리조트로 개발되는 추세이다.

국내의 리조트들은 대부분 수도권 또는 경관이 수려한 강원도, 제주도에 위치하고 있으며, 대규모 투자에 따른 적자를 면하지 못하고 있는 상황이다. 최근 이용객수가 증가하면서 운영 수입 증가로 인해 흑자로의 전환이 기대된다.

리조트에서 휴식을 취하는 관광 소비뿐만 아니라 리조트 형식의 여가와 휴식공간이 급속하게 증가하고 있다. 또한 리조트는 TV, 신문, 잡지, 광고를 통해 이상적이고 편안한 휴식공간으로 매일 매일 우리 주변에 아름다운 모습으로 알려지고 있다.

최근에는 리조트가 기본 숙박시설 및 편의시설의 중심에서 탈피하여 건강·힐링·문화·교육 등의 콘셉트를 도입하고, 문화 및 예술 공연장·테마파크·병원·명상원 등의 시설을 도입하고 있다. 따라서 에듀-컬처형, 에코-힐링형 리조트 등으로 신개념 리조트들이 등장하고 있다. 그리고 올인원(All in one) 레저패턴과 몰링(malling)문화 등의 용어들을 접목하여 리조트가 다수 인원의 유·무형 서비스를 제공하는 종합시설 또는 복합 리조트의 성격을 갖추고 있다.

리조트의 성격을 이해하는 데 다음과 같은 몇 가지 주안점이 있다.

첫째, 리조트는 일상 생활권을 벗어나야 한다.

현대 사회는 점점 도시화되고 기계화되며, 인터넷과 같은 가상의 세계를 통해 일상생활이 영유되고 있으며, 점점 경쟁의 강화 속에서 개인화되고 있다. 이와 같이, 현대인들은 자연이나 지역 공동체적 삶으로부터 분리되는 삶을 강요받고 있다. 현대인들에게는 이러한 일상의 생활로부터 벗어나 현대인들의 삶에서 부족한 것을 채워주고 이를 소비하도록 촉진하기 위해 만들어진 공간이다.

자연은 도시와 대비되는 이미지를 가진 공간으로서, 도시인에게 낙원이며 안식처이다. 따라서 리조트 광고에서 자연을 부각시키거나 편안한 휴식의 이미지를 활용하는 것은 바로 이것 때문이다. 관광과 같은 공간과 시간을 소비하는 경우는 상품의 물질적 실체보다는 이미지와 기호를 소비한다. 그러므로 리조트 또한 단지 일상생활권이 물리적 거리상으로 일정 거리를 벗어나는 것보다 도시의 일상생활에서 벗어나 다른 공간이라는 이미지가 더 중요하다.

둘째, 기능적으로 체류형 소비공간이라는 점이다.

숙박기능이 반드시 포함되어야 한다. 이런 점에서 보면, 호텔과의 차이가 무엇인지에 대한 의문이 든다. 최근에 교통이 발전하면서 주로 도심이나 유명 관광지 중심으로 분포하던 호텔이 다양한 지역에 위치하고 있기도 하며, 복합 리조트 내에 호텔이 입지하기도 한다. 그리고 호텔이 숙박기능 이외의 다양한 여가공간으로 복합화되고 있기 때문에 호텔과 리조트와의 경계가 흐릿해지고 있다.

최근에는 호텔 리조트라는 단어로 사용되고 있다.

셋째, 일정한 여가나 휴가시설이 갖추어져야 한다.

이런 관점은 리조트 대상을 이해하는 데 구체성이 결여되어 있다. 그럼에도 불구하고, 숙박시설과 기타 여가나 휴양시설이 복합적으로 입지하고 있는 소비공간이라는 점은

표 8-5_ 리조트의 어원 해석표

리 조 트		
R	Relaxation	휴양, 긴장회복, 치료
E	Eco	생태환경, 자연 친화
S	Service	인적 서비스, 물적 서비스(스포츠, 스파, 시스템, 시설)
O	Oasis	휴식, 안식, 휴양
R	Recreation	레크리에이션, 기분전환, 즐거움, 오락
T	Travel	관광, 투어, 여행, 방문

분명하다. 현재의 리조트 시장은 전통적인 리조트뿐만 아니라 다양한 방식으로 경쟁이 강화되고 있다.

⑤ 리조트의 인식변화

초기의 해외 리조트 개념은 부유층 및 특권층을 대상으로 요양, 보양, 휴양 등 수동적인 개인의 심신회복을 추구하는 목적으로 기업 중심적 서비스가 제공되었다.

현대의 리조트는 수동적인 휴양과 더불어 부대시설을 능동적으로 적극적 체험과 참여활동 장소로 휴가 및 휴양목적에 따라, 이용객이 이용목적에 따라 이용할 수 있게 되었다. 고객의 성향과 시간변화에 따른 환경이 이용목적이나 형태에 따라 다기능적이고 멀티복합형 리조트로 발전하고 있다. 그러나 리조트가 추구하는 본질적인 개념인 사람을 행복하게 만드는 장소에 웰니스 리조트(wellness resort)의 개념인 현대인들의 삶의 질 향상과 건강, 미(美), 심신의 안정에 대한 정신은 변하지 않고 그대로 유지하는 것이다.

더불어 최근에는 자연을 콘셉트로 하는 생태 체험과 환경을 콘셉트로 하는 녹색여행의 수요증가와 ECO 및 GREEN 리조트의 개발이 활발하게 진행되고 있다.

표 8-6_ 리조트의 인식변화

구 분	과 거	현 재
목적	휴양(수동적), 요양, 보양	휴양(수동적) 및 체험, 참여(능동적)
고객층	부유층	일반대중
시설	단순하고 심플형	다기능적 멀티 복합형
기능	자연주의	자연주의 + 현대문명
계절	성수기	연중 이용가능
추구	심신 회복	가치 중시, 프로그램, 커뮤니티
서비스	기업중심의 일방적인 서비스 제공	고객중심의 상호적인 서비스 제공

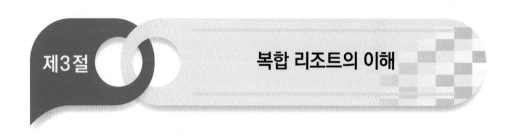

제3절   복합 리조트의 이해

① 복합 리조트의 개념

복합 리조트(IR: Integrated Resort)는 카지노를 기반으로 한 호텔, 컨벤션 센터, 전시시설, 공연장, 쇼핑센터, 테마파크, 박물관, 레저 스포츠 시설 등이 함께 어우러진 리조트이다.

복합 리조트는 휴양 및 휴식을 제공할 목적으로 기본적으로 숙박시설을 갖추고 있으며, 스포츠, 위락, 식음료, 레크리에이션 등을 위한 다양한 시설을 갖춘 종합시설이다.

복합 리조트의 예로는, 싱가포르의 마리나 베이 샌즈와 인천 파라다이스 시티가 대표적이다. 지역에 따라 일본에서는 통합 리조트, 호주에서는 복합 관광리조트, 필리핀에서는 엔터테인먼트 시티 등으로 불리고 있다.

우리나라에서 리조트 사업이 본격적으로 시작될 때에는 스키리조트, 골프리조트와 같은 단일 리조트로 시작되었으나, 최근에는 자연 그대로를 이용하여 다양한 시설과 테마가 공존하는 복합 리조트를 선호하는 추세이다. 과거 스키리조트와 같은 단일목적형 리조트에서 골프장과 워터파크시설 등 다양하게 갖춘 복합 리조트의 형태로 변화하는 결과를 낳고 있다.

복합 리조트라는 개념이 국내에서는 2000년대 들어 나타나기 시작했다. 이 시기에 복합 리조트의 개념은 2가지 이상의 목적을 가지며 관광객들의 종합적인 욕구충족이 가능한 시설로서 복합 리조트 콤플렉스 또는 2가지 이상의 시설 혹은 기능이 하나로 합쳐진 복합적인 기능을 가진 리조트로 분류하였다.

복합 리조트는 소수의 기능에 중점을 두기 보다는 여러 기능을 제공해야 한다는 점에서 메가 리조트로 불리기도 한다. 또한, 광범위한 지역에 다양한 숙박 및 관광기능을 보유한 공간이라는 점에서 복합관광 리조트로 불리기도 했다.

한국은행이 2021년 1월 발표한 2020년 우리나라의 국내 총생산(GDP) 규모는 COVID 19 팬데믹에도 불구하고, 1조 5,512억 원으로 세계 10위를 기록하였다.

주5일 근무제 및 52시간 근무제도 도입 및 실행으로 인해, 일과 삶의 균형이라는 의미인 워라밸(work-life balance)이 이루어지면서, 여가활동이라는 것이 단순 휴식 및 취미활동을 통한 기분전환에서 특별한 이벤트 활동 및 적극적인 창조적 활동으로 확대되어 가는 추세이다.

현대사회에서는 관광객들이 다른 곳에서는 느낄 수 없는 차별화된 체험 및 먹거리, 그리고 휴식과 즐길 거리를 동시에 경험할 수 있는 공간을 선호하고 있다.

복합 리조트는 여가를 즐길 수 있는 다양한 형태와 기능을 가지고 있는 종합적인 시설을 갖추고 있으며, 시설을 이용하는 고객의 활동을 지원하는 커뮤니티적 성격을 포괄하는 공간을 의미한다. 그리고, 시설별 기능 또한 상호 유기적 배치를 통해 시너지 효과를 증대시킬 수 있는 공간으로 구성되어 있다.

복합 리조트는 단순하게 리조트 자체의 경제적 성과뿐만 아니라 관련된 부가적 사업이 시너지 효과를 일으키고, 지역과 상생하면서 국가의 관광산업들과 연계되어 많은 경제적 효과를 내고 있다. 이런 상황에서 한국형 복합 리조트는 아직 시작단계에 있고, 아시아 전역에서는 복합 리조트가 지속적으로 개발되고 있다.

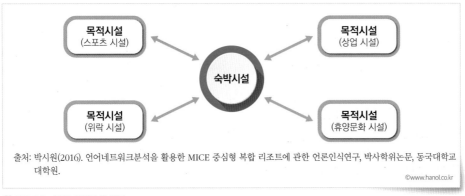

출처: 박시원(2016). 언어네트워크분석을 활용한 MICE 중심형 복합 리조트에 관한 언론인식연구, 박사학위논문, 동국대학교 대학원.

©www.hanol.co.kr

그림 8-2_ 복합 리조트의 개념

국내 관광산업과 관련하여 낮은 재방문율의 한계를 극복하기 위한 관광 인프라 확충 및 새로운 고객확보 유인책 개발을 통해, 미래성장의 해결방안으로 복합 리조트 개발의 필요성이 꾸준하게 제기되고 있다.

복합 리조트 개발은 관광수요의 욕구충족과 다양한 개발목적에 의해 초기 투자비용이 매우 높고, 인·허가를 포함하면 건립기간이 상대적으로 오래 걸리는 단점을 가지고 있다.

② 복합 리조트의 특성 및 유형

복합 리조트의 특성을 살펴보면 매우 다양한 목적을 이룰 수 있는 시설이며, 다음과 같이 요약할 수 있다.

첫째, 복합성으로 다양한 여가시설을 통해 체류기간 동안, 타 지역으로 이동할 필요 없이 일정한 범위 안의 장소에서 여가시간을 향유하는 특성이다.

둘째, 계절성으로 주요한 시설에 사계절 모두 꾸준히 관광객들이 방문하고 있지만, 특정 기간에는 성수기 혹은 비수기가 존재하여 관광객의 수요는 큰 차이가 발생할 수 있다.

셋째, 대규모 자본투입이 필요한 프로젝트이다.

기본적으로 1조를 넘나드는 사업비가 투입되는 프로젝트로서, 자본집약적이고 긴 호흡을 필요로 하는 프로젝트라고 할 수 있다. 숙박시설은 5성급 이상의 품질 및 시설을 요구하고 화려함과 다양함을 나타내야 하기 때문에, 이 수준에 도달하기 위한 공사비가 많이 요구된다. 따라서, 단계별로 개발이 진행되는 것이 일반적이다.

1단계로 카지노 및 호텔, 2단계는 테마파크 및 놀이시설, 3단계는 기타 지원시설의 순서로 건립되고 있다. 이는 1단계 완성 후 카지노 및 호텔운영으로 2, 3단계 개발의 재원을 마련하고자 하는 것이다.

넷째, 지역 공공성으로 지역경제 활성화에 따른 효과성이 대단히 높기 때문에 지역발전을 위한 좋은 산업으로서 각 지역에 유치하고자 하는 노력을 많이 한다.

복합 리조트의 개발은 지역발전 및 지역주민의 삶의 터전과 질에 대한 발전에도 큰 역할을 하고 있다. 지역의 대외적인 인지도 측면에서도 큰 영향을 미치고 있다.

다섯째, 인적 의존성으로 많은 수의 서비스 인력과 전문성이 높은 인력 투입이 필요한 산업으로 대형 여가시설을 운영하기 위해서는 필수적이다. 현대 사회에서 변경되고 있는 노동법으로 인해 다양한 IT 기술을 접목한 무인화 형태의 서비스를 도입하고 있지만, 아직은 인간보다 서비스의 질이 좋지 않기 때문에 지속적으로 확장하기에는 한계가 있다.

여섯째, 다양한 목적을 이룰 수 있다.

자연환경을 이용하여 숙박기능을 기본적으로 포함하고 있으며, 휴양과 관련한 시설 또한 포함하는 것이 일반적이다. 체류하는 기간 동안에는 주변 관광지로 꼭 투어하지 않더라도, 내부에서 다양한 여가시설을 활용할 수 있는 원스톱 서비스를 활용하게 된다. 즉, 올인원 시스템을 지향하고 있기 때문에 다양한 목적을 한 곳에서 이루어낼 수 있다.

일곱째, 공백기가 없는 특성이다.

일반 리조트의 경우, 스키장 및 실외 또는 실내 테마파크, 골프장 등 1개 또는 2개의 시설을 운영하고 있어 겨울 또는 여름 시즌, 또는 기타 이벤트 시즌만 활성화가 되고, 비시즌 기간에는 최소의 직원으로 운영하는 등 시즌과 비시즌의 운영방식의 차이가 있게 된다. 복합 리조트의 경우 1년 내내 공백기 없이 운영이 가능하도록 많은 목적형 시설이 존재하기 때문에 사계절 및 휴가 시즌, 겨울 시즌 등 다양한 이벤트로 관광객을 유치할 수 있다.

여덟째, 지역의 활성화 효과이다.

해당 지역의 경제를 활성화하고 지역 내 주민들이 여러 목적으로 즐길 수 있는 시설이 운영됨으로 인해 지역이 활성화되는 효과가 있다.

통상적으로 복합 리조트 지역 내 주민 대상으로는 할인정책을 활용하기 때문에 지역 주민이 해당 시설에 대한 접근성이 높아질 수 있다. 또한, 상대적으로 노후화되었거나 미개발지역이 많은 지역일수록 해당 지역에 대한 개발속도 및 재생속도가 빠르게 진행될 수 있다. 지역의 인지도 향상에도 큰 역할을 할 수 있다.

아홉째, 인력수요의 빠른 증가이다.

복합 리조트 개발에 따른 비용이 1조 원 단위가 된다면, 이에 따른 운영인력 및 기획 인력이 매우 많이 필요하다. 다양한 IT 기술 및 기계에 의해 인력필요성이 감소되고 있다고는 하나 각 시설에 대한 필수 운용인력에 대한 일자리가 창출되고, 시설에 대한 전문 인력이 필요한 것은 사실이므로 대규모 채용이 이루어지고 이에 따른 주변지역으로의 긍정적인 영향이 파생된다고 할 수 있다.

열번째, 접근의 용이함이다.

복합 리조트는 자연의 풍광이 수려한 지역에 위치하고, 내국인에게 교통이 편리하거나 접근이 용이한 곳에 입지를 확보해야 하는 필요성이 있다. 복합 리조트 매출의 대부분은 카지노에서 창출되는 것이 일반적이어서 공항에서의 접근성이 더욱 중요하다. 따라서 국제공항에서의 이동거리 및 교통의 접근성을 가장 중요하게 생각한다. 부수적으로는 국내 교통을 고려한 접근성을 검토하여 반영하게 된다.

열한번째, 민간이 주도하고 해외자본이 투입되어 진행된다.

현재 국내에서 진행 중인 프로젝트와 다른 나라의 사례를 보더라도, 대규모 해외 자본을 이용하여 개발이 이루어지고 있다. 이러한 대규모의 투자가 이루어지는 복합 리조트 프로젝트의 특성상 자금력이 있는 민간기업을 대상으로 공모를 통한 사업자가 선정되는 절차를 가지고 있다.

라스베가스의 복합 리조트는 다른 나라의 복합 리조트 수익구조와 다른 경향이 있다. 비카지노(논 게이밍) 매출이 2000년에는 54.1%, 2008년 이후에는 60%, 2019년에는 65.2%를 기록하여 카지노 매출보다 카지노 외 시설의 매출이 더 높음을 알 수 있다. 통상적으로는 카지노의 높은 매출로 카지노 외 시설이 적자를 보더라도 전체 복합 리조트의 수익은 발생하는 구조로 진행되는, 라스베가스의 복합 리조트는 지속적으로 다양한 시설의 수익을 창출하여 대규모의 비용을 효율적인 절감을 통하여 경영개선이 되었다.

복합 리조트는 리조트 산업과 카지노산업이 융합되어 있는 산업이며, 많은 고객이 복합 리조트 기반의 원스톱 서비스를 선호하며 라스베가스 및 마카오를 방문하는 관광객이 지속적으로 증가하여, 매출 증대 측면에서 중요부분을 차지하게 되었다.

국내 카지노의 경우 면적은 법적으로 5% 이내로만 구성할 수 있고, 세계적으로 보더라도 3% 정도의 면적으로 구성되어 있다. 그러나 복합 리조트는 전체의 매출액 비중을 살펴보면, 카지노의 매출이 약 80%이며, 일부 카지노는 90~98%를 차지하여 복합 리조트에서 카지노가 경영에 얼마나 중요도를 차지하는지를 알 수 있다.

카지노 운영을 통해 집객수준 향상 및 수익의 극대화를 통한 복합 리조트 운영의 경영적 안정화를 도모할 수 있는 수익창출 대안으로 기대되고 있다.

복합 리조트의 유형은 해외 개발 사례를 바탕으로 도입시설에 따라 구분을 짓고 있다. 카지노 시설 위주의 카지노 호텔형과 MICE 시설을 도입한 비즈니스형, 엔터테인먼트 시설을 부각시킨 레저형으로 분류할 수 있다.

입지적 특성에 따라 도심형, 도심 주변형, 교외형으로 구분이 가능하다.

표 8-7_ 복합 리조트의 유형 1

구 분		내 용
도입 시설	카지노 호텔	카지노 시설 위주의 숙박시설 및 기본적인 편의와 위락시설
	비즈니스형	카지노 시설과 숙박시설 이외에도 국제회의시설(MICE) 및 전시시설 도입(연회장/ 전시장/ 미팅룸/ 회의시설 등)
	레저형	카지노 시설 및 숙박시설 이외에도 엔터테인먼트 시설 도입(테마파크/ 박물관/ 공연장/ 아쿠아리움 등)
입지적 특성	도심형	국제 여객선 터미널 및 국제공항과 인접하여 이동이 용이, 도시 중심부에 개발
	교외형	큰 규모의 리조트 개발이 가능하며, 도시 중심부와 인접한 위치에 개발
	도심주변형	관광지 또는 관광시설 개발을 통하여 경제활성화가 요구되는 낙후된 지역, 도시에서 벗어난 휴양지

싱가포르의 경우에는 2개의 복합 리조트 사업을 추진하기 위해 입지 선정에 맞춘 5가지 유형으로 복합 리조트를 구분하였다.

해변 테마형 카지노 복합 리조트, 크루즈 카지노 리조트, 최고급형 복합 리조트, 도심형 카지노 복합 리조트 그리고 부티크 카지노 복합 리조트이다.

📘 표 8-8_ 복합 리조트의 유형 2

구 분	내 용
해변 테마형 카지노 복합 리조트	도심에서 벗어나 외곽에 위치, 해안가 및 마리나의 장점을 활용하여 관광자들에게 휴식 및 힐링을 제공하며, 카지노 시설·레스토랑·리테일샵·극장·호텔·관광명소 등 다양한 문화시설을 즐길 수 있는 리조트
크루즈 카지노 복합 리조트	크루즈 터미널에 위치하여 활기찬 분위기 및 생동감을 제공하며, 카지노 이외에 주변 문화시설인 레스토랑·호텔·리테일샵 등이 제공되는 리조트
최고급형 복합 리조트	거액을 베팅하는 하이롤러들을 대상으로 하여 배타적인 카지노를 갖고 있으며, 메가 리조트라고 보기 어려우며 비교적 규모가 작은 리조트
도심형 카지노 복합 리조트	도시에 위치, 여행자와 비즈니스 목적 방문자들의 접근이 용이하며, 레스토랑·아파트·호텔·리테일샵·콘서트장 및 전시공간으로 구성되고, 도시 내 다양한 시설(컨벤션 센터·공연장·박물관 등)과 상호보완적인 효과를 발생시킬 수 있는 리조트
부티크 카지노 복합 리조트	호텔이 제공하는 문화시설 중 카지노를 리조트의 명소로 개발

복합 리조트 산업은 그 자체만으로도 다양한 긍정적인 효과를 발생시킬 수 있으며, 지역과 연계하여 상생하는 방안을 찾을 수 있다. 더 나아가 지역 및 국가에 긍정적인 이미지 제고 및 가치 창출을 발생시킬 수 있는 것으로 기대할 수 있다.

③ 복합 리조트의 경제적 효과

복합 리조트의 경제적 효과는 아시아의 대표적인 복합 리조트 조성 성공사례인 싱가포르를 예를 들 수 있다.

싱가포르 복합 리조트에 의한 효과는 카지노 매출이 중심이지만 이외에도 컨벤션 시설, 관광수입 등 다양하게 나타난다. 또한, 싱가포르 복합 리조트는 경제적, 비경제적 효과를 나타내고 있는데, 다양한 직업군 창출 및 직업양성 프로그램 강화, 인프라 투자, 도시 이미지 개선, 도시재생사업 활성화 등과 같은 비경제적 효과도 기대할 수 있다.

표 8-9_ 싱가포르 복합 리조트의 경제적·비경제적 효과

구 분	주요 효과 내용
경제적 효과	• 호텔 객실점유율(Occupancy Rate) 증가 • 총 객실 수입 증가 • 내국인 Gaming 수요를 자국에서 충족가능, 외화유출 방지 • 재정수입 증가로 복지분야 재원마련으로 사회적 기여 • 고용창출 효과: 실업률 감소 및 고용 창출 • 경제 및 관광산업의 성장
비경제적 효과	• 복합 리조트와 관련하여 새로운 직업창출 및 관련 전문가 양성(Gaming 관련 전문가 등) • 복합 리조트 조성에 따른 인프라 시설조성 및 대규모 투자 발생(지하철, 공항, 자기부상열차 등) • 도시 브랜드 이미지 강화 및 복합 리조트의 랜드 마크화 • 복합 리조트 주변 주거 및 업무 시설들에 대한 수요증가 • 서비스 산업 경쟁력 강화

자료: 대한국토·도시계획학회(2012). 싱가포르 복합 리조트 개발의 경제적 파급효과.

4 도심형 복합 리조트 호텔

복합 리조트(IR: Integrated Resort)는 2개 이상을 포함하는 리조트로 단순히 숙박기능을 하는 호텔을 중심으로 여러 가지 기능들이 복합된 리조트를 의미한다.

복합 리조트는 호텔의 숙박기능을 중심으로 업무와 상업 그리고 여가기능이 복합된 리조트를 말한다.

그림 8-3_ 복합 리조트의 개념도

도심형 복합 리조트 호텔은 복합과 리조트 호텔
이 합쳐진 단어이다. 도심형 리조트는 단순한 방문
과 일시적인 경유를 목적으로 하는 관광지와는 달
리, 숙박기능을 담당하는 호텔을 중심으로 리조트
내에 체류시키는 것을 목적으로 한다.

또한, 다른 기능의 시설이 2가지 이상 설치되어 한 단지 안에 서로 상승효과를 유발
하는 복합단지를 의미한다. 복합이 가진 의미는 2가지 이상이 다양한 기능들이 하나로
합쳐짐을 말하고, 문화 · 교양, 숙박, 레크리에이션, 스포츠, 상업 등을 위한 시설들이 이
용자의 니즈에 맞게 갖추어져 있다. 스키장을 비롯한 골프장, 콘도, 호텔, 워터파크, 비
즈니스, 수영장, 놀이시설 등 고객유치를 위한 사계절형 시설들이 마스트 플랜에 의해서
개발된 활동 중심의 체재형 종합휴양 공간이다.

1) 복합 리조트 호텔의 유형과 변화

복합 리조트 호텔의 유형은 기본적으로 지리적 위치와 숙박과 더불어 추가되는 시설
도입이 가능한 여가시설에 따라 분류가 가능하다.

지리적 위치에 따라 도심 내 위치하고 있는 도심형, 도심에서 접근성이 좋은 도심 주
변형, 교외형으로 구분하였다. 도입시설에 따라 카지노가 중심이 되는 카지노 호텔형,
컨벤션 기능(회의, 전시시설)이 중심이 되는 비즈니스형, 엔터테인먼트 시설이 중심이 되는 레
저형으로 분류된다.

❶ 지리적 위치에 의한 분류

🔍 도심형 호텔

도심형은 공항, 터미널 등에서 접근성이 매우 좋다는 장점이 있으며, 관광객 및 지역
주민들도 주요 도로 및 대중교통 등을 이용하여 쉽게 접근할 수 있다는 점이 특징이다.
그러나 도심 내 개발 가용공간의 한계로 숙박과 더불어 복합할 수 있는 기능이 다양할
수 없고, 규모 또한 한계적인 문제점이 있다.

표 8-10_ 입지와 도입시설에 따른 분류

구 분		주요 특징
입지	도심형	• 위치적으로 도심 중심부에 개발 • 국제공항 및 국제여객선 터미널 등에서 접근성이 높음 • 제한된 규모와 복합되는 기능 최소화
	도심 인근형	• 도심과 인접한 곳에 위치 • 비교적 큰 규모의 개발이 가능
	교외형	• 도시에서 떨어져 있는 휴양지, 관광지에 위치 • 비교적 큰 규모의 개발이 가능 • 경제 활성화가 요구되는 낙후된 지역
도입시설	카지노 중심	• 카지노 시설 중심의 리조트 시설 • 카지노와 숙박기능 중심으로 편의 및 위락시설
	비즈니스 중심	• 카지노 시설과 숙박시설 기본 • 국제회의 및 전시시설, 공연장, 웨딩시설
	레저 중심	• 카지노 시설과 숙박시설 기본 • 입지에 따른 스키장, 골프장 등 레저시설 중심
	엔터테인먼트 중심	• 카지노 시설과 숙박시설 기본 • 엔터테인먼트 시설, 테마파크, 공연장, 박물관 등 중심

출처: 김흥식, 박혜연(2014). 복합 리조트 산업 유치를 위한 경기도 대응전략.

도심 주변형 호텔

도심과 가까운 근교로 접근성이 좋고 도심형에 비해 상대적으로 큰 규모로 개발될 수 있다는 특징과 지역의 거주자들과의 마찰이 도심에 비해 덜하다는 장점이 있다.

교외형 리조트

휴양지 개념의 교외형 리조트는 외곽 및 관광지에 입지한 복합 리조트이다. 교외형은 큰 규모로 개발 가능하여 스키장, 대형 워터파크 등의 도입이 가능하며 도심과의 거리 차로 인한 미발전 지역의 지역경제를 활성화할 수 있다는 장점과 더불어, 리조트로 인한 지역의 취업난도 해결할 수 있다는 특징이 있다.

2) 복합 리조트 호텔의 유형 변화

❶ 도입시설에 의한 분류

리조트에 카지노의 도입으로 카지노가 리조트의 핵심시설이 되는 리조트로 카지노 중심 복합 리조트로 분류된다.

회의 및 전시목적시설과 컨벤션, 웨딩 등의 기능이 핵심시설이 되는 리조트는 비즈니스 중심형 복합 리조트로 분류된다.

숙박시설과 카지노 시설은 기본으로 입지를 이용한 스키장 및 골프장 같은 레저시설이 중심이 되는 경우를 레저 중심 복합 리조트로 분류한다.

카지노 시설과 숙박시설을 기본시설로 엔터테인먼트 시설인 테마파크와 공연장 그리고 박물관 같은 교육시설 등이 핵심시설이 되는 리조트는 엔터테인먼트 중심 복합 리조트로 분류된다.

표 8-11_ **복합 리조트가 갖추어야 할 요건**

항 목	내 용
체류성	• 한 장소에서 1박 이상의 장기간 숙박가능 • 다양한 시설을 복합적으로 이용가능
자연성	• 수려한 자연경관 배경 또는 자연적인 소재가 다양한 곳 • 자연 재해시 안전한 곳
휴양성	• 일상에서 벗어나 휴식 가능한 조건
다기능성	• 대규모 복합단지로 다양한 시설을 복합적으로 이용 가능
광역성	• 전국적인 영업망이 가능한 지역

❺ 글로벌 복합 리조트 현황

1) 싱가포르

클린국가라는 이미지와 함께 보수적인 정책을 고수하던 싱가포르 정부는 침체에 빠진 국가경제에 새로운 성장동력을 모색하던 중 2004년 3월 관광서비스 산업을 활성화시키기 위해 카지노를 포함한 복합 리조트 건립을 검토하게 된다.

이후 많은 반대 의견에 부딪혔으나 상당한 경제적 이득은 물론 수백만에 달하는 중국 관광객을 유치하게 될 기회를 놓치지 않기 위해 2005년 4월 복합 리조트 설립을 결정하면서, 2010년 2개의 복합 리조트인 마리나 베이 샌즈와 리조트 월드 센토사를 개장하였다.

카지노를 포함한 숙박, 회의, 쇼핑, 공연장 시설 등의 다양한 부대시설로 이루어진 싱가포르의 복합 리조트는 복합 리조트(Integrated Resort)라는 용어를 처음 사용하면서, 아시아 지역 리조트 개발의 모델 사례로 급부상하게 되었다.

이로 인해, 37억 싱가포르 달러의 부가가치 창출, 약 4만 개의 일자리 창출, 외국인 관광객 수의 지속적인 증가 등 2010년 이후 3년 만에 일구어낸 2개의 복합 리조트의 경제적 효과는 기대 이상으로 높게 나타났으며, 현재까지도 지속적으로 상승세가 이어지고 있다.

2) 마카오

마카오는 중국에서 유일하게 카지노가 허가된 지역으로 2002년 중국의 시장 개방 이후 마카오의 카지노산업은 1962년부터 40여 년간 독점해온 SJM 홀딩스와 함께 라스베가스 샌즈, MGM 리조트 인터내셔널, 윈(Wynn) 리조트, 갤럭시 엔터테인먼트, 멜코 크라운(Melco Crown) 등의 외국업체들이 진출하면서 급성장했다.

라스베가스를 본뜬 화려한 카지노 리조트가 들어섰고 중국 본토에서 오는 관광객이 대폭 증가하면서 카지노산업이 빠르게 번창했다.

마카오 사행산업 감찰 협조국에 따르면, 2013년 마카오 카지노 35곳의 매출은 총 47조 3천억 원으로 전년도 수치인 40조 4천억에서 18.6% 증가하며 사상 최대를 기록했다. 카지노 시장의 급성장에 힘입어 마카오의 경제는 탄탄대로를 달리며, 실업률 1~2%를 달성하며 완전 고용이 실현되었다. 또한 마카오 당국은 세수가 급증하자 마카오 영주권 보유 주민들에게 나누어주는 현금을 매년 늘리고 있다.

마카오의 경우, 홍콩과 중국 본토 주하이를 잇는 강주아오 대교가 2018년 공식 개통

되면서, 홍콩과 주하이 간의 자동차 이동소요시간이 3시간에서 30분으로 단축되었다.

세계 180개 도시를 연결하는 홍콩 국제공항을 통한 접근성을 획기적으로 개선하였다. 향후 중국 본토의 고속철도와 마카오 경전철, 페리 터미널 확장 등의 추가 인프라 개선으로 인해 유입 관광객이 증가할 것을 대비해 카지노, 호텔, 쇼핑몰, 컨벤션, 공연장, 스파, 엔터테인먼트 시설 등이 어우러진 복합 리조트 조성사업이다.

마카오 타이파 섬과 콜로안 섬 사이를 매립한 코타이 스트립에는 이미 조성된 복합 리조트를 포함해 현재 곳곳에서 복합 리조트 프로젝트를 추진 중이다.

3) 필리핀

필리핀은 1977년 필리핀 오락게임공사(PAGCOR: The Philippine Amusement and Gaming Corporate)의 독점운영 아래 카지노를 허가한 후 2008년 민간 사업자에게 2개의 카지노 개발 및 운영에 대한 라이센스를 허가하였다.

2010년 7월 마침내 필리핀 최초의 복합 리조트인 리조트 월드 마닐라(Rewort World Manila)가 문을 열었다.

필리핀 오락게임공사는 관광객 유치를 위해 마닐라만 해안 매립지 부지에 엔터테인먼트 시티 마닐라(Entertainment City Manila)라는 복합 리조트 건설을 추진하였다.

마카오와 싱가포르의 복합 리조트 개발사례를 참조하여 외국인 투자를 통한 민영개발 방식으로 4곳의 사업자를 선정하였다. 본 복합 리조트에는 카지노뿐만 아니라 경륜장 등의 게임 및 엔터테인먼트 시설은 물론 고급 아파트단지, 사무실, 병원, 쇼핑몰 등의 주거 문화시설이 포함되어 있다.

이 사업개발을 통해 총 미화 40억 달러 이상의 투자와 백만 명 이상의 관광객을 수용하여, 2016년 천만 명의 관광객 유치에 기여함은 물론 최소 4만 명의 고용을 목표로 하였다.

총 4개의 복합 리조트로 구성되는 엔터테인먼트 시티 마닐라는 카지노를 비롯해 MICE와 엔터테인먼트 시설의 집적화 및 시너지 효과를 통한 파급효과를 기대하고 있으며, 2013년부터 2020년까지 순차적으로 개장하였다.

4) 일본

2016년 복합리조트 정비촉진법, 즉 카지노 해금법을 통과시키면서 카지노를 합법화하였다. 일본은 2015년 파친코 매출액이 230조 원에 달할 정도로 규모가 큰 시장이다. 2017년 모건스탠리는 오는 2025년 일본 카지노 시장 규모를 18조~24조 원에 달할 것으로 추산했다. 이 수치는 이미 카지노산업을 적극적으로 육성해오고 있는 마카오 (약 35조 원), 싱가포르(약 5조 8천억 원)에 비슷하거나 훨씬 큰 규모이다.

이용객의 절반은 외국인 관광객으로 1인당 830달러를 사용해 마카오(1인당 715달러)보다 더 많은 돈을 쓸 것으로 전망했다.

일본은 복합 리조트 인증 수와 설치 과정, 규칙 등을 담은 특정 복합관광시설 구역정비법 이른바 IR 실시법을 성립하여 전국에서 3곳까지 카지노 사업을 할 수 있도록 했고, 국제회의장과 숙박시설 등과 일체화해 설치 및 운영하도록 규정했다.

운영권 획득을 위한 외자계열 민간기업의 경쟁과 맞물려 지자체의 유치전도 본격화되었다. 일본이 카지노 시장에 들어서면서, 아시아 카지노 시장은 약 660억 달러(약 74조 원)에 이르는 거대한 시장으로 재탄생하게 되었다.

5) 한국

일본 게임업체 세가사미와 국내 기업 파라다이스 그룹의 합작사 파라다이스 세가사미가 2017년 4월 인천 영종도 국제업무 지역에 동북아 최초의 복합 리조트인 파라다이스 시티를 설립하였다.

파라다이스 시티는 오픈 직후 사드(고고도 미사일 방어체계) 악재에도 불구하고, 오픈 1년 만에 방문객 수 120만 명을 돌파하고, 신규 채용인원 1,700여 명을 고용하였다. 이 중 인천지역 주민이 30%에 달해 지역경제 활성화에도 기여를 한 것으로 평가받고 있다. 인천 국제공항에서 자기부상열차로 5분, 걸어서 15분 거리에 위치한 지리적 유리함과 축구장 46배 크기(33만 m²)의 규모와 위용을 자랑하는 건물 덕분에 수많은 국제행사와 경기를 치르며, 국제적 인지도를 얻고 있으며 세계적인 셀러브리티를 초대한 각종 파티나 공연에서도 유명세를 타고 있다.

2017년 개장한 파라다이스 시티 1차 시설은 총 711개 객실의 5성급 호텔과 국내 최대 규모의 외국인 전용 카지노, 1,600명을 수용하는 컨벤션 등을 갖추었다.

2018년 하반기에 실내 테마파크, 스파 등 2차 시설을 개장하면서 향후 8조 2,000억 원의 생산 및 78만 명의 고용, 3조 2,500억 원의 부가가치가 발생하게 된다.

또한, 외국 투자기업 람정제주개발과 제주 국제자유도시 개발센터(JDC)는 2018년 3월 국내 최대 복합리조트를 표방하는 제주 신화월드를 공식 개장하였다.

람정제주개발은 2006년 사업부지를 확보한 이래 12년 만에 250만㎡ 규모 부지에 총 1,500실에 달하는 3개의 숙박시설과 테마파크, 컨벤션 센터, 워터파크, 외국인 전용 카지노 등의 시설을 완공하고 운영 중이다.

2020년에는 럭셔리 호텔과 영화 테마파크를 추가로 개장한 제주 신화월드는 지역경제 활성화, 환경보호, 지역상생, 기부 및 후원, 도민 일자리센터 설립이라는 사회공헌 5대 분야에서 약 9,700억여 원 규모의 지역사회 기여 계획을 하였다.

2027년까지 제주 신화월드가 추정하는 생산 유발효과는 약 13조 8,517억 원이며, 부가가치 유발효과는 약 7조 2,095억 원, 취업유발 효과는 약 15만 2,623명을 발생시킬 것으로 전망하고 있다.

6) 미국의 라스베가스

라스베가스는 카지노의 시초라고 볼 수 있으며, 대표적 복합 리조트는 4개이다.

MGM Resort International, Caesars Entertainment, Wynn Resort, Las Vegas Sands로 라스베가스 복합 리조트의 특징은 다른 지역과는 다르게 카지노 매출의 의존도를 낮추기 위해 논 게이밍 산업 육성을 진행 중에 있다.

MGM Resort International은 1969년 카지노 사업을 개시하였으며, 라스베가스의 MGM Grand Hotel and Casino 설립과 함께 애틀랜틱 시티에 카지노 사업장을 오픈하면서, 미국의 주요 IR 업체로 성장하게 되었다.

미국 투자사인 T. Rowe Price Associates가 가장 많은 10.64%의 지분을 보유하고 있으며, The Vanguard Group과 Capital World Investors가 각각 10.53%와 6.37%의 지분을 보유하고 있다.

📚 표 8-12_ **세계의 유명 리조트**

구 분	내 용
클럽 메드 (Club Med)	• 1950년 파리에서 제랄드 블리츠가 지중해 클럽이라는 'Club Med(Mediter-ranean의 약어)'를 탄생 • 오늘날 클럽 메드 빌리지는 전 세계 36개국 120여 곳에 자리하고 있음 • 고객: G.M(gentle member), 종업원: G.O(gentle organizer)라고 부름 • 한번의 가격으로 모든 것이 포함된 올 인클루시브(all inclusive)패키지를 지향
PIC (Pacific Island Club)	• 괌과 사이판을 중심으로 운영하고 있는 PIC는 전용 해변과 아름다운 경관을 갖춘 최고의 특급 호텔 • 숙식은 물론 각국의 진미를 맛볼 수 있는 레스토랑과 바, 각종 연회 및 웨딩 시설을 갖추고 있음 • 테니스, 양궁, 스쿠버 다이빙, 윈드서핑, 골프 연습장 등 70여 가지의 스포츠를 전문 스포츠 강사인 클럽메이트들의 무료 강습과 함께 즐길 수 있음
독일 바덴바덴	• Baden-baden은 '목욕하라'라는 뜻임 • 세계적으로 유명한 온천 휴양지로 일찍이 유럽의 여름 수도라 불리었음 • 보양, 레저, 컨벤션을 복합시킨 리조트 도시로 개발되었음
미국 마리나 델 레이	• LA공항 근처의 연해에 위치하고 세계 최대의 요트하버(10,000척을 수용)
골드 코스트 (Gold Coast)	• 오스트레일리아를 대표할 뿐만 아니라 남반구 최대의 리조트 거점이라 씨월드(Sea World), 드림월드(Dream World) 등 다양한 테마파크도 갖추고 있다
캐나다 웨스트 에드먼트 몰	• 세계 최대 규모의 쇼핑센터, 어뮤즈먼트, 스포츠, 레크리에이션 시설을 갖춘 복합 리조트
미국 라스베가스 카지노 리조트	• MGM 리조트 및 영화주제공원, Treasure Island 리조트, Luxor 호텔 등
일본 후쿠시마의 하와이안즈	• 온천 리조트인 하와이안즈는 동경 돔의 6배의 면적 • 워터파크를 비롯한 5개의 온천 테마파크로 이루어져 있음
싱가포르 마리나 베이 샌즈 리조트	• 엔터테인먼트, 비즈니스, 쇼핑을 한데 모아놓은 세계 최고의 복합 리조트 • 켄벤션센터, 최고급 호텔, 극장, 박물관, 쇼핑, 하늘공원외 테마파크시설을 갖추고 있음

제4절   복합 리조트 카지노산업

1 복합 리조트 카지노 유형

복합 리조트 카지노는 카지노를 중심으로 호텔, MICE 산업, 각종 전시시설 및 문화시설, 엔터테인먼트, 쇼핑, 테마파크 등의 여러 부대시설이 복합적으로 어우러진 리조트이다.

복합 리조트 카지노는 입지에 따라 해변 테마형, 도심형, 크루즈형, 최고급형, 부티크형의 5가지 유형으로 나누고 있다.

1) 해변 테마형 복합 리조트(Beach-themed Casino Facility)

도심에서 벗어난 해안가나 마리나에 위치하며 카지노를 포함한 고급레스토랑, 쇼핑시설, 호텔, 사우나, 극장 등의 다양한 위락시설을 갖춘 리조트이다.

2) 크루즈형 복합 리조트(Casino with Cruise Facility)

크루즈 터미널에 위치하며 카지노 시설과 레스토랑, 쇼핑센터 등의 시설이 함께 있는 리조트 형이다.

3) 최고급형 복합 리조트(Exclusive, High-end Casino Resort)

메가 리조트보다는 소규모의 복합 리조트로서 VIP High Roller를 타깃으로 한 복합 리조트이다.

4) 도심형 복합 리조트(Urban Casino Facility in the City Center)

비즈니스 중심의 도심에 위치하고 있는 형태로서, 싱가포르의 마리나 베이 샌즈와 가족 휴양 중심의 리조트 월드 센토사가 대표적으로 알려져 있으며, 우리나라의 경우 도심형 복합 리조트인 싱가포르 복합 리조트를 모델로 하고 있다.

5) 부티크 복합 리조트(Boutique Casino Resort)

부티크(Boutique)의 사전적인 뜻은 값비싼 옷이나 선물류를 파는 작은 가게로, 작은 규모의 멋있고 개성 있는 의류와 소품, 장신구 등을 파는 점포를 의미한다.

부티크 복합 리조트는 특색 있고 개성적이며 멋있는 콘셉트의 소규모 카지노가 리조트 안에 있는 형태로서, 부티크 카지노 자체만으로도 리조트의 명소가 되고 있다.

표 8-13_ 복합 리조트 카지노의 유형

구 분	주요 내용
해변 테마형 복합 리조트 카지노	카지노 이외, 고급 레스토랑, 호텔, 극장, 사우나 등 다양한 시설을 갖추고 있으며, 위치적으로 도심에서 벗어난 해안가, 마리나에 위치하여 자연관광자원을 충분히 살린 복합 리조트
크루즈형 복합 리조트 카지노	카지노, 쇼핑센터, 레스토랑 등의 시설이 갖춰져 있으며, 크루즈 터미널에 위치하고 있는 복합 리조트
최고급형 복합 리조트 카지노	규모면에서 메가 리조트보다는 소규모의 복합 리조트로서 VIP High Roller를 타깃으로 한 복합 리조트
도심형 복합 리조트 카지노	비즈니스의 목적객들을 주 타깃으로 하고 있으며, 도심에 위치함. 레스토랑, 전시장, 콘서트 장 등이 잘 갖춰져 있으며, 도시 내의 다른 MICE시설, 쇼핑 또는 비즈니스 시설 등과 잘 연계되어 있는 복합 리조트
부티크 복합 리조트 카지노	호텔 안에 위치한 카지노의 형태로서, 작은 규모에 특색 있고, 멋있으며, 개성 있는 콘셉트로, 리조트 안의 명소로 알려진 복합 리조트 형태

자료: PwC. (2014).

복합 리조트(IR) 카지노는 단순히 카지노 시설만으로 운영해 오던 기존 영업방식과는 달리 여러 부대업장(호텔, MICE, 각종 전시시설 및 문화시설, 엔터테인먼트, 쇼핑, 테마파크 등)으로 이루어진 다양한 관광 인프라를 가지고 있다.

게이밍(gaming)을 목적으로 하지 않는 다양한 연령과 계층의 관광객들이 즐길 수 있어 리조트 사업장뿐만 아니라, 주변 상권과 지역발전, 고용증대, 주변 관광지 개발 등 매우 다양하고 폭넓은 규모로 경제적 파급효과를 가져오고 있다.

복합 리조트는 국가 경쟁력을 강화, 산업발전 및 세수확대, 국가 경상수지 흑자, 관광산업의 성장 등 국가경제의 동력산업으로 인식되고 있다. 또한, 국민들의 여가생활을 더 다양하고 풍요롭게 즐길 수 있도록 변화되어 가고 있기 때문에, 점점 규모가 대형화, 고급화되고 있는 추세이다.

복합 리조트 카지노는 국가 경쟁력을 강화시키고, 산업발전과 국가 경상수지 흑자에 많은 역할을 할 수 있을 것이다. 복합 리조트 카지노 관련 정책을 완화하고 설정에 맞는 규제의 재정립을 통해 국내외 투자 활성화를 한다면 우리나라 관광산업의 성장과 파생산업에 큰 역동 요소가 될 것으로 전망한다.

② 국내 복합 리조트 카지노의 배경과 발전

복합 리조트 카지노는 카지노를 중심으로 호텔, MICE 산업, 각종 전시시설 및 문화시설, 엔터테인먼트, 쇼핑, 테마파크 등의 여러 부대시설이 복합적으로 어우러진 리조트이다. 복합 리조트는 여가와 관광을 함께 체험할 수 있는 복합 리조트가 성장하기 시작했으며, 골프, 스키 등 레저 체험활동과 스파, 관광, 숙박 등 휴양이 접목된 리조트 방문이 대표적인 여가활동으로 자리 잡았다.

리조트는 사람들을 위한 휴양 및 휴식을 제공할 목적으로 일상 생활권을 벗어나 자연경관이 좋은 지역에 위치하며, 레크리에이션 및 여가활동을 위한 다양한 시설을 갖춘 종합단지(complex)를 의미한다.

복합 리조트는 단순 휴양이나 특수한 한 가지 목적을 위한 방문이 아닌 휴식 및 여러 가지 형태의 유희를 같은 장소에서 즐길 수 있는 곳으로, 방문목적이 다른 여러 계층의 방문객들이 모인다고 해도 각각의 방문 목적달성은 물론 방문 목적 외의 여러 형태의 체험활동이 가능한 곳이다.

국내도 플랫폼, 고급화,
콘텐츠로 리브랜딩

레저 플랫폼으로 진행 중인 아난티

아난티는 2006년 남해를 중심으로 2016년 가평, 2017년 부산, 청담 등 지역 및 사업모델 확대를 통해 플랫폼을 만들어가고 있다.

현재 '빌라주 드 아난티', '아난티 앳 강남' 호텔 등 새로운 사이트 개발과 오픈을 준비하고 있으며, 플랫폼 확장으로 브랜드와 회원권 가치도 높아지고 있다.

2013년 200억 원에 불과했던 매출액은 2021년 상반기 1,000억 원을 상회하며 가파른 외형성장을 이루었다.

아난티는 단순 리조트 개발에서 벗어나 소비자들이 오래 머무를 수 있는 다양한 공간 조성에 집중하면서 분양 성공률을 높였으며, 운영수익을 통해 매년 안정적인 매출액을 확보할 수 있게 되었다.

특히, '아난티 코브'는 이터널 저니, 아난티 타운, 워터하우스 등 문화소비를 할 수 있는 시설들을 제공하면서 많은 관광객들이 찾는 명소가 되었다.

아난티는 국내에서 새로운 레저 트렌드를 선보이며 차별화를 통해 업계 내 독보적인 업체로 성장하고 있다.

복합 리조트 카지노는 전 세계적으로 대형화 및 가족형 복합 리조트의 추세를 보이고 있으며, 고객유치 경쟁 또한 심화되고 있다.

2019년 현재, 우리나라의 외국인 전용 복합 리조트 카지노는 ㈜파라다이스 & 세가사미(인천국제공항 국제업무단지, 2017년 개장)와 제주랜딩 카지노(서귀포 안덕면 신화역사공원, 2017년 개장)가 개장하여 영업 중에 있다. 제주롯데 드림카지노, Inspire 복합 리조트 카지노, 푸리 & LOCZ 코리아 등이 건설 중에 있다.

우리나라의 카지노산업은 1961년에 경제발전과 내수확보, 외국인 관광객의 적극적인 유치 및 외화획득 등의 이유로 카지노업을 허용한 이후, 2000년대 초반까지 카지노의 운영형태는 호텔시설을 중심으로 한 소규모 카지노 영업장을 운영하는 형태였다. 결국, 이러한 1차원적인 카지노 시설은 수도권의 대규모 객실을 보유한 특급호텔의 카지노 사업을 제외한 지방의 소규모 카지노의 경우 정치적, 사회적, 지리적 등 여러 가지 영향으로 인해 매출의 변동성이 심하고 안정적이지 못해 영세기업이 나타나기 시작했다.

세계적인 카지노 추세가 대형화, 복합화, 다양화된 복합 리조트 카지노가 되면서 우리나라 카지노산업도 본격적으로 변화하기 시작했다. 최초의 국내 카지노 설립 운영업체인 ㈜파라다이스 그룹은 계열사 중 하나인 ㈜인천 올림푸스 카지노를 인천 영종도로 이전, 인천국제공항 국제업무 단지 내에 약1조 3,000억 원을 투자하여 특1급 호텔(711실)과 부티크 호텔(58실), 대형 컨벤션 시설, 미술관, 엔터테인먼트 등의 시설을 갖춘 국내 최초·최대의 복합 리조트 카지노 ㈜파라다이스 시티 & 세가사미가 2017년부터 영업을 시작했다.

우리나라는 2004년 기업 도시법에서 최초로 관광산업의 외국자본의 투자 및 유치에 대한 인센티브를 공식화하였고, 이후 2006년 제주 특별자치도법, 2007년 경제자유구역의 지정 및 운영에 관한 특별법, 2012년 12월에 새만금사업 추진 및 지원에 관한 특별법에서도 외국인 투자에 대한 법적 내용이 포함되었다.

2012년 9월에는 경제자유구역의 지정 및 운영에 관한 특별법에서 외국기업이 경제자유구역에 미화 5,000만 달러 사전투자 및 전체 3억 달러 이상의 투자를 조건으로 대규모 관광개발·투자를 신청할 경우, 여러 분야의 심사를 통해 외국인 전용 카지노 사업을 허가한다는 카지노업 허가 사전 심사제도가 도입되었다.

③ 국내 복합 리조트 카지노 현황

복합 리조트 카지노는 대체적으로 수익성이 낮은 산업(컨벤션, 회의장, 미술관, 전시장 등)과 그에 비교해서 수익이 높은 산업(호텔, 쇼핑몰, 식음료 시설 등) 그리고 매우 수익성이 높은 산업(카지노 게이밍)이 결합된 형태이다.

복합 리조트는 단일 관광시설에 비교해서 매우 높은 수익을 창출하고 있으며, 국가적으로는 일자리 창출, 지역경제의 발전과 활성화, 정부의 세수증대 등 긍정적인 영향을 주고 있다.

복합 리조트의 운영과 건설로 인한 생산효과는 복합 리조트 1개당 7.6조 원으로 2017년 4월에 개장한 ㈜파라다이스 시티 복합 리조트의 경우, 2017년 한 해 동안 총 2004억 원의 매출을 기록하였다. 이는 중국 정부의 사드설치에 대한 정치적 보복 및 북한 핵문제 등의 심각한 악재를 고려한다면 눈부신 성과임에 틀림없다.

2018년 4월 기준 ㈜파라다이스 시티 복합 리조트의 고용인원은 카지노와 호텔분야만 1,700여 명에 이르고, 그중 30%는 지역주민의 일자리 창출에 기여하였다.

이후 50년까지 8조 2,000억 원의 생산효과와 3조 2,500억 원의 부가가치효과 및 78만 명의 고용효과를 거둘 것으로 자체 예상하고 있다(2017년 파라다이스 그룹 사업결산 보고서).

인천공항 제3국제 업무단지에 위치하는 인스파이어 복합 리조트는 미국 모히건 게이밍&엔터테인먼트(MGE)는 약 1만 5,000석의 콘서트 및 스포츠 아레나 시설과 4,500㎡ 규모의 대형 워터파크, 1만 9,000㎡ 규모의 MICE 시설이 들어선다.

복합 리조트의 유형은 입지에 의한 분류, 활동형태와 시설목적에 의한 분류, 목적에 의한 분류 등 3가지 분류기준에 의해 나누게 된다.

첫째, 입지에 의해 분류된 리조트의 유형으로 산지 리조트, 해변 리조트, 전원 리조트, 온천 리조트가 있다.

둘째, 활동형태와 시설목적에 의해 분류된 리조트의 유형으로 스포츠 리조트, 헬스 스파, 휴양촌, 마리나 리조트, 스키 리조트, 관광/유람 리조트, 복합 리조트가 있다.

셋째, 목적에 의한 리조트의 유형은 골프, 스키, 비치, 마리나, 온천, 카지노, 연구, 생태관광, 테마, 콘퍼런스 리조트로 구분된다.

 복합 리조트 카지노의 중요성

복합 리조트는 카지노를 기반으로 하는 시설이기에 카지노의 중요성은 매우 크다.

2017년 상반기 기준 마카오 복합 리조트의 카지노 매출 비율을 살펴보면 다음과 같다.

샌즈 차이나(Sands China)의 경우, 총매출 4,375백만 달러 중에서 837백만 달러가 카지노 외의 매출이었으며, 나머지 3,538백만 달러가 카지노 매출로 나타났다. 따라서 카지노 매출이 약 82.8%를 차지하고 있다.

갤럭시 엔터테인먼트 그룹(Galaxy Entertainment Group)의 경우 전체 3,672백만 달러 중 405백만 달러가 카지노 외의 매출이었으며, 3,267백만 달러의 카지노 매출이 발생되어 카지노 매출 비율이 약 89%를 기록하고 있다.

카지노는 이와 같이 복합 리조트 운영에 있어서 매우 큰 역할을 하고 있는 것을 알 수 있다. 하지만, 복합 리조트를 건설하고 개발할 때는 카지노 시설 외의 시설, 즉 컨벤션센터, 쇼핑몰, 테마파크 및 워터파크와 같은 비게이밍 시설의 중요성도 간과해서는 안 된다. 비게이밍 시설은 공급자 입장에서 카지노에 신규 갬블러를 끌어들이고, 기존의 갬블러는 더 많이 소비하게 되고, 더 많이 체류할 수 있도록 장려하는 물리적 환경을 제공하게 되는 것이다.

수요자 입장에서는 갬블링이 일차적인 목적이 아닌 동반가족, 컨벤션 및 전시회 참가자, 다양한 라이프 스타일을 가진 일반 관광객들이 카지노를 이용할 수 있는 기회를 갖게 되기 때문이다.

복합 리조트 산업은 MICE 산업과 엔터테인먼트는 기술향상을 통해 독자적인 랜드마크를 건설할 필요가 있다.

⑤ 아시아 카지노산업 현황 및 발전

아시아 카지노산업 성장에 있어 가장 핵심 요인으로는 중국인들의 소득수준 향상에 따른 카지노 방문객 증가와 카지노 합법화가 주요한 역할을 하고 있다.

카지노 기업에 대한 증권사들의 산업전망 및 내용들을 보면 2017년 기준 전 세계 카지노 시장 점유율은 홍콩(마카오)과 미국(라스베가스)이 각각 61%와 21%를 차지하고 있다. 카지노 시장은 2014년을 정점으로 매출 성장률이 플러스를 보이고 있으며, 카지노 시장의 회복 배경에는 중국인들의 소득수준 향상에 따른 카지노 방문객 증가와 각국의 카지노산업에 대한 합법화 확산 등을 요인으로 보고 있다.

또한, 카지노 합법화를 통해 자국의 해외 카지노 손님을 국내로 흡수하는 수요발굴이 만들어진 것이다.

싱가포르 카지노 정책은 내국인 출입허용을 통한 성공사례이며, 일본의 내국인 출입 카지노 허용 역시 싱가포르의 사례와 같이 중국인 카지노 방문객과 함께 자국민 카지노 수요를 충당하여 세수확보를 이루겠다는 의도를 가지고 있다.

미국의 글로벌 금융위기가 본격화되었던 2008년대부터 2009년까지 세계의 카지노 시장은 하락장세를 이어가다가 2010년부터 회복기를 거쳐 2014년에는 약 1,710달러의 매출을 기록했다(PwC, 2014). 특히 아시아의 카지노 시장은 라스베가스 자본의 마카오 유입과 싱가포르 복합리조트(2개)의 개장, 필리핀의 카지노산업 확대 등의 이유로 카지노 시장에서의 비중이 점점 커지고 있다.

1) 마카오

최초의 카지노 사업자가 정부의 승인을 얻어 카지노 라이센스를 다른 사업자에게 임대할 수 있는 Sub-License System으로 운영되고 있으며, 정킷을 중심으로 전체 매출액의 70% 이상을 VIP 고객이 기여하고 있다.

마카오는 이미 2006년과 2008년에 라스베가스와 네바다주의 매출액을 능가하였으며, 2013년에는 450억 달러의 매출을 올려 라스베가스의 매출을 약 7배 앞서나가는 기록을 세웠다.

마카오는 도박 도시라는 사행산업의 부정적 이미지를 벗기 위해 복합 리조트(IR)를 통해 컨벤션, 쇼핑, 호텔, 공연시설 등을 개발하였고, 카지노와 비카지노 업장의 균형 있는 발전을 위해 노력하여 도시 전체가 아시아의 라스베가스로 인정받게 되는 성과를 이루었다.

2) 싱가포르

싱가포르는 2010년에 2개(리조트 월드 센토사, 마리나 베이 샌즈)의 복합 리조트 카지노를 개장하면서 본격적으로 발전하게 되었다.

2012년 기준 전체 리조트 면적 중 카지노가 5%, 그 이외의 비카지노 업장이 95%의 비중을 차지하고 있으나, 전체 매출의 약 75%가 카지노 부문에서, 나머지 25%의 매출은 비카지노 부문에서 발생되었다.

아시아 지역의 카지노 총 매출액은 2009년 2조 2,898만 달러로 전년대비 7.1%의 성장률을 시작으로, 2010년에는 전년대비 49.7%가 증가한 총 매출액 3조 4,280만 달러를 기록하였다. 이후 2011년(37.2% 증가), 2012년(23.6% 증가), 2013년(15.2% 증가)까지 전년 대비 꾸준한 두 자리 수 증가율을 보였다.

마카오
• 2016년 원윈팰리스, 파리지앵, 2017년 MGM Cotai 등 신규 카지노 오픈 2017~18년 2개 추가 오픈 예정
• 비카지노, Mass, 관광인프라 구축에 적극적으로 투자
• 중국 정부의 지원(강주하오 건설, 웨강아오 개발)도 호재

베트남
• 내수소비 진작, 국내 자본의 해외 유출을 제한하기 위해 3년간 일시적으로 오픈카지노 허용 추진
• 샌즈, 겐팅 등 카지노그룹 진출의사 표명

말레이시아
• 향후 10년간 두 단계에 걸쳐 유일한 IR 사업자인 겐팅리조트의 확장(쇼핑몰, 테마파크, 케이블카, 아울렛 등 추가) 추진, 말레이시아-싱가포르 고속철도 설립도 호재

싱가포르
• 2010년 카지노를 포함한 복합리조트 개장(오픈카지노)
• 마리나베이샌즈는 중국인 VIP 의존에서 벗어나 아시아 Mass에 집중하는 비즈니스 모델 구축

캄보디아
• 외국인 전용 카지노로 성장은 제한적
• 베트남 오픈카지노 허용에 따라 높은 접근성으로 가장 큰 고객이었던 베트남 수요도 감소할 가능성 농후

러시아
• 2022년까지 동북아 겨냥 블라디보스토크를 관광지로 개발하는 대규모 PIEZ 프로젝트 진행, 게임세율 글로벌 최저 수준으로 대기업의 투자 계획 잇따라

한국
• 강원랜드(오픈카지노)와 16개 외국인 전용 카지노 운영
• 2020년까지 4개 IR 개발 예정

일본
• 카지노 합법화 추진
• 싱가포르 사례를 벤치마킹함에 따라 오픈카지노 가능성 농후
• 2020년 외래관광객 4천만 명 목표, 글로벌 카지노기업의 적극적인 투자 예상

대만
• 대만과 중국 사이에 위치한 마쭈열도에 카지노 건설 사업이 추진, 이르면 2019년 대만 최초 관광카지노 설립

필리핀
• 일본 파친코 대부인 오카다가 설립한 Okada Manila 개장으로 총 IR 4개 보유, 중국과의 교류 강화로 Mass보다 오히려 VIP의 성장이 더욱 기대되는 시장

출처: 지인혜, 정지혜(2017). 아시아 카지노 현황, P.5.

©www.hanol.co.kr

🚀 그림 8-4_ 아시아 카지노 현황

2014년에는 9.7% 증가한 7조 3,429만 달러의 매출을 보였다. 2015년에는 8.0% 증가한 7조 9,266만 달러의 매출을 기록하였는데, 이는 2009년 매출대비 346.17% 포인트 증가한 수치로 아시아 카지노산업시장의 눈부신 발전을 의미하고 있다.

현재 마카오부터 싱가포르, 베트남, 말레이시아, 캄보디아, 필리핀, 대만, 러시아, 일본 등이 카지노 복합리조트를 건설하거나 건설계획을 발표하며, 아시아 카지노산업규모 확장을 촉진하고 있다.

아시아 카지노 시장에 대한 전망은 글로벌 신용 평가사인 피치에서도 긍정적인 의견을 내고 있는 상황이다. 피치는 중국 중산층의 성장이 장기적 전망에서 긍정적으로 작용할 것으로 보고 있다. 피치는 2019년 아시아 카지노 시장 전망에서 카지노 고액 도박객인 VIP 시장은 약세를 보이지만, 안정적인 MASS 고객확보를 통해 이 부분이 상쇄될 것으로 예측했다.

제5절　복합 리조트 카지노의 영향

① 복합 리조트 카지노의 편익 인식

복합 리조트 카지노는 관광사업 중에서도 경제적, 문화적, 환경적, 사회적으로 가장 많은 영향을 주는 사업이다.

카지노는 예로부터 도박이나 사행산업으로서의 부정적인 인식이 강했으나, 현재는 남녀노소 불구하고 함께 즐기고 체험할 수 있는 부대시설을 갖춘 복합 리조트 카지노화되면서 긍정적인 인식 또한 점점 높아지고 있는 추세이다.

복합 리조트 카지노에 대한 긍정적인 경제적 영향과 비경제적인 부분에서의 긍정적인 영향은 다음과 같다.

1) 긍정적인 경제적 영향

외국인 전용 카지노의 특성상 외화획득 효과(높은 외화가득률)가 매우 크다.

카지노산업은 서비스 산업의 경쟁력을 강화시키고, 카지노 이외의 호텔 및 부대업장의 매출액 증가에 기여하고 있다. 관광객의 체재 기간을 늘려 1인당 평균 소비액을 높이는 것으로 나타났다. 또한, 부가가치세, 관광세 등의 국가세수 확보와 국가 경제발전에 기여한다. 그리고, 건설, 운송서비스, 도·소매업, 금융, 부동산, 항공, 여행업 등의 연계산업의 생산 유발효과도 큰 것으로 나타났다.

2) 긍정적인 비경제적 영향

대형 복합 리조트 카지노의 설립으로 인해 주변의 관광자원이 개발되고, 교통 및 주

표 8-14_ 복합 리조트 카지노의 경제적·비 경제적 영향 비교

내 용	세부내용
경제적 영향	• 외국인 전용 카지노의 특성상 외화획득 효과 • 높은 외화가득률(카지노 93.7%, 반도체 수출 39.3%, TV 60.0%, 승용차 79.5%) • 관광객의 체재기간을 늘리고, 1인당 평균소비액을 높임(평균소비액의 약 38% 상승) • 카지노 이외의 호텔 및 부대업장의 매출액 증가 • 서비스산업의 경쟁력 강화 • (지역) 소득증대 • 부가가치세, 관광세 등의 세수증대 • 국가경제발전 • 연계산업의 생산유발효과(건설, 운송서비스, 도·소매업, 정보통신, 전문·과학 기술서비스, 금융, 부동산, 항공, 여행업 등)
비경제적 영향	• 주변 관광자원개발 • 도시 브랜드의 이미지 강화 및 국위선양 • 교통개선, 주변 인프라시설 개발 및 발전 • 국민 삶의 질 향상 • 시민 편의시설 및 복지시설 증가 • 노동집약적 산업으로 고용창출 효과

자료: 대한국토·도시계획학회(2012). 한국카지노업 관광협회(2019).

변의 인프라 시설이 발전하며, 복지시설 및 편의시설이 증가하였다.

또한, 복합 리조트 카지노가 도시의 랜드마크 기능을 하여, 주민들의 자부심이 높아지고 더 나아가 국위 선양에도 큰 영향을 미치게 된다.

❷ 복합 리조트 카지노의 긍정적·부정적 영향

1) 복합 리조트 카지노에 대한 긍정적 영향

카지노산업은 지역주민의 고용상승과 지역개발 및 발전, 외화획득 등의 긍정적인 경제적 효과가 크다. 국가 경제적 측면에서는 경상수지 개선, 세수확대, 관광발전, 국위선양, 국가 이미지 고취 등의 경제적·사회적·문화적인 긍정적 영향을 주고 있다.

또한, 다른 산업(승용차 산업, 섬유, 반도체 산업 등)에 비해 외화가득 효과가 크고, 동종 관광산업(숙박업, 요식업 등)과 비교해도 매우 높은 효과를 가지고 있다.

Convergence Tourism 융합관광론

표 8-15_ 복합 리조트 카지노산업의 영향

구성 요인	세부 항목
긍정적 사회영향	전체적인 이미지 개선, 주민들의 우월감 상승, 사회적 이익 증대, 정부관리 효율성 증대, 명성 촉진
부정적 사회영향	외국노동자의 증대, 공공안전 문제발생, 갬블러 문제 발생, 범죄증가, 매춘증가, 불안정한 노동시간, 사회가치의 왜곡
긍정적 경제영향	주민소득 증대, 지역 고용률 증대, 방문객의 소비지출 증대, 연관산업 발전
부정적 경제영향	물가상승, 기업간 경쟁격화, 부동산 가격 상승, 기업의 파산, 물가상승, 원자재와 서비스의 부족, 인플레이션 발생
긍정적 환경영향	인프라시설 확충, 대중교통의 편리함, 관광지 증대, 매력적인 야경
부정적 환경영향	소음공해, 카지노의 팽창에 따른 주민의 괴로움 증대, 환경오염, 쓰레기문제 발생, 버려진 애완동물 증대

자료: Wu & Chen(2015).

우리나라의 카지노산업에 대한 이미지는 부정적이고 폐쇄적이었으며 보수적인 측면이 많았다. 이러한 국민들의 부정적인 인식평가와 정부의 엄격한 규제로 인해 카지노산업 발전에 많은 어려움이 있다.

하지만, 현재는 세계적인 추세로 복합 리조트가 개발 운영되고 있으며, 국가 차원의 관광발전을 위한 자원과 규제완화 등이 지속적으로 이루어지고 있다.

국민과 정부의 노력으로 인한 긍정적인 효과가 경제적, 사회적, 문화적인 효과로 나타나고 있다. 이러한 긍정적인 여러 효과들은 기존 도박의 사행성, 중독성, 퇴폐성 등의 부정적인 카지노의 이미지에서 벗어나고 있으며, 생활의 활력소나 여가활동의 수단으로 인식하는 분위기의 확산과 관련 산업(여행업, 항공업, 외식업, 호텔업, 운송업 등)의 발전으로 인한 인력개발과 고용의 확대 등으로 이어지면서 점차 긍정적으로 재평가 되고 있다.

2) 복합 리조트 카지노에 대한 부정적 영향

복합 리조트 카지노의 개발은 여러 측면에서의 긍정적인 영향과는 반대로 경제적, 사

회적, 환경적인 다양한 부작용을 유발하기도 한다.

　카지노 개발 단계에서의 환경파괴와 소음 등의 발생 문제, 지역주민과의 개발 보상 문제 등이 발생하기도 한다.

　개발 이후 발생하는 교통 혼잡, 외부인의 유입, 사생활 침해, 범죄 발생, 지역 이미지 훼손 등의 문제들도 심각하게 발생하기도 한다.

제6절   복합 리조트의 워터파크

1 워터파크의 개념

우리나라의 경우 워터파크 관련 법규가 따로 마련되어 있지 않으며, 설치 시설에 따라 관광진흥법에 의한 유원시설업, 체육시설의 설치 이용에 관한 법률의 수영장업, 공중위생관리법의 목욕장업이 혼용되어 있는 경우가 많다.

각 나라별로 미국의 워터파크 협회가 발행하는 협회지 'splash'에 의하면 워터파크는 프리풀(free pool), 워터 슬라이더(water slider), 인공 파도풀(wave pool) 등을 아이템으로 사용하는 레저풀(leisure pool)이 있는 것이라고 정의하고 있다.

독일에서는 옥내 건강 보양시설에서 발전한 형태로, 전형적인 Kur 시설에 레저기능을 병행하여 wave pool, water slider 등을 설치한 시설을 말한다.

일본에서는 미국형 옥외 레저풀과 유럽형 옥내 건강시설이 동일건물에 같이 설치된 시설개념이 형성되었으며, 레저풀을 병설한 복합형 건강센터(스포츠 클럽)까지도 워터파크에 포함하고 있다.

우리나라에서의 워터파크는 각종 물놀이 시설을 갖추어 놓은 곳이라 정의하고, 단순히 물을 바라보거나 수영만을 즐기는 것이 아니라 물을 이용한 각종놀이 및 휴양 등의 기능을 전제로 하고 있다.

물을 매개체로 하여 놀이를 위한 기능풀을 최소한의 시설로 하고, 물과 함께 놀고, 물을 이용해 휴식하는 즐거움뿐만 아니라, 스릴(thrill)이라는 요소가 추가된 복합적이고 역동적인 물놀이와 수영을 즐기는 레저공간으로 쾌적성과 오락을 중시하는 물을 주제로 한 테마파크로 정의하고 있다. 즉, 물을 이용한 놀이기구(attraction)를 통해 스릴을 즐기고 휴양시설과 건강시설을 이용할 수 있는 복합적이고 동태적인 사계절 물놀이 시설로 다양한 연령층이 함께할 수 있는 물 중심의 복합 레저시설이다.

② 워터파크의 특징

1) 본질적인 특징

테마파크의 한 형태로 발달한 워터파크는 그 특성 또한 유사한 형태를 보이고 있다. 계절 변동성이 높고 기후에 좌우된다는 점에서 1차 산업적인 특성을 갖고, 초기 투자비가 높고, 시설 유지비 및 추가 투자비가 막대하다는 측면에서 장치 산업적 요소가 있는 2차 산업적인 특성을 가지고 있다.

또한, 서비스를 제공하는 많은 인력을 필요로 한다는 측면에서 3차 산업적인 성격도 있는 것으로 1차, 2차, 3차 산업이 함께 공존하는 복합 산업이라 할 수 있다.

입지, 규모, 시설, 서비스 등 여러 가지 요소에 의해 워터파크의 수익성과 집객력을 판단할 수 있다. 특히 입장객 수를 지속적으로 확보하기 위해서는 최신의 시설을 투입하면서 추가적인 설비투자가 필수적이다.

워터파크는 도입 초기 온천, 수영장과 같은 단순한 물놀이 시설에서 최근의 추세에 맞게 고급화, 대형화, 세계화의 기조에 맞게 철저히 계획해야 한다. 물을 매개체로 하는 테마파크로 변모하면서 중요한 영역을 차지하고 있으며 테마성, 비일상성, 레저성, 배타성, 통일성 등 테마파크가 가지고 있는 특성을 보인다.

첫째, 테마성은 일정한 스토리를 통해 일관된 메시지를 전달하여 단순한 놀이공원과 차별화될 수 있도록 한다. 테마가 명확해야 방문객이 테마파크에 쉽게 몰입하고 매료될 수 있다.

둘째, 비일상성은 과장된 장식이나 형태, 테마를 통해 만들어진 공간을 체험함으로써 방문객이 테마파크에 들어오는 순간, 일상에서 벗어나 완전히 독립된 공상의 세계로 진입하는 느낌을 줄 수 있도록 하는 것을 말한다.

표 8-16_ 테마파크의 공간적 특성

구 분	내 용
테마성	전체공간이 중심테마와 스토리로 연계된 공간과 체험으로 구성
비일상성	일상에서 테마로 만들어진 꿈과 환상의 세계 체험
레저성	놀이에서 휴식까지 즐길 수 있는 레저공간 제공
배타성	현실과 차단하여 독립된 완전한 공생체계를 조성
동일성	마스터 플랜 시 모든 요소와 서비스의 통일되고 일관된 이미지 부여

셋째, 레저성은 놀이 · 이벤트 · 음식 · 쇼핑 · 휴식 등 다양한 공간기능을 제공하여, 여가시간을 활용할 수 있는 기회를 제공하는 특성을 말한다.

넷째, 외부세계와 차단된 배타성은 현실과 차단하여 독립된 완전한 공상세계를 조성하여, 공간에서 일상성을 벗어나 이용자의 환상이 깨지지 않도록 바깥의 일상적인 세계와 단절시키는 것을 말한다.

다섯째, 통일성은 건축양식 · 조경 · 캐릭터 · 직원복장 · 서비스 · 시설물에 이르기까지 모든 요소들을 통일된 이미지로 생산하는 것을 말한다.

2) 사업적 특징

❶ 입지조건

워터파크는 입지조건에 의해 크게 좌우되는 사업으로 최적의 입지선정이 사업수익에 큰 영향을 미친다.

❷ 막대한 초기 투자

대규모 유인시설로서 사업지 내 별도의 시설 인프라 구축비용, 대규모 주차시설, 부속지원시설 등 초기 투자비가 막대하다.

❸ 꾸준한 추가 투자

개장 후에도 고객들을 지속적으로 끌어들이고 재방문을 유도하기 위해서는, 추가적인 시설도입과 시설 노후화에 따른 시설보수가 필수적이다.

❹ 높은 인건비 비중

안전이 우선시되는 시설의 특성과 서비스가 중시되는 사회변화, 테마파크의 독특한 정감표현에 서비스 및 안전요원 등 인력을 많이 필요로 하는 노동집약적 산업이다.

❺ 기후환경 변화에 민감

실내·외 워터파크의 특성상 기온과 날씨의 영향을 많이 받기 때문에, 연중 상시 운영이 가능한 시스템 구축이 필요하다.

❻ 부대시설 수익

이용자의 객 단가는 체류 시간에 비례한다. 고객을 끌어들일 수 있는 시설 배치와 어트랙션(attraction) 종류의 선택이 중요하다. 체류 시간이 늘어나면서 파생되는 식음 시설과 상품판매는 부대시설 이익의 원천이다.

❸ 워터파크의 유형별 분류

워터파크를 유형별로 살펴보면 입지조건, 건축형태, 이용자 지향형태, 연계시설, 시설 규모 등으로 구분하고 있다.

1) 입지조건에 의한 분류

입지조건에 따라 도시형, 교외형으로 구분한다.

❶ 도시형 워터파크

도시 중심지의 교통이 편리한 곳에 위치하여 집객력은 강하나, 경관이나 대지면적의 한계로 소규모의 실내형 워터파크 형태가 많다.

접근시간과 체류 시간이 짧고 교통접근의 장점으로 젊은층의 당일 이용객 비율이 높다.

❷ 교외형 워터파크

도시 근교에 대규모 실외 워터파크 형태로 개발되며, 주변 경관과 시설, 규모면에서 유리하나 거리상의 문제로 집객력이 약하다.

교외의 경우, 체류 및 교통접근의 시간 소비로 숙박시설과 함께 개발되는 경우가 많으며, 어린이와 조부모를 동반한 가족 단위 숙박 이용객 비율이 높다.

2) 건축형태에 따른 분류

기후와 밀접한 관계로 건축형태에 따라 실내형과 실외형, 실내·외 복합형으로 구분한다.

❶ 실내형 워터파크

도심 속에 소규모 형태로 운영되는 대부분의 워터파크에 해당되며, 사계절 기후변화에 관계없이 운영할 수 있으나, 설비시설 등 초기 투자비용이 많이 든다.

❷ 실외형 워터파크

운영 시 계절과 기후에 민감하여 한시적 운영을 전제로 한다.

지구 온난화로 5월 초~10월 초까지 최대 5개월 운영이 가능하나, 체온 유지를 위한 시설들이 필요하며, 입지 선정 시 주변시설과 관계가 중요한 과제이다.

❸ 실내·외 복합 워터파크

최근 국내 워터파크 대부분의 형태로 실내형과 실외형의 장점을 갖추어 사계절 이용이 가능하다. 안정적인 운영 효과를 기대하고 대규모 시설이 많다.

3) 이용자 지향 형태에 의한 분류

이용자가 워터파크를 선정하는 주요 항목으로 지향하는 형태 유형에 따라 오락지향형, 건강지향형, 레저복합형으로 구분된다.

❶ 오락지향형 워터파크

흥미, 오락을 위해 파도풀, 유수풀, 슬라이드, 레저풀 등 동적 어트랙션 시설을 갖추고 집객력을 높여 동시 수용인원을 최대로 하여 수익을 창출하는 교외, 실외, 대형 워터파크의 운영형태로 젊은층을 주요대상으로 한다.

❷ 건강지향형 워터파크

온천, 스파시설과 연계된 소규모 실내형태가 주를 이루며, 스파풀, 헬스풀, 바데풀, 테라피, 휘트니스 센터 등 정적 어트랙션 위주의 시설을 이용하여 중·장년층을 주요 고객으로 이용자의 휴식과 건강을 목적으로 한다.

❸ 레저지향형 워터파크

휴식과 건강, 오락을 접목한 최근의 워터파크 형태로 유년층에서 노년층까지 가족단위 고객이 이용 가능한 다양한 어트랙션을 도입하여, 전 세대가 함께 여가를 즐길 수 있는 워터파크이다.

4) 연계시설에 의한 분류

워터파크는 시설과 숙박시설, 테마파크, 스파 등 관련시설을 연계 운영하여, 시너지 효과를 갖는 것으로 숙박 시설 연계형, 테마파크 연계형, 스파 연계형으로 구분된다.

❶ 숙박 시설 연계형

콘도미니엄, 호텔, 유스 호스텔 등 숙박 시설과 연계한 형태로 주5일 근무제가 일반화됨에 따라 체류형 숙박고객이 늘어나면서, 교외형 워터파크와 접목된 워터파크 유형이다. 최근에는 대부분 리조트형 숙박 시설과 연계되어 이용도가 높은 중요한 부대시설로 운영되고, 상호 보완적인 발전형태를 보이고 있다.

❷ 테마파크 연계형

물을 소재로 하는 테마파크의 부속된 테마영역으로 인지도와 집객력이 높고, 테마파크와 통합운영에 따라 이용객의 다양한 욕구를 충족시킬 수 있다.

❸ 스파(spa) 연계형

온천지역을 중심으로 대규모 온천탕과 함께 운영되고, 온천성분을 이용한 치유와 수 (水) 치료시설을 적용하여 가족단위 이용객과 고령화 시대의 흐름, 웰빙과 함께 성장한 형태이다. 기존의 온천시설에 동적 어트랙션을 증설하여 워터파크로 발전한 중소형 워터파크가 일반적이다.

5) 시설 규모에 의한 분류

실내·외 워터파크 면적을 포함한 시설 규모에 따라 소형, 중형, 대형, 초대형 워터파크로 구분한다. 현재 국내 워터파크 시설기준을 상대적인 근거에 의해 4단계로 구분한 것으로 절대적인 기준은 아니다.

❶ 소형 워터파크

시설 규모가 1만 5,000㎡ 이내의 워터파크이다. 단일 시설로는 집객력이 떨어지며, 도시형 워터파크 또는 콘도미니엄, 호텔, 골프장, 스포츠 센터 등에 복합적으로 구성하는 것이 대부분이다.

❷ 중형 워터파크

시설 규모가 1만 5,000㎡~2만 5,000㎡로 어트랙션 기구들을 어느 정도 갖출 수 있다. 스파와 테라피형의 워터파크나 테마파크와 연계하여 운영이 가능하다.

❸ 대형 워터파크

시설 규모가 2만 5,000㎡ ~ 5만㎡ 정도의 규모로 기본적인 워터파크의 모든 시설을 갖추어 단독 운영이 가능한 규모이다. 도시 근교에 개발되는 교외형으로 전국을 대상으로 고객을 흡인할 수 있는 경쟁력을 갖추어야 한다.

❹ 초대형 워터파크

5만 ㎡를 초과하는 세계적인 규모로 전 세계를 대상으로 집객력을 높여야 하며, 재방문을 유도할 수 있는 차별화된 테마와 아이디어가 필요하다.

표 8-17_ 워터파크의 형태 분류

형 태	구 분	특 성
입지조건	도시형	교통편리로 집객력은 강하나 규모 및 면적에 제한적
	교외형	교외 대규모 실외형태, 집객력 약하고 숙박연계 필요
건축형태	실내형	기후여건에 관계없이 운영가능, 설비 투자비용 높음
	실외형	기후여건에 제한적이고 한시적 운영, 초기 투자비 낮음
	실내외 복합형	실내·외 장점을 갖추어 안정적 운영효과 기대
이용자 지향형태	오락지향형	오락을 위해 동적 어트랙션 위주 운영, 젊은층 고객 타깃
	건강지향형	휴식과 건강을 위한 정적 어트랙션 위주, 가족고객 타깃
	레저지향형	오락과 건강을 접목한 여가를 즐기는 전세대 고객 타깃
연계시설	숙박시설 연계	주5일 근무제 일반화로 체류와 함께 장기 이용가능
	테마파크 연계	인지도와 집객력이 높고 테마가 강함
	스파 연계	온천을 이용한 치유와 수치료를 어트랙션과 접목
시설규모	소형	시설규모 1만 5,000㎡ 이하로 숙박시설, 스포츠 센터 연계
	중형	시설규모 1만 5,000㎡~2만 5,000㎡, 스파, 테마파크와 연계
	대형	시설규모 2만 5,000㎡~5만㎡, 전국대상 독립적 운영
	초대형	시설규모 5만㎡ 이상, 주변관광지 연계, 독특한 테마

도시형   교외형   숙박시설 연계형

©www.hanol.co.kr

그림 8-5_ 워터파크 형태별 종류

4 워터파크의 구성요소

워터파크의 구성요소는 주요 공간구성 요소로 구분한다.

주요 9개 공간으로는 실내·외 물놀이 시설, 공용공간, 락카시설, 사우나, 식음시설, 부대시설, 휴게 공간, 관리 및 서비스 공간으로 구분한다.

1) 실내 물놀이 시설(Indoor)

주로 레저 풀과 헬스 풀을 중심으로 만들어지며 실내공간의 크기에 따라 파도풀, 유수풀, 슬라이드들이 적절히 배치되고, 온도변화에 민감할 수 있는 유아를 위한 키즈풀이 배치된다. 공간의 한계에 따라 어트랙션 배치가 제한적이고 환기, 공조시설과 투자비에 대한 검토가 필요하다. 일반적으로 비수기 최대 수용가능 인원으로 규모를 결정한다.

2) 실외 물놀이 시설(Outdoor)

실내공간의 제약을 벗어나 어트랙션 배치가 원활하고 테마성이 강조되는 공간으로, 파도풀, 격류유수풀, 복합슬라이드 등 다양한 어트랙션을 배치하고 대규모 인원을 수용할 수 있는 공간이다.

기후적 한계성은 있으나 워터파크의 성격을 보여줄 수 있는 핵심공간이다.

3) 공용시설

로비, 홀, 창고, 계단, 엘리베이터 등의 공간으로, 고객이 가장 먼저 접하는 동선의 시작과 끝이다.

4) 락카시설

신발락카, 락카룸, 파우더 공간으로 탈의, 물품공간, 환복, 정비하는 공간으로 남녀 구분되는 전용공간이다.

5) 사우나 시설

국내 워터파크의 경우, 기존의 온천문화 영향으로 발달되어 있으며, 냉탕, 온탕, 열탕, 발한실, 샤워시설로 구성되어 있다.

6) 식음시설

에너지 소비가 많은 물놀이의 특성과 체류시간이 늘어나면서 식사, 간식, 음료를 제공하는 공간이다.

7) 부대시설

테라피 센터, 휘트니스 센터, BI shop 등이 있으며, 별도 비용으로 운영되는 것이 일반적이다.

8) 휴게공간

카바나, 썬베드, 스파빌리지 등 휴식과 대기를 위한 공간이다.

9) 관리 및 서비스 시설

직원사무, 휴게실, 창고, 기타 지원시설로 구성된다.

5 워터파크의 발전 방향

1) 추가 투자의 시기와 규모

일반적으로 개장 후 3년 정도부터 입장객 수가 감소하기 시작하는데, 무엇보다도 집객력을 향상시키기 위해서는 추가 투자에 의한 어트랙션 신설이나 갱신이 중요하다. 테

마파크가 채산가능한 일정의 집객력을 유지하기 위해서는 적어도 초기 투자액의 5~7% 정도가 매년 투자되어야 한다.

2) 가족중심 시설공간

소득수준의 향상, 여가시간의 확대 및 자동차 보급의 확대 등으로 가족단위의 레저 활동이 보편화되고, 주부들의 가사 분담시간 축소와 여성의 사회진출이 활발해지면서 여성들이 레저수요의 한 축을 형성하고 있다.

또한, 우리사회는 고령화 사회로 진입함에 따라 어린이, 청소년 중심이 아닌 모든 계층을 수요층으로 하는 가족중심의 워터파크 개발이 필요하다.

Convergence Tourism
융합관광론

글로벌 공연
한류 문화관광

1 공연관광의 개념

공연관광이란 공연관람을 목적으로 입국한 외래 관광객에게 외화를 벌어들이는 것 또는 관광코스 중 공연관람 일정이 포함된 것이다.

공연관광을 국내여행의 대표 브랜드로 내세우고 국내 관광업계는 공연홍보에 주력할 대상을 중국인으로 정하여, 관광객 수에 비례하는 여행 형태별 홍보방안을 확대해야 할 필요성이 있다. 이처럼 외래 관광객의 유치를 위해서 문화콘텐츠의 주 무대인 공연관광의 산업발전에 주력해야 한다. 중국 관광객은 패키지 여행객의 비율이 높지만, 개별 자유여행객도 점차적으로 늘어나는 추세이다.

1990년대 후반부터 공연관광 산업은 다양한 문화콘텐츠로 인해 경제적 파급효과를 선보이며 급속도로 성장하였다. 공연관광은 고부가가치를 창출하고 국가 경제력에도 큰 영향을 미치는 효자산업으로 각광받고 있다.

공연관광의 포괄적인 의미는 문화관광이며, 문화관광은 한류와 연관성이 있다.

문화관광은 국제교류 차원에서 외래 관광객이 한국문화를 쉽고 빠르게 이해하고 경험할 수 있도록 도움을 주는 역할을 한다.

문화산업이 본격화되면서 다양한 분야에서는 새로운 콘텐츠를 창출하였고 한국의 드라마, 게임, 애니메이션, 대중음악 등 국가 이미지를 상승시켜주는 사례들이 늘어나고 있다. 국가 이미지 제고에 일조하는 장르는 드라마를 포함하여 K-pop, 영화, 문화, 음식 등 다양한 분야로 확대되고 있다.

공연관광은 뮤지컬, 비보이, 길거리 응원이 알려지면서, 한국의 공연콘텐츠는 세계적으로 인정을 받고 있다. 그중 대중음악 분야는 외국에서 K-pop이라고 불리며 발전적인 성향을 보이고 있다. K-pop은 한류 드라마와 비슷하게 한류스타를 배출하고 있으며, 외래 관광객들은 K-pop공연을 보기 위해 국내에 입국하는 사례도 늘어나고 있다. 콘텐츠의 해외수출을 시작으로 한류는 문화관광에서 큰 비중을 차지하며 국가 홍보차원에서도 규모가 확대되고 있다.

대한민국의 문화콘텐츠 수출은 세계적인 한류스타를 탄생시키는 구조이다. 이로 인해 벌어들이는 외화 수입은 공연관광을 포함한 관광산업에도 큰 영향을 끼치게 되었다.

외래 관광객의 수요가 증가하면서 국내에서는 다양한 분야의 콘텐츠 발전에 심혈을 기울이고 있다. 외래 관광객이 선호하는 쇼핑, 식도락, 문화생활, 전통 문화체험, 자연경관 관람 등 관광객의 감성적 욕구를 충족시켜주는 공연관람으로 여행의 만족도를 높이기 위한 끊임없는 노력을 하고 있다.

공연관광은 예술(art)과 관광(sightseeing)의 접점인 볼거리의 생산과 소비라는 지평에서 만나게 된다. 예술과 관광의 접목은 볼만한 문화가치의 생산과 보급 및 향유의 활성화이자 단기적으로는 경제가치의 생산과 소비를 극대화하고, 장기적으로는 국가적 문화이미지를 창출하여 국가의 위상을 제고할 수 있다.

❷ 공연관광의 정의

공연관광이란 공연과 관광을 융합한 합성어로 다른 이질적 산업이 합쳐진 것을 의미하며, 서로 다르지만 합의점을 찾고 연결될 수 있는 개채들이 결합한 형태로 공연과 관광이 조화를 이루게 된 융합산업이라 할 수 있다.

공연이란 음악·무용·연극·연예·국악·곡예 등 예술적 관람물을 실연에 의해 대중에게 관람하도록 하는 행위이다.

한국문화 관광연구원에서 발간한 공연관광 활성화 방안 연구에 따르면, 공연관광의 정의를 관광객에게 공연이 관광상품으로서 판매되는 것으로 말하며, 문화관광, 예술관광의 하위 카테고리에 속한다고 말했다.

공연관광의 상위 카테고리에 있는 문화관광은 문화적 욕구를 충족시키기 위한 관광으로 좁게는 공연, 박물관, 전시회 등 문화자원을 목적으로 하는 관광이다.

또한, 세계관광기구(UNWTO)에서는 문화관광의 광의적 개념으로 공연예술을 비롯한 각종 예술감상 관광, 축제 및 기타 문화행사 참가활동, 명소 및 기념품 방문활동, 민속·예술·언어 등의 학습여행, 순례여행 등 그 형태와 관계없이 문화적 동기에 의해 유발된 관광활동으로 정의하고 있다.

출처: 유지윤(2015). 공연관광 활성화 방안 연구
©www.hanol.co.kr

📌 그림 9-1_ 공연관광의 정의

문화관광에서 더 세분화되어 예술이 관광의 동기와 계기가 되는 것이 예술관광이다. 예술관광은 예술이라는 볼거리가 관광을 통해 생산되고 소비되는 과정으로 이루어지며, 관광객이 예술적 향유를 목적으로 행하는 관광이자 여러 가지 관광활동을 통해 예술적 체험을 경험하는 것을 의미한다.

예술관광 안에서도 공연관광은 공연 자체 또는 공연과 관련된 서비스의 이용을 목적으로 행하는 관광이다. 이는 관광객의 관광 동기 또는 관광 활동이 공연을 포함한 문화예술을 향유하는 데 관련이 있는 관광을 의미한다.

공연관광은 공연이라는 관광상품의 형태를 지니고 있는데, 이때 관광객에게 제공되는 관광상품을 공연 관광상품이라고 한다.

공연 관광상품은 문화의 한 형태로 존재하며, 예술관광 중에서도 관광상품으로서 공연예술을 바탕으로 개발하고 제작하여, 공연장을 통해 유통되는 문화예술 콘텐츠 상품을 의미한다. 여기에는 공연예술로서 연극, 뮤지컬, 무용, 민속공연, 오페라 등 관광상품화가 가능한 모든 공연예술이 포함된다.

현대에 와서는 고전적인 공연예술 장르 외에 엔터테인먼트 산업의 일부인 라이브 쇼 등과 같이 확장된 형태로 공연물을 현지 관광개발과 접목하여 새로운 관광자원으로 활용하고 있다.

공연 관광상품은 공연이 이루어지는 공간에 관객이 직접 참여함으로써 얻게 되는 미적 체험을 향유하는 것으로, 현지를 방문하여 관람하는 것이 오리지널한 효과가 있기 때문에 해외관광이 직접적인 목적으로 설정되기도 한다.

지역차원에서는 한 번의 제작으로 재활용이 가능하고 동시에 자연경관을 구경하러 온 관광객이 다시 공연상품을 소비함으로써 지역경제를 활성화하는 데 기여한다.

이처럼 공연과 관광의 접목은 단기적으로는 경제가치의 생산과 소비를 극대화하고, 장기적으로는 국가적 문화 이미지를 창출하여 국가의 위상을 제고할 수 있는 장점을 가지고 있다.

③ 관광공연의 개념

관광공연(performing atrs tourism)이란 관광과 공연의 2가지 개념을 융합하여 관광객에게 눈높이를 맞추어 제작된 공연이라 할 수 있다. 관광공연은 공연관광의 하위개념으로 공연관광을 위한 공연 관광상품이라 할 수 있다. 따라서 공연관광은 관광산업의 한 분야이고, 관광공연은 공연관광의 상품으로 세분화하여 정의할 수 있다.

관광공연은 관광과 공연이 결합된 형태로 여행객에게 공연이 관광상품으로서 판매되는 것이다. 현장성이 매우 중요하고 예술적 경험을 가능하게 하고, 관광과는 밀접하게 연계되기 때문에 새로운 관광의 유형으로 성장하고 있다.

일종의 산업이라 할 수 있는 공연관광은 우수한 공연 콘텐츠를 발굴하여 관광상품으로 활성화할 수 있게 개발된다. 공연과 관련된 예술과 체험관광 서비스가 결합한 관광공연을 창작하여 외래 관광객에게 제공함으로써, 공연관광 산업의 발전을 꾀하고 외국인 유치를 통한 외화획득으로 국가경제에 이바지한다.

공연관광은 무대에서 보이는 모든 행동을 포함하고 있고, 문화의 한 형태로 존재한다. 또한, 예술관광 중에서도 공연을 바탕으로 제작되어 관광객에게 공연장을 통해 공연되고, 유통되는 문화예술 콘텐츠를 의미한다.

제2절 　　공연 관광상품

1 공연 관광상품

관광상품은 관광객의 욕구를 충족시켜주는 유·무형의 관광대상 결합물로서 판매를 목적으로 하는 재화와 서비스이다. 관광상품은 무형성, 생산과 소비의 동시성, 소멸성, 계절성, 동질성, 유일성, 보완성, 효용의 주관성이라는 특성을 가지고 있다.

특히, 관광상품은 관광객의 욕구를 충족시켜주는 물적 재화이므로, 인간을 포함하는 환경에 적용할 수 있는 능력, 곧 상품성을 갖추어야 한다. 따라서 일정한 효용의 발생과 품질이 형성되어야 한다. 다시 말하면, 관광객의 욕구를 충족시켜주는 능력과 기능의 정도를 일반적으로 표시한 것이, 곧 관광상품의 품질이므로 관광상품을 개발할 때는 반드시 품질의 전제 조건이 충족되어야 한다.

관광상품이 시장에서 상품으로서의 성공을 거두기 위한 관광상품의 마케팅 믹스 요소인 Product, Place, Promotion, Price + Physical evidence, People, Partnership, Package를 포함하고 있다.

관광상품은 일반 상품과는 달리 유형적인 재화보다는 무형적인 요소에 중점을 두는 것이다.

공연 관광상품은 연극에서부터 뮤지컬, 퍼포먼스, 인형극, 무용, 연주회, 감상회, 대중음악 라이브 콘서트에 이르기까지 공연장이라는 현장에서 직접 보여주는 것을 뜻한다. 관광이란 일상생활에서 벗어나 여가를 즐기기 위해 다른 지역을 여행하는 행위를 말한다. 관광은 사람들의 욕구를 충족시켜 주는 대상을 관광자원이라고 하며, 관광욕구를 충족시키기 위해 각종 서비스를 제공하는 것을 관광산업이라고 한다. 즉, 공연과 관광산업의 관계는 관광상품으로 활용 가능한 유적지, 역사 등 이를 연계한 공연상품으로 발굴·지원하고 공연과 관련한 체험관광 서비스가 결합된 형태라 볼 수 있다.

공연관광은 공연과 관광을 융합한 합성어로서 다른 이질적 산업이 합쳐진 것을 의미한다. 서로 다르지만, 합의점을 찾고 연결될 수 있는 개체들이 결합된 형태로 공연과 관광이 조화를 이루게 된 융합산업이라 볼 수 있다.

세계무역기구(WTO:World Trade Organization)는 관광상품을 관광지, 숙박시설, 교통수단, 서비스와 관광 매력물을 결합시키는 것으로 정의하고 있다.

광의의 관광상품은 관광업계가 생산하는 일체의 서비스이고, 협의의 관광상품은 여행상품과 관광에 유관되는 일체의 서비스 또는 관광사업자가 관광자원을 바탕으로 판매할 것을 전제로 이를 상품화한 것이다. 관광상품은 물질적인 것보다도 정신적, 관념적, 추상적인 내용을 대상으로 하는 것으로 정의하고 있다.

문화산업진흥 기본법에 의하면, 예술성·창의성·여가성·대중성이 체화되어 경제적 부가가치를 창출하는 유·무형의 재화(문화콘텐츠, 디지털 문화콘텐츠 및 멀티미디어 문화콘텐츠)와 서비스 및 이들의 복합체를 말한다. 따라서 관광상품은 관광객의 욕구를 충족시켜 주기 위해 관광업계가 생산하는 일체의 유·무형의 재화나 서비스를 말한다.

문화관광은 개인의 문화관광을 향상시키고 새로운 경험을 증가시키는 등 인간의 욕구를 충족시키는 의미로서 인간의 모든 행동을 포함하는 것이다.

문화관광은 좁게는 연극, 뮤지컬, 음악공연, 박물관, 전시회 등 문화적 독창성을 관광상품화하는 문화관광을 말한다.

공연을 상품화하여 서비스 또는 제품을 제공하는 사업으로 우수한 공연 문화서비스와 관광이 결합된 프로그램을 개발하여, 외국인에게 제공함으로써 관련 산업분야의 발전을 꾀하는 것이다. 아울러 외국인 유치를 통한 외화획득과 국가 브랜드 이미지 상승 등의 국가경제에 이바지하는 사업이라 할 수 있다.

공연관광은 서비스 이용을 목적으로 관광객을 끌어들이는 관광으로 관광의 주요동기 중의 하나가 공연 관람과 관련이 있는 관광을 의미한다. 결국, 공연관광이란 관광객들을 지속적으로 유치하는 데 그 목적이 있다.

앞으로의 관광시장은 관광의 목적이 분명한 주제가 있는 형태로 변화하고 있다. 문화관광의 하위개념인 예술관광에서 더 집약된 형태의 공연관광으로 접근이 명확해지면

서 관광시장의 상품개발이 절실하게 요구되는 상황이다.

예술(공연)과 관광의 접목은 볼만한 문화가치의 생산과 보급 및 향유의 활성화이자 단기적으로는 경제가치의 생산과 소비를 극대화하고, 장기적으로는 국가적 문화 이미지를 창출하여 국가의 위상을 제고할 수 있는 순기능을 가지고 있다.

② 공연 관광상품의 특성

공연 관광상품은 공연예술상품으로서 다른 제조상품 또는 서비스가 가지고 있지 않은 특성들로 인해 복합적인 상품으로 자리 잡고 있다.

현대에 이르러서는 공연예술과 상품이 서로의 가치를 확대 생산하며, 관광활동에서도 공연예술 상품을 소비하는 형태가 나타나고 있다.

공연예술 상품은 대표적으로 무형성, 비분리성, 이질성, 소멸성의 특성으로 분류한다.

1) 무형성

무형성은 공연예술상품이 특정한 물리적 형태를 가지지 않는 특성이다.

공연예술 상품은 제품처럼 특정한 형태를 띠지 않고 눈에 보이지 않아, 구매 이전에 보고 듣고 느낄 수 없으며 저장이 불가능하다.

합의된 시간과 공간에서 공연이 이루어지기 때문에 실연 전에 예측하거나 상상하기 어렵다. 이처럼 공연예술 상품은 실체가 없기 때문에 예비 관객에게는 공연선택이 적합한가에 대한 판단이 어렵다. 따라서 이들에게 상품에 대한 니즈를 이끌어낼 수 있는 마케팅이 중요하다.

2) 비분리성

비분리성은 공연예술 상품이 일반적인 제품과 달리 공연장을 매개로하여, 공연의 생산과 관객의 소비가 동시에 이루어지는 것을 말한다.

주어진 공간에서 공연자의 행위가 관객에게 즉각 보이는 직접 거래 서비스(Direct Transaction)이기 때문에 예술가와 관객이 동일한 시간과 공간에서 만나야 한다.

3) 이질성

공연예술 상품은 같은 공연이라도 제작자, 공연자 등에 따라 공연이 달라지는 이질성의 특성을 가지고 있다. 이는 매회 일관된 공연품질을 유지할 수 없음을 뜻한다.

이질성은 매번의 공연이 오리지널리티를 가진다는 장점이 있으나, 반대로 동일한 공연이라도 공연장, 시간, 시설 등의 변수에 따라서 품질이 고르지 않다는 것을 의미하는 것이다. 따라서 공연품질을 표준화하는 데 어려움을 겪을 수 있다.

4) 소멸성

공연예술 상품 소멸성의 특징은 생산과 수요가 동시에 일어나지만, 실체가 없이 한정된 시공간에서 보이고 사라지기 때문에 저장하는 것은 불가능하다.

공연은 일회성으로 종료되며 사용되지 않은 서비스와 함께 소멸한다. 즉 사진, 영상, 소비자의 기억 속 등으로 저장은 가능하지만, 서비스 자체로서의 형태를 저장할 수 없다는 특징을 가지고 있다.

③ 공연 관광상품의 선택속성

소비자는 갈등상황에서 문제를 해결하고 자신의 선택을 타인에게 정당화할 수 있는 이유에 근거한 선택을 하게 된다. 이때 사람들은 중요한 속성에 근거하여 선택하는 전략이 자신의 선택에 대한 이유를 타인에게 정당화하기 때문에, 주로 중요한 속성을 선택하는 전략을 사용하게 된다.

여기서 속성이란 상품이 가지는 유·무형의 특징이며, 속성들을 종합하여 묶은 것을 상품이라고 할 수 있다. 상품의 속성은 일반적으로 핵심속성과 비핵심속성으로 구분한다.

공연 관광상품의 핵심속성은 창작자에 의해 생산된 공연을 의미하며 관광지에서 상연되는 공연상품 자체를 뜻한다. 비핵심속성은 부대속성, 비관련속성으로도 불리고 있으며, 핵심속성이 아닌 모든 것을 포함하는데, 관람객이 티켓을 구매하여 공연을 관람하고 가는 모든 과정에서 경험하게 되는 시설이나 환경을 의미한다.

비핵심속성은 상품에 실질적으로 영향을 미치지는 못하나, 공연예술에서는 상품 자체만을 소비하는 것만 아니라 상품이 소비되는 공간에서의 모든 경험을 포함하고 있기 때문에 소비자가 핵심속성을 결정하는 데 중요한 역할을 한다.

또한, 품질간의 격차가 줄어들고 경쟁이 날로 심화되는 현재에 이르러서는 점점 중요한 요소로 부각되고 있다.

소비자는 상품을 선택할 때 그 상품의 속성에 대해 고려하게 되는데, 이것이 소비자의 결정에 영향을 미치는 요인이 된다. 즉, 소비자가 중요하게 생각하는 속성이 소비자의 태도와 상품의 선택여부를 결정하게 되는데 이것을 선택속성이라 한다.

공연 관광상품에서 선택속성은 관광객이 공연 관광상품을 이용할 때 우선순위로 생각하는 상품의 특성을 의미한다.

선택속성은 소비자의 의사결정과정인 문제인식 단계, 정보탐색, 대안의 평가, 구매결정, 구매 후 행동단계의 과정 중 정보탐색 단계에서 수집된 정보를 비교하는 데 사용되며, 최종적으로 상품이나 상표 및 서비스를 선택하게 하는 기준이 된다.

④ 공연 관광상품의 성공사례

국내 공연관광의 성공사례라고 일컫는 기준은 크게 3가지가 있다.

공연을 장기적으로 진행할 수 있는 공연전용관 확보, 콘텐츠의 차별화, 대상에 적합한 홍보방법이다. 1년 이상 유지되는 오픈런(open run) 공연장이 확보되어야 외래 관광객 대상으로 홍보를 진행할 수 있게 된다.

국내에서 외래 관광객을 대상으로 한 넌버벌(non-verbal) 퍼포먼스 '난타'가 있다.

1) 피엠씨 프로덕션의 '난타' 사례

난타는 언어의 장벽을 무너뜨린 넌버벌 퍼포먼스이다. 또한 일상생활의 친근한 공간인 주방을 배경으로 드라마틱한 요소를 접목시켜 스토리가 있는 공연으로, 관객과 배우가 함께하는 관객참여의 시간도 설정되어 있어 공감대를 형성시킨다.

난타는 1996년 설립되었고 1997년 10월 호암아트홀에서 초연을 시작으로 1999년 영국 에딘버러 프린지 페스티벌에서 한국의 최초 참가작으로 매진을 기록하였다. 이후 세계 23개국 205개 도시에 진출할 수 있는 계기가 되었다.

국내 공연이 해외홍보를 시도한 첫 번째 사례가 되었고, 현지에서도 공연 관계자들이 난타 포스터를 배포하며 브랜드 홍보에 주력하였다. 꾸준한 해외 순회공연을 시도하여 2000년 7월에는 난타 전용관을 설립하였다. 난타는 초창기에 일본 관광객들 사이에서 인기 있는 필수 코스로 자리를 잡았다.

방한 관광객을 위한 홍보로 공항과 호텔 등 일본인이 밀집해 있는 관광코스에서 적극적인 홍보를 시행했다.

난타의 성공 요인은 전문적인 홍보 마케팅과 전용관 설립으로 인한 고정적인 수입을 창출하였고, 해외 공연을 진행하면서 난타 콘텐츠를 업그레이드 한 것이다.

공연관광의 3대 요소인 공연 콘텐츠와 공연장, 공연홍보를 갖추고 있는 전형적인 성공사례라고 할 수 있다.

2) 태양의 서커스 '퀴담' 사례

세계적으로 유명한 공연산업의 대표 작품이자 해외 성공사례는 공연 태양의 서커스 (Cirque du Soleil)가 있다. 국내 공연 주최 측인 ㈜마스트 엔터테인먼트에 의하면, 태양의 서커스의 최고 경영자 기 랄리베르테(Guy Laliberte, 1959년 9월 2일~)는 캐나다 퀘백 거리 공연자 출신으로 공연 창시자 겸 사업가이며, 1984년 캐나다 퀘백주에서 정부지원을 받아 공연을 제작하였다.

태양의 서커스는 뮤지컬, 현대무용, 기계체조, 발레, 연극을 접목시켜 스토리를 만든 융합예술작품이며, 재정자립도로 운영되는 회사로서 아티스트 1,300명을 포함하여 전 직원 5,000명 이상이 근무하는 글로벌 회사이다.

이처럼 성공으로 이끈 경영전략으로는 차별화되면서 비용이 적게 들고 경쟁이 없는 시장을 만들려는 블루오션 전략을 내세웠다. 태양의 서커스 회사와 고객의 필요성을 채워주는 방법으로 대부분의 기업에서 선호하는 전략이 되었다.

전 세계 누적관객이 1억 명에 육박했으며, 라스베가스, 몬트리올, 암스테르담, 싱가포르 등에 지점을 갖고 있다.

태양의 서커스는 대표작인 퀴담을 내세워 월드투어로 각 국가의 내한공연에 대한 홍보를 실시하며, 태양의 서커스의 명성을 알렸다. 월드투어로 인한 홍보효과는 브랜드가치를 상승시켜 주면서, 미국 라스베가스가 공연관광도시로 자리매김하는 데 큰 역할을 했다.

최근 한국의 아이돌 BTS와 영화 기생충, 오징어게임 등의 성공적인 세계 진출로 다시금 한류의 새바람이 불고 있다. 해외에서 한국문화의 수용은 관광으로 이어지고 있으며, 한류현상에 힘입어 연관산업에 정치, 경제적으로 상승효과를 내는 것을 신한류라고 한다.

신한류가 급부상하면서 한국문화에 대한 관심을 가지고 한국을 여행하는 형태로 문화관광이 떠오르고 있다. 예술관광은 문화관광의 하위 카테고리에 속하고, 예술관광의 하위개념에 있는 공연관광은 고차원적인 예술성과 대중적 보편성을 고루 갖춘 공연과 관광상품으로서의 가치가 결합된 것으로 여행객에게 공연이 관광상품으로서 판매되는 것을 말한다.

국내 공연관광은 대표적인 관광상품으로 매년 100만 명 이상의 외래 관광객이 찾았으나, 2017년 중국의 한한령으로 인해 공연관광객이 큰 폭으로 감소하였다.

이는 중국의 단체관광객이 국내 외래 공연관광객의 큰 비중을 차지하고 있었기 때문이다. 2018년에는 다시금 국내 공연관광 외래 관광객 수가 증가하였지만 예년 수준을 회복하지는 못했다. 다만 FIT 관광객이 증가하였고 외래 관광객의 주요 입국 국가 또한 기존 중국과 일본에서 대만, 베트남, 홍콩 등 다양한 국가로 바뀌고 있다.

공연관광은 방한 외래 관광객뿐만 아니라 내국인들의 국내 관광여행의 목적으로도 인기를 끌고 있다. 한국관광공사의 보고서에 따르면, 2018년부터 국내여행 목적 및 활동에 기존에 없던 공연키워드가 10위권 안으로 진입한 것으로 나타났다.

2018년 국민여행조사에서 내국인의 관광여행 방문지 선택이유가 여행지 지명도와 볼거리 제공이 가장 높다는 점으로 볼 때, 공연은 볼거리의 제공이라는 점에서 방문지의 선택이유로 가치가 있다.

문화체육관광부에서도 2019 관광혁신 추진성과 및 과제를 발표하며, 국내 공연관광 활성화를 주요 관광콘텐츠 혁신과제로 손꼽았다. 여기에는 공연장이 밀집해 있어 코리아 브로드웨이로 조성하는 정책과제가 제시되어 있다.

대학로는 2019 공연예술 실태조사에서 공연일수 및 공연 횟수와 재정자립도가 국내 시설 특성들 중 가장 높은 수준으로 나타났다.

국내 대표적인 문화예술의 거리로 지정된 만큼 공연 관광지로서의 지속적인 관심과 지원이 필요하다.

⑤ 공연 관광상품개발

공연관광의 상품개발은 국내 관광상품의 발전과 한류관광의 세계화에 있어서 많은 기여를 하게 되며 질적 성장을 가져올 것이다.

문화상품이 국가중심으로 이루어지는 정치적 국가홍보에 비해 월등히 홍보효과가 크다. 또한 국가 이미지 제고 증대와 한국의 문화브랜드 신장과 홍보에도 많은 영향을 주는 매우 중요한 관광상품이다.

공연 관광상품은 인간의 모든 행동을 포함하는 상위 개념인 문화의 한 형태로 존재하며, 예술관광 중에서도 관광상품으로서 공연예술을 바탕으로 개발하고, 관광객을 대상으로 제작하여 공연장을 통해 유통되는 문화콘텐츠 상품을 의미한다.

공연관광은 국가의 외화획득은 물론 외래 관광객들에게 한국의 문화를 체험하고 이해시킬 수 있고, 한류확산에 기여하는 등 국내 여러 분야의 경제발전에도 시너지 효과를 주게된다.

공연관람 분야에서 관광자원으로 활용가능한 부문을 발굴, 개발하고 공연예술을 관광상품화하여 공연 또는 관련 제품을 제공하는 사업이다. 우수한 공연문화 서비스와 관광이 결합된 프로그램을 개발하여 외국인에게 제공함으로써 관련 산업분야의 발전을 야기한다. 또한, 외국인 유치를 통한 외화획득 등 국가경제에 이바지하는 산업이다.

관광상품으로 외래 관광객의 지속적인 공연관광을 유도하기 위해서는 난타, 점프, 미소 같은 넌버벌 공연들과 K-pop 콘서트, 쇼 등의 상설공연이 가능한 전용관 건립과 확대가 효과적이다. 상설공연은 외래 관광객들에게 공연 기간의 제약이 없고, 입지적 접근의 편리성 등으로 홍보, 관광프로그램 마케팅을 효율적으로 할 수 있다.

비언어극의 형태로 제작되어야 하고, 작품 내용이 세계적이어야 외래 관광객이 이해하고 공감할 수 있어야 한다. 특히 공연단체들과 관광업체들이 협력 네트워크 마케팅이 필요하고 외국 시장별로 특성을 다양하게 파악하고 분석하여 마케팅 전략을 수립해야 한다.

현재 국내 관광산업의 핵심 키워드인 한류가 단순히 연예산업을 중심으로 한 한류 시스템에 국한되지 않고, 문화를 바탕으로 한 안정적인 관광산업으로서 발전하기 위해서는 고품질의 문화콘텐츠 확보가 필수적이다.

대중문화로 만든 한류의 유지도 중요하지만, 공연관광에 있어서 다양한 고품질의 문화콘텐츠 개발도 중요하다. 특히 전통문화를 토대로 만든 문화콘텐츠 중 그 지역의 신화나 역사를 소재로 한 이야기 콘텐츠, 유명인물과 특산품을 소재로 한 지역특화 콘텐츠, 즉 스토리텔링을 통한 그 지역만의 차별화된 이야기를 기반으로 좋은 공연을 만들어 관광객들에게 제공해야 한다. 하나의 스토리가 개발되어 상품화되는 과정은 개발-기획-제작-가공-유통-소비의 과정을 거치게 된다. 스토리텔링 관광은 소설이나 영화, 드라마 속에 등장한 장소를 돌아보면서 작품을 통해 공유한 상상력과 감성을 재확인하고 개인체험과 서사와 결합된 감흥을 느끼는 관광형태이다.

예를 들면, 영국의 리버풀(liverpool) 비틀즈 스토리(The Beatles Story)를 들 수 있다. 리버풀은 비틀즈와 리버풀 FC의 고향일 뿐만 아니라 런던 이외의 그 어느 도시보다도 유적에 등재된 건축물과 극장, 박물관과 미술관이 많은 멋진 관광지이기도 하다. 오로지 비틀즈에 관한 비틀즈 박물관과 테이트 갤러리가 나란히 이웃해 있는 곳이다. 다양하고 활기차고 평온한 이 도시는 광범위한 역사와 현대적인 관광명소와 젊은 기운으로 누구나 금방 편안함을 느끼게 해준다. 리버풀을 방문하는 관광객들의 모든 욕구가 기분 좋게 충족될 수 있게 해주는 장소이다.

이처럼 관광객에게 재미와 환상, 즐거움을 공연으로 만끽하고 또 다른 체험 프로그램과 연결시킬 수 있다. 이를 지역 관광코스와 연계하여 운영하게 되면 관광객 유치 확대에 많은 성과를 주게 될 것이다.

⑥ 공연예술 상품시장

전시 및 공연 횟수의 증가는 문화를 향유하는 문화소비자가 증가한 것으로 볼 수 있다. 그러나 대규모 전시 및 공연이나 사업성이 결여된 것들도 상당수가 존재하기 때문에 공연예술의 시장규모는 대중 문화산업이라고 일컫는 영화를 비롯한 방송, 게임 등의 단일 문화산업에 비해 매우 빈약한 실정이다.

국민소득 수준의 증가와 여가시간의 확대에 따라 문화예술에 대한 관심도 증대되고 있는데, 이는 공연예술 상품과 공연장/문화공간이 증가하는 원인을 제공하였다.

우리나라 공연예술이 매년 증가하게 된 원인을 구체적으로 제시하면 다음과 같다.

첫째, 공연예술의 수요증가 및 공공성의 확대이다.

주5일제 근무와 고령화 사회로의 진입, 그리고 지방자치제의 정착 등으로 여가문화와 지역문화가 중시되면서 공연예술의 수요가 증대되었다.

둘째, 공연예술의 산업연관성과 경제성의 증대이다.

대형 뮤지컬과 콘서트 등 관객 선호도가 높은 장르의 확산, 경쟁력 있는 장르를 중심으로 한 시장경제 지향적 공연단체의 증가 등으로 공연예술의 산업화와 규모가 확대되었다.

셋째, 공연예술의 세계화이다.

세계화에 따른 공연예술 시장의 물리적, 지리적 장벽 해소로 인해 공연예술 분야의

국제교류가 확대되었다. 국가 경쟁력의 원천으로서 문화예술의 중요성이 증대되고 국가를 대표하는 공연작품의 중요성이 대두되었다.

넷째, 공연예술의 융합화와 다양화를 들 수 있다.

공연 각 장르간 교류의 활성화, 새로운 공연 장르의 등장 등 탈장르와 장르의 통합 추세가 강화되었다. 새로운 미디어와 기술의 도입·적용에 따른 새로운 공연예술 양식의 창출 및 무대예술의 획기적인 발전을 가져왔다.

⑦ 국내 공연시장

최근 5년간 국내 최대 공연예매 사이트인 인터파크를 통해 예매된 공연티켓 판매금액을 장르별로 정리하면 〈표 9-1〉과 같다.

최근 3년간 연평균 9.4%씩 성장하며 2019년에는 전체 공연티켓 판매금액 약 5,276억 원을 달성했다. 이는 전년도인 2018년 대비 다소 감소한 결과이지만 2018년의 뮤지컬 시장이 유례없던 호조를 보였던 것에 대한 기저효과로 볼 수 있다.

모든 장르를 종합한 전체 공연편수는 전년대비 5% 증가한 수치인 총 1만 3,305편으로 기록되었다. 전년 대비 가장 높은 증가세를 보인 것은 콘서트로 10.5%가 증가한 2,966편이 판매되었으며, 뮤지컬은 3,075편으로 전년대비 6.7% 증가하였으나, 연극, 클래식/오페라, 무용/전통예술은 전년 대비 감소하여 전체적인 공연 편수는 전년 대비 5.2% 성장하였다.

표 9-1_ 분야별 문화예술행사 관람률 추이

구 분	2012년	2014년	2016년	2018년	2019년	전년대비 2019년 증감률
연극	11.8%	12.6%	13.0%	14.4%	14.9%	0.5%
뮤지컬	11.5%	11.5%	10.2%	13.0%	13.5%	0.5%
전통예술	6.5%	5.7%	7.6%	9.3%	10.3%	1.0%
무용	2.0%	2.5%	1.3%	1.7%	2.4%	0.7%

출처: 문화체육관광부(2020). 숫자로 보는 한국관광.

내국인들은 2018년 국내관광여행 방문지를 선택할 때 선택의 이유 중 1위를 볼거리의 제공으로 뽑았다. 같은 해 내국인의 국내여행 형태분석에서 여행목적 및 활동 10위권 내에 공연이 진입하였다. 이는 내국인의 관광여행 시 공연이라는 볼거리의 제공이 내국인들이 국내 관광여행 방문지로 선택이유가 작용할 수 있음을 시사하고 있다.

⑧ 외래 관광객의 공연 관광 현황

2019년 국내 인바운드 관광시장은 2016년의 외래관광객 수 1,725만 명을 뛰어넘은 1,750만 명의 방한 외래관광객을 유치하면서 역대 최대 기록을 경신했다. 이에 2019년을 포함한 연도별 방한 외래관광객 수와 전년도 대비 성장률은 〈표 9-2〉와 같다.

한국관광공사의 보고서에 따르면, 2018년 기준 단체관광객은 80만 명이며, 전체 공연관광에서 77%의 높은 비중을 차지하고 있다. 그러나 최근 5년간 연평균 -16.7% 감소로 하락세를 이어오며 2014년 단체관광객 87%에서 2018년 77%로 급격하게 감소했다. 개별관광객은 2018년 전체 관람객 수 약 24만 명으로 전체 공연관광객의 23%인 보다 적은 비중을 차지하고 있지만, 최근 5년간 연평균 3.4%씩 증가하여 11%에서 23%로 성장하며 변화된 공연관광시장의 타깃으로 주목받고 있다.

표 9-2_ **연도별 외래관광객 입국 현황**

연 도	외래관광객 수	성장률	연 도	외래관광객 수	성장률
2010	8,797,658명	12.5%	2015	13,231,651명	-6.8%
2011	9,794,796명	11.3%	2016	17,241,823명	30.3%
2012	11,140,028명	13.7%	2017	13,335,758명	-22.7%
2013	12,175,550명	9.4%	2018	15,346,879명	15.1%
2014	14,201,516명	16.6%	2019	17,502,756명	14.0%

출처: 문화체육관광부(2020). 숫자로 보는 한국관광.

표 9-3_ 방한 외래관광객 중 공연관람객 비중

구 분	2014년	2015년	2016년	2017년	2018년
방한 외래관광객	14,201,516명	13,231,651명	17,241,823명	13,335,758명	15,346,879명
공연관광 외래관광객	1,901,139명	1,523,380명	2,578,422명	1,078,918명	1,045,475명
공연관광객 비율	13.4%	11.5%	15.0%	8.1%	6.8%

출처: 문화체육관광부(2020). 숫자로 보는 한국관광.

여행 형태별 관람공연 유치 현황은 살펴보면 다음과 같다.

단체관광객의 주요 관람공연은 넌버벌 공연으로 5%의 성장률을 보이고 있다.

개별관광객 또한 넌버벌 공연에서 10.6%의 성장률을 보이고 있으나, 버벌 공연에서 38.1%의 높은 성장률을 보이고 있다. 이와 같이, 넌버벌 공연시장이 지속적으로 성장률이 감소하고 있는 배경에는 장기간 오픈런으로 지속되는 넌버벌 공연의 특성상 공연의 기 관람자가 증가했기 때문이다.

또한, 여행사에서 선정한 공연위주로 관람하는 단체관광객이 줄어들고 자신이 원하는 공연에 대해 자발적으로 탐색하는 개별관광객이 증가하면서, 버벌공연에 대한 관심이 높아졌기 때문이다.

제3절 · **한류 문화관광**

1 문화관광의 개념

문화와 관광은 상호밀접한 관계를 가지면서 오늘날 문화관광산업으로 발전하고 있다. 특히 많은 나라들이 국가의 문화유산들을 문화관광을 상품화하는 작업을 본격적으로 추진하기 시작한 것은 비교적 최근의 일이다.

문화관광은 세계 각국의 관광정책 수립에 하나의 중심으로 이루어져 있고, 경제적, 문화적 자본이 높은 계층이 등장함으로써 관광수요가 개별화 또는 차별화를 추구하는 경향을 보이고 있다. 또한, 문화관광이 지역문화를 통해 관광 활성화를 발생시킬 수 있도록 지역별로 노력하고 있다.

국내외 관객들을 대상으로 한 박물관 및 미술관 그리고 각종 문화유적지 등 문화적 표현물의 이용 가능성은 관광을 활성화시키는 데 많은 영향을 주고 있다.

유럽의 경우 풍부한 역사적 문화유산을 바탕으로 많은 관광객들을 유치하고 있다.

문화유산은 관광행동 유발요인 가운데 가장 오래되고 중요한 요인 중의 하나이다. 역사적으로 많은 유산을 가지고 있는 유럽에서의 문환관광은 사회경제적 변화의 주요 과제로 인식되고 있다. 오늘날 유럽 이외의 많은 나라에서도 그들의 역사적인 문화유산을 관광산업의 핵심적인 분야로 육성·발전시켜 나가고 있다.

오늘날 문화관광이라는 용어는 광범위하게 사용되고 있지만, 많은 부분에서 잘못 사용되고 있는 상황에서, 많은 국가들은 문화관광 시장을 성장하는 유망시장으로 인식하고 많은 정책방안을 수립하여 추진하고 있다.

WTO(World Tourism Organization)에서는 협의의 문화관광은 탐구여행, 예술문화, 예술축제

및 기타 문화행사 참여, 유적지 및 기념비 방문, 자연·민속·예술연구여행, 성지순례 등 본질적으로 문화적 동기에 의한 인간들의 이동이다.

광의의 문화관광은 개인의 문화수준을 향상시키고 새로운 지식·경험·만남을 증가 시키는 등 인간의 다양한 욕구를 충족시킨다는 의미에서 인간의 모든 행동을 포함하는 것이다. 문화관광의 유형으로는 전통음식 관광, 문화유적 관광, 민속예술 관광, 역사 교육 관광, 전통생활탐험 관광, 종교 성지순례 관광, 현대 문화시설 관광으로 나누게 된다.

21세기 지식·정보 중심의 문화사회로 접어들면서 문화와 정보 그리고 환경에 대한 중요성이 강조되고 있다. 이러한 환경변화는 다음과 같은 시대적인 배경과 상황 속에서 문화관광의 중요성은 더욱 부각되고 있다.

첫째, 정신적 풍요를 중시하는 가치관의 변화이다.

둘째, 교육수준 및 생활수준 상승에 따른 문화욕구 증대 및 다양화이다.

셋째, 독특한 지역문화에 대한 재평가와 지역주민의 긍지와 자부심이 증대되며, 발굴, 복원, 전승노력이 활발해지고 있다.

넷째, 획일화, 몰개성화가 되어가는 세계적인 생활양식에 대한 반작용으로 독특한 지역문화에 대한 관심이 증대되고 있다.

다섯째, 교통의 발달로 인해 타 문화권으로의 접근이 더욱 활발해져 여행경험 증대에 따른 만족 수준이 높아지고 있다.

여섯째, 이에 따라 단순히 보고 즐기는 여행이 아닌 직접적인 체험을 통해 정신적 성숙을 기할 수 있는 여행을 선호하는 추세이다.

문화관광은 축제나 기념일의 참석, 전통춤의 관람, 또는 수공예품을 구입하기 위해 역사적·고고학적 장소를 방문 및 체험하는 것을 포함하고 있다.

문화관광은 문화적 접촉을 통해 문화적 체험을 하는 것으로 타 지역의 정치·경제·사회·예술 등 전반에 관한 것보다 넓은 이해를 촉진시키는 방법이다. 다시 말하면, 과거의 유물이나 유적과 같은 유형적인 관광자원뿐만 아니라 인간의 정신세계와 사회

표 9-4_ 문화관광의 범위

분류	관심사
유산관광	성, 왕궁 등 방문, 문화유적, 고고학적 장소건물, 박물관, 역사적 장소
예술관광	극장, 콘서트, 갤러리, 예술축제, 카니발, 이벤트, 문화적 장소방문
창조적 관광	사진, 그림, 요리, 도예, 언어 배움
도시문화 관광	역사적 장소, 재건된 산업적 장소, 해안개발예술, 유산의 매력물 쇼핑, 유흥
농촌문화 관광	농촌관광, 농업박물관, 문화적 풍경, 국립공원
토착문화 관광	소수부족, 사막, 트레킹, 문화적 핵심방문, 예술, 공예, 문화공연, 축제
대중문화 관광	테마파크, 쇼핑몰, 대중콘서트, 스포츠 이벤트, 미디어, 영화촬영지, 산업적 유적지, 패션, 디자인 박물관

자료: Smith, M.k.(2003). Issue in cultural tourism studies. London.

체계 등을 포함하는 개념으로 타국이나 타지역 생활양식과 전통적인 풍습 등을 체험하는 관광이라 할 수 있다.

문화관광의 개념은 관광동기와는 상관없이 문화자원을 방문하는 모든 경우에 적용하는 경향이 크다. 문화가 주요 활동으로 행해지는 각양각색의 여행 혹은 문화가 추가적인 동기로 발생하는 여행을 포함하고 있다.

문화관광은 크게 문화 유산관광과 예술관광으로 구분한다. 세부적으로는 박물관, 미술관, 축제 건축물, 역사적 폐허지, 예술적 행사, 그리고 유적지를 포함한다.

② 문화관광의 유형 및 현황

문화관광의 기본적인 속성은 크게 4가지 유형으로 나누게 된다.

❶ 타임뷰어: 역사 문화관광과 현대문화관광

❷ 표현형태: 유적 문화관광, 민속체험관광, 종교문화관광, 건축문화관광, 음식문화관광, 예술감상 관광과 레저관광 등

❸ 관광동기: 여행자들은 여행과정에서 실질적인 성과를 갈망한다.

❹ 수요시장: 관광수요는 소득의 증가와 교육의 정도와 관련되며, 관광객은 중산층을 위주로 좋은 교육을 받은 사람들이다.

문화관광의 주요 상품 유형은 주로 정태 상품과 동태 상품의 2가지 유형으로 나누어진다. 정태 상품은(문화재 고적, 박물관, 관광 테마 코스와 테마파크) 4가지가 있고 동태 상품은(역사 문화행사와 예술 공연활동) 2가지가 있다.

2017년 문화체육관광부에서 외래 관광객을 대상으로 한 조사에서 한국 여행에서의 문화관광 중 주요 방문지의 현황은 다음과 같다.

고궁(30.7%), 박물관(16.7%)은 외국 관광객들이 가장 좋아하는 문화관광의 직접적인 표현이다. 그리고 동대문 시장(44.9%), 남대문 시장(24.8%), 인사동(19.5%), 이태원(17.7%)도 간접적으로 한국문화 관광의 현황을 나타내고 있다.

권역별로 보면, 경기지역의 수원(화성/화성행궁), (23.7%), 한국민속촌(32.3%)은 문화관광의 중심 지역이고, 제주도를 방문한 관광객들은 제주 민속촌(32.3%)에 대해 관심이 많다.

최근 예술관광이나 문화관광을 즐기는 사람들의 교육이나 의식수준이 이전에 비해 많이 높아지면서 관광에 대한 인식이 달라 점차 문화공연이나 축제에 참여하거나 체험하며, 문화적으로 즐기고 누리는 방향으로 전환되고 있다.

또한, 예술적으로나 문화적으로 기대가치와 요구수준이 높아지면서 사람들이 직접 찾아 알아가며, 더 많은 체험을 하면서 거기에 대한 애착과 신뢰가 점점 쌓이며 긍정적인 생각을 가지게 되는 사람들이 늘어나고 있는 경향을 보이고 있다.

현대 관광시장의 주목할 만한 변화는 관광객의 문화적 욕구가 점점 강해지고 있다는 것이다. 특히 라이프스타일이나 가치관의 변화가 관광객의 문화적 욕구에 많은 영향을 미치게 된다. 이는 관광객의 욕구뿐만 아니라 관광형태나 휴가 성향까지도 변화를 가져오고 있다. 20세기에 이르러 관광객들의 새로운 움직임과 변화를 보여왔으며, 전통문화를 향유하려는 최근의 움직임은 문화관광이라는 새로운 조류를 형성하고 있다. 문화관광의 기원은 Grand Tour로 17세기 영국의 소수 귀족 특권층들이 교육 후에 전문가나 스승과 함께 직접 문화현장에 가서 체험하고 경험하는 교육적 목적으로 문화와 관광이 접목된 교양관광이었다.

19세기 초 관광유형에서는 아트 갤러리나 박물관을 방문하는 것으로 보이는 문화관광이 존재하고 있었다. 엘리자베스 여왕 시대의 상류층 사람들은 문화 선진국인 이탈리아와 프랑스로 해외여행을 가며 지식을 쌓고 인격을 수양하였다.

문화관광은 일상생활에서 벗어나 타지역에 방문한다는 관광의 관점에서 유형적 관광자원뿐만 아니라 방문하는 지역의 생활양식이나 관습 등을 체험하고 경험하는 과정을 포함하는 것이다. 따라서 문화관광은 일반적인 관광의 개념에서 문화라는 포인트를 포함해서 더욱더 풍요로운 삶의 질 개선을 목적으로 하는 사람들의 욕구를 충족시키기에 충분하다.

문화관광은 크게 문화유산관광과 예술관광으로 구분한다. 세부적으로는 박물관, 미술관, 축제 건축물, 역사적 폐허지, 예술적 행사, 그리고 유적지를 포함한다.

최근의 문화관광은 세계각국의 관광정책 수립에 하나의 중심으로 이루어져 있고, 경제적, 문화적 자본이 높은 계층의 등장으로 관광수요가 개별화 또는 차별화를 추구하는 경향성을 보이고 있다. 또한 문화관광이 지역문화를 통해 관광활성화를 발생시킬 수 있는 수단으로 주목을 받으며, 문화관광객들의 소비지출을 활발히 시킬 수 있도록 노력하고 있다. 다양한 문화체험과 지적욕구를 채우기 원하는 현대인들에게 볼거리, 놀거리에서 문화체험 욕구를 충족시켜주며, 배울거리 또한 충족할 수 있는 좋은 대안이다.

문화관광은 축제나 기념일의 참석, 전통 춤의 구경, 수공예품을 구입하기 위해 역사적·고고학적 장소를 방문 및 체험하는 것을 포함한다.

③ 문화예술관광의 개념과 특성

문화예술관광은 문화관광의 하위 범주의 하나로서, 하나의 개별적인 관광형태라기보다는 주로 예술관광과 문화유산관광이 결합 및 확대된 개념이다.

문화예술관광은 새로운 관광형태로 역사적인 문화자원과 현대 문화예술자원을 포함하고, 삶의 질을 높이는 것과 욕구를 충족시키기 위해 다른 지역이나 다른 국가의 문화예술 관광자원을 경험 및 체험하는 것이다.

문화예술관광의 특성을 살펴보면 다음과 같다.

첫째, 문화예술관광은 문화적 여건을 기반으로 한 예술 관광활동이다.

예술관광은 다양한 예술활동을 통해 예술적이고 지적인 체험 또는 엔터테인먼트, 예술축제 등에 참가하는 관광활동이다. 문화관광은 통상 하나의 문화적 자원 및 문화적 장소를 통해 이루어진다. 따라서 문화예술관광은 이러한 예술활동이 문화적 자원 및 문화적 장소를 기반으로 한다.

둘째, 문화예술관광은 문화적 여건이 기반이 되고 있지만, 주된 활동은 예술관광을 통해 이루어진다.

문화예술관광은 예술관광과 같이 문화의 현재적 소비성이 강하다. 이러한 문화적 소비는 예술행위 및 문화 예술자원 등에 의해 촉발된다. 또한, 그의 효과적 기능에 있어서도 예술관광과 마찬가지로 관광상품에 대한 활력을 주고, 해당지역에 새로운 가치를 부여함으로써, 관광상품의 질적인 향상과 매력증진은 물론 판매 및 소비를 촉진하는 역할을 한다고 볼 수 있다.

셋째, 문화예술관광은 예술관광과 달리 문화적 여건을 기반으로 하기 때문에, 그 장소가 갖고 있는 문화적 구조물과 풍경 및 이미지 등이 매우 중요할 것으로 판단된다. 그러한 의미에서 문화예술관광은 지적체험과 참가를 중심으로 한 일반 예술관광과는 달리 문화와 예술이 결합된 복합적 구성이라 할 수 있다.

4 한류의 이해

한류는 한국의 대중문화 내지는 문화상품이 90년대 후반부터 중국, 대만, 베트남, 몽골 등을 비롯한 동아시아 국가에서 청소년들을 중심으로 한국의 음악, 드라마, 패션, 게임, 헤어스타일 등 대중문화와 한국의 인기 연예인들을 동경하고 추종하며 배우려고 하는 일종의 사회문화적 유행을 일컫는다.

중국에서 시작된 한류의 특징에 대한 한국 문화산업 교류재단 연구에 따르면, 한국 대중문화가 유행하게 된 원인은 다음과 같이 5가지로 요약할 수 있다.

첫째, 중국의 사회경제적 변화를 원인으로 개혁개방 이후 소득이 증가하면서, 대중문화를 소비할 수 있는 중산층을 형성하게 되었다. 중국은 오랜 기간 사회주의 시대를 거치면서 젊은층을 끌어들일 만한 엔터테이너가 거의 부재하였다.

이러한 상황에서, 한국의 대중문화가 중국 중산층 젊은이들의 문화적 욕구를 해소해 준 것이다.

둘째, 한중간의 문화적 동질성으로 생활양식과 가치관이 유사하다. 문화상품이 국가 간 이동 시 발생하는 문화적 할인율이 낮다. 문화적 동질성이 높을수록 타국의 문화상품이 용이하게 받아들여질 수 있다.

셋째, 동양문화와 서양문화가 적절하게 혼재되어 한국 특유의 매력을 발산한 유니크(unique)한 콘텐츠가 중국인의 마음을 사로잡은 것이다.

넷째, 중국인들은 서양문화에 대한 배타적인 성향을 가지고 있고 반일감정이 두드러진다. 당시 세계 문화콘텐츠 시장에서 가장 영향력 있던 두 나라에 대한 중국인들이 정서적인 저항으로 한국문화가 반사이익을 보게 된 것이다.

다섯째, 한국 드라마에 자주 등장하는 세대간의 갈등, 빈부격차, 치열한 생존경쟁 등은 현대화 과정에서 중국도 겪고 있는 문제로 비슷한 중국인들에게 한국과 동질감을 느끼게 했다.

한류열풍은 최근 K-pop이 전 세계적으로 주목을 받는 콘텐츠로 성장하면서 한류 스타들을 직접 보기 위해 공연, 이벤트 관람, 촬영지 방문, 팬미팅 등을 위해 한국을 방문하는 관광객들이 증가하고 있는 원인 가운데 중요한 역할을 하고 있다.

따라서 한류관광을 체험할 수 있는 다양한 프로그램과 콘텐츠 개발의 중요성이 커지고 있다.

한류는 중국 대륙에서 대중가요, TV 드라마, 영화 등 한국의 대중문화가 큰 인기를 끄는 현상에 대해 중국인들이 붙인 명칭으로 알려져 있다. 하지만, 일본, 대만, 베트남, 몽골 등 그 밖의 다른 동아시아 국가들에서도 이와 비슷한 현상들이 나타남으로 인해 한국에서는 그 용어가 지칭하는 범위가 크게 확장되고 있다.

한류관광은 문화관광의 개념에서 볼 때, 현대인의 생활에서 큰 비중을 차지하고 있는 대중문화를 포괄하는 문화자원을 소재로 하는 관광이라 할 수 있다.

대중문화를 체험하는 관광이라는 측면에서 과거의 전통문화에 초점을 맞춘 문화관광이 아닌 새로운 형태의 문화관광이라 할 수 있다.

또한, 현대인들의 문화 소비행태가 체험형으로 변화하면서 한류관광의 매력도는 점차 높아지고 있는 수준인데, 이는 정체 상태의 한국 관광산업에 하나의 큰 돌파구를 마련하면서, 관광산업이 앞으로 나가야 할 전략을 제시하기도 한다.

한류관광은 한국에서 직접 한류 콘텐츠인 공연, 콘서트를 감상하는 직접적인 한류관광과 드라마, 영화의 촬영장소를 방문하는 촬영지 관광, 한류 관련 상품을 구매하는 파생적 한류관광으로 나누게 된다. 특히, 가장 직접적인 한류관광에서 가장 중시하는 팬미팅은 한류 스타를 실제로 만나는 팬들의 꿈을 실현시켜 주기 때문에 높은 만족도를 얻을 수 있다.

한류관광은 기존의 생태관광 혹은 자연관광과 다르게 문화관광, 창조관광의 특징을 가지고 있으며, 이를 3가지로 나눌 수 있다.

첫째, 한류관광의 소비자가 양분화되어 있다는 점과 한류의 끊임없는 변화로 인한 반복관광이 가능하다.

둘째, 한류 콘텐츠 창작기반이 주로 서울에 위치하여 집중되어 있다는 점이다.

셋째, 한류관광은 한류관광뿐만 아니라 다목적으로 한국을 방문하기 때문에 복합적인 관광스타일이 많다.

1997년부터 나타나기 시작한 한류 현상은 중국 베이징에서 한국인이 운영하는 한 방송기획사에 의해서이다. 한류는 신조어로서 다른 문화가 매섭게 파고든다는 뜻의 '寒流'의 동음이의(同音異意)어인 '韓流'가 통용되기 시작하면서 본격적으로 자리매김했다. 중국, 홍콩, 대만, 일본, 베트남 등 지역에서 젊은 청소년들을 중심으로 한국의 음악, 드라마, 패션, 게임, 음식, 헤어스타일 등 대중문화와 한국의 인기 연예인을 동경하고 추종하며 배우려 하는 문화현상을 일컫는다.

초기에는 한류를 중국에만 국한하여 정의 내리는 경향을 보였으나, 점차 한류의 영향력 및 파급효과가 넓어지면서 중국뿐만 아니라 동남아 전역에 대한 한국 대중문화 선호현상으로 바라보게 되었다. 이후, 특정지역을 벗어나 세계적인 추세로 한류를 설명하고 있다.

중국을 비롯한 동남아지역은 서양문화에 대한 지루함과 배타성을 느끼고 있고, 일본에 대한 인식도 역사적으로 반일감정이 잠재해 있다. 즉, 중국과 문화기반이 다른 미국의 할리우드 문화는 더 이상의 확산이 힘들고, 일본문화에 대해서는 어느 정도의 거부감이 존재하고 있다. 또한, 중국 및 중화상권의 중계기지 역할을 하던 홍콩이 더 이상 컬처베이스(culture base)역할을 하지 못하게 되자, 동아시아권은 문화 공동화 현상에 직면하게 되었다.

이러한 현상에 대해 한국의 대중 유행문화가 틈새를 파고들어서 현지의 문화와 비슷한 '아시아적 가치(asian value)를 내포하면서도, 현지보다는 세련됨을 보여주었기 때문에 한류열풍을 이끌어낼 수 있었다.

다른 동남아 국가들보다 한발 앞서 동양식으로 한번 굴절된 한국식, 서구풍의 대중문화는 동양인들에게 거부감도 덜 느끼게 하면서 신선함을 주어 일종의 정신적 유대감을 느끼게 하고 있다. 즉, 서구화로 대변되어 왔던 세계화 속에서 '우리'라는 아시아 대륙의 정서적 공감대에서 출발했기 때문에 가능했던 것이다.

한류 문화콘텐츠(Culture Contents)는 상상력, 예술성, 가치관, 생활양식 등 정신적·감성적 가치를 담고 있는 문화상품이라고 할 수 있다. 즉 문화유산, 생활양식, 전통문화, 예술, 대중문화, 이야기, 창의적 아이디어, 가치관 등 다양한 문화적 요소들이 창의력과 상상력을 원천으로 재화되어 경제적 가치를 창출하는 문화상품을 의미한다.

문화적 요소들은 창의성과 기술을 통해 콘텐츠로 재구성하여 유통되면서, 고부가가치를 갖는 상품으로 전환된다.

⑤ 한류관광객

한류관광객의 협의의 개념은 한류의 영향을 받아 한국 문화를 체험해 보는 한류관광을 위해 방한한 관광객이다. 광의의 개념은 실제로 한국의 대중문화, 문화예술, 전통문화, 생활문화 등과 관련된 활동에 참여한 관광객을 말한다.

하지만, 현재 우리나라를 방문하는 외래 관광객 중 한류관광객 수를 정확하게 파악할 수 있는 방법은 아직 없다. 문화 체육관광부가 매년 실시하는 외래 관광객 실태조사를 통해 간접적으로 추정할 수 있다. 한국을 방문하는 총 관광객 수 대비 한류관광객의 비중은 매년 꾸준히 늘어나고 있는 추세이다.

2016년 총 관광객 수와 한류관광객 수는 전년 동기대비 30.3%가량 크게 증가한 수치를 보였다. 특징적인 것은 2017년 2분기 방한 중국 관광객의 비중이 전년 동분기 대비 65.71% 줄어든 73만 6,100명에 그쳤다. 이러한 현상에 대한 다수 전문가들의 분석은 사드 배치에 따른 중국인 관광객 금지조치로 인한 것으로 지목하고 있다.

한류관광객의 주요 특성은 크게 여행특성과 지출경비 특성으로 나눌 수 있다.

첫째, 여행의 특성은 해외 한류 소비자들은 한류의 영향으로 인해 한국을 방문하고자 하는 의향이 매우 높은 편이라 할 수 있다. 주로 K-pop을 선호하는 20대 여성 위주이다. 이들은 일반 외래 관광객보다 한국 체류기간이 더 길고 만족도도 더 높은 편이다. 이들은 인터넷 검색을 통해 획득한 자료를 바탕으로 친구와 함께 개별 자유여행을 선호하며, 트렌드를 읽을 수 있고 젊은층이 선호하는 지역을 방문하려는 특성이 있다. 처음 한국을 방문한 한류관광객은 외래 관광객의 방문횟수가 60.3%인 것에 비해 47.8% 낮은 것으로 나타나지만, 재방문 비율은 한류관광객이 외래 관광객보다 높은 수치를 나타냈다.

둘째, 지출경비 특성으로는 화장품, 패션상품 등에 지출이 크다.

일반 외래 관광객보다 약 20% 높은 수준의 관광소비와 지출규모를 가지며, 이들은 항공, 숙박비를 절감하고 많은 쇼핑 지출을 하는 특성을 가지고 있다.

또한 일반 외래 관광객이 문화상품 지출에 1.4% 비중을 차지하는 데 비해, 방한 한류관광객은 5% 정도의 비중으로 문화상품에 많은 지출을 하고 있다.

셋째, 한류관광은 뷰티 및 의료관광으로 이어지고 있다.

성형수술 및 의료서비스를 받기 위해 방한하는 의료관광객도 크게 증가하고 있다.

한국을 방문하는 중국인 의료관광객들은 주로 성형수술에 대해 많은 관심을 가지고 있다. 중국인들이 한국 여성들의 동안 피부와 메이크업, 세련된 스타일에 열광하면서 한류스타를 따라 화장하고 성형하는 것이 유행이다. 따라서 중국인 관광객들 사이에 한국 메이크업을 배우려는 이른바 뷰티유학이 신한류 풍속도로 부상하고 있다.

이 밖에도, 한국이 세계적인 경쟁력을 가지고 있는 양·한방 척추치료, 로봇수술, 암·종양 방사선 치료 등의 분야에서도 외국인들이 증가하고 있는 추세이다.

넷째, 한류관광의 분위기를 지속적으로 유지하기 위해서는, 한류 소비자 욕구에 대응하는 다양한 관광상품을 개발해서 방한 경험만족도를 높이고 재방문을 촉진하는 것이 필요하다. 이를 위해, 지역 문화자원의 발굴과 적극적인 활용으로 한류 콘텐츠의 다양화가 요구된다. 지역 공유의 전통과 역사를 발굴하고, 활용할 수 있는 새로운 한류콘텐츠와 스토리가 있는 관광지, 이야기가 있는 관광코스를 개발해야 한다.

또한, 지역별 관광객의 성향에 맞는 콘텐츠를 활용하여 한류관광객을 흡수하는 것이 필요하다. 이와 같이, 개별관광 요소뿐만 아니라 한류 콘텐츠, 지역문화자원, 축제, 레저, 휴양 등이 어우러진 융복합 관광상품과 같은 융복합 상품의 개발을 통한 관광상품의 고부가가치화도 병행해야 한다.

다섯째, 한류관광은 한류의 지속이 전제되어 있는 것이다.

한류관광 콘텐츠의 부족은 한류콘텐츠의 성공과 한류스타 인기의 지속성을 담보할 수 없다. 대장금을 통해 한국 음식에 대한 관심이 확장되었듯이, 외국인들이 한국문화의 또 다른 분야를 발견할 수 있도록 한류콘텐츠의 지속적인 성공이 필요하다.

6 한류관광의 수명주기

한류관광은 한류문화 콘텐츠를 전파하기 시작해서 외래 관광객들이 한국에 대한 선호도와 관심이 높아지면서, 한국에 찾아오기 때문에 다양한 특징을 가지고 있다.

한류의 관심이 많아지면서 많은 외래 관광객들이 한국에 대한 선호도가 높아지기 때문에 한국을 방문하는 것에 대한 방한 이유와 동기가 될 수 있다.

최초 한류는 한국 드라마와 한류 스타를 전파하기 시작해서 외래 관광객들은 한국에 대한 인식이 드라마와 한류 스타만을 통해 알 수 있었다. 따라서 외국 관광객들은 방문 전에 관광지 이미지와 경험 가치에 대한 기대가 크기 때문에 독특한 홍보성 특징을 가지고 있다. 이에 따라, 다양한 한류관광 콘텐츠를 어떻게 개발하고 홍보하느냐에 따라 그에 대한 홍보 전략도 변화해야 한다.

외래 관광객이 방한하게 되면, 한류 영화, 드라마 촬영지 방문과 한류스타 팬미팅도 참가할 수 있으며, 한류공연과 콘서트 관람, 그리고 다양한 한국 문화콘텐츠를 체험하고 경험할 수 있다. 따라서 한류를 목적으로 방문하는 외래 관광객들은 단순히 일반 관광객들과는 다른 관광동기를 가지고 있어서 문화체험에 대한 욕구를 가질 수 있다.

한류의 영향에 따라 한류관광과 관련한 산업과 거의 많은 다른 산업간의 밀접한 경제적 관계를 가지게 된다. 예를 들어, 외래 투자가 증가하거나 한류를 위한 화장품, 패션, 의료관광, 유학, 쇼핑, 음식 등 한류로 인해 다양한 경제적인 산업발전과 함께 시너지 효과를 볼 수 있다.

한류 자체가 이런 독특한 매체성을 가지고 있기 때문에 한류관광 콘텐츠는 쉽고 풍부하게 변화할 수 있기 때문에 새로운 문화 관광지로 개발될 수 있다. 따라서 다양한 콘텐츠 체험을 위해 외래 관광객들의 한국에서의 체류기간도 길어질 수 있고, 패키지화된 서비스도 많이 제공할 수 있게 된다.

반면에, 한류관광이 급속하게 발전하고 있기 때문에, 일부 업종중에서는 포화상태가 있을 수 있다. 예를 들면, 일부 한류와 관련된 상품의 가격인하와 영업활동에 주력하는 집중화 상태를 나타내거나, 중국관광객을 대상으로하는 많은 여행사나 호텔의 영업이 집중되면서 저가관광의 문제 등 여행환경이 어려워지는 문제가 발생할 수 있다.

한류관광의 수명주기를 수명주기 이론에 따라 설명하면, 탐색단계에서 관광지의 불규칙한 방문 형태, 방문객을 위한 편의시설이 없고, 한류문화를 체험하려는 관광객들은 개별적으로 드라마 촬영지를 방문하는 등 여행사 프로그램보다는 지역 거주자와의 접촉빈도를 더 많이 접할 수 있게 된다.

최초의 한류관광은 2000년 초반에 주로 배우나 드라마를 중심으로 중국시장에 전파하기 시작했기 때문에 한류관광 탐색단계를 다음과 같이 판단할 수 있다.

첫째, 개입 단계는 방문객의 숫자가 증가하고 방문횟수가 규칙적이며, 관광지에 대한 광고로 인해, 현지인의 여행활동이 늘어난다. 관광객의 여행 형태가 체계화되고 관광객을 위한 기반시설에 대한 지방자치단체의 개입이 시작되는 특징이 나타난다.

따라서, 한류관광의 개입 단계는 방문객 수의 증가, 방문 횟수, 홍보 경로, 관광객의 여행 형태가 개별관광객에서 단체관광객 유형을 변화하여 관광상품이 판매되기 시작하는 등을 통해 판단할 수 있다.

둘째, 관광지 발전 단계는 관광지에 대한 광고 및 홍보 활성화, 자연 및 문화 관광자원의 활용이 나타난다. 관광객 수는 대폭적으로 증가하고 관광객을 위한 편의시설이 형성된다.

한류관광 발전 단계의 특징은 관광객 수의 대폭적인 증가 상황, 광고 및 홍보의 다양성, 현지 문화와 다른 독특한 콘텐츠의 발전 형태, 관광객을 위한 다양성, 현지 문화와 다른 독특한 콘텐츠의 발전 형태, 관광객을 위한 다양한 편의시설이 개발된다.

이는 중국 관광객을 위한 중국어 서비스 강화, 패키지 상품판매 등 본격적인 일체화 서비스 등이 제공된다.

셋째, 관광지 강화 단계의 특징은 관광산업이 지역경제에 영향을 미치게 되고, 관광객 수가 지속적으로 증가하게 된다. 하지만 증가비율은 감소되고, 다양한 엔터테인먼트 시설 형성을 보인다. 따라서 한류관광 강화 단계는 중국 관광객의 증가로 인한 관광활동이 지역뿐만 아니라 관련산업, 면세점, 항공, 쇼핑 등의 산업경제에 긍정적인 영향을 미치게 된다. 중국 관광객 수가 여전히 많지만 증가폭은 점차 감소되는 경향을 보이게 되면서, 기존 한류 콘텐츠가 다양한 형태가 어떻게 변화하는가에 따라 판단할 수 있다.

넷째, 관광지 정체 단계의 특징은 가격 인하와 영업 활동에 주력하고 있는 상태로 결정할 수 있다. 긍정적 관광의 이미지가 지속되는 반면에 관광 매력성은 감소하여 여행사 판매에 따라 단체관광객이 증가하는 특징을 가지고 있다.

이를 통해, 한류관광의 정체 단계는 한류 관련 산업들의 영업활동의 상태, 관광객의 여행 형태 등으로 판단될 수 있다.

다섯째, 관광지 쇠퇴 단계의 특징은 관광 매력물의 가치 감소, 경쟁 관광지에 비해 상대적으로 경쟁력 감소, 관광 기능상실로 인한 슬럼 지구의 발생, 관광객을 위한 편의시설이 소멸되는 것을 보인다.

여섯째, 회생단계의 특징은 카지노와 같은 매력적인 관광자원 개발이 시작되고 미개발 자원을 개발하여 이익을 얻는 것이다.

한류의 열풍과 한류스타의 인기는 외국인 관광객의 유치뿐만 아니라, 한국관광의 이미지 제고에 높은 기여를 하고 있다. 한류의 영향으로 한국을 방문하는 외래 관광객의 범위는 지속적으로 넓어지고 있음에도 불구하고, 이들이 즐길 수 있는 한류와 관련된 관광 콘텐츠나 상품이 부족하다는 것이 지적되고 있다.

관광객들에게 제공되고 있거나 판매되고 있는 한류와 관련된 관광 콘텐츠와 상품은 주요 한류스타의 콘서트나 팬미팅, 드라마 촬영지 방문 등의 단순한 상품이 주류를 이루고 있다. 따라서 외래 관광객의 호기심을 자극하고 욕구를 충족시킬 수 있는 상품의 다양화에 대한 요구가 증대되고 있다.

그러나, 한류를 활용한 체계적인 상품의 구성과 다양한 파생상품을 통해 관광객의 방한을 유도하면서, 소비촉진까지 끌어낼 수 있는 민간의 준비가 부족한 것으로 파악되고 있다.

현재의 한류관광상품은 국내 여행업자들의 영세성으로 인해 다양한 관광상품화로의 발전이 미흡한 상황이다. 한류관광상품의 체계적인 발전은 대규모 외래 관광객을 유치하거나 시장의 상황을 측정할 수 있는 좋은 도구가 된다. 따라서 단순한 인센티브 지원의 수준이 아닌 국가 차원의 전략적이고 적극적인 정책지원이 필요하다.

⑦ 한류스타 대면형 관광상품

한류스타 대면형 한류관광상품은 한류스타를 직접적으로 볼 수 있는 K-pop 콘서트나 뮤지컬 관람, 팬미팅 참석 등을 말한다.

민간부문에서는 주로 엔터테인먼트사나 방송사, 공연기획사와 여행사간의 협력을 통해 관광상품을 구성하게 된다. 한류관광객의 주 타깃의 대부분인 외국인 개별 관광객(FIT)을 대상으로 한류스타를 대면하는 프로그램을 기획, 구성하여 프로그램에 참석할 수 있는 티켓을 판매하는 경우가 많다.

해외의 한류팬을 대상으로 대면형 한류관광상품 또한 다양하게 구성되어 판매되고 있는데, 주로 드라마 촬영지 방문, 콘서트, 뮤지컬 등 공연 관람, 팬미팅, 한류스타 생일 이벤트, 군에 입대하는 한류스타를 배웅하는 다양한 내용으로 구성된 한류관광 패키지 상품이 판매되고 있다. 해외의 한류팬을 대상으로 하는 패키지를 구성할 때는 관람 티켓만 별도로 판매하는 경우와 항공권, 숙박권을 각각 포함하는 상품구성이 많았으며, 특정 한류스타와 관련된 특별한 이벤트가 진행되는 경우가 많다.

한류관광상품 형태는 관람형, 체험형으로 구분할 수 있다.

1) 관람형 한류관광상품

관람형 한류관광상품은 한류스타가 출연한 드라마나 영화, 예능 프로그램의 촬영지를 관광지로 만들어 상품을 판매하거나, 한류스타와 관련된 상시적, 비상시적 전시회 등을 말한다.

민간 기업에서는 특정 한류스타를 대상으로 한류스타와 관련된 다양한 콘텐츠를 활용하여 주로 단기간의 전시회를 주최, 주관하기도 하는데, 전시회를 통한 관람상품을 제공하는 측면도 있다.

2) 체험형 한류관광상품

체험형 한류관광상품은 한류와 관련된 콘텐츠를 활용하여 체험활동을 할 수 있도록 구성된다. 한류체험 프로그램, K-pop 커버댄스 페스티벌 등이다.

한류관광객들의 체험형 관광상품에 대한 요구가 많아지면서, 민간기업과 공공기관에서는 한류를 체험할 수 있는 관광상품을 구성하거나 협력하여 개발·운영하고 있다.

CHAPTER 10

크루즈
관광산업

<table>
<tr><td>제1절</td><td>크루즈 관광산업의 이해</td></tr>
</table>

제1절 크루즈 관광산업의 이해

해양관광의 꽃으로 불리며 고성장하고 있는 크루즈 관광산업은 코로나19로 인해 잠시 동안 침체기를 보이고 있다. 하지만 코로나19가 소멸하게 되면 이전의 성수기를 맞이할 것으로 믿어 의심치 않는다.

크루즈 산업은 해상교통과 여행, 관광활동이 결합된 산업으로 고부가가치의 미래 전략산업이다. 크루즈 관광산업은 관광객이 크루즈 여행을 시작하는 단계에서부터 여행을 즐기는 과정까지를 크루즈 관광객의 움직임에 따라 유통 및 중개, 교통서비스, 호텔서비스, 항구서비스, 해상서비스, 선내서비스, 지상서비스 순으로 크루즈산업의 가치사슬을 도식화시켰다.

크루즈 관광산업의 구성요소는 크루즈 선박이라는 운송수단과 이를 운영하는 선사, 크루즈 관광객, 기항지의 관광서비스 등이 상호연계되어 있다.

① 크루즈 관광의 개념

크루즈는 위락을 추구하는 관광객에게 다수의 매력적인 항구를 방문하도록 하는 독특한 여행으로 정의된다.

크루즈는 떠다니는 리조트이며 숙박, 음식, 위락시설 등 관광객이 휴식을 취할 수 있도록 시설을 갖추고, 수준 높은 서비스를 제공하여 수려한 관광지를 안전하게 순항하는 선박여행이다. 크루즈 여행은 장거리 여행이 가능한 여가시설을 갖춘 선박을 이용한 여행으로 선박에 숙박시설, 식음료, 오락, 공연시설, 스포츠시설 등을 갖춘 서비스 산업이다. 크루즈 선박의 객실은 실내 장식과 시설, 기능 측면에서 육상호텔의 객실과 유사하며 선상객실의 운영관리법 역시 호텔과 유사하다.

크루즈는 화려한 리조트 그 자체로 수준 높은 객실, 수영장, 식당, 바(bar), 면세점, 카지노, 헬스, 공연장, 체육시설, 키즈 클럽 등 다양한 부대시설이 갖추어져 있다.

크루즈는 100명 이상의 승객을 태울 수 있고, 승객들을 최고의 서비스가 포함된 거주, 유흥, 운동, 오락, 식사 등을 제공할 수 있는 여객선으로 대양을 하루 이상 항해할 수 있다. 크루즈는 페리선 영업을 하지 않는 배를 이용한 여행으로 크루즈 여행은 관광자원이 많은 기항지를 방문하고, 그 주변을 관광하거나 또는 크루즈 선박 그 자체가 관광목적으로서 관광의 특성과 목적지까지 이동하는 교통수단의 특성 그리고 숙박시설까지 포함하는 종합관광 형태를 가지고 있다.

크루즈 관광은 단순한 운송이 아닌 위락을 위한 관광으로 숙박을 포함한 모든 위락시설을 갖추고 수준 높은 서비스를 제공받으며 순항하는 형태이다.

크루즈 선은 그 자체가 관광의 목적지가 되며, 다양한 선내 프로그램에 참여하고, 선박에 함께 승선한 크루즈 승객들간의 사교 등 선박 생활 그 자체도 관광으로서의 의의를 가지게 된다. 육상 리조트와 유사한 시설과 서비스, 활동을 승객들에게 제공함으로써 육상리조트와 경쟁 관계에 있다고 할 수 있다.

② 크루즈 여행의 특성과 장점

1) 크루즈 관광의 특성

일반관광과 다른 크루즈 관광의 특성은 여행일정 동안 선상에서 최고급 호텔 수준의 숙박을 즐길 수 있고, 시간 제약 없이 위락을 즐길 수 있다. 또한, 육상관광을 아울러 즐길 수 있다는 특성이 있다.

크루즈 선박은 야간에 항해하고 주간에 기항하는 패턴을 보이는데, 승객이 낮 시간 동안 기항지 내 관광활동을 가능하게 하며, 입출국 수속에 있어서 간편한 특성을 지니고 있으며, 고소득층이 향유하는 특징이 있다.

크루즈 관광의 단점으로는 태풍이나 풍랑 등의 기상이 악화된 경우에는 기상환경의 영향을 많이 받는 특성이 있다.

❶ 편리하고 다양한 선내 서비스와 관광활동

크루즈 관광은 관광객이 운항 중에 필요로 하는 모든 편의시설을 크루즈 선내에 갖추고 있으며, 기항지에 대한 정보, 다양한 연령층에 따른 다양한 활동을 제공한다.

크루즈 관광은 주간과 야간에 기항지 관광과 선내 시설을 이용한 각종 레크리에이션 활동 혹은 비즈니스 활동 등이 가능하다. 제공되는 서비스는 특급호텔 수준으로 세계 각국의 쇼관람, 이벤트와 해양 스포츠의 참여가 저렴한 비용으로 가능하다.

또한 매일 다른 메뉴로 제공되는 식사는 세계 각국의 풍미를 느끼게 하는 크루즈만의 특징이기도 하다. 크루즈 관광은 2일 이상의 단기, 장기 일정으로 운항되는 크루즈 관광코스 또한 크루즈 관광이 가지고 있는 매력이다.

❷ 상품 및 가격의 다양성

다양한 크루즈 관광객의 생활패턴에 부합하는 2~7일 이내의 단기 크루즈 관광상품은 과거 중간 기항지에서 승선 또는 하선이 불가능하였다.

현재는 이런 제약사항이 없는 상품이 등장함으로써 보다 다양한 크루즈 관광상품의 제공과 선택이 가능해졌다. 크루즈 관광 시 이용하게 되는 선실은 크루즈 관광상품의 가격을 결정짓는 가장 중요한 요인 중 하나로서 크루즈 선박마다 다양하며, 이에 따른 차등적 요금체계를 갖추고 있다.

❸ 편리한 이동과 숙박

크루즈 관광은 크루즈 선박을 통해 기항지로의 이동수단과 숙박수단을 제공하기 때문에 숙박비와 관광지 이동에 따른 교통비가 추가로 발생하지 않는다.

일반적으로 크루즈의 출항지와 기항지는 항공수송이 편리한 지역에 위치하고 있어 관광객들의 이동에 편의를 제공하고 있다.

❹ 다양한 관광지 문화체험

크루즈 관광은 각각의 기항지에서 다양하고 독특한 지역문화와 지역 주민들을 접할 수 있는 기회를 제공한다. 즉, 크루즈 관광일정을 통해 관광객들은 한 번의 여행으로 세계 여러 지역의 다양한 역사문화와 생활양식, 자연경관 등 풍요로운 문화적 체험을 경

험할 수 있다. 각 기항지 마다 제공하고 있는 연계 관광상품은 문화체험의 폭을 더욱 깊고 넓게 확대할 수 있는 기회를 제공하고 있다.

크루즈 여행은 일반적인 관광과 비교할 때 몇 가지 특징을 가지고 있다.

첫째, 크루즈 여행은 운항목적이 지역간의 화물이나 여객수송이 아니라 순수 관광이 목적이다.

둘째, 선박의 운항은 정기적인 경우보다 대부분 부정기적인 운항인 경우가 많다.

셋째, 관광자원이 수려한 항구 및 관광지만을 운항한다.

넷째, 서비스는 최고 수준이며, 선실과 식당 및 각종 편의시설은 특급호텔 수준 급이다.

다섯째, 운항 및 승선기간은 단기적인 경우도 있으나 대부분 수일에서 수개월에 이르는 장기적인 경우가 많다.

크루즈 관광의 장점은 다음과 같이 설명할 수 있다.

첫째, 도시를 이동하는 데 번거로움이 없고, 전 일정 동안 한곳에서 머물며 매일 새롭고 다양한 국가 및 도시를 다니며 편안하게 여행을 즐길 수 있다.

둘째, 크루즈 선상 내부에 있는 다양한 부대시설을 이용하고 선상 프로그램을 통해 이동하는 시간에도 다양한 놀거리를 즐길 수 있다.

셋째, 일식, 중식, 프랑스식, 이탈리아식 등 요리사가 제공하는 음식과 질 좋은 서비스를 경험할 수 있다.

넷째, 특급호텔 수준의 객실과 다양한 이벤트, 쇼 관람, 부대시설 등 최고급 서비스가 모두 포함되어 있음에도 불구하고 가격이 매우 합리적이다.

이러한 장점들을 통해 크루즈 관광을 경험한 관광객들의 만족도는 매우 높은 편이며 친구, 친지 및 동료들에게 추천을 함으로써 긍정적인 영향을 미친다.

❶ 바다에 떠다니는 리조트(휴양 + 관광)

크루즈 여행은 단순히 기항지에 오고 가는 운송역할만 하는 것이 아니라, 선박 내에

서 숙소, 식음료 서비스를 제공하며, 각 기항지에서 매력적인 관광까지 포함하는 일반적인 페리 여객선과 차별화된 시설을 갖추고 일반적인 육상관광과 차별화되어 있다.

❷ 이동시간이 즐겁다(다양한 시설)

크루즈 여행은 관광할 수 없는 시간 또는 해상일정이 있을 때에는 선상 생활을 해야하기 때문에 이동을 하는 동안에 선박 내에서 다양한 프로그램에 참여함으로써, 효율적인 시간활용을 보낼 수 있다. 쇼핑, 카페, 카지노, 각종 스포츠, 회의, 영화, 고급 레스토랑, 수영장, Bar, 클럽, 도서관, 어린이 시설, 성인 시설 등

❸ 수하물과 짐의 이동 불필요

숙박과 이동의 기능을 갖춘 크루즈의 특성상 선박에 탑승한 여행객은 이동을 위해 수하물을 따로 관리할 필요가 없다. 일반 호텔이나 숙박시설들은 체크아웃하고 나서는 다른 곳으로 이동할 때 수하물을 풀고 싸야 하지만, 크루즈 여행에서는 숙박하는 곳 자체가 이동하기 때문에 불편함이 없다.

❹ 간편한 입출국 수속

해외 여행을 할 때, 입국과 출국 시에 지정된 곳에서 세관과 출·입국 심사를 받아야 하는 번거로움이 있다. 하지만 크루즈 여행은 경우에 따라 약간의 차이는 있지만, 지정된 통로를 따라 따로 마련된 절차에 따라 수속이 진행된다.

❺ 저렴한 요금

크루즈 요금에는 숙박비, 특급호텔 수준의 식사, 매일 밤 다채로운 쇼, 오락 등 횟수에 관계없이 무료로 이용할 수 있기 때문에, 여행의 수준이나 서비스의 질이 오히려 일반 패키지 요금보다 저렴하다.

❻ 자유로운 일정

일반 패키지 여행, 단체 패키지 여행의 특성상 원하든, 원하지 않든 패키지 일정에 따라 함께 움직여야 하는 불편함이 있지만, 크루즈 여행에서는 모든 것을 자유롭게 할 수 있다. 기항지에서 내려 쇼핑, 산책, 기항지 행사, 스킨스쿠버, 박물관, 미술 전시관 등 다양한 선택이 가능하다.

❼ 다양한 먹거리

즐거움을 가미한 특별한 맛의 세계적인 수준의 요리를 맛볼 수 있다. 최고의 셰프들이 만든 세계 여러 나라의 음식이 뷔페식으로 제공되며, 개인의 입맛과 기호에 맞게 상시 다양하고 풍성한 메뉴들을 즐길 수 있다. 만찬은 풀코스요리로 지정된 좌석에서 여유로운 식사를 할 수 있다.

크루즈 선내에서는 조식부터 오찬, tea time, 만찬, 선장주최 환영파티, 굿바이 만찬 등을 무료로 즐길 수 있다. 야식과 기본 룸서비스는 사전 신청을 통해 무료로 이용이 가능하다.

· 스페셜티 레스토랑을 이용할 경우에는 별도 예약이 필요하고 추가 비용이 발생하기도 한다.

❽ 세계 각국의 다양한 사람들과 문화교류

편안한 마음으로 세계 각국의 승객들과 교류하며, 다양한 문화를 이해하고 체험할 수 있는 기회를 가질 수 있다. 패키지의 경우, 단체여행의 특성상 본인의 의지와 달리 패키지 일정에 따라 단체로 움직여야 하지만, 크루즈 여행은 자신의 의지에 따라 모든 것을 자유롭게 선택할 수 있다.

❾ 가족여행으로 OK

아이들을 동반한 여행의 경우, 부모는 지치고 아이들은 지루해하는 경우가 많은데, 키즈클럽 등 아이들을 위한 시설과 체계적인 선내 프로그램, 자격증을 갖춘 전문가의 지도 아래 또래 친구들과 시간을 보낼 수 있다.

연령대별 시설과 프로그램 서비스가 세분화되어 있어서 연세 드신 부모님을 모시고 가는 가족단위 여행으로도 안성맞춤이다.

❿ 비행기, 자동차보다 안전한 여행

크루즈는 인공위성으로 미리 신호를 받아 날씨의 변화와 허리케인의 이동경로를 사전에 파악하여 일정을 계획할 수 있다. 안전을 최우선으로 하여 영향을 받지 않는 곳으로 임시정박 또는 우회하여 운항경로를 변경하게 된다.

최신의 항해술을 적용하여 빙하의 위치 등을 정확하게 파악할 수 있어 안전한 운항이 가능하다. 크루즈는 대형선박이며, 스테블라이저가 작동하여 좌우 흔들림을 방지하며, 크고 안정적으로 설계되어 있다.

모든 크루즈 선에는 승선한 모든 승객과 승무원, 추가 예비 인원까지 충분히 수용가능한 구명정이 상시 배치되어 있다. 또한 국제 해상인명 안전조약 등 다양한 안전대책이 법적으로 마련되어 있어 어떤 형태의 여행보다 안전하다.

2) 크루즈 산업의 경제적 효과에 대한 특성

첫째, 실제 크루즈 관광객의 수가 유사하다 할지라도 크루즈 항의 유형에 따라 경제적 효과가 다르게 나타난다.

둘째, 크루즈 승객의 직접 소비 수준은 방문 지역의 고유특성, 항만지역의 매력도, 크루즈 일정 속 기항지의 상대적 지위, 크루즈의 호화수준, 크루즈 관광객의 수준 등에 영향을 받는다.

셋째, 크루즈 승무원의 지출은 크루즈 산업의 경제적 효과를 측정하는 주요 요소가 된다.

넷째, 특정 크루즈 선사와 항만 간의 계획된 크루즈 기항은 중장기 수입을 보장할 수 있으므로, 중앙정부 및 지방자치단체의 크루즈에 대한 관심이 커지고 있다.

③ 크루즈 산업의 발전 배경

크루즈 개념이 최초로 기록된 것은 1835년 쉐틀랜드 저널(Shetland journal) 창간호에 실린 크루즈에 관한 광고이다.

'여행객들에게'라는 제목으로 실린 광고는 스코틀랜드의 스토름니스를 출발하여 아일랜드와 파오레섬을 경유하여, 겨울에 스페인의 태양을 즐기러 떠나는 꿈같은 크루즈에 관한 것이었다.

2년 후 1837년 Anderon은 브로디 윌콕스(Brodie Wilcox)와 함께 피앤오(P&O: Peninsular & Oriental)의 전신인 Peninsular and Oriental Steam Navigation Company를 창설하였다.

세계에서 가장 오래된 크루즈 선사인 P&O Cruises이다.

이후 3년 뒤 1840년에는 영국의 선박 사업가인 새뮤얼 쿠나드(Samuel Cunard)가 그레이트 호와 같은 기조인 4대의 외륜선을 건조해서 대서양 항해, 대서양 횡단이 시작되었다. 이후에 다양한 크루즈 상품이 개발되었고, 1844년에는 P&O Steam Navigation Company는 영국에서 말레이 반도, 스페인, 포르투칼, 중국까지 운항하는 크루즈 여행이 시작되었다. 그러나 크루즈 여행 초기답게 다른 항로의 선박을 여러 차례 갈아타야 하는 불편함이 있었다.

1884~1914년 사이에 Orient line의 Chimborazo와 Garrone 등 선박에 의해 유럽 전역에서 크루즈 여행이 시도되었지만 그 성공에는 한계가 있었다.

초창기의 크루즈 관광은 그렇게 호화스럽지는 않았다. 선상에서 엔터테인먼트나 이벤트는커녕 승객 스스로 객실을 청소해야만 했다. 1930년대 터빈 디젤시대가 열리면서, 편의시설과 오락시설을 갖춘 호화대형 크루즈가 등장했다.

1959년은 크루즈 산업에 가장 큰 전환점이 되었다.

최초의 대서양 횡단 제트여객기 사업의 시작으로 크루즈 산업은 점차 타격을 입게 되어, 많은 조선업체들이 도산하였으며, 크루즈의 대명사이고 시초였던 1936년에 선보인 퀸 메리호(8만, 1231톤)는 1967년 운항을 멈추게 되었다.

제2절 크루즈 관광의 유형과 분류

1 크루즈 관광의 유형 및 현황

1) 크루즈 관광의 유형

크루즈는 일반 선상에서 가진 시설들을 모두 갖추고 있으며 객실, 화장실, 주방, 객실 등의 모든 시설들이 포함되어 다양한 산업군과 연관이 된다는 특수성을 가지고 있다. 과거의 크루즈는 부유한 계층 및 노년층만이 누릴 수 있는 제한적인 관광산업이었다면, 오늘날의 크루즈 산업은 다양한 연령과 계층으로 확대되고 있다.

크루즈 관광의 대중화에 따라 여유가 많은 고소득층에서 시간의 여유가 적은 중간 계층으로 고객이 변화되고 있음을 알 수 있으며, 크루즈 선박들 또한 대형화 추세로 확장되고 있다.

크루즈 산업은 크게 장소, 활동범위, 운항유형으로 구분할 수 있으며, 운항장소는 내륙의 호수, 하천을 이용한 내륙 크루즈와 바다를 이용한 해양 크루즈로 나누게 된다.

국내 크루즈와 국제 크루즈는 활동범위에 따라 구분되며 운항 유형은 〈표 10-1〉과 같이 6개의 유형으로 분류하고 있다.

2) 크루즈 관광 현황

크루즈 산업은 1990년대 이후 연평균 약 7%의 성장세를 보이고 있으며, 크루즈 관광시장은 2017년 약 2,580만 명에서 2018년 2,720만 명으로 증가했다.

2018년 크루즈 시장은 총 27척의 크루즈 선박이 투입되었으며, 지역별 시장 점유율은 캐리비안 34.4%, 지중해 15.8%, 유럽 11.3%, 중국은 6%를 점유하고 있다.

표 10-1_ 크루즈 관광의 유형

기 준	종 류	비 고
장소	내륙 크루즈	호수, 하천 운항
	해양 크루즈	바다 항
활동범위	국내 크루즈	해양법상 국내영해 순항
	국제 크루즈	자국내, 자국외 모두 순항
운항유형	항만 크루즈	주요 항구 순항
	도서순항 크루즈	경관이 좋은 섬들 순회
	파티 크루즈	특별한 이벤트, 파티 실시
	레스토랑 크루즈	식사, 만남을 목적으로 함
	장거리 크루즈	대형선박, 장거리, 장기간운항
	외항 크루즈	외항여객선에 오락시설 갖춤

현재 크루즈 산업은 아시아 시장에서 그 비중이 점차적으로 높아지고 있는 추세이다. 세계 크루즈 시장을 권역별로 크게 나누어 보면,

2016년 북미, 유럽, 아시아로 나타난다. 미국은 1,150만 명, 캐나다 80만 명으로 세계 크루즈 시장의 49.8%를 차지하였으며, 유럽시장은 영국 190만 명, 독일 200만 명, 프랑스 60만 명, 이탈리아 80만 명, 스페인 50만 명으로 23.5%인 것으로 나타났다. 아시아 시장은 중국이 210만 명으로 세계 크루즈 시장에서 약 8.5%를 차지하였다. 아시아 크루즈 시장 성장세는 앞으로도 계속 가속화될 전망이다.

크루즈 산업은 유럽지역과 북미를 중심으로 시장이 형성되어 왔으나, 현재는 중국 등 아시아를 포함한 신흥시장의 크루즈 수요가 증가하고 있다. 아시아 지역의 크루즈 시장은 성숙단계에 접어든 북미와 유럽과는 달리, 잠재 수요가 높은 도입단계이며, 중국을 포함한 동북아 지역의 크루즈 시장 규모가 점차 확대되고 있다.

2 크루즈 관광의 분류

크루즈선은 선박의 여러 종류 중에서 여객선의 한 종류로서 여객선은 정기여객선(혹은 페리), 유람선, 크루즈로 분류된다.

유람선은 크루즈와 달리 숙박시설이 갖추어지지 않은 선박으로 단시간 내제한된 경관이나 관광명소가 있는 만, 연안 등을 주유한다.

정기여객선은 숙박시설이 갖추어져 있기도 하나, 여객 및 자동차의 운송이 주요목적인 선박으로 주로 출발지 도착지가 정해져 있어 정기운항을 한다.

크루즈는 일반적으로 선박규모, 항해지역, 크루즈 성격별, 항해목적, 선박의 시장을 기준으로 분류한다. 크루즈는 대부분 등급이나 크기별로 구분하고 있으나, 각 단체별로 제각각 다른 기준들을 적용하기 때문에 특별히 표준화된 기준은 없다.

일반적으로 크루즈 관광은 등급, 항해지역, 크기별 및 성격별, 목적별로 구분한다.

표 10-2_ 크루즈관광의 분류

항해 지역	규 모	성 격	등 급	목 적
• 해양 • 연안 • 하천	• 소형 • 중형 • 대형 • 초호화	• 전통형 • 리조트형 • 고급형 • 호화형 • 특선형	• 프리미엄급/대중 • 크루즈 • 호화 크루즈 • 특별 크루즈 • 전문 크루즈	• 관광 • 세미나 • 테마여행

1) 등급별

❶ 프리미엄급/대중 크루즈

프리미엄급 크루즈는 가장 대중적이고 인기 있는 크루즈 마켓이다. 대부분 리조트 스타일의 크루즈로서 다양한 선상활동(각종 프로그램)을 강조한다.

선박들은 화려한 쇼를 위한 무대와 스파시설, 어린이를 위한 프로그램과 객실내 TV/VTR 시스템, 더블/퀸베드를 갖추고 있으며, 초대형 선박들이 주를 이루고 2,000명 이상의 승객도 탑승할 수 있다. 주로 3~10박 이내의 일정으로 운항을 하며 일정기간 동안 같은 스케줄로 운영되는 정기 노선이 많다.

❷ 호화 크루즈

호화 크루즈는 최고급의 객실과 부대시설 서비스가 제공되고, 일반 크루즈에서 운항하지 않는 독특한 일정 및 목적지가 강조된다.

대중 크루즈 선사보다 격식을 중시한다. 일반 소수의 승객만 탑승하며 객실은 오션뷰와 스위트룸이 높은 비중을 차지하고(일부 선박의 경우, 오션뷰와 스위트룸만으로 이루어져 있다) 객실은 응접실이 따로 갖추어져 있을 만큼 넓다.

일정(노선) 중심으로 항해가 이루어지기 때문에 7박 이상의 긴 일정이 많으며, 대부분 부정기 노선으로 운항된다. 처음 크루즈를 접하는 승객들이 많으며 놀이 중심의 크루저(cruiser)보다는 경험을 중시하는 크루저가 많은 편이다.

어린이를 동반하는 가족 여행객들에게는 적당하지 않을 수 있다.

❸ 특별/전문 크루즈

크루즈 목적지와 지역이 중심이 되며 어드벤처 스타일의 크루즈가 많다.

일반적으로 대중 크루즈가 운항하지 않는 독특하고 특별한 지역까지 운항된다.

2) 규모에 따른 유형

크루즈선박은 선박규모에 따라 소형(총 톤수 2만 5,000천 G/T 이하, 승객 수 500명 이하), 중형 (총 톤수 2만 5,000~7만G/T, 승객 수 500명 ~ 1,700명 이하), 초대형 (총 톤수 10만G/T 이상, 승객 수 2,500명 이상)으로 분류되며 주로 선박의 총 톤 수 및 탑승 승객 수에 따라 구분된다.

3) 항해지역에 따른 유형

일반적으로 크루즈는 국제적으로 해양 크루즈를 의미하는 것으로 통용되나, 크루즈의 항해지역에 따라서는 해양 크루즈(ocean cruises), 연안 크루즈(coastal cruises), 하천 크루즈(river cruises)로 구분된다.

표 10-3_ 항해지역에 따른 크루즈의 유형

구 분	내 용
해양 크루즈	대양으로 항해하거나 국가간을 이동하는 개념의 크루즈
연안 크루즈	한 지역의 해안을 따라 항해하는 크루즈
하천 크루즈	미국 미시시피강이나 유럽과 러시아의 크고 긴 강을 따라 숙박을 제공하며 항해하는 크루즈

4) 목적에 따른 유형

목적에 따른 크루즈의 분류는 관광 크루즈, 세미나 크루즈, 테마 크루즈로 구분된다.

❶ 관광 크루즈

위락과 휴식 등의 일반적인 관광 목적의 크루즈로 주로 크루즈 선사에서 직접 운영 된다.

❷ 세미나 크루즈

기업이나 사회·문화·경제·정치단체 등이 교육이나 훈련 및 연수를 목적으로 행하는 크루즈이다. 크루즈 선사는 선박을 임대해주고 숙박·식사·선상 프로그램 등을 운영한다.

❸ 테마 크루즈

오페라 크루즈, 판촉 크루즈, 상품 발표회 크루즈 등 특별한 주제로 운영되는 유럽과 일본 등에서 시행되고 있다.

5) 선박시장에 의한 유형

Cruise Industry News에 따르면, 선박시장은 일반 대중시장, 고급시장, 호화시장, 호화 범선시장, 염가시장, 탐험 및 모험시장, 틈새시장으로 분류한다.

❶ 일반 대중시장

크루즈 여행이 가장 많이 선호하는 크루즈 상품이며, 평균 체재일 수가 7일 이하로서 하루 평균비용은 US $ 300 이하로 책정된다.

최근에 건조된 중형 및 대형 선박, 크루즈를 처음으로 경험하는 관광객을 대상으로 마케팅 펼치고 있다.

> ⑩ Carnival Cruises Lines, Costa Cruises/Costa Crociere, Royal Caribbean Cruises, Norwegian Cruises Line 등이 포함된다.

❷ 고급시장

크루즈 경험이 있거나 경제력이 있는 고객이 주요한 타깃마켓이 된다. 평균 체재일수가 7~14일이며, 하루 평균비용은 US $ 200~400 정도이다.

크루즈 상품의 서비스와 음식의 질이 높으며, 크루즈 규모는 중형 및 대형 신규건조 선박으로 운행된다.

> ⑩ Princess Cruises, Holland America Line 등이 포함된다.

❸ 호화시장

최상의 음식과 서비스를 제공하며 객실 공간이 넓은 편이다. 크루즈 운항지역은 전세계를 대상으로 운행된다. 평균 체재일수는 주로 7일이며, 하루 평균비용은 US $ 300~600 정도이다.

크루즈 규모는 중형 및 소형 선박이 대부분 차지하고 있다.

> ⑩ Radisson Seven Seas Cruises, Crystal Cruises, Silversea Cruises, Seaborun Cruises Line 등이 포함된다.

❹ 호화 범선시장

Star Clipper, Windstar Cruises 등이 포함된다.

❺ 염가시장

오래된 선박 또는 소형 선박을 사용한다. 선내 인테리어나 오락·쇼 프로그램이 적지만 서비스나 음식의 질은 좋은 편에 속한다. 하루 평균 비용은 US $ 100~150 정도로 저렴한 편에 속한다.

㉑ Regal Cruise Line, Windjammer Barefoot Cruises 등이 포함된다.

❻ 탐험·모험시장

남극 및 북극을 운항하며 연성적 모험 관광을 제공하며, 학습경험에 주안을 두고 있다. 주로 10일 이상 체재한다.

❼ 틈새시장

특별한 경험을 제공하는 크루즈(하천, 해안, 대서양 횡단, 세계일주 등)로 대형 선박이 대부분 운행된다.

제3절 **크루즈 산업의 트렌드와
엔터테인먼트**

① 크루즈 산업 트렌드

1) Instagrammable cruise travel

선상과 기항지에서의 다양한 경험을 인스타그램에 업데이트할 수 있도록 시설 구축

2) total restoration

선상에서 스파, 웰니스 투어 프로그램 이용

3) achievement over experiences

요리, 워크샵 등 선상 프로그램 다양화

4) on-board smart tech

열쇠고리, 목걸이, 팔찌, 앱 등 크루즈 여행객들을 위한 스마트 기술 도입

5) conscious travel

기항지의 다양한 문화를 목적지로 인식하고 환경을 존중하는 등 여행자들의 의식
변화

6) Gen Z at sea

MZ세대가 만족할 만한 바다 관련 축제 활성화

7) offpeak adventures

비수기 시즌에 크루즈 수요 증가(북극광, 펭귄 식민지 방문)

8) working nomads

크루즈에서 휴가를 즐기면서 일할 수 있도록 환경 조성

9) female-centered

급증하는 여성 여행자들을 위한 여성 중심 프로그램 구성

10) going solo

홀로 여행에 대한 검색 증가, 크루즈 여행할 때도 솔로들이 여행할 수 있는 프로그램 필요

크루즈 관광시장의 가장 변화한 특징은 크루즈 승객의 65%는 출항 전 인근지역에서 여행을 한 고객들이며, 한 번 경험한 고객들의 재방문율이 높은 것으로 나타났다.

코로나19 이후 크루즈 관광 트렌드는 큰 변동사항이 없으며, 노년층이 주로 선호했지만, 중장년층으로의 확대가 가속화될 것으로 전망된다.

1인 가구의 증가현상에 맞추어 나 홀로 여행을 고려한 상품, 단기 여행을 선호하는 사람들이 많아 3~5일(bite-size) 크루즈 노선이 증가할 것으로 보인다.

지금부터는 관광산업을 하드웨어 측면에서 개발할 뿐만 아니라 소프트웨어 측면에 더 개발되어야 할 것이다. 공연장이나 놀이시설, 부대시설이 중요하지만 공간 속에서 적절한 고객들의 즐길거리, 프로그램이 활성화되어야 한다.

working nomads 트렌드처럼, 워케이션이라는 일과 휴가의 합성어가 등장했다. 이는 일하는 공간을 벗어나 여행지에서 일하는 것을 의미하는데 직원의 복지차원에서 시도하고 있는 기업들이 늘어나고 있다.

코로나19의 장기화로 사회경제 활동이 위축되고, 삶의 방식과 가치관이 변화되고 있다. 사드 사태처럼 극복 후 예전처럼 돌아간다 하더라도 언제 닥칠지 모르는 변화에 대해 항상 준비해야 할 필요가 있다.

② 크루즈 관련 시설

1) 기반시설

크루즈 관광 관련 주요 기반시설은 크게 항만 관련 시설과 비항만 시설로 구분한다.

항만시설은 항만의 특징, 용도, 규모, 시설여부에 따라 출항항, 기항항, 다목적항으로 세분화한다. 비항만 시설은 항만주변의 교통 및 숙박시설, 관광시설, 여행안내 서비스 시설로 세분할 수 있다.

2) 선상시설

일반 여객선 또는 페리는 운송시간 동안 체재할 근본적인 숙박시설과 식사시설 및 오락시설을 갖추고 있다. 반면에 크루즈 선박의 경우, 호텔수준의 다양한 등급의 객실과 여러 종류의 식당과 바(bar)시설, 쾌적한 환경의 내부장식, 다수의 승객용 엘리베이터, 테이블 게임과 슬릿머신의 카지노 시설, 수영장, 사우나, 피트니스 센터, 극장, 도서관 등 승객을 위한 다양한 시설을 갖추고 있다.

③ 선상 이벤트

이벤트는 일상과는 다르게 무엇인가 발생되는 일 또는 발생된 중요한 일이라 할 수 있다. 이벤트는 무언가 중요한 의미를 갖고 여러 가지 형태의 일 또는 각종 행사, 사건 등 일상에서 나타나는 모든 일의 다양한 의미를 내포한다.

이벤트는 체험을 통한 직접적이고 개인적인 의미를 갖고 있다. 그 어떤 미디어보다 가장 인간적인 특성을 지닌 커뮤니케이션 수단이고 현장에서 이루어지는 특성을 가지고 있다.

이벤트는 다음과 같은 몇 가지 특성을 지니고 있다.

첫째, 인위적이고 긍정적인 효과를 나타내는 특성이며, 치밀한 기획 아래 나타나는 인위적이고 의도적인 것이다.

둘째, 직접적인 쌍방향 커뮤니케이션 미디어이며 반드시 현장성이 내포되어 있다. 이벤트를 통해 메시지를 주고받으면서 교감한다.

셋째, 다양한 형태의 표현양식을 가지고 있으며, 그 표현방식이 다양하고 독특하다.

넷째, 유익하고 공익적인 성격을 띠고 있으며, 그 자체가 어떤 목적을 가지고 있다. 또한 그 성격 자체가 직접적인 체험과 경험 공유를 전제로 하고 있다.

크루즈 선상에서 이루어지는 이벤트들 또한 관광객들에게 색다른 경험을 제공하고 만족을 주기 위해 이루어지고 있다. 선상 이벤트는 이벤트의 특성을 토대로 고객과의 커뮤니케이션을 위한 체험을 전제로 한 다양한 표현방식이 크루즈 선내에서 이루어지는 것이 이벤트이며 내용은 다종다양하다.

즉, 크루즈 선상 이벤트는 크루즈 선내에서 관광객과의 커뮤니케이션을 위해서 다양한 체험거리를 제공하는 이벤트이다.

크루즈 선상이벤트는 세계 각국의 문화, 언어 등의 교육체험, 교양강좌 등의 프로그램으로 이루어진다. 이러한 프로그램에는 카지노, 파티, 뮤지컬, 영화 등 다양한 부대시설 등이 포함되기도 한다. 이와 같은 선상 이벤트는 고객의 니즈에 맞는 다양한 이벤트들을 통한 일탈체험, 선내의 색다른 테마 디자인, 그리고 망망대해에서 이루어지는 로맨틱한 이벤트들은 크루즈 관광객들의 감정과 인지를 자극하기에 충분하다.

현재 세계 최대 규모 여행정보 리뷰사이트에서는 크루즈의 각 서비스 항목들을 4가지로 구분하였다. 그중 선내서비스(엔터테인먼트, 풍부한 선내활동)가 포함되어 있다. 이처럼 크루

즈 관광은 선내에서 이루어지는 이벤트들이 중요 속성 중 하나이며 이벤트들의 종류는 다양하고 포괄적이다.

예를 들어, 망망대해 가운데서 불꽃놀이를 하고, 매일 저녁 분수 풀장에서 불빛 분수 쇼를 진행한다. 또한 실외 풀장에서 최대 규모의 스크린으로 영화를 관람할 수 있으며, 매일 라이브 TV 스튜디어 및 선상신문을 통해 안내되는 선내의 다양한 이벤트들(재즈댄스, 파티, 피트니스, 네일, 스포츠 등)과 같은 데일리 프로그램들이 진행되고 있다.

우리나라 관광진흥법에서의 크루즈의 관광개념은 관광유람선으로 규정하고 있다. 관광 유람선업은 법에 의한 해상 여객운송사업 면허를 취득한 자 또는 유선 및 도선업 법에 의해 도선 경영 신고를 한 자로서 선박을 이용해서 관광객에게 관광을 할 수 있도록 하는 업으로 규정하고 있다.

현대시대의 크루즈 관광은 여가시간 증대, 휴양의 다변화, 개인소득 증대 등 전반적인 사회가 변화되면서 모험관광, 골프관광 등 새로운 관광산업의 출현을 야기하고 있으며, 관광소비자는 새로운 관광상품의 출현에 다양한 형태로 반응을 하게 된다.

새롭게 나타나는 많은 형태의 관광상품에서도 크루즈 관광은 가장 빠르게 성장하는 관광유형으로 부각되고 있으며, 주요 성장산업으로 여겨지고 있다.

이는 크루즈 관광의 대중화에 따라서 시간적인 여유가 많은 고소득층에서 시간적인 여유가 적은 중간계층까지도 크루즈 관광객들이 점차 늘어나고 있다.

최근에는 직접 체험관광을 즐기는 소비자 성향의 변화 SIT(Special Interest Tour)의 출현이 확대되고, 장거리 여행이 가능한 여가시설과 부대시설을 갖추고 있는 크루즈 선박을 이용하는 관광객이 변화되고 있음을 알 수 있다.

여행일정 동안 크루즈 선상 내에서는 크루즈 관광 이동간에도 최고급 호텔 수준의 숙박시설을 직접 즐길 수 있고, 시간의 제약도 없이 선상에서는 고급 식음료 서비스와

관광객들에게 즐거운 분위기를 다양하게 제공함으로써 서비스 만족을 증대시키고 있다. 카지노 서비스, 수영장 서비스, 시티투어 서비스, 엔터테인먼트 서비스 기능을 동시에 제공함으로써 관광객들이 다양한 서비스를 경험할 수 있도록 한다.

관광 목적항구에 도착하면 크루즈 선외 기항지 육상관광을 통해서 수려한 지상관광을 아울러 즐길 수 있다는 특징을 가지고 있다.

크루즈 관광의 엔터테인먼트 요소

엔터테인먼트는 즐거운 사람들이 가지는 감정 중의 하나이다.

놀이, 여가 및 오락, 연예 등 즐거움은 소비자가 놀이로부터 재미를 얻는다는 측면에서 entertain에서 파생된 개념으로, '즐겁게 하다'라는 의미를 가지고 있으며 amuse-ment보다는 차원이 높은 것으로 사람에게는 즐거움과 감동을 주는 의미를 가질 수 있다.

엔터테인먼트를 통해 내면적인 즐거움과 일상으로부터의 일탈감을 느낄 수 있고, 결과적으로 이러한 유희적 활동에 열중하게 된다.

엔터테인먼트 체험의 핵심은 콘텐츠와 미디어 이용자가 함께 어우러져 창출하는 즐거움에 있다. 특히 크루즈 관광은 사람 중심형 엔터테인먼트 형태로 부대시설에서 보여주는 라이브 공연, 공연 및 이벤트 행사, 서커스, 콘서트, 디너쇼, 극장, 토크쇼, 마술, 경마 등과 각종 엔터테인먼트처럼 관람을 미리 경험하는 행위로 다른 관람객과 함께 즐거움과 감동을 공유하며, 콘텐츠 측면에서 예술적 요소가 반영된 문화예술 상품의 특성이 많은 유형이 있다.

애 봐주는
크루즈 내부 수준

구매력 높은 실버와 4050세대는 물론, MZ세대가 즐겨 찾고 있다는 '크캉스(크루즈+바캉스)'의 진면목은 다음과 같다.

귀차니스트도 다 품는 초호화 힐링

크루즈 '스펙트럼호(Spectrum of The Sea)'는 2019년 4월 아시아에서 처음 운항을 시작했다. 세계적 크루즈 선사인 로얄캐리비안사의 17만t에 달하는 매머드급 크루즈이다. 높이만 건물 16층 수준, 객실 수는 2,137개다. 여기에 함께 오를 승객만 4,246명이며, 승무원은 1,551명이 동시에 승선한다. 고객 2.7명당 승무원 1명꼴로 응대를 할 수 있는 셈이다.

크루즈는 하루 종일 재미가 있다. 쉴 틈이 없다. 특히 MZ세대에게는 놀이터이다. 대부분 크루즈에는 특급호텔을 능가하는 즐길거리가 많이 있다. 예를 들면, 뷔페, 레스토랑, 바(Bar), 카페, 면세점, 노래방까지 있다.

영화관, 대공연장, 카지노, 피트니스 센터, 테니스코트, 범퍼카, 조깅트랙, 놀이방, 수영장 등 모든 것이 움직이는, 바다 위 올인클루시브 특급호텔이다(크루즈 비용에는 선실, 식사, 공연 관람 등을 포함하고 있다). 당연히 없는 게 없다. 선상에서 즐기는 액티비티와 밤마다 펼쳐지는 공연은 크루즈에서만 느낄 수 있다.

전 연령대가 즐길 수 있도록 화려하고 취향 저격을 제대로 한 다채로운 볼거리로 채워진다.

소식좌도 대식좌로 거듭나는 출구 없는 레스토랑

소식좌도 대식좌로 거듭날 출구 없는 음식의 향연을 즐길 수 있는 것도 매력이다.

크루즈는 일정 동안 언제든 무료로 식사할 수 있는 식당과 유료 레스토랑이 있다.

매일 세계 각국의 음식이 차려지는 뷔페와 초호화 코스요리를 제공하는 정찬 다이닝 룸이 무료로 제공된다.

정찬식당에서는 점심과 저녁식사가 풀코스(애피타이저, 스프, 샐러드, 메인 요리, 디저트)로 나온다. 운영시간에는 언제든지 가서 먹을 수 있는 장점이 있다.

첫 크루즈라면 '발코니 선실'로

싱가포르 마리나 베이 크루즈센터(MBCCS: Marina Bay Cruis Centre Singapore)에서 승선 준비를 한다. 터미널 수속 과정에서 카드키를 발급받는다.

이는 객실 키(key)이면서 신분증, 경제 수단 역할을 하는 마스터 키다. 크루즈를 돌아다닐 때마다 보여줘야 하기 때문에 잘 들고 다녀야 한다. 객실이 굉장히 많다.

보통 크루즈 객실 유형은 네 가지로 나누어진다.

내측(창문이 없는 선실), 오션뷰(열리지 않는 창문이 있는 객실), 발코니(바다가 보이는 발코니가 있는 객실), 스위트 등이다.

내측은 크루즈 단골들이 애용하는 경우가 많다. 크루즈 즐길거리에 박식해 배에서 대다수 시간을 보내고 객실에 오래 머무를 필요가 없기 때문이다.

첫 크루즈, 그리고 크루즈의 정석을 느끼고 싶다면 발코니 선실을 추천한다. 바다 공기의 청량함을 객실에서 언제, 어느 때나 느낄 수 있다.

자고 나면 벌써 다른 곳에 와 있다. 백미는 발코니 위에서 맞는 해상 해넘이와 해돋이, 바다 한가운데서 맞이하는 일몰과 일출은 다른 여행지에서 느끼지 못했던 기분을 가져다 줄 것이다. 시간대별로 제각기 다른 분위기를 자아내는 바다와 하늘 풍광을 즐길 수 있다.

극강의 I유형(내향) 도 E(외향)를 만드는 곳

MBTI의 앞자리 E(외향형)인 이들은 파워 핵인싸들에게 파라다이스이다.

그들에게는 제격인 곳이다. 15층 선미 야외 데크는 가족들과 MZ세대 놀이터이다.

대표적인 액티비티 시설인 실내 스카이다이빙 아이플라이(iFly)부터 인공 파도타기 '플로라이더', 암벽등반, 바다 관람차 북극성(North Star)은 물론 크루즈의 최신식 시설과 엔터테인먼트를 경험할 수 있다. 이렇게 즐기다보면 절로 옆에 있는 사람들과 담소를 나누게 된다.

바다 전망을 바라보며 23피트(7m) 높이의 유리관 속에서 스카이다이빙을 하는 기분은 새롭다. 배에서 내리지 않고 바닷바람을 맞으며 인공 파도타기를 즐길 수 있다.

초보자도 충분히 누릴 수 있으며 현실감을 잊을 수 있는 경험을 할 수 있다.

뱃머리 쪽의 가장 높은 데크에 위치한 관람차 '북극성'은 마치 영화를 보듯 정면의 통유리를 통해 360도로 펼쳐지는 아찔한 절경 구석구석을 샅샅이 훑어볼 수 있다.

이곳이 진짜 수영장 끝판왕

14층 데크에 있는 실내외 수영장과 선베드는 일정 중 가장 먼저 찾는 곳이다.

크루즈 첫날 승선하면 사람들이 이곳부터 모여든다.

성인 고객만을 수용하는 노키즈 존은 어덜트 온리(Adult Only) 전용 풀장인 '솔라리움'이 있어 고요한 휴식을 누릴 수 있다.

아이까지 봐주는 크루즈

한 시설도 잘 갖추어져 있다.

어린이 전용 풀장과 유아놀이방인 어드벤처 오션을 눈여겨 볼 수 있다.

아기를 봐주는 놀이방이 있어 육아에 지친 부부에게 추천한다. 유아교육을 전공한 육아 전문 도우미가 상주해 부모들이 크루즈 일정을 즐길 동안 아이들도 낯선 여행지에서 전문 케어를 받을 수 있다. 놀이방인지 크루즈인지 분간하기 어려울 정도이다.

가족 여행객들이 많아지면서 아이들을 위

기항지 투어

기항지 투어를 하는 동안 기존 여행처럼 짐을 몇 번이나 정리하고 들고 다녀야 하는 불편함도 없다. 크루즈를 탄다고 해서 육지 여행은 못 한다는 생각은 정말 오해이다.

매일 기항지에서 선택하는 색다른 관광이 기다리고 있다.

'말레이시아 인스타그래머블 스폿'은 재미를 안겨주는 최고의 투어이다.

기항지 투어는 미리 예약하지 않으면 인기 코스는 금방 매진되니 미리 예약해둘 것을 추천한다. 배에서 내린 여행객들은 말레이시아 랜드마크를 비롯해 다양한 먹거리, 볼거리들로 가득한 시내를 관광한다.

크루즈 즐기는 꿀팁 8

❶ 텀블러나 물통을 가져갈 것: 스위트를 제외한 일반 선실은 체크인 당일 생수 1병만 지급한다. 크루즈 내 식당에서 커피나 물을 언제든 받아올 수 있으니, 객실에 구비해두면 밤낮으로 편리하게 지낼 수 있다.

❷ 어메니티와 비상약은 필수: 선실 내에 바디워시 겸 샴푸, 비누를 구비하고 있다. 육지처럼 편히 사러 나갈 수도 없고 크루즈 내 마트는 매우 비싸다. 트리트먼트와 개인별로 필요한 칫솔과 치약, 린스 등의 어메니티와 비상약은 꼭 챙겨가는 것이 편리하다.

❸ 전열기구는 반입 금지: 여행용 다리미나 멀티탭, 휴대용 주전자를 챙겨왔다가는 빼앗기는 경우가 많다. 마지막 날 돌려주지만 사용하지 못하게 되는 것이다. 참고로 고데기는 사용할 수 있다. 드라이기는 있기는 하지만 바람 세기는 약한 편이다.

❹ 구김 가지 않는 옷 위주로 챙길 것: 다리미를 제공하지도 않고 챙길 수도 없으니, 옷을 다릴 수가 없다. 최대한 구김가지 않는 옷을 챙기는 것이 좋다.

❺ 여름이어도 얇은 긴팔 정도는 필수: 크루즈 안은 24시간 에어컨을 풀가동한다. 바닷바람도 밤에는 의외로 쌀쌀하니 건강한 여행을 위해 필요하다.

❻ 앱을 잘 활용할 것: 크루즈 여행도 많이 디지털화가 되었다. 인기 기항지 투어 등은 마감이 빨리 되니 미리 예약을 하는 것이 좋다.

❼ 면세점을 잘 활용하자: 기한이 임박한 화장품이나 시중에는 세일을 잘하지 않는 브랜드들의 클리어런스 세일도 꽤 많다. 공항 면세점보다 훨씬 저렴한 품목들이 많다.

❽ 승선카드는 카드 목걸이로: 크루즈에서 승선카드는 마스터 키다. 객실 키이면서 신분증, 결제 수단 역할을 한다. 모든 결제는 탈 때 주어지는 승선카드로 해결한다. 매번 카드 하나만 들고 다니기가 불편하다. 잃어버리지 않게 카드 목걸이를 준비해가면 편리하다.   자료: 여행플러스, 2022.9.4.

제4절 쇼핑관광과 크루즈 관광

1 쇼핑관광의 속성

관광행동의 관점에서 관광객의 쇼핑행위는 물건을 구매하는 행위 외에도 물건구매를 위해 돌아다니며, 구경하는 관광객의 행동으로 지역 주민들의 일반적인 쇼핑행위보다 먹기, 구경하기와 같이 관광쇼핑에서 부수적으로 일어나는 행위들이 더욱 중요성을 띤다. 관광에서의 쇼핑은 일반 지역주민의 단순한 쇼핑행위보다 관광객들이 쇼핑하는 과정에서 일어난 부수적인 활동에 더욱 만족감을 느낀다.

쇼핑관광은 관광 또는 관광산업의 한 분야 및 구성요소로서, 여행자가 비영리적인 목적으로 일상생활을 떠난 쇼핑관광을 목적으로 한다. 또한 여타관광을 어떠한 목적을 가지고 하느냐를 막론하고 그들의 욕구충족 또는 요구에 따라 구매-식도락 또는 구매과정에서 보고, 즐기고, 감상하는 행위가 그 지방 또는 사회적·문화적·경제적, 기타 및 관광정책 등에 영향을 미치는 관광행위이다.

쇼핑관광의 속성은 어떤 대상이 가질 수도 있고 가지지 못할 수도 있는 특성을 의미하며, 어떤 주어진 대상에 대해 연상되는 모든 것을 말한다.

대부분의 관광객이 관광지에서 쇼핑활동을 선호하고 있다는 상황을 생각할 때 쇼핑관광은 주로 쇼핑을 위한 여행에만 한정되지 않고 관광객이 자신이 원하는 관광지에서 상품 및 서비스를 구매하는 행위에 포함된다.

관광객들이 관광지에서 구입한 기념품은 여행의 경험을 되살리고, 세계관을 넓히고, 자신과 다른 사람의 차별화를 가능하게 하면서 실제적인 문화생활의 질을 향상시킬 수 있다.

쇼핑관광지의 경우, 경제적 효과를 가질 뿐만 아니라 쇼핑관광에 대한 많은 의미를 가진다. 쇼핑관광객이 현지에서의 쇼핑활동 및 상품 구매 등을 통해 여행 중의 추억을 오래 간직하고자 하는 실제적인 의미와 주변 사람들에게 선물하려는 사회 심리적 요구를 충족시켜 준다.

② 크루즈 관광상품

일반적으로 속성이란 사전적인 의미로 대상에 속하는 성질이며, 관광객의 여행상품 선택은 여행상품을 구성하고 그 내용을 결정하는 속성에 따라 영향을 받는다.

여행상품의 선택속성은 시대적·상황적으로 변화된다. 이는 관광객의 의식수준, 정보 취득원천의 다변화, 전반적인 생활수준의 향상, 여행에 대한 패러다임의 변화 등의 여건에 의해 여행 상품속성의 중요도는 변화된다.

이에 따라 여행객의 전반적인 만족에 영향을 미치는 요인을 식별하고 이에 대한 우선 순위를 도출하는 것은 여행객의 전반적인 만족수준 향상을 위해 필요하다.

③ 크루즈 기항지 관광

크루즈에 대한 법률적 정의로는, 일부 개정된 관광진흥법(일부개정 2013.12.30)상에서 '관광유람선업' 중 '크루즈업' 조항으로 한정하며, "숙박시설, 위락시설 등 편의시설을 갖춘 선

🔖 그림 10-1_ 관광진흥법상의 크루즈의 정의

박을 이용하여 관광객에게 관광을 할 수 있도록 하는 업"으로 정의하고 있다. 해운법상에는 "선박 안에 숙박이나 식음료 그리고 위락시설 등 편의시설을 갖춘 선박을 활용하여 관광을 목적으로 해상을 돌며 국내외의 관광지에 기항하는 경우"를 포함하고 있다.

크루즈에 대한 관광활동을 이루기 위해서는 크루즈 승객이 생성되는 곳으로 크루즈 승객이 발생하는 지역인 출발지(generating region), 크루즈 승객이 가고자 하는 관광목적지 기항지(destination region), 크루즈 승객이 관광목적지에 도착하기 전에 시간을 보내는 지역으로서의 모항지(transit region)가 있다.

따라서, 크루즈 승객은 크루즈의 출발지인 모항지에서 출발한 후, 목적지인 기항지에 도착하여 기항지를 둘러보고 출발지로 돌아가는 패턴을 가진다. 즉, 기항지 관광은 크루즈선이 어느 기항지에 크루즈 승객들을 하선시킨 후, 크루즈 승객들이 항구 주변지역을 관광하고 다시 크루즈 선에 승선할 때까지의 기항지에서의 모든 관광형태를 일컫는다. 이러한 크루즈 기항지 관광에서 크루즈 승객은 기항지 관광 프로그램을 활용하여, 크루즈 승객으로 그 지역의 문화를 경험 및 체험하고 지역 대표 매력물을 음미하며, 쇼핑활동과 기항지의 토속 음식을 맛보게 된다.

크루즈 관광을 선택하는 가장 중요한 이유 중 하나는 기항지 관광상품이다.

기항지 관광상품은 크루즈 승객이 직접적으로 선택하는 상품으로 크루즈 승객은 여행사 또는 독립적인 개별활동을 할 것인지에 대한 선택으로, 개별 관광객의 선택사항에 따라 관광과 자유시간이 주어지게 된다.

1) 크루즈 승객의 기항지 관광 활동

일반적인 크루즈는 오전에 항구에 입항하여, 오후 늦게 출항하게 된다.

크루즈 승객들은 크루즈 선박이 항만에 정박해 있는 4~9시간 체류 시간 동안만 기항지를 관광할 수 있도록 시간을 제공한다. 따라서 크루즈 기항지에서는 크루즈 승객을 위한 관광 콘텐츠와 흥미를 끌 만한 기항지 상품을 제공해야 하고, 기항지 관광정보 서비스, 의사소통과 지상이동을 위한 여건, 지원서비스의 인력 등이 지원되어야 하기 때문에 일반 관광객과는 다른 크루즈 승객의 특성이 고려되어야 한다.

크루즈 승객의 기항지에서의 관광활동은 크루즈 선사가 제공하는 기항지 관광 프로그램과 자유 관광으로 구분할 수 있다.

❶ 기항지 관광 프로그램

기항지 관광 프로그램은 짧게는 2시간에서 길게는 24시간 이상까지 구성이 매우 다양하다. 대부분 4~5시간 정도의 반일 프로그램이나, 혹은 8~9시간 정도의 전일 프로그램으로 분류한다.

예를 들어, 크루즈 정박 시간이 오전이나 오후 동안만으로 주어질 경우에는 반일 프로그램만으로 구성되어 제공되며, 기항지 관광 프로그램의 상세 항목에는 기항지를 처음 찾게 되는 크루즈 승객을 위해 기항지 안내를 위한 현지 영어 가이드와 기항지 지상차량, 기항지 관광지 입장료, 기항지 식사 등이 포함된 프로그램이 제공된다.

국내의 경우에는 크루즈 선사와 연계한 민간의 여행업체들과 문화체육관광부, 한국관광공사 등의 정부기관과 연계하여 진행되고 있다.

❷ 기항지 자유 관광

크루즈 승객이 기항지의 정보가 매우 풍부하거나, 기항지 도시의 안전성 및 교통시설의 편리함이 있는 경우에는 개별 자유관광을 할 수 있다. 하지만 예상하지 못한 크루즈 승객의 안전문제나 크루즈 출항 시간 안에 승선하지 못하는 경우의 문제가 발생할 수 있다.

국내의 경우, 인천항에 크루즈선이 기항하는 경우 인천 도시공사에서는 크루즈 승무원의 지역관광을 위해 무료 셔틀버스를 제공하며, 기항지 관광 프로그램을 구매하지 않은 크루즈 승객에 대해서도 무료로 제공하고 있다.

크루즈 기항지에 입항한 크루즈 승객들의 기항지 관광활동을 위해 기항지 도심지 주변에 대한 쇼핑시설, 교통시설, 혹은 치안 등의 지상서비스가 요구된다.

기항지 관광 프로그램을 제공하는 현지 가이드는 기항지 항구와 기항지 도심지 간에 운행하는 지상 교통수단에 대한 정확한 정보와 크루즈 승객을 위한 음식점 등에 관심을 가져야 한다.

모항일 경우에는, 크루즈 승선을 위해 공항이나 기차역에 도착한 크루즈 구매 고객

들을 항구까지 이동시키기 위한 교통서비스나 크루즈 여행 전후에 모항지에서의 관광을 원하는 승객을 위한 숙박 서비스가 필요하게 된다.

④ 우리나라 크루즈 시장의 문제점

우리나라를 방문하는 크루즈 관광객의 대부분은 중국인 관광객에 대한 의존도가 매우 높은 편이다. 쇼핑관광 중심의 기항지 프로그램으로 운영되어 국내 크루즈 시장의

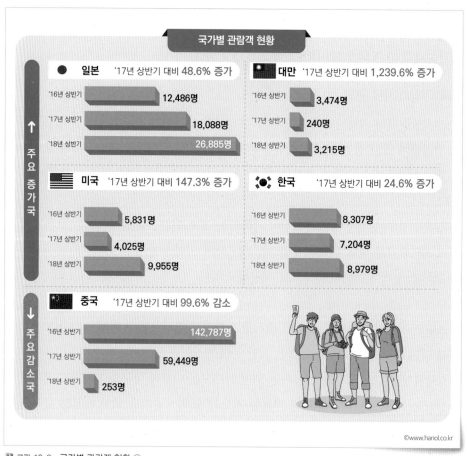

국가별 관람객 현황

주요 증가국

● 일본 '17년 상반기 대비 48.6% 증가
'16년 상반기 12,486명
'17년 상반기 18,088명
'18년 상반기 26,885명

대만 '17년 상반기 대비 1,239.6% 증가
'16년 상반기 3,474명
'17년 상반기 240명
'18년 상반기 3,215명

미국 '17년 상반기 대비 147.3% 증가
'16년 상반기 5,831명
'17년 상반기 4,025명
'18년 상반기 9,955명

한국 '17년 상반기 대비 24.6% 증가
'16년 상반기 8,307명
'17년 상반기 7,204명
'18년 상반기 8,979명

주요 감소국

중국 '17년 상반기 대비 99.6% 감소
'16년 상반기 142,787명
'17년 상반기 59,449명
'18년 상반기 253명

©www.hanol.co.kr

❖ 그림 10-2_ 국가별 관람객 현황 ①

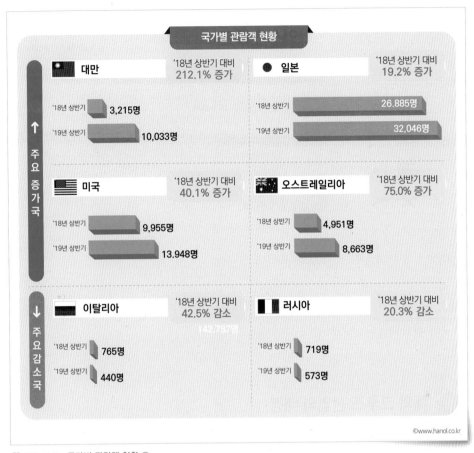

🔹 그림 10-3_ 국가별 관람객 현황 ②

지출구조는 쇼핑비용이 90% 이상이며, 중국인 관광객의 경우 그 비중이 99%에 육박하고 있다.

2018년 국가별 관광객 현황을 보면, 주요 증가국으로는 일본, 대만, 미국, 한국 등의 국가였으며, 중국인 관광객은 감소한 것으로 나타났다.

사드 보복 등 한-중 갈등 이후, 2018년 중국인 관광객 99%가 감소한 반면, 대만, 미국, 일본 관광객들은 증가하는 현상이 나타났다.

그리고, 2019년 국가별 관광객의 주요 증가국으로는, 대만, 일본, 미국, 호주 등으로 나타났으며, 이탈리아와 러시아는 주요 감소국으로 조사되었다.

국내 크루즈 주요 국가별 관광객 현황

(2019년 상반기)

🔴 일본		32,046명
미국		13,948명
대만		10,033명
오스트레일리아		8,663명
한국		7,913명

©www.hanol.co.kr

🚀 그림 10-4_ 국내 크루즈 주요 국가별 관광객 현황

2018년 상반기 대비 부산을 방문한 관광객은 이탈리아, 러시아 등을 제외한 대부분의 국가 관광객들은 증가하였다.

⑤ 해외 크루즈 산업의 배경

세계 크루즈 시장 여객 유동량의 90% 이상이 유럽과 미국에 집중되어 있지만, 금융위기 이후 구미지역 중산층의 수요가 갈수록 침체되고 있는 반면 아시아 크루즈 시장이 꾸준히 성장하게 되면서 한·중·일 중심의 아시아 시장으로 이동할 것으로 전망되고 있다.

그중에서도 가장 빠른 발전을 보이고 있는 중국은 동북아와 동남아 양대 지역을 모두 넘나드는 크루즈 항로의 중요한 출항지이자 목적지 또한 기항지로서, 크루즈 산업이 크게 성장할 것으로 전망된다.

세계의 주요 크루즈 모항은 대부분 북미 또는 유럽 지역에 분포하고 있다.

이 밖에 동남아시아 지역, 미국의 보스턴, 뉴욕, 마이애미, 로스앤젤레스, 샌프란시스코, 시애틀, 그리고 캐나다의 벤쿠버, 영국의 런던, 덴마크의 코펜하겐, 네덜란드 암스테

르담, 스페인의 바르셀로나, 싱가포르, 중
국의 홍콩 및 말레이시아의 콸라룸푸르
등 지역에 모항이 분포되어 있다.

마이애미에서는 20세기 1990년대부터
크루즈 회사와 협력하여 부두를 건설하
기 시작하면서 부두의 발전이 매우 빠르
다. 또한 시설 등 크루즈의 인파 및 물류의 요구가 현지 사정에 매우 부합된다. 동시에
마이애미에는 크루즈 발전에 필요한 유리한 발전 조건을 가지고 있다. 크루즈 부두에서
공항까지 15분의 주행거리, 대형마트, 호텔, 식음료 시장 등 모두 몇 분 안에 도착할 수
있다.

인접하는 미국 남쪽의 관광지, 카리브해, 멕시코 관광지 및 장기적으로 국제 크루즈
선박이 정박하기 때문에 출입국 절차도 간편하고 신속하다.

유럽의 크루즈 경제는 오래된 역사를 가지고 있으며, 유명한 크루즈 도시가 형성되어
있다. 그중 가장 유명한 곳은 바로 스페인의 바르셀로나이다.

바르셀로나는 지중해와 대서양을 이어주는 중요한 장소이다. 지중해 지역에서 주요한
크루즈 모항 도시이기도 하다. 인접지역에 관광자원이 풍부하며 6개의 여객부두가 있
어서 9척의 크루즈 선박을 동시에 정박할 수 있다.

지중해 근처 지역 나라들은 모두 통과할 수 있으며 여행자원 역시 풍부하다.

그리고 호텔, 음식, 교통의 편리 등 유리한 조건이 지중해 기타 지역에 비해 훨씬 앞서
있다. 이러한 유리한 조건으로 바르셀로나는 관광객이 끊이지 않으며, 국제 관광객들의
소비가 많은 크루즈 산업이 주요 경제적 원천이 된다.

싱가포르는 크루즈 산업이 아시아 지역에서 가장 빠르게 성장한 국가이다.

지난 15년 동안 크루즈 승객들의 유동량은 평균 60% 증가하였다.

세계 크루즈 기구에서는 싱가포르를 세계에서 가장 효과적인 크루즈 부두 경영자라
고 호칭을 주기도 하였다. 싱가포르는 국토 면적이 작기 때문에 교통이 매우 편리하며,
쇼핑, 음식, 호텔 등 모두 아시아 지역에서 최고로 꼽히고 있다.

싱가포르는 관광업이 국가의 주요한 수입원이라 볼 수 있다.

⑥ 크루즈 관련 용어

1) 크루즈 항

일반적으로 크루즈 선이 정박하는 항구를 크게 모항, 기항항, 준모항 및 복합항으로 나누어 보고 있다. 또한 각 항의 형태에 따라 기능 및 역할을 가지고 있다.

❶ 모항(Home port)

크루즈 관광일정의 최초 출발지 혹은 최종 하선지가 되는 항으로서 크루즈 승객의 승선 혹은 하선이 이루어지는 항구를 의미한다.

크루즈 선사들은 모항을 선택하는 데 있어서 공항과 숙박시설, 물품공급 및 관광 요소들에 대해 용이한 접근성을 가진 크루즈 항을 우선적으로 선호한다. 동시에 거대한 크루즈 선에 필요한 공급을 충족시킬 수 있는 배후 시설이 존재하거나 또는 전략적으로 잠재력인 성장 가능성을 지닌 곳을 모항으로 선호하고 있다.

❷ 기항항(Visiting port)

크루즈 선이 항해 중 방문하는 항을 의미하며, 전 세계의 많은 항만들이 기항지의 역할을 하고 있다.

❸ 준모항(Semi-homeport)

기항항이 모항이 되는 경우로 최초 크루즈 일정상 기항지로 설계되었으나, 해당 항만 지역의 크루즈 수용에 부응하기 위해 크루즈 관광객의 승하선이 가능하도록 한 항만을 지칭하는 의미로 사용되고 있다.

예를 들면, 미국에서 출발하는 크루즈 선인데 모항에서 정원을 채우지 않고 출발하여, 잠시 정박하는 기항지에서 새로운 크루즈 승객을 탑승시켜 정원을 채워 운항하는 방식이다.

❹ 복합항(Hybrid port)

모항과 기항지의 역할을 동시에 하는 항만이다. 즉, 일부 크루즈 선에 있어서는 모항

의 역할을 하면서 다른 크루즈 선박에는 기항지로의 역할을 하는 항만을 의미한다. 한국의 경우에는 2006년 코스타 크루즈사가 한·중·일 노선을 본격적으로 운항한 이래, 2008년부터 부산항은 로얄 캐리비안 크루즈사의 준모항으로 이용되고 있다.

인천항은 2011년 코스타 크루즈사의 코스타 빅토리아호의 준모항으로 선정되어 부산, 인천에서 모든 크루즈 관광객들의 승하선이 가능해졌다.

2) 크루즈 터미널

터미널 기본시설에는 CIQ(Customs, Immigration, Quarantine) 시설, 선사데스크, 승객대기실, 주차시설, 수하물 컨베이어벨트, 엘리베이터(에스컬레이터), 입항 후 수하물 수취 공간, 갱웨이(터미널-선박 간 링크브릿지) 등이 있다.

승객편의 시설에는 스낵바 또는 식음료 판매시설, 흡연 라운지, VIP 라운지, 우체국 및 기념품점, 면세점, 관광안내소, 환전소 등이 있다. 기타시설에는 항만시설, 행정시설, 유관시설 등이 있다.

🔹 표 10-4_ 크루즈 터미널 관련 용어

관련 용어	내 용
터미널 기본 시설	• CIQ 시설, 선사 데스크 • 승객대기실, 주차시설, 입항 후 수하물 수취 공간 • 수하물 컨베이어 벨트, 무료 수하물 트롤라 엘리베이터 • 대기 라운지 • 갱웨이(터미널-선박 간 링크 브릿지)
승객편의 시설	• 스낵바 또는 식음료 판매시설, 흡연 라운지, VIP 라운지, 안내전광판 시스템 • 유로라커, 우체국, 약국, 전화(국내 및 국제), 은행 또는 환전소 • 기념품점, 면세점, 관광안내소
기타시설	• 항만시설(접안시설, 에어프런, 지게차, 마리나) • 행정시설(CIQ 관련사무소, 항만청사무소, 경찰사무소) • 유관시설(호텔, 환영 및 환송용 야외 데크, 대형택시 스탠드, 여행사 데스크, 선박대리점 사무실, 컨퍼런스 시설, 극장 및 위락시설, 쇼핑센터)

3) 객실에 관한 용어

❶ Cabin, Stateroom: 객실, 호텔룸과 같은 용어로 쓰이고 있다.

❷ Category: 객실 등급을 말한다. 객실은 보통 Suite(스위트), Balcony(발코니), Ocean View(오션뷰), Interior(내측선실)로 나뉘는데, 카테고리마다 위치, 크기, 손님 편의를 위해 제공되는 서비스에 따라 다시 등급으로 나누어진다.

❸ Single supplement: 두 사람이 자는 방을 혼자 사용하는 것으로, 추과요금이 부과된다.

❹ Double: 2인용 객실

❺ Triple: 3인용 객실

❻ Quad: 4인용 객실

❼ Family Friendly Accommodations: 가족이 머물 수 있는 객실(성인 2인, 어린이 3인)

❽ Suite: 스위트라고 해서 일률적으로 다 같은 것은 아니며 스위트는 스위트와 미니 스위트로 나뉘고 위치와 객실 크기에 따라 가격이 다르다. 일반 객실보다 크기가 넓고 손님의 편의를 위해 격조 높은 서비스를 제공하고 있다.

❾ Balcony: 객실에 전망을 볼 수 있는 유리 미닫이문(Sliding door)이 있고, 유리 미닫이문을 열고 나가면 개인 발코니가 있는 객실을 말한다.

❿ Ocean view: 창문으로 전망을 볼 수 있는 객실이며, 창문은 열 수 없다.

⓫ Interior: 창문이 없는 객실로 객실의 위치와 크기에 따라 가격이 천차만별이다.

⓬ Porthole: 선창(船窓) 배의 창문

⓭ Upgrade: 낮은 등급에서 높은 등급으로 이동하는 것

4) 식당

❶ Dinner Seating: 예약이 필수이며, 만찬을 위해 줄을 서면 웨이터가 자리를 정해주는 고급 레스토랑이다.

❷ Open Seating: 예약 없이 자유로이 자리를 선택해서 앉는 식당이다.

❸ Alternative Dining: 캐주얼한 옷차림으로 드나들 수 있는 식당으로, 주로 뷔페식으로 서비스 된다.

④ Galley: 주방

⑤ Room Service: 룸서비스로서, 고객이 주문한 음식을 객실로 식사를 가져다 주는 서비스이다.

⑥ Executive Chef: 총주방장

⑦ Maitre D'Hotel: '메트르 도텔' 웨이터이다.

⑧ HeadWaiter: 레스토랑 내에서 서비스를 효율성 있게 계획하고 전체를 총괄하는 책임자

⑨ Waiter or Waitress: 손님에게 서비스를 제공하는 종업원

⑩ Assistant Waiter: 웨이터 보조원

⑪ Dress code: 복장규정, 매일 배달해 주는 선상 신문에 당일 드레스 코드가 적혀 있다.

라이트캐주얼(Light Casual) , 스마트캐주얼(Smart Casual), 포멀(Formal)로 나뉘는데 캐주얼은 그다지 신경 쓰지 않아도 된다(물론 청바지나 반바지, 슬리퍼 착용은 허용되지 않음). 하지만 Formal(정장) 은 선장 주최 만찬 등 정장을 입는 날은 특별히 소식지에 정장을 갖춰 입어 모두 즐거운 저녁이 되기를 바란다는 부탁이 적혀 있다.

그날의 드레스코드가 Formal 일 경우 여자는 이브닝 가운(Evening gown)이나 칵테일드 레스(Cocktail dress) 혹은 우아한 코트와 팬츠를 입어야 한다.

각 나라의 전통의상으로 우리나라는 한복까지 포함한다.

남자는 턱시도나 다크 계열의 신사복 혹은 만찬 정장을 입어야 하며 특히 반드시 긴 바지를 입어야 한다.

스마트캐주얼은 정장과 캐주얼의 중간 단계로 세미정장 스타일이다.

남자는 넥타이 없이 셔츠에 재킷을 걸치고 여자는 블라우스나 셔츠에 치마나 바지를 차려입으면 알맞다.

5) 크루즈 선상용어

① Forward: 선수(船首) 뱃머리

② Midship: 선체 중앙

❸ Afterward(Aft) 선미(船尾): 배의 후미

❹ Beam: 배의 폭, 가장 넓은 수치를 말하는데 일반적으로 배 가운데가 가장 넓다.

❺ Length: 배의 길이

❻ Bridge: 선장과 선원이 배 운항을 지휘하는 장소

❼ Draft: 배가 수중 지면에 닿지 않기 위해 물 깊이를 재는 것

❽ Gangway: 배가 선착장에 닿았을 때 승객이 타고 내리는 입·출구

❾ Tender: 항구에 선착장 시설이 없을 경우, 배를 바다에 정박해 놓고 작은 구명정으로 승객을 육지로 실어 나른다. 작은 구명정을 텐더(Tender Boat)라고 부른다.

❿ Knot: 배의 속력, 1노트는 1초에 2m를 가는 속력을 의미

⓫ Promenade Deck: 크루즈를 한 바퀴 돌아볼 수 있는 데크, 걷거나 조깅하는 데크를 말함

6) 기항에서 쓰이는 용어

❶ Port of Call: 기항지

❷ Shore Excursion: 크루즈에서 기항 후에 관광할 사람들을 안내해 주는 것

❸ Embarkation: 승선

❹ Disembarkation: 하선

❺ Starboard: 우현

❻ Portside: 좌현

7 크루즈 승무원

크루즈는 망망대해를 가로지르며 바다 위를 항해하는 럭셔리 메가시티이다.

관광의 새로운 트렌드로 자리 잡고 있는 크루즈 산업은 관광, 휴양 등 다양한 용도로 이용하는 관광객이 많아지면서 크루즈에서 근무하는 승무원에 대한 관심이 높아지고 있다. 크루즈 승무원에 관련된 내용은 다음과 같다.

1) 크루즈 오퍼레이션 - Marine 부서

크루즈 오퍼레이션은 크루즈 선이 안전하게 항해할 수 있도록 승객들에게는 직접적으로 보이지 않는 곳에서 기계조작, 운영 등을 담당하는 부서이다. 크루즈 운행의 중심 역할을 하는 크루즈 내 마린부서의 승무원이다. 크루즈 선의 항해, 안전, 기계관련 운영을 담당하고 있으며, 승무원의 비율은 30~35% 정도를 차지하고 있다.

마린 오퍼레이션에서 근무하기 위해서는 해양대학에서 항해, 기관 등의 학업을 수료해야만 해당 분야로의 취업이 가능하다.

2) 크루즈 오퍼레이션 - Hotel

호텔 부서는 선상에서 활동하는 호텔리어라고 볼 수 있다. 호텔을 베이스로 한 크루즈에서 손님들에게 직·간접적으로 제공되는 모든 서비스를 운영하는 부서이다.

손님들과 직접적으로 마주하고 소통하는 직무이기 때문에, 서비스 마인드를 지니는 것이 매우 중요하다. 승무원의 비율은 70% 정도 차지하고 있다.

대형 크루즈 선에는 무수한 위락 시설이 있기 때문에, 크루즈 승무원의 포지션은 이 외에도 매우 세분화되어 있다.

3) 크루즈 승무원 필수요건

외국어 능력

전 세계 크루즈 승객들을 응대하고 서비스를 제공하는 직업이기 때문에 영어는 필수 항목이며, 제2외국어는 큰 장점으로 작용하게 된다.

하지만 공인어학 점수는 필요하지 않으며, 일상회화 능력과 직무와 관련된 전문용어 활용능력을 갖추면 된다. 이 외에도 크루즈 승무원으로 취업하기 위해서는 관련 분야에서의 유사 경험을 최소 6개월 이상 쌓는 것이 유리하다. 또한 관련 역량을 강화할 수 있는 국비지원 크루즈 승무원 교육을 받는 것도 좋은 방법이다.

4) 크루즈 승무원의 이점

크루즈 승무원으로 일하게 되면 다음과 같은 많은 이점들이 있다.

❶ 돈도 벌고 여행도 하는 일석이조의 이점이 있다.

❷ 국경을 뛰어넘는 프렌드십을 형성할 수 있다.

❸ 계약 후 긴 휴가기간을 얻을 수 있고 자유롭게 사용할 수 있다.

❹ 숙식비용 부담이 전혀 없다.

❺ 진급 및 인사이동의 기회가 많은 편이다.

하지만, 오랜 승선을 하는 만큼 강한 체력은 필수이다. 변화하는 환경에 잘 적응하고 다양한 국적의 사람들과 어려움 없이 소통할 수 있는 성격을 가지고 있는 사람이라면, 크루즈 승무원으로 근무할 수 있는 사람이라고 할 수 있다.

5) 크루즈 산업과 승무원의 비전

❶ 일반 관광산업보다 두 배 이상 빠른 속도로 발전할 수 있다.

❷ 아시아 시장 규모의 거대화로 지역 출신의 크루즈 승무원의 수요가 증가한다.

❸ 크루즈 승무원 경력을 살려 다양한 글로벌 업계로 진출이 가능하다.

❹ 해외의 대형 크루즈 선사에서의 업무경력을 갖춘 전문인력의 수요가 증가하고 있다.

❺ 크루즈 승무원에 대한 정부의 관심이 증대되고 있다.

크루즈 여행
상품의 종류

다양한 형태의 크루즈 여행은 여행지역, 일정, 기간에 따라 다양한 선택이 가능하다. 그러나 기본적으로 관광객이 선호하는 여행 스타일에 따라 다음과 같이 구분할 수 있다.

☁ 크루즈도 내 마음대로, 자유개별여행

자유여행 개념으로 직접 선사나 여행사를 통해 크루즈만 예약하고 항공도 개별적으로 진행한다. 선사나 여행사에서 크루즈 예약 시 항공편을 연결해 주기도 한다.

출국에서부터 크루즈 승선, 하선에 이르기까지 모든 일정 동안 인솔자나 가이드 없이 개별여행으로 자유롭게 즐길 수 있다. 크루즈 패키지 여행에 비해 보다 합리적인 비용으로 크루즈 여행을 즐길 수 있는 반면 알찬 크루즈 여행을 보내기 위한 사전 준비작업이 필요하다.

☁ 크루즈부터 항공까지 한 번에 편리하게, 패키지 여행

항공, 크루즈 캐빈, 지상관광, 현지 교통 등이 포함된 여행으로, 여행의 시작에서부터 끝까지 모든 여행의 요소가 포함되어 있다. 여행의 준비단계에 있어서 소요 시간을 줄일 수 있는 편리함이 있다. 또한 인솔자가 동행하기 때문에 외국어에 자신 없거나 나이가 있으신 분들에게 적합하다.

크루즈 패키지 예약은 여행사에서 예약이 가능하며, 각 여행사마다 포함사항 및 혜택이 다르기 때문에 비교해 보고 예약하는 것이 좋다.

☁ 기업행사도 이제는 크루즈에서, 인센티브 투어

MICE, 인센티브 행사는 기업, 학교, 공공기관, 동창회 모임, 각종 동호회 등의 단체에서 포상 또는 친목을 위해 진행하는 여행의 형태로 항공, 지상관광 및 교통을 포함한 특정단체를 위한 단독 패키지 상품이다.

크루즈 내에는 다양한 부대시설 및 프로그램이 준비되어 있을 뿐 아니라 최첨단 시설을 갖춘 컨퍼런스 시설 및 편안한 미팅 공간들을 무료로 이용할 수 있다. 365일 24시간 친절하고 숙련된 직원들의 서비스를 제공받을 수 있

북유럽(5~8월), 알래스카(5~9월) 지역은 최상의 기후를 보이는 일정시기에만 운행하고 있다.

로얄캐리비안 크루즈가 보유하고 있는 25척의 크루즈 십은 최고의 일정으로 세계 각지를 계절별로 이동하며 다양한 지역으로 운행하고 있다.

어서, 성공적인 인센티브 행사에 적합하다. 또한 크루즈 요금 내에 숙박, 식음료 그리고 엔터테인먼트 비용이 포함되어 있기 때문에 합리적인 요금으로 크루즈 인센티브 행사를 진행할 수 있다.

크루즈 여행 일정 고르기

❶ 일정 선택

로얄캐리비안 크루즈는 1년 365일 전 세계 다양한 일정으로 운항한다. 지중해(5~11월),

❷ 선실 유형 선택

여행지와 시기를 선택하면 유형/등급별로 구분된 선실을 결정해야 한다.

여행경비를 고려해 가장 적합한 선실을 선택해야 하며, 창문이 없는 내측 선실은 다양한 층에 위치해 있으며, 저렴한 요금으로 크루즈 여행을 즐기기에 적합하다.

여행 경비에 좀 더 여유가 있다면 창문을 열고 베란다로 나갈 수 있는 발코니 선실이나 스위트 선실을 선택하는 것이 좋다.

Case Study

크루즈 여행 예약 전 반드시
알아야 할 요령 10가지

여행이다. 대부분의 경우, 크루즈 선은 여행일정에 따라 특정 항구에 몇 시간, 혹은 며칠 동안 머무르게 된다. 물론 선내에서도 정박하는 지역의 음식, 숙소, 그리고 즐길거리 등에 대한 정보를 제공해 주긴 하지만, 그래도 모든 정박하는 항구에 대한 조사는 필수적이다.

누구나 한 번쯤 꿈꾸어보는 크루즈 여행, 하지만 실제 여행을 준비하는 것은 여러 가지 고려해야 할 사항이 많다.

크루즈 여객선을 타고 대양을 항해하며, 여러 곳을 다녀보는 체험은 인생에 길이 기억될 잊지 못할 경험이 된다. 따라서 크루즈 여행은 그만큼 많은 사람들이 관심을 가지고 있는 여행의 형태이며, 많은 여행 상품들이 있다.

크루즈 여행을 처음 떠나보는 사람들의 경우, 여행을 준비하는 것이 쉽지 않다. 크루즈 여행을 떠나기 전 반드시 체크해야 할 사항은 다음과 같다.

❶ 미리 정박하는 항구에 대한 정보를 모아라.

크루즈 여행은 항구에서 항구로 이동하는

배가 정박하는 기간은 정해져 있고 그 기간 동안 그 지역의 모든 즐길거리를 최대한 즐기는 것이 중요하다. 따라서 정해진 시간 동안 효과적으로 그 지역을 탐방하려면, 지역의 쇼핑, 구경거리, 식사 장소 등을 미리 검색해서 알아보고 동선을 계획하는 것이 좋다.

❷ 미리 미리 예약하라.

크루즈 선은 많은 관광객을 실어 나른다. 따라서 인기가 많은 액티비티는 그만큼 수요가 많다. 꼭 하고 싶었던 액티비티가 인원이 많아서 못 하는 경우를 방지하려면, 미리 미리 예약해 두는 것이 필수이다. 꼭 그 지역에 가보고 싶었던 레스토랑이나 투어 혹은 액티비티를 출발 전 미리 예약하는 것이 좋다.

크루즈 여행은 언제든지 원할 때 떠날 수 있는 것이 아니기 때문에 한번 갈 때 계획을 철저히 세워두는 것이 좋다.

❸ 탑승을 위한 필수 서류들을 잊지 말라.

크루즈 선에 탑승하기 위해서는 필수적으로 준비해야 하는 서류들이 있다. 당연한 일이지만, 필요한 서류 중 하나라도 부족할 경우 탑승이 거부된다. 필수 서류로는 출생증명서, 여권 혹은 백신 접종 확인증 등이 있다. 상품별 국가별로 다양한 서류가 필요할 수 있으니 반드시 여행사에 문의하여 미리 준비해야 한다.

❹ 주류 주문 시 팁은 주지 말라.

외국에 나가면 종사원에게 팁을 주는 것은 필수요소이다. 하지만, 크루즈 선에서는 주류를 주문할 경우, 팁을 주게 되면 이중으로 팁을 주는 것이 된다.

크루즈 선에서의 주류 서비스에는 이미 수수료가 포함되어 있기 때문이다.

❺ 불포함 금액을 산정하라.

사람들은 대부분 크루즈 여행이라면 경비에 모든 것이 포함된 것이라고 생각한다. 크루즈 경비는 보통 배안에서의 액티비티, 캐빈, 그리고 식사 정도만 포함되어 있고, 그 외 다른 것들은 포함되어 있지 않는 경우가 많다. 따로 지불해야 할 경비는 대표적으로 항만료, 인터넷, 세금, 그리고 하선 후 교통편이나 관광지 투어 등과 같은 옵션 상품들이 있다.

❻ 떠나기 전 집을 깨끗이 정리하라.

크루즈 여행은 일반 여행에 비해 기간이 많이 긴 경우가 대부분이다. 집을 떠나 한 달 이상 해외에 머무르게 될 경우, 집을 제대로 정리해 놓지 않으면 여행을 끝내고 돌아왔을 때 곤란한 일이 발생하기도 한다.

예를 들면, 집 안에 있는 음식물이 상하기도 하고, 예기치 않은 사고를 예방하기 위해 전자 기기의 코드는 필수적으로 뽑아 놓는 것이 좋다.

❼ 선상 액티비티를 현명하게 선택하라.

크루즈 여행 중에는 선상에서 즐길 수 있는 영화, 밴드 공연, 댄스 교습, 미술과 공예, 수영 등 여행에 참가하는 사람들이 즐길 수 있는 액티비티들이 아주 많이 있다. 따라서 어떤 액티비티를 선택할지 미리 결정해 두는 것이 좋다.

❽ 캐빈(크루즈 객실)을 잘 고르자.

크루즈의 캐빈은 타입별로 크기와 구성이 다양하다. 따라서 모든 타입의 캐빈을 미리 파악한 후 어떤 캐빈에 묵을 것인지 결정해야 한다. 캐빈은 주로 오션뷰, 발코니, 스위트 등 선실 카테고리와 사이즈에 따라 구분된다. 또한 동일한 종류의 캐빈이라도 면적, 층수, 위치 등에 따라 요금이 달라지기도 한다.

• 내측 선실: 창문이 없고 사방이 벽으로 막혀 있어서 요금이 가장 저렴하다. 크루즈의 부대시설과 프로그램을 다양하게 즐기는 활동적인 성향의 관광객들에게

유리하다.

- 발코니 선실: 발코니를 통해 바다를 항해하는 크루즈의 매력을 마음껏 느낄 수 있다. 따라서 내측이나 오션뷰 캐빈보다 객실 면적이 넓고 요금도 비싸다.
- 스위트 선실: 스위트는 일반 발코니 선실보다 면적이 넓고 크루즈 등급에 따라 다양한 종류의 선실을 이용할 수 있다. 개인 비서 개념의 버틀러(butler)와 우선 승하선 등 품격 있는 서비스가 제공된다.

❾ 크루즈 라인 선택

크루즈 선의 종류는 350개가 넘으며, 다른 스타일의 크루즈 라인과 선박 종류를 가지고 있다.

크루즈 선은 호텔의 별 등급처럼 정형화된 등급이 있는 것은 아니지만, 업계에서는 등급에 따라 대략적으로 캐주얼, 프리미엄, 럭셔리 정도로 나누고 있으며, 가격 차이가 크게 나기도 한다. 하지만 많은 사람들이 생각하는 것과는 달리 배의 크기와 크루즈 등급은 관계가 없다.

물론, 선박이 클수록 승선감이 쾌적하고 식당과 부대시설, 엔터테인먼트가 다양한 것은 당연하지만, 사람이 많다 보니 복잡하고 때로는 승하선이나 식사 등의 대기시간이 길어지는 단점도 존재한다.

실제 크루즈의 등급을 판단하는 기준 중 하나가 승객 수 대비 크루(crew) 수의 비율이다. 당연히 크루가 많을수록 고급이다. 대체로 럭셔리 크루즈로 갈수록 승객 대비 크루 비율이 1:1에 가까워진다. 캐주얼로 가면 로열 캐리비안 크루즈의 경우 3:1 정도로 승객 비율이 훨씬 높아진다. 또 다른 기준은 승객당 총 톤 수의 비율인데, 선박의 총 톤 수는 무게가 아니라, 부피 단위이다. 당연히 1인당 점유하는 총 톤 수가 클수록 고급이다. 럭셔리 크루즈의 경우는 1인당 50톤이 넘는 경우가 많으며, 캐주얼은 30톤 정도이다.

보통 로열 캐리비안, 디즈니, MSC, 코스타, 카니발 등은 캐주얼 급이며,

셀러브리티, 프린세스, 홀랜드 아메리카, 큐나드 등은 프리미엄 급으로 나누고 있다.

그리고, 실버시, 크리스털, 아스카, 시번, 리젠트 세븐시즈 등은 럭셔리 급으로 구분한다.

❿ 항구 교통편을 체크하라.

대부분의 초보 크루즈 여행객들이 놓치는 것 중의 하나가 항구 교통편이다. 크루즈가 정박할 경우 항구에서 원하는 관광지까지의 교통편을 미리 체크해 보고 어느 정도의 추가 비용이 들지 미리 계산해 보는 것이 좋다.

현지의 관광상품을 예약하는 경우 항구 픽업이 되는 상품을 예약하면 편리하다.

CHAPTER 11

ICT 융합관광

제1절   산업혁명과 관광산업

◆ 1 정보통신기술과 4차 산업혁명

기존에 사회 기반을 형성하는 전기통신, 방송, 컴퓨팅, 통신망과 같은 정보기술(IT: Information Technology)은 정보기기를 운영 및 관리하는 데 필요한 기술과 정보 등의 소프트웨어를 활용하여 융합하는 정보통신기술(ICT: Information and Communications Technology)로 확장되었다.

정보통신기술(ICT)은 정보기기를 활용하는 데 필요한 기술과 정보를 수집, 생산, 가공하며 보존, 전달과 활용이 가능한 인공지능(AI), 사물인터넷(IoT), 빅데이터와 같은 융복합 기술과 서비스를 일컫는 말이다.

2016년 1월 세계 경제포럼에서 클라우스 슈밥이 4차 산업혁명 시대의 도래를 선언한 이후, 국제사회의 핵심주제로 자리 잡으면서 산업 및 경제 분야를 중심으로 급속도로 확산되고 있다.

4차 산업혁명은 미래사회에서 소셜 미디어와 사물인터넷이 인류의 일상을 모니터링하게 되면서, 빅 데이터와 인공지능 중심의 새로운 시대가 오게 된다는 것이다.

이는 속도와 범위 면에서, 시스템에 미치는 파급력 면에서 혁명적인 변화가 이루어질 것으로 전망된다. 분명한 것은 미래사회에 예견되고 있는 기술변화가 우리의 일상뿐만 아니라 사회, 경제 전반에 걸쳐서 혁신적인 변화를 가져오게 될 것이다.

1) 4차 산업혁명의 특징

산업혁명의 발전 단계를 기준으로 보면,

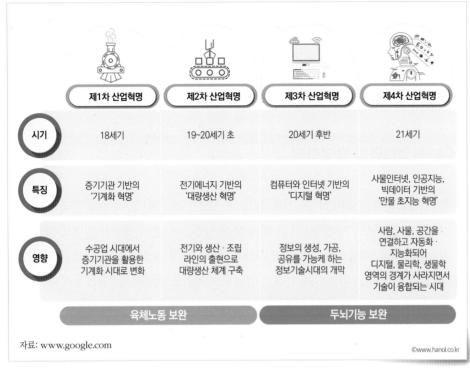

	제1차 산업혁명	제2차 산업혁명	제3차 산업혁명	제4차 산업혁명
시기	18세기	19~20세기 초	20세기 후반	21세기
특징	증기기관 기반의 '기계화 혁명'	전기에너지 기반의 '대량생산 혁명'	컴퓨터와 인터넷 기반의 '디지털 혁명'	사물인터넷, 인공지능, 빅데이터 기반의 '만물 초지능 혁명'
영향	수공업 시대에서 증기기관을 활용한 기계화 시대로 변화	전기와 생산·조립 라인의 출현으로 대량생산 체계 구축	정보의 생성, 가공, 공유를 가능케 하는 정보기술시대의 개막	사람, 사물, 공간을 연결하고 자동화·지능화되어 디지털, 물리학, 생물학 영역의 경계가 사라지면서 기술이 융합되는 시대
	육체노동 보완		두뇌기능 보완	

자료: www.google.com

©www.hanol.co.kr

🌀 그림 11-1_ 산업혁명의 발전 단계

증기기관으로 대표되는 1차 산업혁명과 전기를 활용하여 산업구조의 변혁을 일으킨 2차 산업혁명이 인간의 육체노동을 보완하는 데 기여했고, 3차, 4차 산업혁명은 인간의 두뇌기능을 보완하는 방향으로 진화하였다.

컴퓨터 및 인터넷 기반의 3차 산업혁명과 비교하면, 4차 산업혁명의 핵심 키워드는 센서, 사물인터넷, 인공지능으로 압축된다. 특히, 4차 산업혁명의 특징은 지능화된 기계가 고도의 자동성·연결성을 바탕으로 경제 전반의 파괴적 혁신을 촉발하는 현상을 의미한다.

이를 데이터 처리과정을 기준으로 설명하면,
첫째, 센서는 소비자의 주요정보를 디지털 정보로 전환하고,
둘째, 사물인터넷은 포착된 디지털 정보를 무선통신으로 전달한다.

셋째, 인공지능은 집계된 대량 정보를 실시간으로 분석하여 수요자의 패턴을 추출한다. 이러한 과정을 통해서 정보처리 과정에서 발생한 기존의 한계를 극복하고 활용영역을 획기적으로 확장할 수 있게 된다. 최근에 등장한 O2O(Online to Offline)도 이를 지칭하는 개념이다.

② 산업혁명의 발달과정

제1차 산업혁명은 18세기 초 시작되었으며, 증기기관 기반의 기계화 혁명의 시대이다. 제2차 산업혁명은 19세기에서 20세기 초를 일컬으며, 전기 에너지 기반의 대량생산이 가능해지면서, 대량생산의 혁명이 도래하였다. 제3차 산업혁명은 20세기 후반부터 시작되었으며, 이때는 컴퓨터와 인터넷 기반의 지식정보 혁명이 일어났다. 이때만 해도 개인 컴퓨터의 보편화와 인터넷 사용이 대중화되면서 개인 이메일, 홈페이지 등이 시작되었고 지식기반의 플랫폼을 제공하는 토대가 되었다. 이러한 현상으로 인해 3차 산업혁명을 정보혁명이라 부르기도 한다.

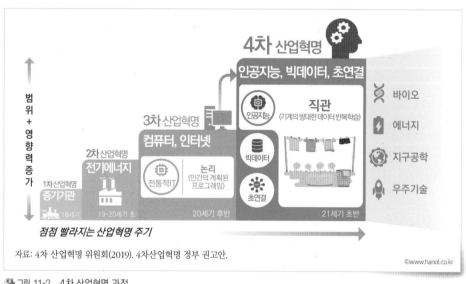

자료: 4차 산업혁명 위원회(2019). 4차산업혁명 정부 권고안.

©www.hanol.co.kr

🚂 그림 11-2_ 4차 산업혁명 과정

4차 산업혁명은 초연결(hyper connective)과 초지능(super intelligence) 특징을 가지고 있으며 기존 산업혁명에 비해 더 광범위한 영향력을 끼치고 있다. ICT가 기존 산업과 서비스에 융합되어 모든 제품과 서비스를 네트워크로 연결하는 것이 가능해졌으며, 이는 지능화된 단계로서 컴퓨터와 인터넷으로 대표되는 3차 산업혁명에서 한 단계 진화하였다. 제4차 산업혁명의 핵심인 ICT에 대한 의존도가 높아지면서 이에 따라 산업구조와 비즈니스 운영방식이 변화하고 있다.

4차 산업혁명의 키워드인 ICT를 좀 더 자세히 들여다보면 지능과 정보가 융합된 '지능정보기술'이 핵심이다. 예를 들어 AI와 같은 지능형 기술과 빅데이터, IoT, 클라우드를 기반으로 한 정보가 결합되어 진화된 기술을 의미하는 것이다.

4차 산업혁명 이전의 디지털 전환은 정보통신기술(ICT)을 기반으로 이루어진 반면, 4차 산업혁명 이후의 디지털 전환은 데이터 및 관련 기술(data technology)을 바탕으로 진행되고 있다. 따라서 현재의 디지털 전환은 데이터 기술과 관련된 제품 및 서비스가 새롭게 개발되어 이를 통해, 전환된 디지털 데이터가 온라인을 기반으로 경제활동의 주된 부가가치가 창출하는 현상으로 이해할 수 있다.

③ 산업혁명의 발달에 따른 관광산업 생태계 변화

제3차 산업혁명은 관광 분야에서 관광객이 직접 관광지의 호텔, 항공, 렌터카와 같은 서비스를 예약하는 고객 시스템 CRS(Computer Reservation System)가 활용되면서 e-Tourism이 등장하였다. 이는 관광분야에서 관광객이 숙박, 항공권, 관광지 등과 같은 관광정보를 직접 검색이 가능하게 하였으며, 스마트폰 애플리케이션, 인터넷 서비스 등과 같은 채널을 통해 사용자의 위치와 기호에 따라 주요 관광지를 안내하는 서버를 이용할 수 있게 되었다.

ICT를 핵심으로 하는 제4차 산업혁명 시대에는 '스마트 관광'이 새로운 화두로 떠올랐다. 이는 관광서비스에 ICT가 융합된 새로운 형태의 관광서비스를 일컫는 것이며, 다양한 플랫폼 서비스를 강화하고 관광산업 전반에 걸쳐 ICT를 지능화하는 것을 의미한다.

4 4차 산업혁명과 관광산업의 구조 변화

4차 산업혁명의 핵심이 센서, 사물인터넷, 인공지능을 기반으로 한 기술변화라는 점에서 관광산업에 미칠 파급력은 어느 분야보다 크게 나타날 것으로 전망된다.

이미 관광산업의 영역에서 4차 산업혁명은 현재진행형이며, 최근 진행되는 기술변화의 속도는 놀라울 정도이다.

관광분야에서 이루어지고 있는 주요 변화는 플랫폼 경제, 사물인터넷, 빅데이터, 자동화를 꼽을 수 있으며, 이와 관련된 사례는 다음과 같다.

첫째, 플랫폼 경제를 기반으로 한 변화이다.

대표적인 사례는 2008년 8월에 시작된 세계 최대의 숙박 공유서비스인 '에어비앤비'를 비롯한 교통서비스 '우버'와 세계적인 여행사이트인 '트립 어드바이저' 등이다.

대표적인 플랫폼 기업에 해당하는 이들은 자동성과 연결성을 기반으로 비즈니스 모델을 확장하고 있다. 예를 들면, 미국의 전문 IT 기업은 '에어비앤비'와 같은 숙박공유업체를 위한 '호스트봇(Hostbot)'을 개발했다. 이는 집주인이 앱을 다운로드하고 손님들로

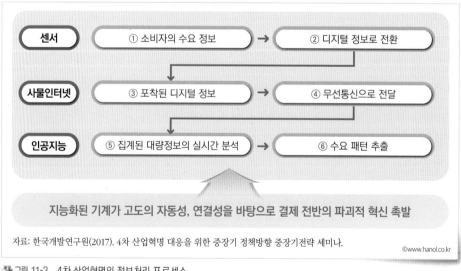

자료: 한국개발연구원(2017). 4차 산업혁명 대응을 위한 중장기 정책방향 중장기전략 세미나.

©www.hanol.co.kr

🔹 그림 11-3_ 4차 산업혁명의 정보처리 프로세스

부터 자주 받는 질문에 대한 답변을 미리 설정해 놓으면 챗봇(Chatbot:채팅로봇)이 숙박객의 질문에 자동답변을 제공하는 시스템이다.

또 다른 사례로는, 세계 최대의 여행리뷰 사이트인 '트립어드바이저'는 중국의 최대 차량공유 서비스 '디디추싱'과 파트너십을 체결하고 향후 호텔+차량, 관광지+차량 서비스로 영역을 확장할 계획이다. 트립어드바이저 앱에서는 디디추싱 등록차량을 호출하고, 디디추싱 앱에서는 트립어드바이저가 제공한 목적지 정보 검색이 가능하도록 기능을 보완할 방침이다.

유명 관광지와 호텔 등에 디디추싱 전용 정류장인 '디디 스테이션'도 세울 계획이다.

이처럼, 플랫폼 경제를 기반으로 한 기업 간 업무제휴가 확대되면서, 관광상품 및 서비스의 유통 구조가 혁신적으로 변화하고 있다.

둘째, 센서를 기반으로 한 사물 인터넷의 도입이다.

관광객이 밀집하는 북촌 한옥마을에서 주차문제를 해결해주는 '파킹플렉스'는 앱을 통해 주차 공간을 서로 공유하는 시스템이다. 주차장에 설치된 센서가 주차 가능여부를 알려주어, 주차 공간소유자는 자신이 이용하지 않는 시간에 공간을 제공할 수 있고, 사용자는 현재 위치에서 실시간으로 주차가 가능한 곳을 파악해 편하게 주차할 수 있다.

세계 최초로 상용화된 IoT 기반 주차공간 서비스는 주차 공간 소유자와 운전자 모두 윈윈할 수 있는 사물인터넷 기반의 서비스이다.

사진 출처: 산업통상자원부 공식 블로그 '경제다반사'.

표 11-1_ 4차 산업의 관광분야 기술도입 현황

구 분	유 형	연계분야	사 례	내 용
플랫폼 경제	• 숙박 공유 • 차량 공유 • 여행정보 공유	인공지능 차량 공유	• 숙박공유+호스트봇 • 트립어드바이저 + 디디추싱	• 채팅로봇이 숙박객 Q&A 서비 스 대응 • 여행정보와 차량정보 공유 시스 템의 연계
사물 인터넷	주차 공간 공유	모바일 앱	• 북촌 한옥마을 • '파킹플렉스'	• 모바일 앱을 기반으로 주차 공 간 정보공유
빅데이터	• 관광소비패턴 • 관광목적지 • 선호도	-	• 신용카드 현황분석	• 중국관광객 소비현황 • 중국관광객 선호 목적지

셋째, 빅데이터를 기반으로 한 관광 패턴 분석이다.

빅데이터를 통한 분석은 관광분야에서 다양한 영역으로 확장되고 있는 단계이다.

방한 인바운드의 제1시장인 중국 관광객의 소비패턴을 파악하기 위해서 신용카드 사용현황 분석에 빅데이터가 활용되고 있다.

이 외에도, 검색 엔진의 관광정보 검색패턴을 분석하여 지역별, 성별, 연령별로 관광목적지에 대한 선호도를 파악할 수 있다.

관광분야에서 빅데이터 분석은 관광패턴을 분석하는 단계이나, 주문형 경제(On-demand economy) 기반의 맞춤형 서비스를 제공하는 단계로 진화하기 위해서는 인공지능 등 다양한 기술과 융합한 방법론의 개발이 요구되고 있다.

⑤ 제4차 산업혁명 시대의 관광산업

1) 공유경제

지속가능한 관광산업 생태계를 구축하기 위해서는 변화된 환경에 따라 관광산업이 변화되어야 할 필요가 있다. 먼저 공유경제와 스마트 관광의 대두는 지속가능한 공유

경제를 어떻게 유지해야 할지에 대한 고민이 필요하다. 공유경제를 위한 플랫폼 개발도 중요하지만, 이를 지속가능하게 하기 위한 보안, 이에 따른 부작용의 책임소재 등도 해결해야 할 문제이다.

관광객의 니즈가 다양해지고, 관광산업의 구조가 변화하면서 기존의 획일화된 관광 플랜은 더 이상 환영받지 못할 것이다. 특히 코로나 시대의 관광산업은 힐링, 웰빙과 프라이빗 환경 등이 주요 화두로 떠오르면서 기존의 단체관광, 주요 관광지로의 관광보다는 좀 더 자유로움과 여유로움을 추구하는 새로운 관광수요가 늘어날 것이다.

2) 플랫폼 비즈니스

플랫폼 비즈니스도 또 다른 관광산업의 생태계 변화로 꼽을 수 있을 것이다. 온라인 상의 정보는 무궁무진하다. 이제는 더 이상 '정보'의 부족으로 해결 못하는 것은 없을 것이다. 이러한 정보의 홍수 세대에서 나에게 맞는 데이터를 정제하여 데이터화하는 것이 더 중요하다. 빅데이터를 나에게 맞게 정리하는 힘, 내가 설득하고자 하는 나의 논리를 뒷받침해 줄 수 있는 빅데이터를 분석하는 힘, 즉 분석의 능력이 더욱 중요할 것이다. 플랫폼 비즈니스 또한 정보의 홍수 시대에서 얼마나 데이터를 목적에 맞게 필터 하여 나타낼 수 있는지가 중요하다. 특히 모바일 디지털 네트워크의 영향력이 증대되면서 발전되는 플랫폼 비즈니스를 기반으로 관광산업의 경제구조로 개편하는 것이 필요하다.

3) 빅데이터

앞서 언급한 데이터 중심의 의사결정 구조는 더욱 확대될 것이다. 넘쳐나는 정보를 데이터화하고 이러한 데이터를 모아 빅데이터로 만들고, 빅데이터를 분석하는 시스템을 구축해야 할 것이다. 즉, 빅데이터 분석기법을 개발하고 데이터 분석 결과와 관광서비스 연계 수단을 모색해야 할 것이다. 관광분야에서 데이터는 넘쳐난다. 그러나 이를 어떻게 활용할 것인지에 대해서는 더욱 깊이 있는 논의가 이루어져야 할 것이다.

6 디지털 뉴딜

디지털 뉴딜은 2020년 7월 14일 발표된 정책으로 코로나19 팬데믹 이후 경기회복을 위해 마련된 국가 프로젝트 중의 하나이다.

우리나라가 강점을 가진 정보통신(ICT)산업을 기반으로 데이터 경제에 꽃을 피우기 위한 전략이다.

관광산업의 경우, 디지털 뉴딜 아래에서 직접적으로 기술을 개발하기보다는 개발된 기술을 관광에 접목해서 활용하는 산업에 초점을 맞출 수 있다.

디지털 뉴딜의 VR 혹은 AR 기술을 통해 온라인 K-pop 공연, 전시회 등과 같은 관광·문화 콘텐츠 제작에 기여할 수 있다. 또한 AI·빅데이터 분석을 활용해 여러 통역서비스, 관광 데이터의 효율적 수집에 기여할 수 있다.

관광산업의 디지털화에서 가장 중요한 요소는 바로 데이터이다.

관광산업의 소비자인 우리가 생활 속에서 미처 의식하지 못했던 무수한 온라인 활동을 통해 많은 데이터를 축적하고 있다. 이렇게 축적된 데이터는 만족스러운 관광으로 나아가기 위해 여러 가지 요소를 융합한 서비스를 제공하고 있다.

관광산업에서 활용되고 있는 융합 서비스의 사례는 다음과 같다.

🔍 항공사 사용자 경험

기존에는 날씨, 지연 예측, 관리 분야에서 데이터를 주로 활용했지만, 현재는 고객 개별 데이터를 활용해 고객의 티켓 구매시점, 선택할 여행지 등을 추적하고 있다.

여행정보 추천 플랫폼

검색, 시청기록을 기반으로 고객의 선호도를 분석해서 보다 높은 정확성을 가진 추천 알고리즘을 개발해서, 개인화된 서비스 제공을 추구하고 있다.

위기관리 자동화

날씨, 항공, 교통 등 실시간 데이터 분석을 통해, 우발적인 상황을 예측해서 관광객에게 비상 계획을 안내하고, 외부요인으로 인해 큰 손해를 볼 수 있는 여행사를 위한 위기관리 시스템을 제공하고 있다.

소셜 네트워크 고객감정 분석

페이스북, 인스타그램 등과 같은 Social network상에서 표현되는 관광객의 감정과 특이사항을 반영한 데이터를 정리하고 분석해 피드백, 개선에 사용하고 있다.

이렇게 디지털 뉴딜 정책하에 다양한 데이터를 기반으로 많은 융합 서비스가 제공되고 있다.

디지털 뉴딜보다 한층 더 진화된 디지털 트윈의 기술이 현재 관광산업에 적용되고 있는 중이다.

디지털 트윈은 현실세계의 기계나 장비, 사물 등을 컴퓨터 속 가상세계에 구현한 것을 말한다. 실생활에서 디지털 트윈 기술을 실제 서비스를 제공하기 전, 모의시험을 통해 발생할 수 있는 문제점을 파악하고 해결하기 위해 사용된다.

그림 11-4_ 디지털 트윈의 서울 S-MAP

    한층 발전된 디지털 트윈의 기술은 관광산업에도 적용되고 있다.

    서울시는 위와 같이 디지털 트윈 기술을 적용하여 우리나라의 수도인 서울 전역을 가상의 온라인 공간에 동일하게 복제된 디지털 트윈 서울 S-MAP 서비스를 출시해 시행하고 있다. 이 서비스를 통해 코로나19로 한국을 방문하기 어려운 외국인 관광객도 주요 관광명소 비대면 투어를 경험할 수 있다.

    향후에는 1900년대 과거 한양모습을 3D로 체험할 수 있도록 하는 등의 문화관광 비대면 서비스를 확대할 계획이다.

제2절 융합관광 서비스

 1 관광산업의 ICT 융합 서비스 현황

관광산업에서 진행되는 ICT 융합 서비스는 관광 서비스 및 온라인 관광 플랫폼 서비스 등으로 구분할 수 있다. 여행 오퍼레이터(기획, 알선, 수배), 교통, 숙박, 관광시설 및 활동, 쇼핑, 오락 등 다양한 기능을 수행하고 있는 오프라인의 전통 관광 서비스가 온라인 비즈니스로 확대되었다. 관광 서비스 온라인 플랫폼 기업은 여행자에게 필요한 정보 제공을 위해 관광 등과 관련된 정보를 데이터로 구축하고 이를 기반으로 여행자에게 추천 정보를 제공하거나 24시간 응대하는 서비스 등 데이터 기반의 서비스를 확대하고 있다. 반면 오프라인 공급망은 주로 여행 서비스, 항공 및 육상 교통 서비스, 숙박 서비스, 관광시설 및 장소 서비스, 쇼핑 서비스, 오락 서비스 등을 제공하고 있다.

관광 서비스 분야는 빅데이터, 인공지능, IoT, 소셜미디어, AR/VR/XR, 5G 등 기술 변화에 적합한 형태의 서비스를 개발하고 있으며, 관광지를 방문하는 관광객에게 필요한 서비스를 제공하기 위한 서비스가 증가하고 있다. 특히, 관광객 대상의 고객 응대 서비스는 온라인 기반의 서비스가 필수 요소로 정착되었다.

온라인 관광 플랫폼 서비스에는 많은 기업이 참여하고 있으며 구글, 네이버, 다음카카오 등 주요 포털이 여행 및 관광 정보 제공을 위한 서비스를 발굴·공급하고 있다. 이와 함께 플랫폼 서비스 기업은 검색 서비스, 호텔검색 엔진, 공항 및 항공 교통연계, 보험, 여행 활동, 글로벌 유통시스템(GDS), 마케팅 등으로 분화되어 있으며, 또한 크루즈, 호텔, 일반 숙박 등 여행 상품 및 관광 시장별 온라인 관광 플랫폼으로 세분화되어 있다. 온라인 관광 플랫폼 서비스는 정보 검색 서비스, 검색·예약·결제 서비스 및 관광 활동 서비스 등으로 구분할 수 있다.

1) 정보 검색 서비스

트립어드바이저(Trip advisor), 카약(Kayak), 트리바고(Trivago) 등 관광 서비스 메타검색 확대 (육상교통, 공항주차, 보험 등)

2) 검색·예약·결제 서비스

항공, 숙박, 렌터카 기반 GDS 및 OTA 진화, 호텔 숙박 기반의 검색엔진 성장

3) 관광 활동 서비스

개별지역에 소재한 관광시설 등 관광지, 관광 프로그램 예약 서비스 연계 결합 등.

관광산업은 공공부문과 민간부문의 다양한 비즈니스와 서비스 제공을 통해 데이터를 축적하고, 마케팅과 고객 만족을 위한 기능을 온라인 기반으로 개발하고 있다.

관광산업에서 활용되고 있는 데이터의 역할에 대해 다음과 같은 사례를 확인할 수 있다.

❶ 데이터 활용: 방대한 데이터 분석을 통해 문제 해결부터 여행을 하는 동안 음성 서비스, 개인화 개선, 자동화 등 데이터 기반의 서비스 활성화

❷ 데이터 역할: 개인화, 맞춤형 추천, 신속 대응을 비롯한 업무 시간 및 비용 절약

❸ 챗봇과 온라인 서비스: CS 담당자가 부재중일 때 데이터 기반의 분석 결과를 통해 고객에게 신속한 정보 제공 및 응대

❹ 비대면·로봇 서비스: 로봇이 인공지능과 음성인식을 통해 정보 제공, 고객의 대기 시간을 줄이는 등 전체적인 효율성 향상(◎ 힐튼호텔 로봇 '코니')

❺ 데이터 처리 및 분석: 고객 서비스 및 가격 책정 전략 도출을 위한 데이터 분석에 활용기업별 관광산업의 데이터 분석·활용 사례를 살펴보면, 사용자의 경험을 수집한 데이터 및 다양한 데이터를 기반으로 관광 서비스 개발, 의사결정 서비스, 챗봇 서비스, 기업 컨설팅 서비스 등에 활용하고 있다.

🔍 Utrip.com

머신러닝 기법을 활용한 UtripPRO는 협력사의 다양한 데이터를 통합·분석하고 고

객의 관심 사항, 선호도, 위치, 여행 예산 등의 데이터를 수집하여 개인화된 맞춤형 여행 추천 제공, 콘텐츠 데이터베이스 강화 및 업데이트 자동화를 통해 사이트 방문자의 디지털 경험 증대

Avvio.com

다른 호텔로부터 예약 데이터베이스를 수집하고 현재와 과거의 고객 행동 및 선호 데이터 학습을 통해 관리자의 의사결정 지원 및 개별 고객을 대상으로 개인화 서비스 제공

AltexSoft.com

B2B 기술 컨설팅 기업으로 여행사, 항공사 등 기업의 업무 효율성 향상을 위해 맞춤형 자연어 처리 및 자동화, 머신러닝 등 데이터 소싱부터 고객 서비스까지 데이터 기반의 맞춤형 컨설팅을 제공하고 있다. 또한, 관광산업에서 나타나는 융합 서비스 사례를 분석해 보면 관광 정보를 제공하는 기업과 관광 정보를 활용하는 소비자에게 다양한 서비스를 제공하는 등 고객 만족을 높이기 위해 활용하고 있다.

- 항공사 사용자 경험: 기존 항공사는 지연 예측, 관리 분야에서 주로 데이터를 활용하였으나, 최근 고객 개별 데이터와 일반 이력 데이터를 활용하여 고객의 행동을 추적하여 사업에 적용하고 있다.
- 여행 정보 추천 플랫폼: 검색이나 고객 선호도를 기반으로 최소 데이터를 활용하여 정확성이 높은 추천 알고리즘을 구축하여, 사용자의 검색 활동에서 생산되는 데이터를 지속적으로 학습시켜 개인화된 서비스 제공에 활용되고 있다.
- 항공·호텔 가격정보 제공: 변동성이 높은 여행업계 가격 추정의 어려움, 계절에 따른 수요예측, 항공사 프로모션 등 다양한 요인을 바탕으로 가격 예측 알고리즘을 생

성하여 서비스에 적용하고 있다.

- 위기관리 자동화: 날씨, 항공, 교통 등 데이터를 분석하여 우발적인 상황을 예측하여 사용자에게 경고 및 비상 계획 마련, 비즈니스 여행객, 외부요인으로 막대한 손실을 보는 여행사(항공사, 현지 가이드 등)를 위한 위기관리 시스템 제공을 적용하고 있다.

- 소셜 네트워크 고객 감정 분석: SNS에서 사용자의 감정, 실제 특성이 반영된 텍스트 데이터를 정의하고 분석하여 브랜드 이미지, 모니터링, 제품이나 서비스에 대한 반응 분석에 적용하고 있다.

- 여행 저해 요소 대응 전략: 기상정보, 항공편 등 공공 데이터를 수집하여 여행 방해 요소를 예측하고 해당 지역 여행객이나 여행사에 관련 정보를 제공하고 있다.

중국 관광산업,
5G 만나 '스마트화' 가속도

진시황제릉박물관 '병마용 실감 체험관'
VR 접목 … "단순 관광 넘어 체험 선사한다"

5G의 등장은 산업 전반에 새로운 시대의 개막을 불러왔다. 중국의 관광산업도 마찬가지다. 5G와 문화, 관광의 융합으로 탄생한 '스마트문화관광'이 중국 관광산업과 소비시장 확대의 주요 트렌드로 자리하고 있다.

대한무역투자진흥공사(KOTRA)의 보고서인 '관광에서 체험으로, 5G와 함께 발전하는 중국 스마트문화관광 산업'에 따르면, 세계에서 가장 큰 시장을 지닌 중국의 관광 소비시장이 중국 정부의 주도 아래 '스마트문화관광 육성'에 주력하고 있다.

중국 국가통계국의 자료를 살펴보면, 2019년 중국의 국내 관광객 수는 약 60억 명으로 전년 대비 8.4%가량 증가했다. 중국 내 관광 수입 또한 5조 7천억 위안으로 전년 대비 11% 이상 증가한 수치다.

현재 관광산업과 빠른 속도로 융합하는 문화콘텐츠 산업의 성장세도 두드러진다. 2014년부터 2018년까지 중국 문화콘텐츠 산업은 연평균 15%의 수준으로 성장했다.

중국은 2012년경부터 스마트문화관광에 주목했다. 내수 소비시장 확대와 첨단기술 발전이라는 두 가지의 큰 목적 아래에서다. 국가급 스마트관광 시범도시로 18개 도시를 지정한 것을 시작으로, 2017년 관련 정책 방안을 내놓기까지 꾸준한 노력을 이어왔다. 이같은 노력은 최근 5G 등 첨단기술이 가시적인 성과를 거두자 더욱 가속했다. 관광지의 교통 관제부터 유적지 관리, 관람객 대상 서비스, 숙박·교통 예약 및 관리 등 관광산업 관련 등 다양한 분야에서 5G는 산업 성장의 촉매 제로 자리했다.

특히 5G 등 통신 기술의 발전으로 인해 영상에 대한 저지연, 초고속 환경이 마련됨에 따라 현장감 있는 영상을 바탕으로 VR 등의 기술을 유적지 현장에 직접 접목하는 사례도 늘고 있다. 실제로, 지난해 완공된 진시황제릉 박물관의 '병마용 실감 체험관'은 VR 등의 첨단 기술을 접목해 체험형 관광을 제공할 수 있게 된 좋은 사례 중 하나로 꼽힌다.

KOTRA의 왕양 중국 시안 무역관은 "관광객은 VR을 통해 진시황 시대의 현장을 생생하게 체험할 수 있으며, 실감 나는 영상을 통해 영유아 혹은 학생들도 지루하지 않게 역사를 몸소 느껴볼 수 있게 됐다"라며 "이제는 단순한 관광을 넘어 체험을 제공하는 시대"라

고 했다.

중국은 관광산업 스마트화를 위해 올해까지 중국의 모든 4A급 이상의 주요 관광지에 무료 와이파이 및 스마트가이드, 온라인 예약 등의 서비스를 보급하겠다고 밝혔다. 시설물과 서비스 관리는 물론 관광객 안전을 위한 모니터링 등에도 첨단기술을 도입하고 있다.

중국의 무역관은 "새로운 형태의 문화관광산업은 중국인의 개성화 소비 욕구를 충족하며 발전하고 있다"라며 "안정적으로 높아지는 중국인의 생활 수준과 현지 당국의 관련 산업 육성에 대한 의지를 고려했을 때, 중국 국내 관광의 질적인 수준 향상은 향후 지속할 것으로 보인다"라고 했다.

자료: 산업일보. 2020.06.08.

② 관광산업의 융합 서비스 방향

국내 관광산업의 데이터 기반 융합 서비스는 온라인과 모바일을 통해 축적된 데이터를 기반으로 관광산업의 혁신적인 모델 개발을 위한 데이터 세트를 구축하는 연구개발, 데이터 연계 표준화 등 기초 체력이 미약한 단계로 디지털 경제로 전환하기에는 아직 준비할 것이 많다.

다양한 관광 행태를 담고 있는 데이터는 국내외 관광객을 대상으로 다국어 통역 서비스, 여행객이 경험한 내용을 제공하는 리뷰 데이터, 여행객이 활용한 예약 및 결재 코드(여행, 숙박, 렌터카, 입장료 등 상품 및 서비스 예약), 위치 서비스, 관광지 혼잡도, 여행객의 소비 지출액, 날씨 등 기상 환경, 방문지역의 자연환경 및 재난재해 발생 여부 등 우리가 알고 있는 그 이상의 다양한 데이터로 구성된다. 하지만 이를 통합·연계하여 활용하기 위한 대용량 클라우드, 고성능 컴퓨팅 등 제반 사항을 구축하지 못한 상황이다. 데이터 3법 개정, 디지털 뉴딜 정책 등 데이터 활용을 위한 주변 여건이 완화되었지만, 관광산업의 도약을 위해서는 아직 많은 난관이 남아 있다.

특히, 국내외 공공·민간 데이터가 다양한 형태와 내용으로 결합하여 서비스에 활용되어야 하는데 데이터의 품질, 연계, 표준 등 해결해야 하는 문제가 많다. 이러한 문제는 모든 산업 영역에서 발생하는 문제이지만, 관광산업에서 디지털 경제로 선제적 전환을 위해 데이터 활용을 위한 준비를 시작해야 할 것이다. 관광산업이 미래 지향적인 산업으로 발돋움하기 위해서는 디지털 경제의 핵심인 데이터를 활용하는 기술을 한 단계 높여야 한다.

③ 융합관광 발전 방안

첫째, 주요국의 융합관광 정책 동향은 육성분야의 선정과 정부의 역할 및 지원정책, 협력방안을 중심으로 활성화되고 발전하게 되었다.

둘째, 융합 분야는 자국의 강점을 살려 융합의 영역을 선점하고, 기존 시장의 확대를 통하여 산업경쟁력을 강화하여야 한다.

셋째, 공공부문과 공공-민간의 협력을 통해 융합의 시너지를 유도하고, 공동마케팅, 자원개발, 인센티브와 규제 등 정책수단을 적용해야 한다.

넷째, 대표적인 융합관광 아이템의 집중적인 육성으로 새로운 성장분야로 인식하고 제도개선을 포함한 다양한 정책적인 지원을 강화해야 한다.

다섯째, 융합관광 콘텐츠 발굴을 위한 관광 R&D 강화를 위해서는, 산·학·관과의 연계와 학문분야와의 지속적인 교류와 통섭연구로서 새로운 관광콘텐츠를 발굴하는 데 노력해야 한다.

여섯째, 관광 콘텐츠에 대한 중요성을 인식하고 관광콘텐츠산업 육성을 위한 종합적인 지원정책의 마련이 필요하다.

일곱째, 융합관광산업을 육성하기 위해서는 융합관광정책의 효율적인 추진과 정책의 효과성을 높이기 위한 종합적인 지원체계 구축을 통하여, 예산확대, 인센티브 강화 등 다양한 지원방안 마련 등이 요구되어진다.

④ 미래 신기술과 관광의 융합

4차 산업혁명시대에 변화하는 관광흐름에 맞추어서 모바일, ICT 기술을 접목해 관광 서비스의 수준을 높여나가야 한다. 아울러, 스마트폰 하나로 교통, 언어, 예약, 결제까지 모두 해결할 수 있는 관광인프라 구축이 시급하다.

예를 들면, 간편결제, VR/AR 체험, 인공지능 및 챗봇을 활용한 맞춤형 관광지 추천 등이다.

4차 산업혁명 트렌드에 맞추어서 관광산업도 이에 따른 변화 및 대응은 필수적이다. 따라서, 전략적 측면에서 관광·ICT 융합 사업과 미래신기술과 결합된 관광측면에서 향후 추진되어야 할 방향은 다음과 같다.

1) 기술혁신으로 인한 관광산업의 경계와 범위 재편

4차 산업혁명으로 통칭되는 기술의 혁신은 전통적인 산업의 프로세스를 새롭게 정의

자료: WEF(2016). 4차 산업혁명 5대 주요기술.

©www.hanol.co.kr

🔧그림 11-5_ 4차 산업혁명 5대 주요기술

하며, 기존산업의 경계가 파괴되고 새로운 산업영역이 등장하는 등 우리사회 전체의 변화를 이끌고 있다.

관광산업 역시 이러한 변화와 함께하고 있으며, 타 산업의 영역 침범과 더불어 관광산업의 외연을 확장할 수 있는 기회를 동시에 맞고 있다.

4차 산업혁명은 IT 기술 등에 따른 디지털 혁명(3차 산업혁명)에 기반하여 물리적 공간, 디지털적 공간 및 생물학적 공간의 경계가 희석되는 기술융합의 시대를 의미하는 것으로, 관광산업에도 산업중심 구조의 전환, 생산·소비구조의 변화, 기술과의 결합, 노동시장 변화, 관광향유 여건변화 등에 영향을 미칠 것으로 예측된다.

최근에는 4차 산업혁명 기반기술을 관광산업에 접목시킨 트래블테크(Travel-Tech)라는 신조어가 탄생하였으며, 국내외 관광기업들은 데이터 분석, IoT(사물인터넷), VR(가상현실) 및 AR(증강현실), 인공지능(AI), 로보틱스 등을 중심으로 관광산업에 적용하고 있다.

2) 관광서비스와 ICT 융합

신기술과 접목·융합된 관광산업의 새로운 트렌드와 더불어 관광객들도 디지털 플랫

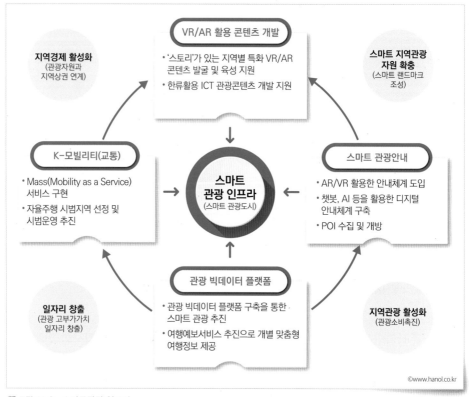

그림 11-6_ 스마트관광 인프라

폼을 기반으로 하는 맞춤형 서비스 니즈가 증가하고 있다.

　온라인 기반(OTA:Online Travel Agency, 온라인 여행사) 성장 및 플랫폼 시스템 구축, 빅데이터 분석 및 SNS 기반 디지털 관광마케팅 추진, 관광서비스와 5G 중심 ICT 융합 등이 최근 관광산업의 뉴 트렌드로 부상하고 있다.

　이런 변화를 기반으로 지역관광 활성화를 위한 스마트관광 환경조성 및 스마트관광 추진의 중요성이 점점 커지고 있다.

　스마트관광 추진을 위한 스마트 관광도시 조성은 지역의 관광자원 확충과 관광인프라 개선에 ICT 기술을 접목하여, 관광지를 방문하는 관광객들에게 편리하고 만족도 높은 서비스 제공을 궁극적인 목적으로 하고 있다.

　스마트관광도시의 스마트관광 인프라는 K-모빌리티, 챗봇·AI 등을 활용한 디지털 안내체계 구축, VR/AR 활용한 관광콘텐츠 개발, 관광 빅데이터 플랫폼 개발 등이 핵심이 될 수 있다. 이러한 스마트관광자원 확충을 통하여 일자리 창출이 기대되고 이는 지역 경제활성화 및 지역관광활성화에 기여할 수 있다.

3) 관광·ICT 융합사업 추진 과제

신기술인 ICT 분야와 관광과의 융합은 기존의 관광활동에 대한 편의증진과 만족도 제고, 아울러 신규 관광수요 창출에 기여할 수 있는 실질적인 관광·ICT 융합사업 추진 과제 발굴 및 이에 대한 실행이 중요하다.

향후 추진 과제는 기반조성, 산업육성, 관광복지 등 인프라 측면 및 마케팅 측면 등에서 생각해 볼 수 있다. 이를 구체적으로 보면 다음과 같다.

❶ 디지털 안내 센터 구축
❷ 관광·ICT 융합 실감미디어 관광콘텐츠
❸ 관광객을 위한 원스톱 예약 결제
❹ 관광 빅데이터 활용 맞춤형 여행예보 서비스
❺ 스마트 관광거리 시범 조성
❻ 스마트관광 활용 DMZ 평화관광 홍보
❼ MICE 테크놀리지

스마트관광의 성공과 정착을 위해서는 관광·ICT 융합의 실질적인 사업 추진 및 사업성공 그리고 지속적으로 업그레이드된 사업의 추진이 필요하다.

스마트관광은 향후 미래 관광산업을 선도할 유망한 분야이기에 관광산업의 전체적인 관심과 발전을 위한 노력이 필요하다. 아울러 스마트관광 발전을 통하여 관광산업의 외연확대, 일자리 창출 등 관광산업을 통한 국가 경제발전에도 기여할 수 있을 것으로 기대된다.

제3절 　　해외의 융합관광 사례

융합관광 유형별 사례

1) ICT+ 관광 - 트립어드바이저

트립어드바이저는 2000년 미국에서 설립된 세계 최대 여행커뮤니티로, 컴퓨터와 인터넷을 이용한 온라인 정보제공이 활성화되면서 여행자들이 최상의 여행을 계획하고 실현하도록 돕는 것을 목적으로 하였다.

관광정보 공유의 비즈니스화를 이룬 대표적인 성공모델로, 여행자들이 작성한 호텔, 관광명소, 식당 등의 이용후기를 공유하는 서비스 제공을 통해서 광고 수익을 창출하는 비즈니스 모델을 기반으로 한다. 소셜미디어와 사용자 생산 콘텐츠를 융합한 비즈니스 모델에서 착안하여 트립어드바이저를 설립하였다.

❶ 융합 특성

🔍 정보 서비스 제공으로 수익 창출 비즈니스 모델 개발

트립어드바이저는 여행계획을 조언해주면서 만족도 높은 여행을 돕고 실제 여행자들이 작성한 호텔, 관광명소, 식당 등의 이용 후기를 공유하는 등 신뢰도 높은 정보 서비스 제공을 통해서 이용객이 증가하고 이를 통한 광고수익을 창출하는 비즈니스 모델을 기반으로 한다.

드립어드바이저는 전체 수익의 70%가 호텔 가격 비교로 발생하는 CPC(cost-per-click) 광고 수익이 차지하며, 이는 여행자가 호텔의 가격 보기를 클릭할 경우 해당 호텔에 비용을 청구하게 된다. 또한 웹사이트상에 배너 광고를 유치하는 것도 또 다른 수익 채널

이며, 호텔 이용후기를 여행사, 제휴사에 공급하는 것도 중요한 수익 채널 중 하나이다.

커뮤니티(community)와 커머스(commerce)의 융합

트립어드바이저는 익스피디어와 합병해서 얻는 상호보완 효과를 통해 사업의 성과를 높이고 이익을 증대하고 있다. 또한 페이스북과의 파트너십을 통해 '내가 방문한 도시' 애플리케이션 기능을 제공하며, 이용자들은 해당 어플을 통해 자신이 방문한 지역의 여행경험을 페이스북 지인들과 공유하게 된다.

❷ 시사점

신뢰에 기반한 정보 제공

트립어드바이저에 소개된 업소는 일정 수준 이상의 서비스를 제공하는 업소라는 평판을 얻고 있으며, 전 세계적으로 수만 개의 업소에서 트립어드바이저에서 평가되고 있는 업소라는 스티커와 평판, 우수 업소에 부여하는 트립어드바이저 인증서를 활용하고 있다.

트립어드바이저의 성공요인인 리뷰의 신뢰성의 원인은 특별한 인센티브 제도가 있지 않음에도 자신의 인적네트워크에서 특정주제의 전문가로서 인정받고 싶은 사람의 심리가 신뢰성 있는 리뷰를 탄생시키게 된다.

2) IT+숙박 - 에어비앤비(Air B&B)

2008년 설립된 에어비앤비는 샌프란시스코에 본부를 두고 있으며, 이용자들에게 재산(건물)을 빌려주거나, 빌려줄 공간을 찾을 수 있도록 연결시켜주는 온라인 민박시장이다. 에어비앤비는 온라인 민박 중개 서비스로 전 세계 홈스테이, 민박의 공급자와 수요자를 연결하는 온라인 플랫폼이다.

민박의 본질적인 의미를 살리고, P2P 네트워크와 신기술을 통해 상품 구매 및 서비스를 제공하고 있다.

에어비앤비는 장소, 시간, 집 형태에 제한 없이 빈방을 임대할 수 있다는 민박에 대한 새로운 아이디어로 블로그와 SNS를 통한 온라인 홍보에 성공하여 현재 약 1조 원 이넘는 가치에 달하는 회사로 자리매김하고 있다.

❶ 비즈니스 모델 특징 및 성과

에어비앤비는 전 세계에 독특한 숙소와 빈방을 가진 사람들과 숙박할 곳을 찾는 사람들을 연결해주는 온라인 및 모바일 커뮤니티이자 마켓 플레이스이다.

에어비앤비는 기존의 제조업처럼 물건을 생산하거나 온라인에서 물건을 판매하는 것이 아니라, 새롭게 형성된 온라인 장터를 통해서 민박의 본질적인 의미를 살리고, P2P 네트워크와 신기술을 통해 상품 구매 및 서비스를 제공하고 있다.

에어비앤비 이용자들은 민박집 정보, 주인에 대한 정보, 투숙객에 대한 정보를 알 수 있어 신뢰와 안전을 확보할 수 있다. 이에 따라 제2의 e-Bay로 불리며 초기에는 젊은층에 국한된 이용자에 비해 현재는 매우 다양한 고객층을 확보하고 있다.

❷ 시사점

🔍 SNS를 통한 호스트와 게스트의 연결과 소통

타인의 집에서 묵는 것이 조금 부담스러울 수 있는 상황에서 SNS를 통해 신뢰를 얻을 수 있고, 방을 선택할 경우 호스트의 페이스북, 트위터 계정을 볼 수 있어서 호스트에 대한 불안감을 해소하고 안전한 서비스 제공하고 있다.

낯선 곳에 대한 두려움과 신변보장의 불안감으로 인해 섣불리 민박업체를 정하지 못하는 상황 가운데 이러한 서비스의 제공은 신뢰할 만한 프로세스 구축의 측면에서 수요자의 관점에서 유용하고 매력적이다.

🔍 에어비앤비의 사회적 가치 창출

에어비앤비는 지역으로 관광객을 유도하면서 지역상점, 지역식당, 카페 등의 수익 증가에 긍정적인 영향을 미치고 있으며, 연평균 약 550억의 경제적 가치를 창출하였다. 에어비앤비는 일반 시민들이 빈방을 공유함으로써 수익을 창출한다는 점에서 사회적 가치를 찾을 수 있고, 이러한 면에서 현재 공유경제의 대표적인 모델로 손꼽히고 있다.

3) 자연 + 농업 + 관광 - 스위스 그린델발트

그린델발트는 해발 1,034미터에 위치한 알프스의 전형적인 전원마을로, 융프라우(4,158미터), 묀히(4,107미터), 아이거(3,970미터)뿐만 아니라 슈레크호른(4,078미터), 베터호른(3,692미터) 등의 고봉과 빙하로 둘러싸여 마을 전체가 우수한 자연자원을 보유하고 있다.

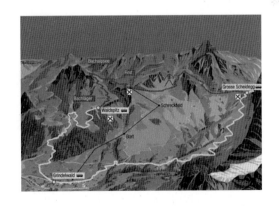

아이거, 묀히, 융프라우 이 세 개의 산은 구도와 높이, 형태가 절묘한 조화를 이루어 예술가들까지도 감탄하는 트립틱(Triptych, 3장의 병풍에 완성한 그림)이라 불리고 있는데, 이를 바탕으로 제작된 우표는 높은 인기를

유지하고 있으며, 많은 화가나 사진작가들의 작품 대상이 된다.

융프라우와 알레치 지역은 세계문화유산으로 지정되어 있으며, 알프스와 대알레치 빙하의 장관을 감상할 수 있는 스핑크스 전망대에는 스위스가 자랑하는 최첨단 기술에 의한 과학 전초기지가 있다.

❶ 융합특성

자연 그대로의 순수함과 아름다움

불편한 생활여건에도 불구하고 알프스의 전경, 멀리 루체른 호수에서부터 인터라켄 호수까지 360도 파노라마를 한없이 즐길 수 있으며, 가장 순수한 공기와 바람을 온몸으로 느낄 수 있다.

3~4시간을 힘들여 걸어서 갈 수밖에 없어도 이러한 불편과 고단함을 감수하면서까지 이곳을 찾고 있다.

기술과 자연의 융합을 통한 테크플러스형 모델 개발

최첨단 기술을 활용한 개발과 아울러 무분별한 개발을 막는 사회적 규제를 통해 자연의 순수함과 예술 수준의 아름다움을 살려내는 또 다른 차원의 테크플러스형 마을로 인기 있는 관광지가 되었다.

농업과 관광의 융합

농업은 농산품을 생산하고 판매하는 것으로만 보지 않고 자연경관을 보존하고, 관광산업을 진흥하며, 궁극적으로 소중한 국토를 보살피는 다목적 공공산업의 성격을 지니고 있다.

스위스의 농산품 가공은 지방자치단체의 심의만 거치면 누구나 전통적인 방식으로 쉽게 가공·판매할 수 있도록 지원하고 있다.

4) 자동차산업+문화+관광 - 독일 폭스바겐(Transparent Factory)

폭스바겐의 Transparent Factory 는 독일 드레스덴에 위치한 폭스바겐 자동차 생산공장으로, 2002년 최고급 세단인 Phaeton의 생산을 목적으로 건립되었으며, 단지 건축적으로 심미적인 자동차 공장이 아니라 생산과 경험의 결합을 의미하는 상징적인 장소로 부각되고 있다.

건축물의 투명한 유리는 폭스바겐 생산공정의 투명성을 상징하며 독특한 디자인으로 자동차 고객뿐만 아니라 일반 관광객들이 방문하는 지역명소로 자리매김하고 있다.

Transparent Factory는 산업관광의 대표적인 융합모델로 자동차 산업과 관광의 결합을 통해 기업의 브랜드 가치를 높이고, 문화적 가치를 만들어낸다는 점에서 의의를 가지고 있다.

4만 9,000 평방미터 크기의 공원을 포함하고 있는 Transparent Factory의 전체 공장은 건축 조형물과 같은 아름다운 외형을 지니고 있고, 자동차 엔진의 실린더를 연상시키는 40미터 높이의 자동차의 유리타워는 Transparent Factory를 대표하는 상징물로 드레스덴 지역의 관광명소로 부각되고 있다.

5) 문화예술 + 디자인 + 관광 - 독일 미테지구

베를린의 미테지구는 예술가들의 작업실과 갤러리가 밀집된 곳으로, 독일 통일 이후 가난한 사람들을 위해 폐공장을 저렴하게 임대했고, 이때부터 많은 예술가들이 미테지구에 정착하기 시작했다.

미테는 지역적으로 베를린을 상징하는 브란덴부르크 문과 최첨단 건축물이 몰려 있는 포츠다머플라츠, 고급 백화점과 부티크가 밀집한 프리드리히 거리와 운터 덴 린덴을 포함하는 지역으로 트렌드 센터의 집결지이다.

미테거리에는 투명한 유리창으로 내부가 훤히 들여다보이는 작업실이나 사무실이 많아 유리창 너머에서 아티스트들이 작업하는 광경을 쉽게 목격할 수 있으며, 개성 있는 카페와 레스토랑이 밀집해 있다.

 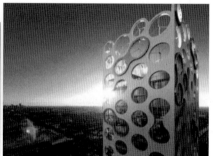

❶ 융합특성

🔍 실험적인 예술가들의 집결지, 타헬레스

예술가들의 집단 예술촌인 타헬레스는 제 2차 세계대전으로 폐허처럼 방치된 쇼핑 아케이드 건물에 1990년대부터 실험적인 예술가들이 불법점유하기 시작해 점차 집단 예술촌으로 변화했다.

독일을 비롯한 여러 나라에서 온 60여 명

의 예술가가 입주한 타헬레스에는 작가들의 작품을 복사해서 파는 갤러리와 영화관, 바(Bar), 캐주얼한 레스토랑 등이 있다.

베를린 미테지구는 언더그라운드 예술가들이 폐허가 된 건물을 예술 공간으로 활용하고, 레스토랑과 카페, 기괴한 분위기의 클럽이 밀집해 있으며, 이곳의 예술가들은 자신의 작품을 직접 들고 나와 여행자들과 이야기를 나누고 창조적 아이디어와 신선함을 상징하는 베를리너(Berliner)이다.

베를린 시 정부의 지원 확대

1999년 정부는 타헬레스를 문화 공간으로 보존할 가치가 있다고 판단하고 예술 단지로 지정하고 정부 보조금을 지원하고 있다.

베를린 시 정부의 재정 지원으로 타헬레스에 입주한 예술가들은 시·정부의 후원, 낮은 부동산 임대료, 도시전체의 다양한 문화공간, 문화적이고 창조적인 도시 분위기 등이 베를린에 새로운 활력을 부여하고 있다.

디자인 및 패션산업과의 융합 네트워크 구축

베를린이 성장하게 된 계기는 디자인 및 패션 산업을 활성화하는 데 초점이 맞추어져 있는 도시의 경제 정책이 큰 역할을 했다.

디자인 창의산업은 기본적으로 중소규모의 기업으로 구성되어, 자금을 지원받기 위한 경쟁이 치열하고, 기업들의 마케팅 능력이 부족하여

문화상품의 수출과 국제화에 제약이 많다. 베를린의 경우 적극적인 프로모션 등을 통해 마케팅적 역량을 강화하고, 자신들만의 특별한 브랜드를 관광상품화하였다.

표 11-2_ 주요국의 융합관광 정책 동향

국 가	융합관광	정책 지원 내용
프랑스	와인관광	• 와인관광은 프랑스형 농촌관광 융합모델로, 식도락 관광+프랑스 문화 + 지방색(농촌지역)이 결합 • 와인루트, 와이너리 방문, 포도농장 트레킹, 와인 페스티벌, 전시회, 경매 등 다양한 주제의 와인관광상품개발 • 중앙·지방, 민간공공 부문의 협력과 파트너십을 통한 와인관광 지원체계
스위스	레저스포츠 관광	• 탐방로와 교통시스템, 레저를 융합한 '스위스 모빌리티' 프로젝트 추진 • 탐방로를 활용해 다양한 레저스포츠 활동 프로그램을 개발하고, 스포츠 장비 판매, 지역의 자연환경 보호 등을 연계 • 온라인을 활용한 DIY형 서비스 개발운영
헝가리	스파웰니스 관광	• 부다페스트=스파의 도시라는 역사적 기원, 웰니스와 의료목적의 스파관광 잠재력에 주목, 지역의 자연적 이점을 활용(약 1,200여 개 온천 보유) • 정부는 스파웰니스 관광 관련 인재육성에 투자(교육프로그램 비용 지원) • 민간과 공공부문이 협력하여 온천·문화자원을 활용한 공동브랜드 개발
싱가포르	MICE 관광	• 세계 최대 국제회의 강국으로 부상, 아시아 최고 비즈니스 도시 지향 • 정부 주도의 인프라 확충, 제도적 지원 등 공격적 투자와 글로벌 마케팅 캠페인 전개, 비즈니스 관광 및 MICE 관련 패키지 서비스 지원 확대 • 유관 산업과의 협업 기반 조성을 위한 전략적 클러스터 가동

참고문헌

- 고용 이슈(2016). 4차 산업혁명이 직업세계에 미치는 영향, 한국고용정보원.
- 관광·레저산업 인적자원개발위원회(2019). 의료관광 활성화를 위한 전문인력 실태조사. 관광·레저산업 인적자원개발위원회.
- 관광지식정보시스템(2013). 음식관광을 통한국내관광 활성화 방안. 연구기획조정실 정책정보통계센터.
- 그랜드코리아레저(2019). 2019년 반기보고서.
- 김태희(2014). 향토음식자원을 활용한 음식관광 활성화를 위한 조사연구. 농림축산식품부.
- 김훈(2019). 제주 카지노산업 개선을 위한 정책연구, 문화경제연구, 제22권 제3호, p.153~178.
- 김홍식·박혜연(2014). 복합리조트 산업유치를 위한 경기도 대응전략.
- 농사 GTI. 농촌관광 성공사례- 영월 한반도 뗏목마을.
- 농어촌 체험마을 등 공동사업 운영모델(2013).
- 대한국토·도시계획학회(2012). 싱가포르 복합리조트 개발의 경제적 파급효과.
- 대한민국 정부(2015). 제3차 저출산 고령사회 기본계획.
- 동남지방통계청(2019). 국내 크루즈 주요 국가별 관광객 현황.
- 문화체육관광부(2020). 숫자로 보는 한국관광.
- 미래교육신문. 2022-05-23 일자 보도내용.
- 박경열(2013). 레저스포츠 관광 활성화 방안. 한국문화관광연구원.
- 박병기(2006). 강원랜드 카지노 개장이 지역에 미치는 영향 및 발전방향에 관한 연구. 고려대학교 정책대학원 석사학위논문.
- 박시원(2016). 언어네트워크 분석을 활용한 MICE 중심형 복합리조트에 관한 언론인식연구. 박사학위논문, 동국대학교 대학원.
- 박영제·김영규·박준범(2022). 문화관광여가론, 한올출판사.
- 박주영(2016). 농촌마을 관광활성화 방안. 한국문화관광연구원.
- 박천웅(2020). 디지털 경제체제로의 전환과 관광서비스 융합방향, 한국관광정책.
- 사행산업통합감독위원회(2018). 제3차 사행산업 건전발전 종합계획 연구.
- 산업일보. 2020.06.08. 일자 보도내용.
- 삼정KPMG 경제연구원(2018),「관광트랜스포메이션: 관광 新소비 트렌드와 초융합 관광 시대 도래」.

- 서울대학교 기획보고서(2017).
- 심원섭(2012). 미래환경변화전망과 신관광정책 방향, 한국문화관광연구원.
- 안희자 · 심원섭(2013). 창조경제시대 산업간 융합을 통한 관광산업발전방안. 한국문화관광연구원.
- 여행플러스. 2022, 9. 4일자 보도 내용.
- 오병록 · 이성재 · 고연경(2019). 자연자원을 활용한 테마마을 조성방안. 전북연구원.
- 오훈성(2018). 고령층 국내관광 활성화 방안연구, 한국문화관광연구원.
- 유지윤 · 오문향(2020). 농촌마을의 힐링자원화 선진사례분석을 통한국내 농촌 힐링 관광지 육성 정책모델 연구. 관광연구, 35(1), 37-55.
- 유지윤(2012). 의료관광 전문인력 운영실태 및 수요전망 연구. 한국문화관광연구원.
- 유지윤(2015). 공연관광 활성화 방안 연구.
- 유지윤(2015). 공연관광 활성화 방안연구, 한국문화관광연구원.
- 이병오(2020). 영국의 지속가능한 농촌관광 사례와 시사점. 세계농업 3월호.
- 이선철. 문화예술을활용한 농촌마을 활성화 전략. 감자꽃 스튜디오.
- 장윤종 · 김석관 외(2017). 「제4차 산업혁명의 경제사회적 충격과 대응 방안: 기술과 사회의 동반 발전을 위한 정책 과제」, 경제 · 인문사회연구회 미래사회 협동연구총서, 17-19-01.
- 정광민 · 송수엽 외(2021). 관광산업의 디지털전환 수준진단과 정책대응방향. 한국문화 관광연구원.
- 정보통신산업진흥원(2012). 웰니스 산업의 비즈니스모델분석을 통한 산업발전 방안연구.
- 제주특별자치도(2015). 제주 카지노산업 세수확대방안 조사 연구.
- 지인혜 · 정지혜(2017). 아시아 카지노 현황. p.5
- 최자은 · 김향자(2014). 지역관광개발 사업평가의 체계적 추진방안, 한국문화관광연구원.
- 최자은(2013). 스마트 관광의 추진현황 및 향후과제, 한국문화관광연구원.
- 하동현 · 임정우(2010).
- 한국개발연구원(2017). 4차 산업혁명 대응을 위한중장기 정책방향, 중장기전략세미나.
- 한국관광공사(2011). 스포츠 관광 마케팅 활성화 연구.
- 한국관광공사(2015). 시니어 관광 활성화 실행전략.
- 한국관광공사(2015). 의료관광 산업분류체계 설정 및 경제적파급효과 분석.
- 한국관광공사(2019). 웰니스 관광산업 통계구축.
- 한국관광공사(2019). 웰니스관광 산업분류 구축방안 연구.
- 한국관광공사(2020). [KTO 포커스-6호] 여행, 기술을 만나다 - 트래블테크-.
- 한국관광공사(2021). 「여행업의 '넥스트레벨」. 데이터&투어리즘. 3.

- 한국문화관광연구원(2009). 한방의료관광 활성화 방안.
- 한국문화관광연구원(2018). 웰니스관광 산업분류 구축방안.
- 한국산업인력공단(2019). 연간 보고서(2018년). 한국산업인력공단 홈페이지.
- 한국시민기자협회 뉴스포털1. 2022. 07. 18.
- 한국직업능력개발원(2005). 호스피탈리티 산업의 직업구조 특성과 인적자원 개발전략(오수철, 2001). 카지노 경영론.
- 한국카지노업관광협회(2018). 2018 CASINO INSIGHT.
- 핸드메이커. 2022. 07. 15. 일자 보도자료.
- 4차 산업혁명의 충격(2016). 클라우스 슈밥 외 26인. 서울: 흐름출판.
- 4차산업혁명위원회(2019). 4차산업혁명 정부 권고안.

- Aaen. C.(2011). Integrated resort and destinations: From theort to making it happen, Asian Attractions Industry Perspective, IAAPA Aia-Singapore.
- Albrecht(1988). At America's service: How corporations can revolutionize the way they their customers.
- Booking Holdings(2021.07.03.). 2021 Notice of Annual Stockholders' Meeting and Proxy Statement.
- David G. Schwartz (2019). Nevada Casinos: Departmental Revenues, 1984-2018. Las Vegas: Center for Gaming Research, University Libraries, University of Nevada Las Vegas.
- Department for Digital, Culture, Media & Sport(2021). The Tourism Recovery Plan.
- Dredge et al.(2018). Digitalisation in Tourism: In-depth analysis of challenges and opportunities.
- Dunn.(1961). High Level Wellness.
- Edward Brooker & Marion Joppe(2013). Trends in camping and outdoor hospitality-An international review. Journal of Outdoor Recreation and Tourism, 3(4), 1-6.
- Global Wellness Institute(2018). Global wellness economy monitor.
- Gupta, Amit sen(2004).Medical Tourism and Public Health. People's Democracy, 27(19).
- Herou, E., Romner, B., & Tomasevic, G.(2015), Acute traumatic brain injury: mortality in the elderly, World neurosurgery, 83(6), 996-1001.
- JTA(2019). G20 Tourism Policy Report.

- Martin Mowforth and Ian Munt(2016). Tourism and Sustainability. Routledge. Prayag, G., & Ryan, C.(2012), Antecedents of tourists' loyalty to Mauritius: The role and influence of destination image, place attachment, personal involvement, and satisfaction, Journal of Travel Research, 51(3), 342-356.
- Richards G.(2011). Creativity and Tourism; The State of the Art. Annals of Tourism Research, 38(4),1225-1253.
- Sally Everett and Cara Aitchison(2008). The Role of Food Tourism in Sustaining Regional Identity. Journal of Sustainable Tourism, Vol. 16. No. 2.
- Sayili, M., Akca, H., Duman, T,& Esengun, K.(2007).PsoriasisTreatmentViadoctorFishes as Part of Health Tourism: A Case Study of Kangal Fish Spring, Turkey. Tourism Management, 28, 625-629.
- Singapore Tourism Board(2020). Beyond COVID-19: Tourism Transformed.
- Smirnov, A., Shilov, N., Kashevnik, A., & Ponomarev, A. (2017). Cyber-phys ical info-mobility for tourism application. International Journal of Information Technology and Management, 16(1), 31-52.
- Smith, M. K.(2003). Issuer in cultural tourism studies. London.
- UBS(2016). Extreme automation and connectivity: The global, regional, and Investment implications of the Fourth Industrial Revolution.
- UNWTO(2012). Global Report on Food Tourism.
- Vigolo, V.(2017), Older tourist behavior and marketing tools, Cham, Switzerland: Springer.
- WEF(2016). 4차 산업혁명 5대 주요기술.
- World Health Organization, & World Health Organization.(2010), Definition of an older or elderly person 2013, Geneva, Switzerland.

- http//mobihealthnews.com ; http//n2medicalsolutions.com
- http//www.24eight.com http//www.footlogger.com
- http//www.liftware.com/
- http://www.jeju.go.kr/group/part28/
- http://www.sijung.co.kr
- http://www.visitjeju.or.kr/web/bbs/bbsList.do;
- https://indiegogo.com; https://myvessyl.com; http//www.engadget.com

- https://kto.visitKorea.or.kr/
- https://www.dbpia.co.kr
- https://www.mjmedi.com
- https://www.most.go.kr/kor
- https://www.TripAdvisor.com
- https://www.Trivago.com
- https://www.walkingtheworld.com
- UNWTO 홈페이지(www.unwto.org)
- www.google.com

Index

융합관광론

Convergence Tourism
융합관광론

저자 소개

| 박영제 |

학력
- 계명대학교 대학원 관광경영학 박사
- 수원대학교 대학원 호텔관광경영학 석사
- 용인대학교 호텔관광경영학 학사
- 미국, University of Nevada, Reno. 대학원 과정

경력
- 호텔신라 서울 근무
- 부산 코모도호텔 근무
- 호텔신라 서울 서비스 교육센터 수료
- 한국국제대학교 산학협력단 연구원
- 국립경상대학교 평생교육원 문화관광해설사 강사
- 현) 문화관광 콘텐츠연구소 소장
    (사)대한관광경영학회 이사
- 전) 계명대학교 외래교수
    진주보건대학교 외래교수

저서
- 호텔경영론(한올출판사)
- 환대산업 서비스경영(한올출판사)
- 문화관광여가론(한올출판사)
- 문화관광정책론(한올출판사)

주요 논문
- 「영화 또는 드라마속의 PPL이 호텔브랜드 이미지와 만족도에 관한 연구」
- 「한국형 호텔 브랜드 자산 가치 구성 척도 개발」
- 「간접광고에 노출된 호텔브랜드가 기업이미지와 고객선호도에 미치는 영향」
- 「간접광고가 호텔레스토랑 브랜드 이미지와 만족도에 미치는 영향 연구」
- 「호텔마케팅 커뮤니케이션이 브랜드 인지도, 이미지, 충성도에 미치는 영향」
- 「커피전문점의 문화마케팅활동 브랜드 이미지와 재구매의도에 미치는 영향」
- 「피자전문점의 물리적 환경이 서비스품질과 행동의도에 미치는 영향」
- 「확장된 한국형 호텔 브랜드 자산 가치 구성 척도 개발」

| 홍경완 |
- 펜실베니아 주립대 관광여가학 석사
- 펜실베니아 주립대 관광여가학 박사
- 현) 계명대학교 관광경영학전공 교수

융합관광론

초판 1쇄 인쇄   2023년 2월 10일
초판 1쇄 발행   2023년 2월 15일

저 자   박영제 · 홍경완
펴낸이   임순재
펴낸곳   (주)한올출판사
등 록   제11-403호
주 소   서울시 마포구 모래내로 83(성산동 한올빌딩 3층)
전 화   (02) 376-4298(대표)
팩 스   (02) 302-8073
홈페이지   www.hanol.co.kr
e-메일   hanol@hanol.co.kr
ISBN   979-11-6647-310-4

Convergence Tourism 융합관광론

Convergence Tourism
융합관광론

Convergence Tourism
융합관광론